insel taschenbuch 827
München

Matthäus Merian, München 1644

MÜNCHEN

Ein Lesebuch

Herausgegeben von Reinhard Bauer
und Ernst Piper

Mit zahlreichen Abbildungen

Insel Verlag

insel taschenbuch 827
Erste Auflage 1986

Quellennachweise am Schluß des Bandes
Vertrieb durch den Suhrkamp Taschenbuch Verlag
Umschlag nach Entwürfen von Willy Fleckhaus
Satz: Fotosatz Otto Gutfreund, Darmstadt
Druck: Nomos Verlagsgesellschaft, Baden-Baden
Printed in Germany

2 3 4 5 6 7 – 92 91 90 89 88 87

MÜNCHEN

Du liebe Mutter- und Vaterstadt,
dir will ich nichts Hartes sagen.
Doch trinke dich nicht allzu satt
an alten glänzenden Tagen.

Christian Morgenstern

Clima und Diätetik

Georg Kaspar Nagler

München liegt auf einem Hochplateau, in einer mittleren Höhe von 1600 Pariser Fuß über der Meeresfläche. Der Boden der ganzen Umgebung besteht aus Kies und Kalksteingerölle und ist auf künstlichem Wege der Cultur gegeben. Der Himmel ist nahezu drei Viertheile mit Wolken bedeckt. Vollkommen heitere Tage haben wir jährlich nur 17, vollkommen trübe 127, und gemischte 221, wie Lamont berechnet. Der Wechsel der Temperatur ist namentlich im Sommer sehr rasch und bedeutend, indem wir heute große Hitze und morgen Frost haben können. Über das Clima München's verlauten vielfache, theils schlimme Gerüchte, man glaubt aber mit Unrecht, daß aus einem leichten Unwohlseyn gleich Schleimfieber und Typhus hervorgehen. Die Stadt liegt bedeutend hoch über der Meeresfläche, und ist daher bei der Nähe des Gebirges einem raschen Temperaturwechsel ausgesetzt, welcher in schwächerem oder stärkerem Grade Fremden und Einheimischen zwar empfindlich, aber bei gehöriger Vorsicht ohne Gefahr ist. Man halte Maß im Essen und Trinken, genieße nur gut verdauliche Speisen, und schütze sich beim Wechsel der Temperatur durch wärmere Kleidung vor Verkältung. Darin liegt das ganze Geheimnis, in München gesund zu bleiben. Große Anstrengung, Ermüdung und alle Excesse müssen vermieden werden, sowohl in München, als in anderen Städten, wo der Reisende nicht acclimatisiert, und daher katarrhalischen und gastrischen Affectionen leichter ausgesetzt ist. Aber weg mit der Furcht vor unserem Clima. Gehörige Diät und nach Umständen wärmere Kleidung schützen vor diesen climatischen Übeln, und wenn auch ein leichtes Unwohlseyn eintritt, so kann es eben so leicht wieder gehoben werden.

Der Münchener hält sein Clima für das Mittel, um dann in allen Zonen gesund zu bestehen. Es kann durch Zahlen bewiesen werden, daß die Gesundheitsverhältnisse Münchens besser sind, als die der meisten großen Städte.

Herzog Heinrich der Löwe gründet München 1158

Carl von Sprüner

Etwa eine Stunde nördlich der jetzigen Hauptstadt Bayerns, an dem steilen Ostufer der Isar liegt das Dorf Ober-Föhring. Schon in den Tagen der Welfenherrschaft im Gebiete des heiligen Korbinian, blieb es demselben bis zum Anfange des vorigen Jahrhunderts. Nun war in jenen Zeiten der Ertrag der Zölle eine der Haupteinnahmen des Landesherrn und in Bayern war einer der vorzüglichsten Handelsgegenstände das Salz aus den Sudwerken Reichenhalls, welches Schwaben und Burgunder, Franken und Rheinländer ja selbst die Sachsen in langen Reihen zweiräderiger Karren an Ort und Stelle abholten. Eine der meistbefahrenen Salzstraßen führte von den Pfannen durch Oberbayern heraus und überschritt bei Föhring die Isar. Hier, auf ihrem Gebiete, hatten deshalb die Bischöfe von Freising eine Brücke und Zollstätte errichtet, dort mußte Zoll und Brückengeld in gutem Metall bezahlt werden, welches in der daneben befindlichen Münzstätte in Scheidemünze umgeprägt, dadurch einen doppelten Vorteil für des Bischofs Säckel abwarf.

Heinrich der Löwe, eben erst 1156 zum Herzogtum gekommen, verlangte, teils aus Eifersucht auf die Rechte seiner neuen Würde, teils, und wohl vorzüglich, um die beträchtliche Einnahme seiner eigenen Kammer zuzuwenden, daß der Bischof die widerrechtlich errichtete Zollstätte aufhebe. Otto von Freising, der berühmte Chronist und Oheim des Kaisers, welcher damals den Bischofsstuhl inne hatte, verweigerte das Begehren des

1 *Die älteste Gesamtansicht von München, 1493*

Herzogs. Da ließ dieser bei dem alten Dorfe Munichen, einer schon im achten Jahrhundert vorkommenden Besitzung des Klosters Schäftlarn, eine Brücke schlagen, die Straße dahin abzweigen, ein Zoll- und Münzhaus erbauen und Stätten zur Lagerung des Salzes errichten. Nachdem alles geordnet, überfiel er in einer Nacht des Jahres 1158 unerwartet die Zollstätte zu Föhring mit gewaffneter Hand, brach die Brücke ab und zerstörte den Platz. Darüber bittere Klagen des gekränkten Bischofs bei dem Kaiser. Dieser aber wollte den mächtigen Herzog nicht zum Feinde haben, die Hilfe des treuen Freundes auf seinen italienischen Zügen nicht entbehren und stiftete einen Vergleich, gemäß welchem die neue Einrichtung bestätigt, an Freising jedoch der dritte Teil der Einkünfte des Zolles und der Münze überlassen werden mußte.

Von nun an blühte der neue Markt zu München, wohin sich wegen des Handels und der Münzstätte viele Ansiedler zogen, immer mehr auf. Schon zwölf Jahre später erscheint dessen erster bekannter Pfarrer Herbot als Dekan des Kapitels und einer nicht unwahrscheinlichen Überlieferung zufolge soll schon Heinrich sich hier eine Wohnung erbaut und den Ort mit Mauern und Gräbern umschlossen haben. Der eigentliche Glanz der neuerstandenen Stadt beginnt aber erst, als mit dem Regierungsantritte der Wittelsbacher 1180 die alte Hauptstadt des Herzogtums zur Reichsstadt geworden und als nach der ersten Teilung des

Landes 1255 Herzog Ludwig der Strenge sich hier ein Schloß – die Alte Feste – erbaute und seine ständige Residenz nahm.

Die Schweden in München 1632

Sigmund Riezler

Am 10. Mai kam Gustav Adolf nach Landshut. –– Hier erschien, für München um Schonung bittend, wieder St. Etienne. Diesen hatte Maximilian ersucht, sich nach München zu begeben und, wenn die Schweden nahten, im Namen seines Königs dahin zu wirken, daß in Religions- und politischen Sachen keine Änderung vorgenommen, auch München mit anderweitigen beschwerlichen Zumutungen verschont würde. Dem französischen Gesandten wurde Rat Küttner beigeordnet.

Gustav Adolf hatte schon in Moosburg eine Münchner Deputation zu finden erwartet, zeigte sich anfangs verstimmt und drohte, an München für Magdeburg Rache zu nehmen. Nach dem schwerwiegenden Zeugnisse Vervaux' verdankte die Stadt ihre Schonung der Fürsprache St. Etiennes. In Freising fanden sich dann auch die städtischen Abgeordneten ein, Bürgermeister Ligsalz und die Ratsherren Barth und Parsdorfer, und sagten die Übergabe der Stadt zu, die der Kurfürst selbst in Erwägung ihrer ungenügenden Befestigung für den Notfall angeraten hatte. ––

Am 16. Mai rückten die ersten schwedischen Truppen in München ein, wo seit Wochen die Bürger gerüstet waren und 4-500 »unerfahrene Bauernknechte« bei den Stadttoren und Tag und Nacht auf den Plätzen wachten. Am 17. hielt von Ismaning her Gustav Adolf seinen Einzug in die Stadt, die er mit einem goldenen Sattel auf magerem Pferde verglichen haben soll, und nahm seine Wohnung im neuen Schlosse. [...]

Die Kurfürstin, Herzog Albrecht und dessen Gemahlin hatten schon am 8. April beim Erzbischofe Paris Lodron in Salzburg ihre Zuflucht gesucht. Ebendahin waren der Obersthofmeister und die geheimen Räte aus München geflohen. Auch die Kasse der Landschaft war nach Salzburg, zuerst in das Peterskloster, dann auf das Schloß geflüchtet worden. Seine eigenen Schätze hatte der Kurfürst nach der salzburgischen Feste Werfen geflüchtet.

Als Brandschatzung wurden nun der Stadt 300000 Reichstaler auferlegt, wogegen nicht nur Sicherheit der Stadt, sondern des ganzen Rentamtes München zugesagt wurde. Die Summe überstieg die Kräfte der Einwohner, die an barem Geld nur 104340 fl., an Gold- und Silbergeschmeide 40568 fl. aufbrachten und vergebens in Augsburg Geld aufzunehmen suchten. Der König führte daher bei seinem Abzuge 42 Geiseln mit sich, zur Hälfte Geistliche, meist Ordensmänner, darunter sechs Jesuiten. Aus dem Zeughause wurden Musketen, Spieße, Pulver und Blei, auch 119 (nach anderen Angaben 140) Geschütze, die man dort vergraben fand, fortgeschleppt. Gustav Adolf habe die Toten auferweckt, sagte das Volk mit Bezug auf die letzteren. Die Bibliothek, noch mehr aber die Kunstkammer unterlagen einer

2 *Die Schweden vor München*

Plünderung, nach Vervaux »zweifellos ohne Vorwissen des Königs«. [...]

Die Klöster und Häuser der Vornehmen in München, deren Insassen meist nach Tirol oder Italien geflohen waren, wurden von den als salva guardia hineingelegten 400 Soldaten »sauber aufgeräumt«. Im übrigen aber wurden weder Eigentum noch Personen angetastet, drei Soldaten, die den dahin zielenden Befehl des Königs übertraten, wurden auf dem Marktplatz aufgehängt. Von vielen ward dem Könige »das Lob zugeeignet, daß er so scharfes Regiment hat führen lassen«.

[...]

Zwischen Soldaten und Einwohnern entwickelte sich ein lebhafter Verkehr. Die ersteren benutzten die Gelegenheit, ihre reiche Kriegsbeute: Vieh, Leinwand, Geschirr, Kelche, Kirchengeräte, Kleider, Pelze, Bettgewand, in der Stadt auf den Markt zu bringen und die Münchner griffen zu und erwarben um Spottpreise, was ihren armen Landsleuten in den letzten Wochen geraubt worden war. Der Kurfürst ließ später eine Untersuchung anstellen und diejenigen strafen, die von seinem Eigentum an sich gebracht hatten. Auch die Brauer machten gute Geschäfte. Schwedische »Markendentler« führten braunes Märzenbier in das Lager hinaus, das anfangs auf den Schwabinger, dann auf den Neuhauser Aengern aufgeschlagen war, und verkauften die »Feldmaß« (= 1½ Maß) um 10 Kreuzer. Am letzten Tage der schwedischen Einquartierung, 6. Juni, wurde auf dem Platze des Altenhofs mit Genehmigung des Königs ein öffentliches Schulfechten zwischen Münchnern und Schweden abgehalten.

Der katholische Gottesdienst ward nicht gestört, wie ja die Schweden im Vertrag von Bärwalde Erhaltung der katholischen Religion zugesagt hatten. Vervaux rühmt, daß die Feinde mit Interesse, ohne Verachtung und Spott, die Zeremonien verfolgten. Der König selbst wohnte wiederholt dem katholischen Gottesdienste bei und ließ sich bei einem Besuche der Michaelskirche mit dem Rektor des Jesuitenkollegs in einen Disput über das Altarssakrament, die Totenmesse und die am Altar des hl.

Ignatius aufgehängten Weihegeschenke ein. Mit Befriedigung verzeichnete der Jesuit, der einen ausführlichen Bericht über den Besuch des Königs hinterlassen hat, zwei Aussprüche desselben: Faule Bäuche bleiben den Jesuiten lieber fern, und: Wenn er ein katholischer Fürst wäre, würde er sich vor allem Jesuiten halten.

Vergleicht man, wie Wallensteins und teilweise auch Maximilians Truppen selbst in befreundeten Städten (Regensburg!) hausten, so kann man nur urteilen, daß sich der schwedische Held in München mild und großartig benahm. Wenn sich das Volk neugierig um ihn drängte, warf er wohl Geld unter dasselbe. Das waren die Münchner von ihrem Fürsten nicht gewöhnt. Aber mit Balde mochten die Gebildeten denken: »Er streute Geld mit trügerischen Händen, als ob das arme Volk durch kurze Güte so langen Jammer weniger empfände!«

Unter all den Städten

Wolfgang Amadeus Mozart

Unter all den Städten, wo ich kampieret,
Viel musiziert und instrumentieret,
In München ich auch einst logieret,
Am Hofe dort fein konzertieret
Opera Idomenea 1780 komponieret,
Wozu in Kurfürst's Brauhaus ich mich
restaurieret
An seinem Bier mich delektieret,
Mit allen Gästen mich primo amusieret
Drum sein Ihnen dieser Spruch auch deduzieret!

3 *Der Markt auf dem heutigen Marienplatz*

Ankunft in München

Christian Friedrich Daniel Schubart

Und nun war ich in München, dieser alten, feierlich prächtigen, von Menschen wimmelnden Stadt, der schon der große Gustav Adolf Räder wünschte, um sie nach Schweden rollen zu können... Eine Derbheit, die dicht an die Grenze der Grobheit streift, fällt dem Ausländer am ersten ins Gesicht... Kein deutsches Volk scheint zum Niedrig-Komischen aufgelegter zu sein als die Bayern und Salzburger. Ihr Scherz ist massiv und erregt nicht Lächeln, sondern hochaufschallende herzliche Lache, ihr Ernst hat vieles von spanischer, lächerlich-steifer Grandezza. Der Pöbel war damals noch im tiefsten Aberglauben versunken, und die Großen schienen über die Religion wenig nachzudenken. Bei dem allen wird man selten in einem Lande eine allgemeinere, heißhungrigere Lehrbegierde antreffen als in Bayern. Auf den sogenannten Dulden oder Messen werden die protestantischen Buchhändler meist ausgekauft. Der gewöhnliche Gesprächsstoff auf Kaffeehäusern, bei Tafeln und in großen Gesellschaften ist literarischen Inhalts. Da ich bald in die besten Häuser eingeführt wurde, so stutzte ich nicht wenig, die Damen des Hofes bei welschen, französischen, auch englischen Schriftstellern anzutreffen und meist ein treffendes Urteil über ihre Leserei von ihnen fällen zu hören. Deutsch lasen sie damals noch wenig; ja ich kannte eine der ersten Damen, die erst aus Geßners mit lateinischen Lettern gedruckten Idyllen deutsch lesen lernte... Ohne Damengunst war damals in München gar nicht fortzukommen. In ihren Händen waren die Preise, die dem Verdienste ausgeteilt wurden...

Da der herrschende Geist in der Tonkunst auch hier welscher Geist war, so erregte es meine Aufmerksamkeit weit mehr, wenn ich bei vielen Gelegenheiten den eignen musikalischen Nationalgeist der Bayern kennenlernte. Man kann nichts Lieblichers, Herzerfreuenders hören als ihre Liedels, wie sie's nennen, die gemeiniglich von Schnurranten allenthalben herumgeleiert wurden. Ihre Weibsleute haben meist sehr angenehme Stimmen und eine eigene, ungemein reizende Manier...

Man drang nun in mich, meine Religion, in der ich geboren und erzogen war, der katholischen aufzuopfern. Aber ein unwiderstehlicher Widerwillen... hielt mich davon zurück. Ich sah zwar manche tugendhafte, edle, große, gottselige Menschen um mich, die vor dem Dornenpfade der Verleugnung und Nachfolge Jesu weniger zu scheuen schienen als viele unsrer Protestanten. Der Gottesdienst war sinnlich, prächtig und nicht selten rührend. So viele Orden und Brüderschaften, die sich durch die Beobachtung der strengsten Ordensregel zur Ausübung der Christenpflichten tüchtig machten, Priester, die den Fußboden des Tempels küßten, tausend zur Barmherzigkeit geöffnete Hände, kniende Sünder vor den Füßen des Priesters, die mich wieder an die Kirchenzucht der apostolischen Zeiten erinnerten; Büßende mit der blutigen Geißel in der Hand – die hallenden zum Gebete für Sterbende auffordernden Glocken, feierliche Leichenzüge, Gebete um die Ruhe und Vollendung der Toten –, herzerhebende Gemälde in Tempeln, Kapellen und Klöstern... – rührten, durchdrangen, durchsägten mein Innerstes.

Von dem Karakter der Eingebornen

Lorenz Westenrieder

Die Männer sind groß, meistens sechs Schuh, und haben eine runde, volle Gesichtsbildung, deren Hauptzüge ein biederes Wesen, und eine einladende Redlichkeit sind. Der Ton ihrer Stimme ist ungesucht, so, wie ihre Bewegungen, und ihr Gang ist bescheiden und männlich. Das Frauenzimmer wird unter das schönste in Deutschland gezählt, und es giebt überhaupt in beyden Geschlechtern, und unter den gemeinsten Ständen die geistreichsten Physionomien, von denen sich bey einer zweckmäßigen Bildung überaus viel Gutes versprechen läßt. [...]

Der wahre eingeborne Münchner, und Baier ist sehr leicht von einem andern wegzukennen. Er ist männlich höflich, und schämt sich, jemand eine Schmeicheley zu sagen, welche der andere nicht verdient, oder woran sein Herz nicht denkt. Er spricht über seine Angelegenheiten ohne allem Umweg, und setzt durch seine Kühnheit den höfischen Fremden in Erstaunen; denn der Eingeborne heuchelt nicht, und wo ihm etwas mißfällt, und Unrecht däucht, sagt ers geradezu, und beurtheilt öffentlich den Vornehmen, wie den Niedern. Er sagt es laut, und ins Gesicht sagt ers ihm. Diese ihm gleichsam angeborne Gewohnheit, den geraden Weg zu gehen, begleitet ihn allenthalben, und er bleibt nicht selten der Gefahr ausgesetzt, dadurch, daß er jemand, der ihn betrügen will, für ehrlich hält, übervortheilt zu werden. Ein ähnlicher Mangel an Welttugenden ist die hergebrachte Bescheidenheit, seines Verdienstes nicht zu achten. Es haben hier ununterbrochen berühmte Künstler und Gelehrte aller Arten gelebt, und sie bemühten sich nicht im geringsten, wie sie bekannt werden möchten, und sind es bey dem Ausland immer mehr, als zu Hause gewesen. Auch ist bey keinem öffentlichen Schriftenbehältniß ein ordentliches Verzeichniß ihrer Namen, und Arbeiten vorhanden; und der Künstler verbeugt sich tiefer, als er sollte. So wird ebenfalls in mechanischen Künsten mit der möglichsten Vollkommenheit gearbeitet, und z. B. die hiesigen Kutschen, Lakirarbeiten, auch wohl Stahlarbeiten etc. werden so geschmackvoll, und treflich, wie in Paris, und London, verfertigt.

Was die Wissenschaften betrifft, so circuliren hier alle Kenntnisse, die der Mensch sich erklärt, oder erfunden hat – ob nur bey Privatpersonen, ob nur in Büchern, oder auch bey Regierungskollegiis, ist hier der Ort nicht, zu entscheiden, ist auch schon entschieden für den, der aus einer Reihe, und dem gewöhnlichen Geist statistischer Handlungen zu schließen weiß. Die Gelehrsamkeit, und das, was man Aufklärung des Verstandes, Verbesserung des Geschmacks, und Erhebung des Karakters nennt, befindet sich, im Ganzen genommen, bey dem Mittelstand. Von diesem wird geschrieben, von diesem wird auch das meiste gelesen, und gearbeitet, und der Unterricht in Künsten und Wissenschaften den übrigen Ständen ertheilt. Die Kühnheit, derer sich die Schriftsteller bedienen, hat stets die Bewunderung des Auslands verdienet, und wechselweise die inländischen Köpfe ermuntert. Man hat hier lange, wie man sagt, vergessen, was eben gegenwärtig nicht weit von uns als eine große Seltenheit, und als die Erscheinung einer mächtigen Aufklärung bewundert wird.

Die Musik gehört zu den Lieblingsfreuden der Einwohner, und in wohlgeordneten Häusern wird sie ohne Ausnahme als ein wichtiges Stück einer guten Erziehung betrachtet. Überhaupt sind sie sehr empfindsam, und weinen herzliche Thränen bey einer tragischen Vorstellung, wozu sie mehr, als zu lachenden Scherzen geneigt sind; daher verfehlt eine geistreiche Anstalt nie ihres Zwecks, und sie hangen mit Wärme und edler Unbeugsamkeit an jeder Einrichtung, oder altem Herkommen, wovon sie überzeugt zu seyn glauben, daß selbe sie alle betrift. Sie sprechen bey gemeinschaftlichen Dingen, als gehörten sie alle zu Einer Familie, und der Name Vaterland ist ihnen heilig, und jeder Flecken, der dazu gehört, ist ihnen wichtig. Sie lieben sehr die öffentlichen Feyerlichkeiten, wo sie Gelegenheit finden, sich versammelt zu sehen, und fröhlichen Herzens zu werden. Bey ihren Lustbarkeiten ist aller Zwang, und alle Verstellung entfernet, und die Lebhaftigkeit, und das gesellige Wesen ziehet jeden in den Kreis ihrer Freuden. Der wahre Eingeborne wird nicht erst hier gegen Fremde offen, und vertraut, er ist dieß zu allen Zeiten, und man darf mit ihm nicht Jahre lang umgehen, um zu wissen, woran man ist. Das Häßliche der Verstellung, und andre sittliche Krankheiten, welche theils der Umgang mit angesteckten Fremden, theils die Lectur mißverstandner oder wirklich schlechter Schriften verbreitet, sind indeß nicht unbekannt; und machen den Reingebliebnen schon kennbarer.

Statistik von München 1784

Johann Pezzl

Man lebt hier sehr wohlfeil, sehr bequem, und sehr frei. [...]

Die Stadt ist eine der schönsten in ganz Deutschland; dieß gesteht ihr jedermann zu. Wir haben eine ganz neue Beschreibung derselben, von einem gelehrten Nationalen selbst verfasset. Aus dieser will ich einige wichtigere und in meinen Plan dienliche Angaben ausheben.

Der Umkreis von München beträgt 5800 gemeine Schritte. Die Stadt hat mit ihren Vorstädten 1676 Häuser und Gebäude. Ich sehe nicht wie man die Gebäude von Nymphenburg, und von dem noch weiter entfernten Schleißheim und Fürstenried dazu rechnen könne, wenn es schon kurfürstliche Lustschlösser sind. Will man sie aber in diesem Betracht zu München zählen, so hat es 1700 Häuser, und diese haben 8829 Feuerstellen. – Die Straßen sind zu Nachts mit 600 Laternen beleuchtet; aber manchmal steht es mit dieser Beleuchtung, wie mit der Aufklärung im Lande. Es giebt große weite Lücken, und tieffe Finsternissen. Die Direktion führt ein Geheimerrathskanzelist, der in Ansehung dieses Amtes den Titel eines Komerzienrathes hat, vermuthlich weil das Komerzienwesen auch noch vieler Beleuchtung bedarf. Doch wollen die Münchner behaupten, daß in den Zeiten, als ein gemeiner Rothmeister das Laternenwesen dirigirte, mehr Licht in der Stadt war, als unter dem H. Komerzienrath.

[...]

Besonders lieben die Münchner auch eine sonderbare Andacht, die man Litaneien heißt. Diese fangen sich zu allen Zeiten so spät an, daß sie erst mit der eingehenden Sonne beschlüßen. Freilich ist dieses die bequemste Zeit, zu welcher der Bürger seiner Litanei abwarten kann. Aber die meistenmale profitiert auch das Gesind auf eine Art davon, welche die Andächtigste nicht seyn möchte. Ein gewisser baierischer Schriftsteller soll gesagt haben, daß es den Meßmern sehr vortheilhaft seyn würde,

4 *Der alte Hof*

wenn sie unter den Kirchthüren einen Büschel Stroh, unter dem sich dann die Kandidaten, und Kandidatinen unter Amors- und Hymänäushuld versammeln könnten, gegen gewisses von verliebten Herzen zu erhebendes Mautgeld errichten dürften. Ich kann aber in dieser Sache nichts sagen, als was ich gehört habe.

Ihr Abscheu von Fleischspeisen an Fasttagen ist unendlich. Der Pöbel ist im gewissen Verstande weniger religiös, als der Bürgerstand, als der niedere und selbst als ein Theil des hohen Adels; er kömmt nur an den Kirchenthüren um zu betteln, und in die Kirche selbst aus Verzweiflung, wenn er hienieden in diesem Jammerthale keine Hilfe und keinen Trost mehr findet.

Das schöne Geschlecht verdient hier dieses Prädikat in allen Absichten. Ich habe noch nirgends so viele schöne Weiber und Mädchen auf einem Haufen beisammen gefunden; versteht sich, in einer Stadt von gleicher Größe und Volksmenge. In allen Volksklassen, von der höchsten bis zum niedrigsten, findet man vollendete Schönheiten.

Auf der Durchreise

Johann Wolfgang von Goethe

6./7. Sept. 1786

Abends um sechse. Nun ist mein Münchner Pensum auch absolvirt, diese Nacht will ich hier schlafen und Morgen früh weiter.

Ich habe die Bildergallerie gesehn und mein Auge wieder an Gemälde gewöhnt. Es sind treffliche Sachen da. Die Scizzen von Rubens zu der Luxenburger Gallerie sind herrlich. Das vornehme Spielwerck, die Colonna Trajana im Modell, die Figuren verguldet Silber auf Lapis lazuli, ich glaube Archenholz spricht davon, steht auch da. Es ist immer ein schön Stück Arbeit.

[...]

Ich wohne auch hier in Knebels Wirtshaus, mag aber nicht nach ihm fragen, aus Furcht Verdacht zu erwecken oder dem Verdacht fortzuhelfen. Niemand hat mich erkannt und ich freue mich so unter ihnen herum zu gehen. Bey Kobeln war ich, fand ihn aber nicht zu Hause.

[...]

Heute früh fand ich eine Frau die Feigen verkaufte auf einer Gallerie des Schlosses, sogleich wurden ihrer gekauft und obgleich theuer drey Kreutzer das Stück, doch die ersten, denen wills Gott mehr folgen sollen. Das Obst ist doch auch für d. 48ten Grad nicht übermäsig gut. Man klagt wie überall über Kälte und Nässe. Ein Nebel, der für einen Regen gelten konnte, empfing mich heute früh vor München, den ganzen Tag blies der Wind sehr kalt vom Tyroler Gebirg, der Himmel war bedeckt. Ich stieg auf den Turm von dem sich die Fräulein herabstürzte und sah mich nach den Tyroler Bergen um. Sie waren bedeckt und der ganze Himmel überzogen. Nun scheint die Sonne im Untergehn noch an den alten Turm der mir vor dem Fenster steht. Lebe wohl.

Der Englische Garten

Carl von Spruner

Den nie erlöschenden Dank Münchens verdiente sich Rumford durch Anlage des englischen Gartens, eines Parkes, wie ihn in solcher Ausdehnung und bei solcher Nähe, wohl keine Stadt Europas mehr aufzuweisen hat.

Vor dessen Anlage fanden die Münchner, wenn sie die Tore ihrer Festungsmauern verließen, um sich im Freien zu ergehen, ringsum nur staubige Wege durch schattenlose Krautgärten und Getreidefelder, deren Einförmigkeit hie und da ein Hopfengarten malerisch unterbrach. Traurige Tannenwälder begrenzten die Aussicht nach drei Himmelsgegenden und nur nach Süden deckte die Höhen bei Harlaching das freundliche Grün der Buchen und Birken, hinter denen die blinkenden Häupter der Alpenkette all' die damals noch unentdeckten Herrlichkeiten der Natur ahnen ließen, welche sie längs jener blauen Bergkette und in deren wundervollen Talgründen so verschwenderisch ausgebreitet.

In und neben dem völlig fessellosen Laufe der Isar unterhalb München, in der sogenannten Hirschau, einer traurigen, weiten Öde, teils mit Sumpf, teils mit endlosem Gerölle bedeckt, teils mit verwahrlostem Erlen- und Weidengestrüpp bewachsen, wurde unter Rumfords Leitung im Jahre 1789 die Anlage des »Theodorparkes« begonnen. Kanäle wurden gegraben, dem Wasser bestimmte Bahnen vorgezeichnet, Dämme aufgeworfen und Wege gezogen und tausende und aber tausende jener Bäume gepflanzt, die jetzt ihre mächtigen Kronen in den blauen Himmel emportragen.

Hier prangt eine weitgedehnte Wiese im saftigsten Grün, welche ein Kranz von Gebüschen in malerischer Schattierung umschließt; dort führt ein tiefschattiger Weg am Ufer eines pfeilschnell dahinschießenden Baches entlang. Seine kräuselnden Wellen werfen die blitzenden Sonnenstrahlen zurück

5 *Das Oktoberfest*

und lassen uns hier die labende Kühle doppelt dankbar genießen.

Alles wimmelt, besonders an schönen Sonntagen, von fröhlichen, geschmückten Wanderern, von Wagen und Reitern, die den hie und da zerstreuten Belustigungsplätzen zueilen, unter denen an gewissen Tagen der vierstöckige, chinesische Turm noch immer neben dem entfernten Aumeister die meiste Anziehungskraft ausüben.

Links, auf sanfter Höhe, begleiten uns die freundlichen Villen der Königinstraße bis gegen Schwabing hinab, da wo früher im sogenannten Schönfeld die ebenfalls durch Rumford angelegten Militärgärten sich ausdehnten, in welchen jedem Soldaten der Garnison ein kleiner Raum zum beliebigen Anbau überlassen war. Ein großer Vorzug dieser Parkanlage ist, daß die Natur hier Herrscherin blieb und nicht wie in Schwetzingen ein buntes Durcheinander von Künsteleien sich jeden Augenblick zwischen den reinen Geist derselben drängt.

Die Länge des Ganzen beträgt bis zum Aumeister anderthalb Stunden, der Flächenraum des eigentlichen, obern englischen Gartens an siebenhundert Tagwerke.

Jeder von Bayerns nachfolgenden Königen machte sich um diesen Glanzpunkt Münchens verdient. Max Joseph ließ durch

den General Werneck den sogenannten Kleinhesselohe-See ausheben und durch Skell eine Menge fremder Gehölzarten anpflanzen. Ihm eine Freude zu machen, legten die Münchner einmal, während seiner fast alle Jahre stattfindenden Abwesenheit in Baden, den Wasserfall an und führten den heimgekehrten König triumphierend an ihr Werk. Die drastische Bemerkung des jovialen Herrn, welche er über die ziemlich mesquine Verschönerung neben dem gebührenden Danke den verblüfften Vätern der Stadt zu hören gab, läßt sich nicht wohl niederschreiben. Auch die schöne Marmorstatue am Eingang des Parks, eine Arbeit von Franz Schwanthaler, dem Vater des berühmten Ludwig, nach dem Anfangsworte der vom Minister Grafen Morawitzky verfaßten schönen Inschrift von den Münchnern gewöhnlich der »Harmlos« genannt, wurde unter seiner Regierung errichtet. König Ludwig I. schmückte den Garten mit schönen Monumenten. Den imposanten Tempel auf künstlicher Höhe, Monopteros genannt, errichtete er dem Andenken des Gründers und seines Vaters; die kolossale Gedächtnistafel am Ufer des Sees widmete er dem General Werneck.

Die Gründung des Oktoberfestes 1810

Ernst von Destouches

Wie die Vermählung des Erben der bayerischen Herzogskrone die Veranlassung zur Einführung der Pferderennen in München gewesen, so sollte die Vermählung des Erben der bayerischen Königskrone die Veranlassung zur Wiedereinführung derselben sein.

Des ersten Königs von Bayern, Maximilian Josephs Sohn, der 1786 zu Straßburg geborene Kronprinz Ludwig, welcher sich in den Kriegen 1807 bis 1809 den Schlachtenlorbeer errungen, feierte am 12. Oktober 1810 zu München seine Vermählung mit der herzoglichen Prinzessin Therese von Sachsen-Hildburghausen.

Die aus diesem Anlasse veranstalteten Festlichkeiten fanden ihren Abschluß am Mittwoch, den 17. Oktober mit einem auf dem weiten Wiesenplan vor dem Sendlingertor abgehaltenen Pferderennen, dem ersten Münchner Oktoberfeste.

[...]

Gerade 8 Tage vor dem ersten Oktoberfeste hatten 60 Gutsbesitzer und Freunde der Landwirtschaft von König Maximilian Joseph die Genehmigung zur Gründung eines Landwirtschaftlichen Vereins in Bayern erhalten, dessen erstes öffentliches Auftreten gewissermaßen in jener Kinderhuldigung beim Feste erblickt werden kann.

Die Verabredungen zwischen den Gründern des Oktoberfestes und dem Zentralkomitee des Vereins hatten aber bald dahin geführt, daß letzteres eine Bekanntmachung erlassen konnte, wonach die »Volksfeier in der Maximilianswoche« fortan alljährlich als »gemeinsames Fest« begangen werden solle.

Sonntagsfreuden im Biedermeier

Josefine von Kaulbach

Der Münchner Bürger führte, als ich jung war, etwa 1810 bis 1820, ein monotones, spießbürgerliches, aber arbeitsames Leben. Der ganze Tag von früh morgens bis abends spät war nur der Arbeit und der Pflicht geweiht; ein Spaziergang an einem Wochentage wäre als ein großer Leichtsinn und frevelhafter Übermut von der ganzen Verwandtschaft besprochen und kritisiert worden. Dagegen liebte der ehrsame Hausvater es sehr, sich abends nach dem Essen noch auf ein Stündchen zu seinen Freunden an den Wirtstisch zu setzen und etliche Gläser oder auch Krüge Bier zu leeren und dabei die wichtigsten Tagesereignisse zu besprechen.

Um 9 Uhr, wenn die Stadttore gesperrt wurden, trennte sich die Gesellschaft; blieben aber einige lockere Gesellen wirklich noch sitzen, so war es um 11 Uhr, wenn die Polizeistunde schlug, die höchste Zeit, durch die dunklen Straßen, mit der Laterne in der Hand, dem sicheren Heim zuzueilen. Der Sonntag war jedoch ganz der Erholung geweiht. Früh ging die Familie zur Kirche, hörte Amt und Predigt mit großer Andacht, dann machte man kleine Gänge durch die Stadt, besuchte den Herrn Vetter, die Frau Goden, erkundigte sich nach dem werten Befinden der Frau Bas und war Punkt 12 Uhr wieder zu Hause am Mittagstisch beisammen. Nach Tisch, während der Vater ein bißchen einnickte, ging die Mutter mit den Kindern zur Vesper, um dann auf dem Kirchhof die Gräber der verstorbenen Freunde und Verwandten aufzusuchen. Auch das Leichenhaus bildete eine große Anziehungskraft für jung und alt. Im Methaus, Metgarten, auch Lebzelter genannt, von denen das beliebteste der Domberger in der Neuhauserstraße war, stärkte man sich mit dem süßen dunklen Met und den herrlichen Lebkuchen.

[...]

Wenn es nun nach langer, gründlicher Beratung gar hieß, wir

gehen nach Schwabing, so war das schon eine große Partie, und wir wurden erst gründlich untersucht, ob unsere Kräfte, vor allem aber unsere Stiefel, einem solchen Unternehmen gewachsen schienen. Das war nun ein Jubel, und gerne wären wir gleich losgestürmt! Einstweilen hieß es aber gesittet neben Vater und Mutter gehen, solange wir noch in der Stadt waren. Gott sei Dank für uns, waren wir bald am letzten Haus und vor der Stadt angelangt; wo nämlich jetzt die Feldherrnhalle steht, war damals ein großes Haus mit einem Muttergottesbild an der Fassade, mit dem Blick gegen Schwabing. Von da an bestand beinahe alles aus Wiesen und Feldern und unbebautem Land. Zur Linken, wo später die schönen Auslagenfenster von Thierry und van Hees – Ecke der Brienner- und Ludwigstraße – den Vorübergehenden so verführerisch einluden, stand auf einem niedrigen bewaldeten Hügel ein kleines Haus, das Schettville-Schlößchen genannt. Rechts die Reitschule, dahinter der Hofgarten mit dem kleinen See, den schönen Schwänen und den herrlichen Anlagen. All diese Pracht war jedoch für die profanen Augen des Münchner Bürgers verschlossen. – Über duftige Wiesen und Felder wanderten wir gegen Schwabing, traten dort in die kleine Kirche, erlabten uns im nahen Wirtshaus mit Bier und Brot, tollten noch tüchtig herum und traten dann nach gründlicher Rast die Heimreise wieder an.

Die Bauten Ludwigs I.

Max Spindler

In keiner deutschen Stadt wurde damals so viel gebaut wie in München. Mit dem Regierungsantritt Ludwigs brach für das Bauhandwerk in Bayern eine Zeit höchster Regsamkeit an. Tausenden wurde Beschäftigung und Verdienst gegeben. Noch lebte man ja nicht im Maschinenzeitalter, noch verteilte sich der Arbeitsprozeß auf viel zahlreichere Hände als heute, noch mußte

6 Ludwig I., umgeben von Künstlern und Gelehrten, im Hintergrund die Glyptothek

die Beförderung des Baumaterials ausschließlich auf den Land- und Wasserstraßen vor sich gehen. An dem doch nicht großen Bau der Glyptothek waren zeitweise dreihundert Arbeiter beschäftigt. In einem salzburgischen Marmorbruch waren sechzig Arbeiter tätig, ihre Zahl sollte verdoppelt werden. Marmor wurde gebrochen im Salzburgischen an zwei Plätzen, in Schlanders in Tirol, im Eichstättischen, im Bayreuthischen. Inn- und salzachabwärts, donau- und isaraufwärts gingen kostbare Marmorfrachten. Noch lange vor der Grundsteinlegung der Walhalla konnte Klenze seinem Herrn einmal melden, daß für den Bau sechstausendzweihundert Marmorblöcke bereitlägen. Ein Heer von Steinbrechern und Steinmetzen, von Maurern und Zimmerleuten, von Schiffern, Fuhrleuten und Transportarbeitern wurde in Bewegung gesetzt. Das Bauprogramm Ludwigs war zugleich ein Sozialprogramm, was nur angedeutet werden kann. Die soziale Seite wurde sehr bewußt gepflegt.

Ludwigs Bautätigkeit erregte Aufsehen in Deutschland und in Europa, lockte Reisende an aus aller Welt. Am meisten staunte man über die Gleichzeitigkeit der Bauten. In dem einen Jahre 1826 wurde der Grundstein zu vier Großbauten gelegt, zur Alten Pinakothek, zur Allerheiligen-Hofkirche, zum Königsbau der Residenz und zum Odeon. Im Jahre 1833 wurde gleichzeitig gebaut am Königsbau und am Festsaalbau der Residenz, an den Hofgartenarkaden, am Blindeninstitut, an der Staatsbibliothek, an der Alten Pinakothek, an der Ludwigskirche, an der Mariahilfkirche in der Au und an der Matthäuskirche. Als Metternich 1837 nach München kam, war er sprachlos über die Kaltblütigkeit, mit der sich Ludwig gleichzeitig an so viele Bauten wagte; sie seien dazu nicht kleinlich, sondern großartig, »tout cela est gigantesque«, so schloß er voll aufrichtiger Bewunderung den Bericht an seine Gattin in Wien.

Das ludovicianische München

Wilhelm Hausenstein

Es gibt drei München: das München der vorludovicianischen und der nachludovicianischen Epoche und das ludovicianische München. Diese Scheidung bietet sich auf die natürlichste Weise dem umherblickenden Auge dar. Schon die unmittelbare Tatsache, daß man, wollend oder nicht, durch unbefangene Einsicht so unterscheiden muß, gibt den Beweis für die Bedeutung der ludovicianischen Aera.

[...]

Man mißt den Umfang des ludovicanischen München mit immer neuem Erstaunen. Mit Karl v. Fischer, dem Schöpfer des Prinz-Karl-Palastes an der Prinzregentenstraße und der ersten Form des Hoftheaters, ist der Münchner Klassizismus eingeleitet. 1815 beginnt der vom Kronprinzen aus dem Paris der letzten napoleonischen Krisen nach München berufene Klenze die Glyptothek. 1819 wird für Eugen Beauharnais das Palais Leuchtenberg in Angriff genommen. Die königliche Reitschule, Privatpaläste, der Basar am Hofgarten, das schöne Kriegsministerium folgen. 1824 beginnt Klenze gegenüber dem Palais Leuchtenberg mit dem Bau des Odeons. Der Architekt des Kronprinzen wird Architekt des Königs. 1826 unternimmt Klenze den schönsten

Bau der Ludwigstraße: das Palais des Herzogs Max. Schlag auf Schlag folgen die alte Pinakothek, die dem Bramante nicht mißfallen hätte, die Nordfront und der dem florentinischen Palazzo Pitti weise nachgebildete Südbau der neuen Residenz (die mit herrlichen Portalen geziert und mit entzückenden Höfen belebte alte Residenz von zwei Seiten umspannend), die der Vorliebe des Königs für ravennatische und römische Basiliken gewidmete Allerheiligenhofkirche, die Propyläen, die Nordfront des Postgebäudes und das schönste Denkmal Münchens: der bronzene Obelisk.

Diese Schöpfungen Klenzes sind aber nur die Hälfte des ludovicianischen München. Neben dem feinen, dogmatischen, das wohl und weit geformte Joch der Klassik mit unbeirrtem Adel tragenden Niedersachsen Klenze erhebt sich die im Grunde nicht produktivere, aber elastischere und buntere Persönlichkeit des Rheinländers Gärtner. Er errichtet dem König die großartige

7 *Einzug der Universität in München 1826, sie wurde zuerst im Jesuitenkolleg neben St. Michael untergebracht*

Bibliothek, das Blindeninstitut (die einzige etwas lieblose Architektur der Ludwigstraße), die schöne Salinenadministration – die mit der Bibliothek zusammen die Frage erzwingt, weshalb in München an Stelle des Rauhverputzbaues nicht eine Tradition der Ziegelarchitektur entstand, umso mehr als die Frauenkirche und das nahe Landshut in diese Richtung weisen; Gärtner baut die Ludwigskirche, die Universität, das Georgianum, das Max-Josefstift, das Siegestor, die Feldherrnhalle und den roten Wittelsbacher Palast an der Briennerstraße.

[...]

Die Geste des Königs greift über München hinaus – das zeitgenössische Schema so recht eigentlich in München zusammenfassend: er schickt Klenze und Gärtner nach Athen, damit sie seinem Sohn Otto, dem griechischen König, zur Seite treten, entläßt Klenze nach Petersburg, damit er auch dort die in München mustergültig verwirklichten Bauideale erweise, stellt Klenze an der Donau die Bauaufgabe der Walhalla und der Befreiungshalle, wird Bauherr einer jedenfalls empfundenen Restauration der Dome von Regensburg, Bamberg und Speyer.

[...]

Wie dem gewesen sei: das Werk ist da. Nicht bloß, daß Propyläen und Walhalla an herrlichen südbayerischen Junitagen das weise Griechenland unserer Jugendträume in den blauesten deutschen Himmel halten, um Segen zu empfangen; sondern dies alles ist ganz einfach auch unsere unmittelbare Wirklichkeit. So und nicht anders ist das Wort wahr, das der merkwürdige Mann gesagt hat: »Ich will aus München eine Stadt machen, die Deutschland so zur Ehre gereichen soll, daß keiner Deutschland kennt, wenn er nicht München gesehen hat.« Er hätte sagen können: die Welt. Eine Frage jedoch an uns: wo sind heute ebenbürtige Wirkungen solcher Überlieferung?

Die neue Ludwigsstraße

Moritz Hauptmann

1. Dezember 1836

In München ist viel und doch auch etwas sonderbares Treiben. Die neue Ludwigsstraße ist eine Musterkarte von Geschmäkkern, griechisch-römisch, byzantinisch, gotisch. Die Bibliothek ist der venetianische Palast in Rom, die Residenz der Palazzo Pitti in Florenz, die Allerheiligenkapelle eine vorgotische Basilika. Der Residenz gegenüber die Post ist nach der vor einiger Zeit entstandenen Meinung, die altgriechischen Gebäude und Statuen seien bunt angemalt gewesen, polychromisch ausstaffiert. Nun ist's aber seit der Zeit gehörig widerlegt, unsre bunte Post bleibt aber natürlicher Weise stehen bis sie der Regen wieder griechisch weiß gewaschen hat. Es ist sehr viel schönes und hübsches dabei und darum mag man's nicht tadeln, und kann's doch auch nicht recht von Herzen gut finden, weil's nicht wahr ist. Was in aller Welt sollen denn die Schießscharten auf der Bibliothek in München? Die Florentiner im 14. und 15. Jahrhundert hatten ihre guten Gründe dazu. In Nürnberg ist's zu entschuldigen und zu billigen, wenn kleine öffentliche Bauten wie Brunnen und dergleichen gotisch gemacht werden; mir sollen sie nur mit den gotischen Wohnhäusern wegbleiben, wo man doch am Ende mit einem neumodischen Frack zum Fenster herausguckt. [...]

In der Glyptothek ist eine Geschichte der Skulptur aufgestellt von den ältesten ägyptischen Sachen bis auf die letzten griechischen und dann auch ein Saal mit Sachen von Canova und andern neueren. Aber diese moderne Sentimentalität in Stein ist doch kaum auszuhalten, ich hab's nicht aushalten können nach jenen gesunden naiven Sachen – das Neue kommt einem dagegen vor wie ein Wachsfigurenkabinett.

Reisebilder

Heirich Heine

München nämlich ist eine Stadt, gebaut von dem Volke selbst, und zwar von aufeinander folgenden Generationen, deren Geist noch immer in ihren Bauwerken sichtbar, so daß man dort, wie in der Hexenszene des Macbeth, eine chronologische Geisterreihe erblickt, von dem dunkelrohen Geiste des Mittelalters, der geharnischt aus gotischen Kirchenpforten hervortritt, bis auf den gebildet lichten Geist unserer eignen Zeit, der uns einen Spiegel entgegenhält, worin jeder sich selbst mit Vergnügen anschaut. In dieser Reihenfolge liegt eben das Versöhnende; das Barbarische empört uns nicht mehr und das Abgeschmackte verletzt uns nicht mehr, wenn wir es als Anfänge und notwendige Übergänge betrachten. Wir sind ernst, aber nicht unmutig bei dem Anblick jenes barbarischen Doms, der sich noch immer, in stiefelknechtlicher Gestalt, über die ganze Stadt erhebt und die Schatten und Gespenster des Mittelalters in seinem Schoße verbirgt. Mit eben so wenig Unmut, ja sogar mit spaßhafter Rührung betrachten wir die haarbeuteligen Schlösser der spätern Periode, die plump deutschen Nachäffungen der glatt französischen Unnatur, die Prachtgebäude der Abgeschmacktheit, toll schnörkelhaft von außen, von innen noch putziger dekoriert mit schreiend bunten Allegorien, vergoldeten Arabesken, Stuckaturen und jenen Schildereien, worauf die seligen hohen Herrschaften abkonterfeit sind: die Kavaliere mit roten, betrunken nüchternen Gesichtern, worüber die Allongeperükken, wie gepuderte Löwenmähnen, herabhängen, die Damen mit steifem Toupet, stählernem Korsett, das ihr Herz zusammenschnürte, und ungeheurem Reifrock, der ihnen desto mehr prosaische Ausdehnung gewährte. Wie gesagt, dieser Anblick verstimmt uns nicht, er trägt vielmehr dazu bei, uns die Gegenwart und ihren lichten Wert recht lebhaft fühlen zu lassen, und wenn wir die neuen Werke betrachten, die sich neben den alten erheben, so ists, als würde uns eine schwere Perücke vom Haupte genommen und das Herz befreit von stählerner Fessel. Ich spreche hier von den heiteren Kunsttempeln und edleren Palästen, die in kühner Fülle hervorblühen aus dem Geiste Klenzes, des großen Meisters.

Daß man aber die ganze Stadt ein neues Athen nennt, ist, unter uns gesagt, etwas ridikül, und es kostet mich viel Mühe, wenn ich sie in solcher Qualität vertreten soll. Dieses empfand ich aufs tiefste in dem Zweigespräch mit dem Berliner Philister, der, obgleich er schon eine Weile mit mir gesprochen hatte, unhöflich genug war, alles attische Salz im neuen Athen zu vermissen.

»Des«, rief er ziemlich laut, »gibt es nur in Berlin. Da nur ist Witz und Ironie. Hier gibt es gutes Weißbier, aber wahrhaftig keine Ironie.«

»Ironie haben wir nicht« – rief Nannerl, die schlanke Kellnerin, die in diesem Augenblick vorbeisprang – »aber jedes andre Bier können Sie doch haben.« [...]

Der Ort, wo dieses Gespräch stattfand, heißt Bogenhausen oder Neuburghausen oder Villa Hompesch oder Montgelasgarten oder das Schlössel, ja man braucht ihn nicht einmal zu nennen, wenn man von München dort hinfahren will, der Kutscher versteht uns schon an einem gewissen durstigen Augenblinzeln, an einem gewissen vorseligen Kopfnicken und ähnlichen Bezeichnungsgrimassen. Tausend Ausdrücke hat der Araber für ein Schwert, der Franzose für die Liebe, der Engländer für das Hängen, der Deutsche für das Trinken und der neuere Athener sogar für die Orte, wo er trinkt. Das Bier ist an besagtem Orte wirklich sehr gut, selbst im Prytaneum, vulgo Bockkeller, ist es nicht besser, es schmeckt ganz vortrefflich, besonders auf jener Treppenterrasse, wo man die Tiroler Alpen vor Augen hat. Ich saß dort oft vorigen Winter und betrachtete die schneebedeckten Berge, die, glänzend in der Sonnenbeleuchtung, aus eitel Silber gegossen zu sein schienen.

Es war damals auch Winter in meiner Seele, Gedanken und Gefühle waren wie eingeschneit, es war mir so verdorrt und tot zumute, dazu kam die leidige Politik, die Trauer um ein liebes gestorbenes Kind und ein alter Nachärger und der Schnupfen. Außerdem trank ich viel Bier, weil man mir versicherte, das gäbe leichtes Blut. Doch der beste attische Breihahn wollte nicht fruchten bei mir, der ich mich in England schon an Porter gewöhnt hatte.

Endlich kam der Tag, wo alles ganz anders wurde. Die Sonne brach hervor aus dem Himmel und tränkte die Erde, das alte Kind, mit ihrer Strahlenmilch, die Berge schauerten vor Lust, und ihre Schneetränen flossen gewaltig, es krachten und brachen die Eisdecken der Seen, die Erde schlug die blauen Augen auf, aus ihrem Busen quollen hervor die liebenden Blumen und die klingenden Wälder, die grünen Paläste der Nachtigallen, die ganze Natur lächelte, und dieses Lächeln hieß Frühling.

Studentenunruhen

Johann Andreas Schmeller

25. Dezember 1830

Vor dem Schlafengehen etwas nach zehn Uhr hatte ich noch einen frohen Blick aus meinen Fenstern gethan auf die schöne mondbeleuchtete Partie zwischen stattlichen Häusern bis zum Carlsthor und der neuen protestantischen Kirche. Nicht dachte ich, daß hier, eine halbe Stunde später, die ich, auf die religiösen Schauer eines mitternächtlichen Gottesdienstes nicht mehr begierig, in tiefem Frieden verschlief, eine Reihe zum Theil blutiger Unruhen beginnen sollte.

Einige Studenten hatten, wie dieses in Würzburg in dieser Nacht etwas gewöhnliches seyn soll, mit sogenannten Rätschen die Straße durchzogen. Gendarmen, denen dieß eine policeywidrige Entweihung der heiligen Nacht geschienen, hatten zweyen der Rätscher die Policeykarte abgefordert, was gegen Studenten statt körperlicher Arretierung gilt. Die Studenten hatten die

Karte verweigert und waren nun mit Gewalt auf die Wache am Carlsthor gebracht worden.

Die übrigen Rätscher ließen nun eiligst in den naheliegenden Kneipen das Burschen 'raus! erschallen. Hunderte strömten herbey, die gefangenen Brüder mit Gewalt zu befreyen. Die Wachmannschaft verlangte und erhielt Verstärkung von der Hauptwache, selbst Cuirassiere fand man nothwendig. Es wurde durch diese militärische Demonstration nur Übel ärger [!]. Neugierige Nichtstudenten vermehrten den Haufen. Es kam der neue Policeydirector Menz, wie auch der Rector magnificus Allioli auf den Platz. Beide hielten begütigende Anreden, aber erst, als die Gefangenen wirklich entlassen wurden, und Genugthuung für die vermeintliche Beeinträchtigung studentischer Rechte zugesichert war, legte sich der Tumult.

[...]

Erbittert, wie es scheint, durch Arretierungen von Studierenden in Folge der Christnachtauftritte, hatten sich am vorgestrigen Abend spät Haufen von Studenten in drohender Stellung vor der Hauptwache versammelt. Sie wurden durch anreitende Cuirassiere, die ihre Pferde bis unter die Bogen spornten, auseinander gesprengt. Dabey sollen Studenten verwundet worden seyn.

[...]

29. Dezember

Auf heute hatte der Rector Allioli die Studenten zu einer Rede, die er halten wolle, in die Aula bestellt. Sie wurde wieder abgesagt. Der akademische Senat hatte den ganzen Morgen berathschlagt. Man hatte vielleicht gefunden, daß der derzeitige Rector zu wenig der Mann sey, der auf die exaltierte Jugend zu wirken vermöge und verstehe, und daß er vielleicht das Übel nur verschlimmern würde.

Dagegen hat Schelling, auf eigene Faust diesen Abend in der Aula Worte der Beruhigung gesprochen, die von der zahlreichen Zuhörerschaft mit wiederholten Bravos und Lebehoch's entgegengenommen worden sey.

8 *Sonntagnachmittag am Chinesischen Turm*

Auf meinem nachmittäglichen Spaziergang, der mich über den Anger führte, bemerkte ich ungern einen Bürgergrenadier als Schildwache vor dem Hofe, in welchem Armatur- etc. Requisiten aufbewahrt sind, und gleich gegenüber vor dem städtischen Zeughaus einen andern Posten in der Uniform der bürgerlichen Artillerie. Bey den Unruhen, die jetzt in allen Ländern ringsum an der Tagesordnung sind, figurieren überall solche Bürgersoldaten. Der Anblick weckt unwillkürlich den traurigen Gedanken eines ähnlichen, und nicht blos studentischen Aufstandes.

Man hatte, so höre ich, gefürchtet, die Studenten möchten sich des bürgerlichen Zeughauses bemächtigen!!

Die junge Kunstpflanzung

Friedrich Wasmann

Ich fand ein passendes Quartier im Mariengäßchen am Isartor, wo damals noch der alte Turm, der sogenannte »Lueg ins Land«, stand, anstatt der neuen Triumphpforte mit dem von dem Maler Neher in Fresko gemalten Einzug Ludwig des Bayern. Die Kunst hatte erst angefangen, ihre verschönernde Hand an die Hauptstadt zu legen. Die meisten Straßen trugen noch das schlichte Äußere des alten Bürgertums, und über den Türen der Handwerkshäuser las man auf den Schildern das unvermeidliche »bürgerlich« dem Lebzelter, Salzstößler usw. vorangesetzt. Sprache und Sitten waren damit im Einklang, auch die Einfachheit und Wohlfeilheit der Lebensmittel. Treffliches Bier verlangte der Tagelöhner ebenso unverfälscht zu trinken als der Bankier, da es mit einem Stück guten Brotes oft die einzige Nahrung der ärmeren, schwer arbeitenden Volksklasse ausmachte; und diese Gleichheit der notwendigsten Bedürfnisse gab der ganzen Masse der Bevölkerung einen Anschein von Behäbigkeit und ließ den Unterschied der Stände nicht so grell hervortreten.

Man sah in den Bräuhäusern Studenten, Soldaten, reiche Bürger, Handwerksburschen und elegante Herren gemütlich nebeneinander sitzen. Gutes Bier war die Losung, und München war damals auch wegen seiner Naturwüchsigkeit und Wohlfeilheit ganz besonders das Eldorado für die Künstlerwelt.

Auf diesem katholischen Boden wuchs, von der Sonne der Fürstengunst beschienen, die junge Kunstpflanzung unter Cornelius empor. Die Großmut des Königs Ludwigs I. ermöglichte es diesem Meister, den alten Sauerteig auszufegen, mit gleichgesinnten Männern eine neue, auf Wahrheit und Geschichte gegründete Richtung anzubahnen und die Adlerschwingen des Genius zu entfalten. Es war dies kein leichtes Unternehmen, nachdem die Tradition aus den Herzen der Völker entrückt, die Kunst ein Monopol der gebildeten Welt in Gestalt der Akademie mit konventionellen Formen geworden war und es in Frage steht, ob sie je wieder Sache des christlichen Volkes und wie in alten Zeiten demselben verständlich werden kann. Diese Männer arbeiteten und kämpften wie Riesen, Erstaunliches leistend. [...]

Aber nicht für Künstler allein, auch für andre, nach gleichen Zielen strebende Geister war die Regierung des großen Königs ein irdisches Paradies und die Blütezeit der christlichen Romantik. Es war eine Vereinigung von Männern, die, in gemeinsamem Ringen für Wahrheit und Religion begeistert, in einem angemessenen, großen Wirkungskreis, verbunden mit einer behaglichen Existenz lebten.

Wissenschaft und Kunst

Ludwig Fernau

Das kleine Haus des Görres ist in einem sorgsam gepflegten und, wie es scheint, von den Bewohnern geliebten Gärtchen an der Schönfeldstraße fast gegenüber dem Kriegsministerium gelegen. Hier schrieb der Mann des »Rheinischen Merkur« und »Deutschland und die Revolution« seinen donnerrollenden Athanasius. So ziemlich allgemein wird der fünfundsechzigjährige Verfasser der »Mystik« als das Haupt der ultramontanen wissenschaftlichen Partei betrachtet und, wie von seinen Gegnern maßlos angefeindet, so wird er von diesen seinen Verehrern enthusiastisch angestaunt. So lange Görres in München ist (seit 1827) empfängt er jeden Sonntag abend regelmäßig einen kleinen Kreis vertrauter Freunde, größtenteils Kollegen an der Universität, als Philipps, Döllinger, von Ringseis, Moy, Arndts, Cl. Brentano, Höfler nebst einigen Geistlichen. Auch sein Sohn Guido, seine Gattin, Tochter und mehrere liebenswürdige Frauen sind zugegen. Sehr häufig findet man hier Fremde von Auszeichnung, Künstler und Gelehrte von verschiedenen Fär-

9 Die Neue Pinakothek, erbaut 1846 bis 1853, die Außenbemalung war von Wilhelm von Kaulbach

bungen der politischen und kirchlichen Meinung und der religiösen Empfindung. Der Abend wird beim Tee in ernsten und heiteren Gesprächen zugebracht; Görres entwickelt im Umgange ein ungewöhnliches Wissen und eine geprüfte, vielbewegte Lebenserfahrung. Seine Sprache zeigt an ihm, ohne daß er Verse gemacht hätte, einen der poetischen Geister der Neuzeit und ist in der Tat zu bilderhaft, um allen völlig zum Bewußtsein zu dringen. Nach dem Tee begibt sich die Gesellschaft – auch die anwesenden Fremden werden mit großer Liberalität dazu eingeladen – in das Speisezimmer, um an dem Abendessen teilzunehmen. Es herrscht kein fühlbarer Zwang, und treuherzig spricht sich der Charakter des alten Professors aus, der im Kreise seiner Familie und seiner viel jüngeren Kollegen wie ein Patriarch erscheint. Dies ist ein Bild von Görres, wie er zu Hause, nicht wie er auf dem Katheder oder im öffentlichen Leben und Wirken erscheint. Wen Interesse zu dem Manne hinzieht, der kann ihn öfter mit ernstem Aussehen in seinem Hausgärtchen auf- und abwandeln sehen.

Auch Schelling empfängt am liebsten des Sonntags; dort findet sich mehr, wenn auch nicht ausschließlich, protestantische Gesellschaft und vornehme Welt ein. Kaum geht ein Fremder von

Namen und Ruf durch, ohne den großen berühmten Mann gesehen zu haben, der anspruchslos, aber voll edler Haltung im äußeren Benehmen, stets ruhig, tief, klar und verständig in allen seinen Bemerkungen ist. Thiersch hat unter allen hiesigen Gelehrten von höherer Bedeutsamkeit am meisten das, was man maison ouverte nennt; er selbst erhält mit beredtem Geiste das Gespräch immer lebendig und nimmt großen Anteil an den Fragen des Tages und der Politik. Herr von Martius, der Chemiker Vogel und die Gebrüder Boisserée empfangen gleichfalls interessante Besuche und heißen Fremde mit Gastlichkeit willkommen. Hier ist insbesondere die Kunst, dort die Naturwissenschaft und Reisebeschreibung geistreich und anmutig vertreten, und wer diese gelehrten Abendzirkel besucht, darf sicher annehmen, mit den ersten Zelebritäten der Wissenschaft in Europa nach und nach bekannt zu werden. [...]

Die schönsten jungen Leute, die kräftigsten Charaktere und – die besten Stimmen sind unter den Malern. Ihr Gesang ist eine herrliche Arabeske im Münchener Künstlerleben. Regelmäßig erschallt er in einem Nebensaale des Englischen Kaffeehauses, wo an sechsunddreißig Kunstzöglinge sich unter dem Namen: »Neu-England« zu einer heitern Abendgesellschaft konstituiert haben. Von Zeit zu Zeit gibt es eine ihren Standesgenossen und Freunden gewidmeten Produktion; auch kann man diese frische Sängerschar bei feierlichen Anlässen, Cornelius-Fest, Gärtner-Diner, bei Künstler-Maskenbällen und Banketten zu hören bekommen.

[...]

Unvergeßlich allen sind jene lebenskräftigen Bilder der Vergangenheit, die Maskenzüge der Künstler im königlichen Hoftheater (1838 und 1840), die Gestalten aus Wallensteins Zeit und Lager, noch mehr aber der Einzug des Kaisers Maximilian I. in Nürnberg, wobei über 300 Personen, Bürger und Gefolge des Kaisers, Mummenschanz und Meistersänger, die berühmten Künstler, Gelehrten, kaiserlichen Räte, Kriegsobristen und Feldhauptleute aus der ersten Hälfte des 16. Jahrhunderts, von

Künstlerhand wieder an's Licht gerufen, erschienen. Die deutschen Maler aus dem Zeitalter König Ludwigs des Ersten haben sich in der großen Mehrzahl den Toiletten-Formen der Gegenwart entrückt; sie sind herrschend geworden und haben sich auf Natur, Geschichte und Romantik zurückgezogen. Die gefeierten *Künstler*-Bälle (1827–33), zuerst im »Bauhof«, hierauf im Hotel zum schwarzen Adler, dann im großen Odeonssaale gehalten, wozu die Elite der hiesigen Gesellschaft eingeladen war, wo die gesamte Königliche Familie sich zeigte, können jetzt nicht mehr stattfinden, der Ton der Salonswelt, dem sich die Stifter und Chorführer unterwarfen, ist bei dem starken Volke unbeliebten Andenkens geworden. [...]

Die meisten Maler haben hier nur ein kleines Atelier oder Studio, wie die teure Rückerinnerung an römischen Aufenthalt sagt: dieses wird in der Regel von Einheimischen und Fremden nur mit besonderer Introduktion besucht. Jedermann geöffnete Ateliers haben der Hofmaler Kaulbach, die Bildhauer Schwanthaler, Leeb, Schöpf, Schaller und der Erzgießer Stiglmayr. Selbst bei Stieler, bei Peter Heß bedarf es gewöhnlich für den Unbekannten einer besonderen Einführung. Die Ursache liegt auch darin, daß die besseren Maler hier höchstens ein oder zwei Bilder zu gleicher Zeit auf der Staffelei haben, sohin daß es wenig zu sehen gibt. Die dreißig Kunstvereine in Deutschland beschäftigen die Münchener Maler so sehr, daß leider viele, darunter die vorzüglichsten, nur selten den hiesigen Kunstverein mit einem Gemälde beschicken. [...]

Kömmt der Sommer, so durchstreifen die meisten das bayerische Hochgebirge von der Zugspitz bis zum hohen Staufen, von Partenkirchen bis an den Chiemsee und über Tirol oder Salzburg bis an die nicht ferne italienische Grenze, bis an den Gardasee hinab. Wenn man die Zahl berühmter und namhafter Künstler in München auf 120 festsetzen darf, so mögen mit den Mittelmäßigen, mit den Pygmäen, Zöglingen und Elementarschülern in der Kunst wohl gegen 400 sein.

10 *Die Ludwigstraße beim feierlichen Einzug der Prinzessin Marie von Preußen anläßlich ihrer Vermählung mit Kronprinz Maximilian, dem späteren König Max II., am 11. Oktober 1842*

Kranke Schweizer

Gottfried Keller

18. Mai 1840

Endlich bin ich angekommen in dem gelobten Lande. [...]

Ich befinde mich sehr wohl hier, man kann über die Straße gehen, ohne daß man von allen Seiten begafft oder für stolz ausgeschrieen wird. Kein Mensch achtet auf den andern; alles geht bunt durcheinander; kommt man aber mit den Leuten in Berührung, so sind sie höflich und gefällig, nur die Weibsbilder von der bürgerlichen Klasse sind ungemein roh. Sie fluchen und schimpfen wie bei uns die Stallknechte und sitzen alle Abend in der Kneipe und saufen Bier. Sogar die nobelsten Damen gehen ins Kaffeehaus und trinken da – nicht Kaffee, sondern so zum Spaß eine Maß Bier bis zwei.

[...]

27. Juni

Überhaupt sind sehr viele Schweizer hier krank, und meistens sehr gefährlich am Nerven- und noch mehr am Schleimfieber. Die Münchner sagen zwar, wenn einer gleich anfangs sich ans Biertrinken halte, so werde man weniger krank, und das habe ich mir hinter die Ohren geschrieben. Indessen ist das Klima sehr ungesund hier; wenn den ganzen Tag die unerträgliche Hitze ist und es regnet ein wenig auf den Abend, so tritt auf einmal empfindliche Kälte ein; und die meiste Zeit über herrscht hier feuchtes, kaltes Wetter. Daher trägt man hier die Mäntel den ganzen Sommer hindurch, und ich bin sehr froh über den meinigen.

Jacob Grimm

Johann Andreas Schmeller

8t. October (Sonntag) 1843

Ich sitze am einsamen Mittagstische, da läßt sich ganz bescheiden melden

»Professor Jacob Grimm aus Berlin.«

Im braunen Reise-Paletot mit schwarzverbrämter Mütze tritt er ins Kämmerlein, nimmt Platz auf dem schmalen Kanapee, kostet den Rand eines Zwetschgenkuchens und ein Gläschen von dem 1831ger Ungsteiner, macht mich selber aber vergessen auf alles Essen und Trinken.

[...]

Ich lief auf seinen Wunsch in Wind und Staub hinaus auf die Theresienwiese, wo aber das Rennspektakel bereits vorüber war. Auf dem Wege dahin begegnete uns Lichtenthaler. Dann zu Görres, seinem Bekannten von 1805 her, dessen Haus- resp. Gartenthüre aber verschlossen war und blieb. Auf einem weiteren Gang ans Ende der Ludwigsstraße und zurück begegnete uns Görres selber. Auf Wiedersehen morgen in der Bibliothek! So ließ ich ihn mit dem ältern Bekannten, ob noch jetzt gleichgesinnten zweifle ich.

9t. October (Montag).

[...] Grimm kam oder vielmehr er war schon gekommen aber vom Director, der ihm die Bibliothek zeigte, bisher in Beschlag genommen. Er sagte uns den erbetenen Tag zu. [...]

Grimm besah sich flüchtig den von mir neu eingerichteten Cimeliensaal, aus dem er sich als größten Schatz den Benedictbeurer Cod. 160 a (die lateinischen und deutschen Lieder des Galtherus, den er für Walther v. d. Vogelweide selbst hält) auf mein Zimmer mitnahm, um Auszüge zu machen.

[...]

10. October.

Den Morgen brachte der Gast auf meinem Sitz in der Bibliothek über dem Waltherischen Liederbuch zu. Ich legte, um zu Red und Antwort immer bereit zu seyn die blauen Quartblätter über die Autores graeci der Bibliothek in das allgemeine alphabetische Repertorium ein.

[...]

11. October.

Um 9 Uhr kam Jacob nochmal auf die Bibliothek, wo ihm Föringer den Rector Beilhack, der den seltnen Mann kennen zu lernen gewünscht, vorstellte. Es regnete. Grimm war auf 10 Uhr zu Bettina bestellt, um mit ihr die Pinakothek zu sehen. Auf dem Wege besuchte er Oldenbourg in der literarisch artistischen Anstalt. Vor dem Gasthof nahm ich vorläufig Abschied.

[...]

12. October.

Um 9 Uhr brachte Neumann zu mir auf die Bibliothek – die in ihrer Art einzige Bettina. Mich, nicht die Bibliothek sey sie gekommen zu sehen. Wohl ein Stündchen saß sie mir gegenüber erzählend von ihrer ersten und spätern Begegnungen mit dem Kronprinzen jetzt König von Bayern, in welchen allen er nicht als ein gewöhnlicher steifer Fürstenmensch erscheint.

Graf Pocci

Maximiliane von Arnim

Am 18. Oktober war Liszts erstes Konzert im Odeonsaal. Sein Spiel erregte Berliner Enthusiasmus. In der Pause kam der König auf uns zu, um die Mutter zu begrüßen. Auch wir wurden ihm vorgestellt, und er fragte mich wohl fünfmal nach meinem Vornamen und beruhigte sich erst, als ich ihm sagte, daß auch meine Großmutter »Max« genannt worden sei. Dann wurden wir auch der Königin präsentiert. Nach dem Konzert war eine kleine Feier für Liszt, an der auch Herr von Ringseis und Franz Lachner teilnahmen, der uns die nächsten Lieder, die er komponieren werde, vorsprach, nachdem wir ein paar von unseren Volksliedern hatten singen müssen. Liszt gab dann auch bei sich kleine Abende, bei denen er spielte und Armgart seine Lieder sang. Mir tat immer der arme Bethlen leid, der Höllenpeinen litt, wenn er die offenen Huldigungen sehen mußte, die der in Armgart verliebte Liszt ihr fortwährend darbrachte.

Bei dem Konzert hatte auch Graf Pocci, der Zeremonienmeister des Königs, sich uns vorstellen lassen. Die Bekanntschaft mit diesem lieben, edlen Mann, der mir eine rührende, reine Neigung entgegenbrachte, ist für mich das wertvollste Erlebnis jener Münchener Zeit. Er war ein genialer Mensch: Zeichner, Dichter, Komponist zugleich. Sein Interesse für mich erwachte, als er bei seinem ersten Besuch bei der Mutter mich gerade beim Zeichnen fand; er setzte sich neben mich und zeichnete mir die Staffagen in meinen Landschaften. Dann sagte er: »Da möchte ich Ihnen doch gleich einiges in der Pinakothek zeigen«, und zur Mutter gewandt: »Fahren Sie doch jetzt gleich mit mir dahin!« Und der Herr Zeremonienmeister des Königs genierte sich nicht, auf den Dienersitz hinten auf seinen Wagen zu steigen und mitten durch die Residenz mit uns nach der Pinakothek zu fahren.

Aus diesem Anfange hat sich dann eine herzliche Freundschaft entwickelt. Graf Pocci hat mir bis an sein Lebensende liebe, geistvolle Briefe geschrieben und alles, was er veröffentlichte, seine selbstillustrierten Märchen- und Jugendbücher, auch die hübschen, von ihm neu erweckten Krippen- und Puppenspiele, zugesandt. Nur ein Wiedersehen wünschte er nicht – so schön, schrieb er mir, könne es doch nicht wieder werden, und er wolle sich ein unvergeßliches Idealbild bewahren. Pocci war damals schon längst mit einer österreichischen Gräfin vermählt, die wir, da sie auf dem Lande war, nicht kennengelernt haben; sie soll aber, wie ich von anderen hörte, für das Künstlertum ihres Gatten wenig Sinn gehabt haben.

Pocci war bald von uns unzertrennlich. Er führte uns zu Kaulbach in dessen bezaubernd romantisches Atelier, in dem wir dann noch mehrmals waren, da der Meister Armgart und mich zu zeichnen begehrte. Wir besuchten Schwanthaler bei seiner Arbeit an der Form der Bavaria, in deren gewaltigen Kopf ich sogar hineinklettern durfte. Wir gingen zu Rottmann und bewunderten seine griechischen Fresken, an denen er gerade arbeitete. Uns zuliebe und Liszt zu Ehren veranstaltete Pocci eine große Künstlerfahrt nach seinem Schloß Ammerland am Starnberger See. Von da führte uns Rottmann den Berg hinauf zu einer herrlichen Aussicht auf den See und die Alpen; hier haben ihm nach seinem Tod (1850) die Freunde ein schlichtes Denkmal errichtet, und der Aussichtspunkt heißt heute noch die »Rottmannshöhe«.

Der Guß der Bavaria

Ferdinand Feldigl

Neben der Erzgießerei erhob sich schon seit einigen Jahren ein Bretterturm. In demselben arbeitete Ludwig von Schwanthaler an der Bavaria. Er war der Sohn eines Tiroler Bildhauers, der in München 1818 verstorben war. Cornelius und Klenze hatten bald die großen Talente Schwanthalers erkannt und ihn nach wärmsten Empfehlungen beim König zu ihren Arbeiten für denselben hinzugezogen. Die Reliefs aus der Iliade für die Glyptothek, ein großer Fries im Palaste des Herzoges Max, der Fries im Barbarossasaal und die Entwürfe für die Gemälde aus der Odyssee in dem Festsaalbau der Residenz wurden von ihm gefertigt und soeben war die Aufstellung der Statuen der zwölf Ahnen des Königs im Thronsaal glücklich vollendet worden. Die Bavaria sollte nicht nur das größte Meisterwerk Schwanthalers werden, sondern künstlerisch wie in ihren Maßen eines der größten Denkmäler aller Zeiten. Die Größe der Bavariafigur für sich ist heute noch durch keine andere erreicht worden. Schwanthaler, gewohnt und stets bis zur Ängstlichkeit bemüht, nur das Beste in seinen Werken zu geben, konnte sich mit Umänderungen

11 *Die Montierung der Bavaria in der Königlichen Erzgießerei*

und Verbesserungen an der Bavaria nicht genug tun. Immer und immer half er da und dort wieder nach, bis ihm alles paßte und gefiel. So vergingen Jahre bis zur Vollendung des Bavariamodells und Meister Stieglmaier erlebte den Guß nicht mehr. Er lag ganz in den Händen Millers.

Dieser hat die Hauptmomente dieses Gusses selbst in seinen Tagebüchern so lebhaft und packend beschrieben, daß jede Nacherzählung den großen Eindruck der Schilderung der verschiedenen bedeutsamen, oft aufs höchste aufregenden Momente nur schwächen würde. Lassen wir also den Meister selbst reden:

»Es war am 11. September 1844, als zwei dicke Rauchsäulen aus den Kaminen der Gießerei gerade gegen den Himmel aufstiegen und verkündeten, daß heute ein großer Guß stattfinden werde. Ja, es sollte heute nicht allein das erste Stück der Bavaria, der Kopf derselben, es sollte auch mein erster großer Guß geschehen. Das Erz war flüssig im Ofen wie Wasser, viele Zuschauer, selbst fürstliche Damen, waren zugegen. – Mit welch kaltem Blute stieß ich sonst den Zapfen aus; heute war mir so bange, so ängstlich, doch es mußte vor sich gehen. – Das Erz stürzte hinunter in die Form mit Macht, mit pochendem Herzen erwarte ich das frohe Zeichen an den Luftröhren, aber es will nicht erscheinen. ›Da ist ein Unglück im Anzuge‹, durchschauert es mich; rasch bitte ich die vielen Zuschauer, die Gießerei zu verlassen, da höre ich es plötzlich furchtbar prasseln in der Tiefe. Gott! Die Form war – zersprungen! Armdick strömte das Erz aus der Form, der Schreck lähmte mir alle Glieder, nichts mehr konnte ich tun, als nur einen Blick nach oben zu richten mit den Worten: Herr, Gott, hilf du! – Das war alles was ich vermochte, und stumm und still stand ich, mein Unglück zu schauen. Da erkaltete der Feuerstrom – es dringt kein Erz mehr in die Form – ich sehe noch flüssig Metall auf der Höhe des Kanals – ein Hoffnungsstrahl durchzuckt mein Innerstes, ich steige schnell über den glühenden Kanal um die Luftröhren zu sehen. Welch ein Anblick – welche Freude! – Feurige Augen klotzten mich an aus denselben und doch so freundlich, so fröhlich! – Welch ein Jubel, als ich ausrief: Glück auf, der Guß ist gelungen!

[...]

›Wenn Sie den Kopf der Bavaria gießen, will ich dabei sein!‹ hatte der König verlangt. Ich sagte ihm, es sei viel interessanter, wenn das Werk aus der Grube gehoben wird, wenn es gleichsam aus der Grube herauf erscheint, während bei dem Gusse selbst, ob nun ein Kunstwerk oder ein Dampfzylinder unter dem Mauerwerk verborgen, immer nur zu sehen sei, wie der flüssige Metallstrom aus dem Ofen stürzt.«

Lola Montez

Louise von Kobell

Am 9. Oktober 1846 ging ich die Briennerstraße entlang, da sah ich vor dem Bayersdorf-Palais eine schwarzgekleidete Dame, einen Schleier auf dem Kopf, einen Fächer in der Hand, des

Weges kommen. Plötzlich funkelte mir etwas ins Gesicht. Ich blieb jählings stehen und betrachtete verwundert die Augen, die dieses Gefunkel verbreiteten. Sie leuchteten aus einem blassen Gesichte, das einen lächelnden Ausdruck über mein bewunderndes Anstarren annahm. Dann ging sie oder schwebte vielmehr an mir vorüber. Ich vergaß ganz die mir eingeprägte Anstandslehre, »nie umzusehen«, und schaute ihr nach, bis ich nichts mehr von ihr erblicken konnte.

So, dachte ich mir, müßten die Feen in den Märchen gewesen sein. Fast atemlos eilte ich nach Haus und erzählte von der Begegnung. Marie und Emma teilten meinen Enthusiasmus durch ein langgestrecktes Aah!, aber der Vater sagte fast verdrießlich: »Das wird die spanische Tänzerin Lola Montez gewesen sein.«

»Sie tritt ja morgen im Theater auf; da kannst du von mir aus in die Loge gehen«, bemerkte die Mutter, »ich mache mir nichts aus dem Ballett.«

Ich dankte lebhaft, denn ich wollte sehen, ob dies wirklich die spanische Tänzerin war oder am Ende doch eine andere, die auch den Vater entzückt hätte.

Ich ging also Samstag, den 10. Oktober ins Hoftheater; weil ich viel zu frühe in die Loge kam, las ich erwartungsvoll den Zettel: »Der verwunschene Prinz. Schwank in 3 Akten von J. v. Plötz. In den beiden Zwischenakten tanzt Demoiselle Lola Montez aus Madrid spanische Nationaltänze.« Dann sah ich voll Ungeduld den Vorhang an, lauschte dem ersten Akte des Lustspiels; nun fiel wieder der Vorhang. Jetzt erhob er sich, da erschien meine Fee von gestern: Lola Montez.

Im Parterre klatschte und zischte man, das Letztere »wegen der verschiedenen Gerüchte«, erklärte meine Nachbarin, »denn Lola Montez soll eine Missionärin der englischen Freimaurer sein, eine Feindin der Jesuiten – eine Kokette, die schon Liebesabenteuer in allen Weltteilen erlebt hat, nach den Berichten der Zeitungen.«

Lola Montez stellte sich in Mitte der Bühne, nicht in Trikots

12 *Die Flucht der Lola Montez aus ihrem Haus in der Barerstraße*

mit dem üblichen kurzen Balletttröcklein, sondern in spanischer Tracht, mit Seide und Spitzen angetan, da und dort schimmerte ein Diamant. Sie blitzte mit ihren wunderbaren blauen Augen und verbeugte sich wie eine Grazie vor dem Könige, der in seiner Loge saß. Dann tanzte sie Nationaltänze, wobei sie sich in den Hüften wiegte und bald diese, bald jene Haltung einnahm, voll unerreichter Schönheit.

So lange sie tanzte, fesselte sie alle Zuschauer; die Blicke hafteten an ihren geschmeidigen Körperwendungen, an ihrer Mimik, die oft von der glühendsten Leidenschaft in die anmutigste Schalkhaftigkeit überging. Erst als sie aufhörte, sich rhythmisch zu bewegen, war der Bann gebrochen, und »der Spektakel ging wieder los«, wie mein Onkel trocken bemerkte. Aber ich ging ganz verzückt nach Hause....

Der König hatte sie, wie sonstige fremde Künstler und Künstlerinnen vor ihrem Gastspiele in Audienz empfangen; ihre Schönheit und ihre anregende Unterhaltung entzückten Ludwig I. Überdies erfreuten ihn ihre Erzählungen über Spanien, wohin er zu reisen gedachte, sowie der in das Gespräch eingeflochtene Sprachunterricht. Mit der Zeit las diese geistreiche Bajadere ihrem königlichen Gönner Calderons Dramen vor und fügte zu der Poesie des Don Quixote die ihres Vortrages.

Unterdessen ging das im Unschuldskleide bekannte Gespenst »Man sagt« von einem zum anderen und erregte den König und seine Untertanen. Eine fieberhafte Unruhe bemächtigte sich bald der Bevölkerung. Unter den Studenten war eine Spaltung eingetreten. Einige, der Verbindung »Palatia« angehörend, machten sich zu Satelliten der »Tochter Babels«, weshalb sie von den übrigen Studenten aus dem Korpsverbande gestoßen wurden. Sie gründeten eine neue Verbindung »Alemannia«. Liberale und Ultramontane feindeten sich mit neuer Kraft an.

Joseph Görres, das Haupt der Strengkatholischen, eiferte gegen Lola und ihren Einfluß. Die Presse schürte. Schmähreden und Schmähschriften ereilten die Tänzerin. Sie rächte sich durch ihre Wünsche bei dem König, den sie mehr und mehr für sich einzunehmen verstand. Sie drang auf ihre Erhebung in den Adelstand, welcher ihr die höheren Kreise erschließen sollte. Zur Aufnahme in die Adelsmatrikel mußte man das bayerische Indigenat erwerben, und so kam die Sache damals in den Staatsrat.

Dieser trat dem Gesuche entgegen, desgleichen das Ministerium, das dem Monarchen in einem Memorandum seine Gründe darlegte, auf welche sich der Wunsch stützte, Lola Montez aus Bayern entfernt zu sehen. Die Wirkung glich der Kugel, die den trifft, der sie abfeuert.

Die Schwester eines Ministers las eines Tages im Geheimen das Memorandum, teilte es im Geheimen ihren Freundinnen mit, diese lasen es gleichfalls im Geheimen, dann wanderte das wichtige Schriftstück in das geheime Fach des Schreibtisches zurück, und plötzlich – man wußte nicht wie, noch woher – erschien der Inhalt des Memorandums in der Zeitung. Die Minister erschraken heftig; der König glaubte an Verrat – das Ministerium Abel wurde am 17. Februar 1847 entlassen und durch das Ministerium Maurer-Zu Rhein ersetzt....

Lola Montez ward zur Gräfin Landsfeld erhoben.

Die Andalusierin

Ludwig I. von Bayern

Leuchtend, himmlisch blaue Augen,
Gleich des Südens Aether klar,
Die in Seligkeit uns tauchen,
Weiches, glänzend schwarzes Haar;

Heitern Sinnes, froh und helle,
Lebend in der Anmuth hin,
Schlank und zart wie die Gazelle
Ist die Andalusierin.

Stolz und doch zugleich hingebend,
Ohne Rückhalt, Herz für Herz,
In der Liebe Gluten lebend,
Höchste Wonne, höchster Schmerz!

Voller Geist, wie voller Leben,
Heft'ger Leidenschaftlichkeit,
Ist dein Wesen, ist dein Streben,
Vom Alltäglichen befreyt.

In dem Süden ist die Liebe,
Da ist Licht und da ist Glut,
Und im stürmischen Getriebe
Strömet der Gefühle Fluth.

Der Aufruhr von 1848

Ferdinand Feldigl

Auch die sonst so ruhigen Münchner wurden in den allgemeinen Freiheitstaumel hineingerissen.

Diese allgemeine Unruhe benutzten Leute, die bei einem Aufruhr nichts verlieren, sondern nur gewinnen konnten, und solche gab es wie überall so auch in München – um ihrerseits auch mit dem »Spektakel« zu beginnen. Auf einmal tönte durch die Stadt der Schreckensruf: »Aufrührer wollen das Zeughaus am Anger stürmen!« »Die Revolution bricht los!« »Sie wollen Bayern zu einer Republik machen und den König absetzen!« »Sie ziehen schon von der Au her!« »Horcht, horcht, sie schießen!« Da aber zeigte sich Münchens Treue.

Wohl hatten sich Tausende zum Rathaus begeben um die Adresse zu unterschreiben, die den König um eine neue Verfassung bat, um Einführung der öffentlichen Gerichtsbarkeit mit Geschworenen aus dem Volke, wohl die Studenten gesungen:

»Freiheit, die ich meine,« – als aber der Generalmarsch ging und der Ruf durch die Straßen gellte, daß Meuterer die Waffen aus dem Zeughaus holen und gegen Recht und Gesetz, ja gegen den König selbst erheben, da eilten die Bürger und Studenten alle im Laufschritt mit den Aufrührern zum Zeughaus um die Wette. »Kein Judas soll die Waffen holen, an denen das Blut von der Schwedenzeit, von Sendling und von Hanau klebt! Wir wollen sie selbst uns holen und sie schützen gegen die Aufrührer!«

Schon krachten die Tore des Zeughauses wie ehemals das rote Tor unter den Kolbenstößen des Kochler Schmiedes, schon traten Bürger und Studenten am Promenadeplatz und in der Pfandhausstraße in Reih und Glied, Sturmhelme glänzten in der Junisonne, Schuppen- und Kettenpanzer klirrten, alte Ritterschwerter und Hellebarden blitzten auf und darüber flatterten die Fahnen von Ampfing und von Belgrad. Wie Prinz Karl, des Königs Bruder, mit den Kürassieren angesprengt kam, da brauste ihm stürmisches Hochrufen entgegen und Volk und Militär zogen einträchtlich zur Residenz. Dort ging das Rufen aufs neue an: »Die Kanonen weg! Wir schützen unsern König Brust an Brust. Da braucht es keine Granaten mehr!«

Als solches die Aufrührer hörten, da verschwanden sie und kühlten ihren Mut auf dem Nockherberg mit einer schäumenden Maß Salvator.

[...]

In der Stadt war diesen Abend die Aufregung groß. Wirklich hatte der König abgedankt. Er hatte seine Söhne und die übrigen volljährigen Prinzen zu sich zur Tafel geladen und ihnen nach derselben mitgeteilt, daß er sich entschlossen habe, von der Regierung des Landes zurückzutreten.

[...]

»Bayern! Eine neue Richtung hat begonnen, eine andere als die in der Verfassungsurkunde enthaltene, in welcher ich nun im 23. Jahre geherrscht. Ich lege die Krone nieder zu Gunsten meines geliebten Sohnes, des Kronprinzen Maximilian.

Treu der Verfassung regierte ich; dem Wohle des Volkes war

13 *Durch eine Bierpreiserhöhung ausgelöste Revolution, Stürmung und Plünderung des Pschorrbräu-Hauses am 10. Oktober 1848*

mein Leben geweiht; als wenn ich eines Freistaats Beamter gewesen wäre, ging ich mit dem Staatsgut, mit den Staatsgeldern um. Ich kann jedem offen in die Augen sehen. Und nun meinen tiefgefühltesten Dank allen, die mir anhingen. Auch vom Throne herabgestiegen, schlägt glühend mein Herz für Bayern, für Deutschland!

München, den 20. März 1848. Ludwig.«

Tränen in den Augen, standen die Leute vor den Maueranschlägen und gar mancher, der bis zur Stunde dem König grollte – er wußte vielleicht gar nicht einmal warum, – der sprach für sich: »Er war doch ein großer, ein guter und gerechter König.«

Eine mittelalterliche Kavalkade zog durch die Straßen Münchens; der Reichsherold war es, Signaltrompeter ihm voran und königliche Leibpagen ihm zur Seite. Er verkündete den Regierungsantritt König Maximilians II.

Gemäldesammlung

Adolf Friedrich Graf von Schack

Bald nach meiner Ankunft in München begann ich auch den Grund zu meiner Gemäldesammlung zu legen.

[...]

Mich leitete bei der Anlage der Sammlung vorzüglich die Absicht, verschiedene bis dahin in beispielloser Weise vernachlässigte und durch die Ungunst des Publikums an den Rand des Unterganges geführte, hochbegabte Künstler ihrer unwürdigen Lage zu entreißen und zur verdienten Anerkennung zu bringen. Es gibt in allen Ländern traurige Fälle, daß Männer von Genie und hohem Talent von ihren Zeitgenossen völlig verkannt und durch die Vernachlässigung, die sie erfuhren, zur Verzweiflung getrieben worden sind. In Deutschland haben deren besonders zahlreiche stattgefunden.

[...]

Nachdem meine Gemäldesammlung einen stattlichen Umfang erreicht hatte, begann ich im Jahre 1862 im Garten meines Wohnhauses ein eigenes Gebäude, das sie aufnehmen sollte, zu errichten. Dasselbe wurde drei Jahre später durch Hinzufügung einer langen Galerie vergrößert, und wiederum etwa sechs Jahre nachher erweiterte ich den Bau, nachdem ich zwei anliegende Häuser erworben, in großem Maßstabe, indem die Sammlung in kleineren Räumlichkeiten nicht untergebracht werden konnte. Es kam nun darauf an, diese verschiedenen Häuser, die wohl umgebaut, aber nicht niedergerissen und völlig neu errichtet werden sollten, einigermaßen zu einem Ganzen zu verbinden und dem letzteren nach der Straße zu eine Fassade zu geben. Für diese Aufgabe wählte ich den jungen, talentvollen Architekten und Bildhauer *Lorenz Gedon* und habe die getroffene Wahl nie bereut. [...]

Wenn ich durch diese Galerie hinwandere und die Gemälde von Genelli, Schwind, Führich, Steinle, Rahl, Schleich, Karl Roß, Willers, Feuerbach, Bamberger, Kirchner und vieler anderen betrachte, die ich noch in voller Schaffenskraft gekannt, welche aber, jung oder alt, nun ebenso wie Gedon hingeschieden sind, dann erscheint mir oft mein kleines Museum wie ein Mausoleum. Durch allen Jubel auf Genellis »Bacchus unter den Musen«, durch die Lautenklänge des Hafis auf Feuerbachs Bild und durch das Frühlingsjauchzen des Knaben auf Schwinds »Wunderhorn« tönt es mir wie Grabmusik ans Ohr.

Ausflug nach Starnberg

Hans Christian Andersen

Im Jahre 1851

München ist für mich Deutschlands interessanteste Stadt, und König Ludwig ist es ganz besonders, der durch seinen Kunstsinn und seine unermüdliche Wirksamkeit dies hervorgerufen hat.

14 *Der Hauptbahnhof von 1848*

Auch das Theater befindet sich in Blüte; es besitzt einen der tüchtigsten Theaterintendanten Deutschlands, den Dichter Dr. Dingelstedt. Jährlich macht er Reisen nach den bedeutendsten deutschen Theatern, um die sich dort entwickelnden Talente kennen zu lernen; ebenso besucht er Paris, kennt das Repertoire und die Forderungen des Theaters und des Publikums, und das königliche Theater in München wird bald unter seiner Leitung ein Musterrepertoire besitzen. Für die Inszenierung eines Stückes verwendet man eine Aufmerksamkeit, die bei uns zu Hause ganz unbekannt ist. Der Intendant Dingelstedt war daher derjenige, den ich zuerst in München besuchte. Er gab mir augenblicklich eine der ersten Logen im Theater, die während meines ganzen Aufenthalts für mich und meine Reisebegleitung zur Verfügung stand. Er benachrichtigte König Max von meiner Ankunft, und am Tage darauf erhielt ich eine Einladung zur Tafel, auf dem Jagdschloß Starnberg, wo der König sich damals aufhielt. Der Geheime Legationsrat von Dönniges holte mich ab. Wir flogen mit der Eisenbahn dahin und trafen kurz vor der Tafel in dem kleinen Schlosse ein, das herrlich an dem See gleichen Namens, welcher von den Alpen begrenzt wird, gelegen ist. König Max ist ein junger, höchst liebenswürdiger Mann; ich wurde von ihm auf das allergnädigste und freundlichste empfangen. Er sagte mir, daß meine Schriften einen tiefen Eindruck auf ihn gemacht hätten. Er sprach von anderen dänischen Verfassern und schätzte das geistig frische Leben in Kunst und Wissenschaft, das sich in meinem Vaterlande bewegte, sehr hoch. [...]

Bei der Tafel beehrte mich der König durch einen Toast auf meine Muse, und als wir uns erhoben, lud er mich zu einer Segelfahrt auf dem schönen See ein. Es war graues Wetter. Die Wolken jagten dahin. Am See lag ein großes, geschlossenes Boot, zierliche Ruderer präsentierten mit den Rudern, als wir kamen, und bald glitten wir über das Wasser dahin. Ich las an Bord das Märchen »Das häßliche Entlein« vor, und unter lebhaftem Gespräch über Poesie und Natur kamen wir nach einer Insel, wo gerade auf Befehl des Königs eine hübsche Villa gebaut wurde; daneben hatte man einen großen Hügel durchgegraben, den man für ein Hünengrab hielt, wie die bei uns im Norden; hier hatte man Knochen und ein Messer aus Flintenstein gefunden. Das Gefolge hielt sich etwas zurück. Der König lud mich ein, Platz neben ihm auf einer Bank dicht am See zu nehmen. Er sprach über meine Dichtungen, über alles, was Gott mir verliehen hatte, sprach davon, wie wunderbar verschieden das Los der Menschen hier auf der Erde sei, und von dem Trost, welcher in dem Glauben an Gott liege.

Gunst des Geschicks

Paul Heyse

Ich habe es stets als eine besondere Gunst meines Geschicks betrachtet, daß mein Leben in jungen Jahren aus dem heimatlichen Berlin nach München verpflanzt wurde.

Nicht allein wegen der frühen Sicherung meiner äußeren Lage und der Verpflichtung, die mir damit auferlegt wurde, meine volle Kraft an meine dichterische Lebensaufgabe zu setzen. Wichtiger noch war, daß ich nun auf mich selbst gestellt wurde und an innerer Reife zunahm durch die Trennung von den literarischen Kreisen Berlins, in denen mir bis dahin wohl, nur allzu wohl geworden war. Was sie dem Anfänger gegeben, bewahrte ich in dankbarem Gedächtnis, wie ich auch im Süden nie verleugnete, daß ich ein Berliner Kind war und ein Heimweh in mir fortlebte nach allem, was ich an den Menschen im Norden lieben gelernt: feste Freundestreue, Klarheit und Klugheit und redlicher Wille, dem Strebenden die Wege zu weisen, und bei größter geistiger Regsamkeit der zähe, beharrliche Fleiß, auch in künstlerischen Dingen seinem Gewissen genugzutun.

Nun fand ich in München gerade das, was mir bisher gefehlt hatte: eine sehr unliterarische Gesellschaft, die sich um mein Tun und Treiben wenig oder gar nicht bekümmerte, am wenigsten mich durch Urteilen verwirren konnte. Man sprach damals selbst in den gebildeteren Münchener Kreisen niemals von Literatur, höchstens vom Theater. Dafür empfing mich eine unfreundlich, wo nicht feindselig gesinnte Schar einheimischer Kollegen, deren Verhalten gegen den Fremdling seinen Charakter stählte, und ihn dazu trieb, stets sein Bestes zu geben. Wichtiger noch war, daß der Großstädter, der bisher nur in den Häusern guter Freunde heimisch gewesen war, sich hier zum erstenmal auf einen breiten, derben Volksboden gestellt fand, auf dem sich ein eigenwüchsiger, nicht immer löblicher, aber kraftvoller und vielfach poetischer Menschenschlag bewegte, nicht von fern mit dem zu vergleichen, den man in Berlin »Pöbel« nannte.

Auf der Flucht

Richard Wagner

Den letzten Karfreitag verbrachte ich als Flüchtling in München: ich war auf der Reise und wollte an diesem Tage nicht weiterreisen; kränklich und leidend hoffte ich, mich eine Nacht gut auszuruhen. Ich durchschlich einige Straßen der Stadt: es war rauhes, trübes Wetter. Ein Volk in Trauer wogte auf den Plätzen, aus den Kirchen. In einem Seitengäßchen erblickte ich am Fenster eines Bilderladens zum erstenmal das Bild des jugendlichen Nachfolgers des soeben geschiedenen Monarchen. Mich fesselte die unsägliche Anmut dieser unbegreiflich seelenvollen Züge. Ich seufzte. »Wäre er nicht König, den möchtest Du wohl kennenlernen«, – sagte ich mir. »Nun ist er König, er kann von Dir nichts erfahren!« Schweigend und einsam wanderte ich weiter.

Haß gegen die Stadt

Friedrich von Ziegler

Den Gipfelpunkt ereichte dieses Gefühl der Unzufriedenheit stets in München. Nach Ablauf des Hohenschwangauer Winteraufenthaltes nach München zurückzukehren, war für Seine Majestät immer fürchterlich, entsetzlich. Deshalb wurde der Aufenthalt in Hohenschwangau immer weiter ausgedehnt. Er wurde von 1876 bis 1883 allmählich um einen Monat verlängert. Die Befehle zur Abreise von Hohenschwangau wurden im letzten Augenblicke gegeben. Wie ich aus guter Quelle weiß, wollten Seine Majestät oft noch unterwegs umkehren.

In München angekommen, verließen Seine Majestät mehrere Tage die Zimmer in der Residenz nicht und klagten über Unwohlsein und Kongestionen. [...] Seine Majestät ergingen sich in Ausdrücken des tiefsten Hasses gegen die Stadt München.

Oft mußte ich hören, wie schön es wäre, wenn man das verfluchte Nest an allen Ecken anzünden könnte.

Wenn ich Seiner Majestät darlegte, daß das Volk an seinem König hänge, daß es ihn nicht vermissen kann, daß ein Jubel im ganzen Land wäre, wenn Seine Majestät sich mehr zeigen würde, so erhielt ich zur Antwort, ich könnte jetzt einmal wissen, daß Seine Majestät auf diese »Plebsereien« nichts gebe. Die Leute sollen ordentlich sein und tun, was Seine Majestät wollen, und ihn im übrigen ungeschoren lassen.

Ludwig II.

Max Halbe

Meine erste Münchner Periode war noch in das ausgehende und bereits von mancherlei tragischen Vorahnungen überschattete Zeitalter Ludwigs II. gefallen. Ich hatte noch mit eigenen Augen beobachten können, daß hinter dem vier- oder sechsspännig dahinrasenden Wagen des menschenfeindlichen Königs Männer und Frauen ihre Fäuste schüttelten und Drohrufe ausstießen. Es ist eine heute sehr verbreitete, aber der geschichtlichen Wahrheit nicht standhaltende Legende, der König sei in München außerordentlich beliebt gewesen. Das Gegenteil davon ist richtig. Ludwig der Zweite ist in weiten Kreisen des Münchner Bürgertums geradezu verhaßt gewesen. Man feindete ihn besonders wegen der kostspieligen Bauten an, durch die das Land ruiniert werde, dann aber auch, weil er sich seit Jahren der Hauptstadt fernhielt, wodurch den Münchner Geschäftsleuten die großen sonst für die königliche Hofhaltung ausgegebenen Summen entgingen. Man sieht, schon im damaligen München hatte die Untertanenliebe ihren realen Hintergrund, aber auch deren Gegenteil. Erst der tragische Tod des Königs hat seine Verklärung über das alles gebreitet und läßt den Nachfahren Begebenheiten und Gefühle sentimentaler erscheinen, als sie in Wirklichkeit waren.

Aufbruch zur modernen Kunst

Gustave Courbet

20. November 1868

Nur wir zwei, Herr Corot und ich, wurden auf Vorschlag der Künstler zu Offizieren des St.-Michael-Ordens ernannt. Von den beiden andern, Herrn Cabanel und Gustave Doré, wurde Cabanel für das Gemälde »Adam und Eva« ernannt, das von Maximilian, dem Vater des derzeit regierenden Königs bestellt worden war. Der König ernannte Cabanel aus eigenem Ermessen. Doré wurde amtlich, d. h., so glaube ich, durch das Ministerium für seine Verdienste um die Verschickung der französischen Gemälde ernannt.

... In Deutschland ist gute Malerei so gut wie unbekannt. Man ist dort ganz im Negativen der Kunst befangen; eines der wichtigsten Dinge ist in ihren Augen die Perspektive; man spricht den ganzen Tag davon. Weiterhin spielt die genaue Wiedergabe der historischen Kostüme eine große Rolle. Die Malerei ist ganz nahe an die Anekdote geraten. Die Wände Münchens starren von Fresken, so daß der Eindruck entsteht, man habe alles mit Tapeten überklebt, mit roten, blauen, grünen, gelben und rosafarbenen Mänteln etc., mit Seidenstrümpfen, mit Reitstiefeln und Wämsern darauf; hier ist ein König, der einen Eid leistet, dort dankt einer ab, wieder ein anderer unterzeichnet einen Vertrag, einer heiratet, der andere stirbt etc. Und erst die Skulpturen! Es ist ja unglaublich! Man kann leicht 3000 Statuen in der Stadt zählen; dabei ist es immer dieselbe: ich machte ihnen den einfachen Vorschlag: wenn die Köpfe Schrauben hätten, könnte man sie alle 14 Tage auswechseln und man brauchte in diesem Fall nur etwa 10 Statuen. Ein Spötter soll bemerkt haben, daß die Fremden bei ihnen nur eines zu fürchten hätten, nämlich in Stein verewigt zu werden.

Bei alldem haben sich Leute wie Cornelius, Kaulbach, Schwind usw. überlebt, besonders Chenavard, dessen Gemälde

Gegenstand allgemeinen Gelächters wurde; da sie überhaupt auf diesem Gebiet versiert sind, haben sie alle aus den italienischen Bildern entnommene Figuren und Gruppen wiedergefunden, und einer suchte die den alten Meistern gestohlenen Figuren, wobei er sagte, man erkenne sie fast alle in diesem Gemälde wieder. Der Nachbar erwiderte, leider erkenne man sie so behandelt nicht mehr.

Chenavard, Charles Blanc und Couder haben in der Glyptothek unter der Jugend einen Skandal entfesselt. Dieses erstaunliche Trio saß auf den Stufen des Bauwerks und weinte über das Schicksal der Kunst der Gegenwart; diese drei Weisen sagten, Kaulbach habe die Ausstellung nur nach seinem Rezept zusammengebraut.

Die Jugend Münchens taugt etwas; ich blieb ziemlich lange, um mich mit ihnen zu unterhalten. Sie sind fest entschlossen, den ganzen alten Zopf fahren zu lassen; ich habe zugesehen, wie junge Maler ausspuckten, wenn man von den ungekrönten Königen der deutschen Kunst sprach.

15 *Große Dichter-Steeplechase: Es reiten Geibel, Schack, Heyse, Carrière, Bodenstedt und Kobell, Karikatur von Pocci*

Planck am Maxgymnasium

Max Planck/Armin Hermann

Am 14. Mai 1867, zweieinhalb Monate vor Ende des Schuljahres, trat Max Planck aus der Sexta der Gelehrtenschule in Kiel in die erste Lateinklasse des Münchener Maximiliansgymnasiums über. Der Vater, Johann Julius Wilhelm von Planck, war einem Ruf auf den Lehrstuhl für Zivilprozeßrecht an der Universität München gefolgt und hatte Frau und sieben Kinder in die bayerische Residenzstadt mitgebracht. [...]

Die Familie bezog eine geräumige Wohnung in der Briennerstraße 33; von hier aus waren es zehn Minuten zur Universität und zum Max-Gymnasium in der Ludwigstraße.

»Hat alles Zeug zu einem sehr braven Schüler«, war das erste Urteil über den neunjährigen Max, und später heißt es: »Tüchtig und liebenswürdig« und »Ein ganz braver, fleißiger und begabter Schüler«. Immer brachte er vorzügliche Noten nach Hause. In Deutsch stand er auf Zwei, in den Fremdsprachen (Latein, Griechisch, Französisch) auf Eins bis Zwei, in Religion und Mathematik auf Eins. [...]

Einen naturwissenschaftlichen Unterricht gab es damals am Maximiliansgymnasium nicht; immerhin gehörte zum mathematischen Lehrstoff der Abiturklasse neben »geometrischer Konstruktion algebraischer Ausdrücke« und »populärer Astronomie« auch die »Mechanik«:

»Mit der Physik kam ich zuallererst in Berührung... durch meinen Mathematiklehrer Hermann Müller, einen mitten im Leben stehenden, scharfsinnigen und witzigen Mann, der es verstand, die Bedeutung der physikalischen Gesetze, die er uns Schülern beibrachte, durch drastische Beispiele zu erläutern. So kam es, daß ich als erstes Gesetz, welches unabhängig vom Menschen eine absolute Geltung besitzt, das Prinzip der Erhaltung der Energie, wie eine Heilsbotschaft in mich aufnahm. Unvergeßlich ist mir die Schilderung, die Müller uns als Beispiel der potentiellen und der kinetischen Energie zum besten gab, von einem Maurer, der einen schweren Ziegelstein mühsam auf das Dach eines Hauses hinaufschleppt. Die Arbeit, die er dabei leistet, geht nicht verloren: sie bleibt unversehrt aufgespeichert, jahrelang, bis vielleicht eines Tages der Stein sich löst und einem vorübergehenden Menschen auf den Kopf fällt.«

Briefe an einen Architekten

Jacob Burckhardt

30. Juli 1877

Gestern Abend im Schnellzug hierher, glücklicherweise recht gute Gesellschaft. In der Dämmerung sah ich noch Glyptothek und Propyläen usw. und lief dann noch in die innere Stadt, um mich in Kneipen usw. zu orientieren. Heute Morgen aber, als ich Einkäufe machen mußte, wagte ich mich bis in die Maximilianstraße. Da kann man froh sein, wenn man ohne Schlagfluß (worauf ich glücklicherweise nicht genaturt bin) wegkommt. So unter allem Knaster hatte ich mir die Sache doch nicht vorgestellt. Aber im Erdgeschoß winken überall verheißungsvoll Restaurationen und Photographieläden; auch wachsen glücklicherweise jetzt die Bäume bereits so heran, daß man die Gebäude nicht mehr überall zu sehen braucht.

7. August

Das alte München König Ludwigs I. ist auch sehr abgestanden. Wenn man, wie ich, bei den Antiquaren die Publikationen von damals, die frommzarten Konturstiche, die romantischen Künstlerporträts und die ganze damalige knotige Romantik in Bau-, Bildnerei und Malerei an den Augen vorübergehen sieht –, wie gänzlich ist das alles vorbei! Dieser Tage war ich abends in der Ludwigskirche; Cornelius imponierte mir in gewissen Sachen noch immer, aber das Gebäude ist von einer jammervollen Miserabilität, so daß man nur streiten kann, ob das Äußere oder das Innere schlechter sei. Wie herrlich dagegen die majestätische

Theatinerkirche und St. Michael! Neben diesen beiden ist alle moderne Bauerei hier so matt und schwach, daß einem »relativ übel« wird. Doch nehme ich Triumphbogen und Propyläen und alte Pinakothek aus. Und während diese Neueren so wenig Großes vermögen, haben sie die Frauenkirche, die ich vor 21 Jahren noch mit ihren herrlichen Barockgittern an den Kapellen und mit dem köstlichen Triumphbogen über dem Grab des Kaisers Ludwig, mitten im Schiffe gesehen hatte – diese Kirche haben sie nun streng gotisch purifiziert, vor allem natürlich ein blaues Gewölbe mit Sternen, so daß sie nur noch halb so hoch wie früher aussieht, darunter die achteckigen Pfeiler jetzt cremegelb, statt dem Himmel zu danken, wenn ein so mäßig ausgestattetes gotisches Gebäude vom heitern Barock ist in die Kur genommen worden.

11. August

Ihr Urteil über das Maximilianeum ist leider nur zu gerecht; es ist ein Kartonmachwerk und wenn man die kümmerliche Rückseite sieht, wird einem vollends schwach. Ich habe nur deshalb einige Dankbarkeit für das Gebäude empfunden, weil es wenigstens äußerlich in die Formen der Renaissance hinüberleitet und den Geist von dem jämmerlichen Gotisch der Maximilianstraße befreit.

Heute ließ ich mich mit einem Strome von Menschen durch die Säle der Residenz treiben. Von den Fresken sage ich nichts. In den zwei Schönheitskabinetten des Königs Ludwig I. mußte ich aber gestehen: trotz der faden, almanachmäßigen Auffassung des Hofmalers Stieler – von welchem all diese Porträts herrühren – es war an sich ein königlicher Gedanke und nur ein König konnte ihn ausführen. Dem reichsten Privatmann zu Gefallen hätte man nicht die Erzherzogin wie die Schusterstochter gleichmäßig bewegen können, zum Malen zu sitzen, damit eine vom Stand unabhängige Konkurrenz der Schönheit entstehe.

Die verbrannten Eskimos

Ludwig Ganghofer

In Kils Kolosseum hielten die Kunstakademiker ihr Faschingsfest ab, das eine heitere Reise um die Welt illustrierte. Alle wilden Völker waren da zu fidelen Sitten dressiert. Rings um den großen Saal, in dem sich viertausend vergnügte Menschen durch eine einzige Türe versammelt hatten, wimmelte es von lustig bevölkerten Wigwams, Kralen, Pfahlhäusern und Laubhütten. Nicht weit von dieser einzigen Tür – im Säulengang, der den Saal umzog – hatte die Bildhauerschule des Professors Max Wiedemann eine Eskimotruppe installiert, unter den niederen Dächern zweier Schneehöhlen, in denen Hofbräu als Tran verschluckt und Heringe auf rußenden Ölflämmchen gebraten wurden. Es sah sehr malerisch aus: wie diese heiteren Zottelmännchen sich im rotbraunen Zwielicht drängten, Gesicht und Hände glänzend von Fett, in dicken, tauschend aus Werg und Watte nachgemachten Eisbärengewändern, mit ›wasserdichten‹ Schellackringen um Hals, Handgelenke und Fußknöchel.

Gelächter und Stimmengewirr. Den überfüllten Saal durchrauscht die Fatinitzaquadrille, Champagnerpfropfen knallen wie die Gewehrschüsse eines Vorpostengefechtes, der Frohsinn wird turbulente Mitternachtsstimmung, wird toller Rausch des ausgelassenen Übermutes, und im Zuge der heißgewordenen Luft bewegen sich diese schreienden Farben an den Wänden: die komischen Schildereien, die Wimpel und Fähnchen, die Festons und Girlanden, der künstliche Rosenfrühling und dieser verschwenderisch angebrachte Papierschmuck.

Aus der kleineren Eskimohütte prasselt eine fidele Lachsalve heraus. Was war denn los? Ach, nur so eine kleine Dummheit, die ein bisserl gefährlich hätt' ausfallen können! Auf der Heringstonne, die als Tischchen diente, ist eine Talgkerze umgefallen, und das purzelnde Flämmchen streift die Ärmelzotten eines Eskimo. Ein jähes Aufleuchten. Doch zwei junge, keck zugreifende Hände ersticken flink den aufzüngelnden Schein. Und nun lacht man über den kleinen Schreck. Die Talgkerze wird wieder angezündet, mit aller nötigen Vorsicht natürlich. Aber einer unter diesen weißgrauen Zottelbären – ein junger Berliner – will die heitere Stimmung nicht mehr finden. »Nee« sagt er, »hier is es nich jemietlich, ick jehe!« Er tritt aus der Eskimohütte. Hinter ihm ein gellender Schrei, ein grelles Auflodern. Brüllend rennt eine schlanke, drei Meter hohe Flammensäule aus der Hütte heraus. Der junge Berliner wird ohnmächtig vor Schreck und kollert lautlos unter eine Bank. Ein Dutzend Zottelmänner springen aus den Hütten heraus, wollen helfen, schütten Bier und Champagner in diese schlanke, sich drehende Feuersäule. Viele, die das sehen, halten es für einen verwegenen Künstlerjux. Ein Kluger schreit entrüstet: »Was sind denn das für dumme Witze?« Da lodert eine zweite Flammensäule gegen die Decke des Säulenganges hinauf, eine dritte, vierte, fünfte. Drei Zottelmänner, die Feuer gefangen, wälzen sich auf dem Boden und ersticken die Flammen. Neun junge Menschen brennen lichterloh – und wie sie schreien in ihrem Schmerz, das hört sich an wie tolles Gelächter. Ein Märchen der Geschichte, die Mythe von den brennenden Fackeln des Nero, ist grauenvolle Wahrheit geworden. Und Tausende von den fröhlichen Menschen im überfüllten Saale wissen, sehen und hören nichts von diesem herzzerdrückenden Schauspiel. Das Schmerzgelächter erstickt unter dem Lärm der tausendstimmigen Heiterkeit, im Rauschen der Musik. Zwischen diesem Lichtgewoge, Farbengewirr und Laternengeflacker fällt der Schein der schlanken Feuerspindeln, die sich in der Ecke des Säulenganges zusammendrängen, schon über zwanzig Schritte hinaus nicht mehr auf. Werg und Watte brennen schnell – das Geloder ist schon wieder erloschen, noch ehe die Zunächststehenden, die das Entsetzen wortlos machte, zu dieser einzigen Türe flüchten können. Kreischende Stimmen beteuern bei der Türe: »Nichts, nichts, es ist nichts geschehen, es ist alles schon vorbei, nur Ruhe, Ruhe, Ruhe!« Bei der Türe, wo sich die Menschen zu stauen drohen, schreit das einer dem andern zu, und jeder glaubt es. Das Lachen und der Lärm im Saale verliert keinen heiteren Atemzug, die Musik mit Geigen, Pauken und Tschinellen wirbelt weiter, und das bunte Fest bleibt jubelnde Freude ohne Störung. Feuerwehrmänner und Sanitätsgehilfen haben wollene Decken, Türvorhänge und Tischtücher um diese schwarzen, mageren Gestalten gewickelt, die auf dem Boden liegen oder noch stehen, gehen, taumeln und nur noch eine schwer zu enträtselnde Ähnlichkeit mit jungen Menschen besitzen. Man trägt die leise Wimmernden und die völlig Stummgewordenen aus dem Saal, durch diese einzige Türe hinaus. Jener junge Berliner erwacht aus seiner Ohnmacht; ihm ist nichts geschehen, er ist gerettet; zitternd stiert er in das Dunkel der zwei leergewordenen Eskimohütten. Und vierzig, fünfzig, hundert verlassen das heitere Fest – wer zuerst diese lodernden Flammensäulen und dann diese schwarzen Pakete sah, redet kein Wort mehr. Das Entsetzen hat die Kehle der Wissenden gewürgt – sie gehen bleich und schweigend davon, mit dem Gedanken: Was ich weiß, das müssen doch auch die anderen wissen! [...]

Das heitere Fest der Ahnungslosen, die im Saal geblieben, dauerte bis in die fünfte Morgenstunde.

Während des Vormittags durchsickerte das Gerücht von diesem Schrecklichen die Stadt. Und am Abend lasen es die Münchener in der Zeitung: daß blühende Jugend, in der reifenden Kraft des Lebens, mit Talent beglückt, mitten in Lust und Freude verglühen und verkohlen mußte.

Münchens Bedeutung als Kunststadt

Karl Raupp

Isar-Athen war geschaffen und bald das künstlerische Centrum Deutschlands geworden. Die süddeutsche Residenz trug in der Folge, ihr selbst noch unbewußt, alle Bedingungen für eine gedeihliche künstlerische Zukunft in sich. Während dem nord-

16 Der Glaspalast, erbaut 1853/54, abgebrannt 1931

deutschen Volkscharakter mit seinem nüchtern strengen Sinn die politische Ausbildung der Nation zufiel, mußte der leichtlebigere, harmlose süddeutsche Volksstamm, im Verein mit einer anregenden Natur, der idealeren künstlerischen Entwicklung einen weitaus gedeihlicheren Boden bereiten.

Jetzt ist *München* für die ganze gebildete Welt unstreitig die künstlerische Hauptstadt Deutschlands, sie läßt neidlos die politische Leitung dem schneidig scharfen Verstande des Nordens. König Ludwig's Erbschaft, einst viel geschmäht, sichert ihr im heitern Reich der Kunst die Führung zu, eine Führung, welche dem mit der Gewalt der Waffen errungenen Ansehen unter den Völkern der Erde den dauerndsten und bezwingendsten Nachdruck allein zu verleihen im Stande sein wird.

Langsam wächst dafür das Verständnis, ein Gang zu der Auslage des Münchener Kunstgewerbevereins zeigt, was alles hier, auf dem künstlerisch fruchtbaren Boden zu hoffnungsreicher Entfaltung drängt.

Das Mädchen vom Lande

Lena Christ

Am Ostbahnhof stand schon meine Mutter und empfing uns mit großer Freude. Ich reichte ihr die Hand und sagte, der eben erhaltenen Lehren eingedenk, möglichst nach der Schrift: »Grüß Gott, Mutter!«

»Schau, schau, wie gebildet die Leni schon wordn ist! Da wird aber der Vater viel Freud habn, wenn er so ein g'scheits und vornehmes Töchterl kriegt.« Mit diesen Worten zog sie mich rasch an sich und führte mich an der Hand, während der Großvater sich hinter uns immer mit seinem Schneuztüchl zu schaffen machte.

Wir stiegen in eine Pferdebahn, und während sich die Mutter mit dem Großvater unterhielt, sah ich unverwandt durchs Fenster und starrte die hohen Häuser und Kirchen an und staunte über die kurzen Röcke und Hosen der Kinder, die gerade aus einer Schule kamen. Am Marienplatz, wo wir aussteigen mußten, denn damals führte noch keine Pferdebahn nach Schwabing, vergaß ich beim Anblick des Fischbrunnens plötzlich meine ganze gerühmte Bildung und schrie, indem ich eilig darauf zulief: »Großvatta, do schaug hera, wie dö Fisch's Mäu aufreißn!«

Entsetzt wandte meine Mutter sich ab, während mein Großvater mich am Ärmel ergriff und mir zuflüsterte: »Bscht, sei stad, Dirnei! Mäu derf ma ja jatz nimma sagn, Mund hoaßt's do jatz!«

Und damit nahm er mich bei der Hand und zog mich weiter. Doch vor der Residenz gab es einen neuen Zwischenfall. Dort zog eben die Wache auf, und ich rief beim Anblick der im Paradeschritt aufmarschierenden Soldaten: »Ah, Muatta, Vata, dö schaugts o! Dö gengan ja grad wia meine hülzern' Mandln, dö wo ...«

»Um Gottes willen, Leni«, fiel mir die Mutter ins Wort, »sei doch still! Das ist ja Majeschtätsbeleidigung!«

Während ich noch über dies letzte Wort nachdachte, zogen sie mich schon durch die Ludwigsstraße, und stillschweigend trottete ich nun nebenher, bis wir nahe dem Siegestor in eine Seitenstraße einbogen.

Vor einem hohen Hause, auf dessen rötlicher Fassade mit großen Buchstaben das Wort »Restaurant« geschrieben stand, machten wir halt. Unter dem Tore stand schon mein neuer Vater und empfing uns mit herzlichen und guten Worten. Wir traten durch den Hausgang in einen kleinen Garten, von dem aus eine Tür in die Küche führte. Nachdem uns die Mutter dort an einen kleinen Tisch gesetzt hatte, lief sie schnell in die Wohnung und zog sich um; denn es war Mittag, und die Köchin begann schon zu jammern, weil sie bei der großen Zahl der Gäste mit dem Anrichten allein nicht fertig zu werden vermochte. Die Gastwirtschaft, die der Vater schon vor der Hochzeit übernommen hatte, war nämlich damals wegen der guten Küche von den Studenten sehr besucht. Mit offenem Munde sah ich nun dem Trubel im Gastzimmer und in der Küche zu und getraute mir mit dem Großvater kaum ein Wort zu reden vor Angst, die Mutter in ihrer aufgeregten Geschäftigkeit zu stören. Als es etwas ruhiger geworden war und die meisten Gäste fort waren, bekamen auch wir zu essen und gingen danach in die Gaststube zum Vater, der den Großvater nach vielem fragte: was die Großmutter mache, wie es mit dem Vieh gehe, wie es mit der Arbeit daheim sei und auch, was ich bisher getrieben. Da gab ihm der Großvater über alles Auskunft.

Münchener Studentenlied

Otto Julius Bierbaum

Ein Geschpusi muß ich haben!
Alles wankt, doch das steht fest:
so ein liebes, kleines Mädchen,
das sich gerne haben läßt.
Ein Geschpusi muß ich haben.

Denn ich bin nun so geschaffen,
daß ich Mädchen lieben muß;
Nulla dies sine linea
heißt: kein Tag sei ohne Kuß;
denn ich bin nun so geschaffen.

Ach, so was im Arm zu haben,
Mund an Mund und Brust an Brust,
dafür laß ich alle Alten,
Cäsar, Cicero, Sallust …
Ach, so was im Arm zu haben!

Zwar ich habe nur ein Zimmer,
und das Zimmer ist sehr klein,
doch es können darin zweie
ganz unbändig glücklich sein,
in dem einen kleinen Zimmer.

Also komm und laß nicht warten!
Auf dem Tisch steht schon ein Strauß,
und das kahle kleine Zimmer
sieht heut ganz verwegen aus.
Also komm und laß nicht warten!

Zenzi

Thomas Theodor Heine

Glücklicherweise lernte ich beim Radfahrunterricht eine junge Münchnerin kennen. Sie hieß Kreszenz Wachengans. Ihr Vater, sozialdemokratischer Landtagsabgeordneter, hatte in der äußeren Stadt ein Mietshaus mit Kramladen, in dem sie verkaufte. Er redete mich mit Genosse an. Sie roch immer nach Seife und Hering. Im Freien störte das weniger. Ich holte sie einige Male in ihrem Laden ab. Sie war hübsch, nur etwas rundlich. Ich hielt sie für ein sehr einfaches Wesen und war dann erstaunt zu bemerken, daß sie eine Vorliebe für alles Absonderliche hatte. Das zeigte sich schon in der Art, wie sie ihre Schaufenster dekorierte. Da stand eine Pyramide von Heringsdosen, oben darauf eine lebensgroße gipserne Bismarckbüste mit einem Hering im Mund und der Inschrift: »Der Kanzler hat gesagt, bei Wachengans gibt es die besten Bismarckheringe.« Die Reklamewirkung war sehr gut, aber am nächsten Tage konfiszierte die Polizei das Ganze und übergab es der Staatsanwaltschaft zur weiteren Verfolgung.

Dann stellte sie eine Büste von Karl Marx auf, inmitten eines üppigen Aufbaues von Rasierseife und einer Dekoration von roten Fahnen. Aus seinem Bart quoll ein Spruchband, auf dem stand: »Ich mußte einen Vollbart tragen, weil ich keine Rasierseife bei Wachengans kaufte.« Darauf wurde der unglückliche Vater aus der Partei ausgeschlossen. Das nützte ihm aber in dem Bismarckheringsprozeß, so daß er nur einen Monat Gefängnis bekam, und diese Strafe rehabilitierte ihn dann wieder bei der Partei.

Zenzi Wachengans schwärmte für Schlawiner, so nannte man in München die Bohemiens. Arme Maler und Dichter konnten bei ihr immer auf Kredit einkaufen. Hinten, im Nebenzimmer des Ladens, hatte sie allmählich eine kleine Bibliothek gesammelt, und dort wurde mit bevorzugten Kunden oft bis spät in die Nacht hinein über Kunst und Literatur debattiert, wobei man manche Flasche Schnaps aus dem väterlichen Geschäft vertilgte. Ich erfuhr da, daß die ganze Literatur umgestürzt werden müsse, weil die Zeit der Romantik vorbei sei. Wissenschaftliche Methode, Milieuschilderung waren die Schlagworte. Als der konsequenteste Naturalist galt Max Gustav Gschwendner. Er wollte in einer, vorerst auf dreißig Bände berechneten, Romanfolge das ganze Münchner Leben wahrheitsgetreu schildern. Er arbeitete gerade am ersten Buch: »Das Bier.« »Täglich gehe ich ins Hofbräuhaus«, sagte er, »nichts entgeht meiner unglaublich scharfen Beobachtungsgabe. Mit mir wird eine neue Epoche beginnen.« Später hat sich dann leider ergeben, daß er beim Beobachten nicht so trocken dasitzen konnte, er mußte auch experimentell die Wirkung des Bieres allzu gründlich feststellen. Und so ist das geniale Werk nie fertig geworden, nicht einmal der erste Band.

Andere Schlawiner mißbilligten dagegen den Experimentalroman. Franz Friedrich Drohm erklärte: »Naturalismus – ja, aber nicht im Zola'schen Sinne! Der Deutsche darf die Natur nicht wie ein Arzt sezieren, er muß sich vor ihr in Demut beugen.« Er war der Führer der »Demütigen«.

Dann brachte der Bulgare Dimitri Aklakoff die neuesten Werke Nietzsches mit und verkündete: »Keine Demut, sondern Kraft! Alles kommt auf Dynamik an.« Auch er fand viele Anhänger, die sehr selbstbewußt auftraten. Das gefiel den Demütigen nicht, es kam zu einer Rauferei, bei der die Dynamischen von den Demütigen gründlich verprügelt und zum Laden hinausgeworfen wurden. Vater Wachengans kam im Nachthemd aus der Wohnung herunter und schrie: »Bagaasche übereinander! Jetzt habe ich aber genug von deine Schlawiner!«

Ein paar Tage blieb das Nebenzimmer verwaist. Dann waren eines Abends wieder alle friedlich beisammen und wollten ihre Diskussion fortsetzen. Zenzi hatte sich aber inzwischen weiter entwickelt und las Stellen aus einem Buch vor, das hieß: »Der Einzige und sein Eigentum« von Max Stirner. Sie entnahm daraus, daß Einsamkeit die einzig mögliche Daseinsform sei und schlug vor, nicht mehr zusammenzukommen. Doch Franz Friedrich Drohm hatte eine glänzende Idee, in zündender Rede setzte er auseinander: »Ja, Einsamkeit sei unsere neue Losung! Der Schnaps hier ist sowieso schon lange nicht mehr erstklassig. Gegenüber in der Wirtschaft zum Humpelmair gibt es ein gescheites Bier, und dort ist gerade die Kegelbahn frei. Gründen wir den Kegelklub der Einsamen!« Also geschah es, und Zenzi durfte mitkegeln. Das hat ihr auf die Dauer nicht behagt. Sie hat ihr Fahrrad gegen ein zweisitziges – Tandem nannte man es – umgetauscht. Der Bulgare Aklakoff hatte sie dazu überredet, er wollte mit ihr bis in seine Heimat radeln. Dort würden sie heiraten und auf den unermeßlich großen Gütern seiner Eltern ein herrliches dynamisches Leben führen. Nach einem tüchtigen Griff in die Kasse ist sie heimlich mit ihm geflohen.

Kunststreit

Thomas Theodor Heine

Von dem allen wußte ich noch nichts, als ich nach München kam und seine Empfehlungsschreiben abgab. Sie waren an ziemlich unbekannte Maler gerichtet, vielleicht meinte er, daß diese sich eifriger für mich bemühen würden als die berühmten. Ich sah im Adreßbuch ihre Wohnungen nach und bemerkte dabei, welche ungeheuere Menge Kunstmaler es in dieser Stadt gab. Ich zählte etwa fünftausend. Ich fragte den Maler Langmaier, den ich zuerst besuchte, wie es möglich sei, daß so viele existieren können. »Eigentlich ist es nicht möglich«, belehrte er mich, »es ist ein Wunder, nur dadurch erklärlich, daß hier die Malerei nicht so sehr ein Beruf ist als eine Art Sekte. So gut wie in einer Stadt fünftausend Adventisten leben können, können es auch fünftausend Kunstmaler. Die ganze Sache ist ein Mysterium. Jeder dieser Brüder malt im Jahre wenigstens fünf Bilder, das sind fünfundzwanzigtausend Bilder jährlich, davon finden

17 *Abend der Künstlergesellschaft Allotria mit Franz von Lenbach, Karikatur von Friedrich August von Kaulbach*

vielleicht zweitausend einen Käufer. Was wird aus den übrigen dreiundzwanzigtausend?«

Langmaier wohnte und arbeitete in einem kleinen Dachraum. Er hatte sich gerade den Kaffee auf einem stinkenden Petroleumkocher aufgewärmt, tauchte trocknes Schwarzbrot hinein und frühstückte. Unter der Dachschräge stand sein dürftiges, unordentliches Bett. Viele Bilder waren an die Wände gelehnt, meistens Rindvieh oder Schafe auf der Weide in bayrischer Gebirgsgegend. Einige standen auf Staffeleien, und bei diesen hatte er angefangen, die Berge im Hintergrund zu entfernen und mit ebener holländischer Landschaft zu übermalen. Er erklärte mir, daß man jetzt herausgefunden habe, daß das Holländische viel natürlicher sei als das Gebirgige, er verbessere jetzt alle seine Bilder auf diese Weise. »Sie kommen gerade zu einer großen Zeit hierher, der Naturalismus dringt vor. Man malt jetzt hell und grau, nicht mehr braun und dunkel. Heftige Kämpfe sind entbrannt, weil auf der großen Ausstellung keiner der Hellmaler eine Medaille bekommen hat. Heute abend versammelt sich die ganze Künstlerschaft, um die Frage zu entscheiden, ob braun oder grau gemalt werden soll. Wollen Sie dabei sein?«

Ich wollte.

In dem riesigen Saale der Bürgerbrauerei waren die fünftausend Kunstmaler versammelt, standen dicht gedrängt, hie und da auch eine Malerin. Wir hatten an einem der langen Tische Platz gefunden, wo jeder einen steinernen Literkrug vor sich stehen hatte und immer wieder austrank, ich auch. Das hätte ich nicht tun sollen, denn es stieg mir zu Kopf, und ich erinnere mich nur nebelhaft an alles, was geschah. Der Vorsitzende, ein würdiger Herr, dessen Vollbart die Bauchrundung berührte, eröffnete die Versammlung feierlich, die er einberufen habe, um die deutsche Kunst vor dem Niedergang zu bewahren, denn die Aufgabe der Malerei sei es, das Schöne und Ideale darzustellen, nicht das Häßliche und Gemeine. Großer Lärm für und wider erhob sich.

Herr Lühre, der Hauptvertreter der neuen Richtung, dessen Bild: »Christus bei den Fabrikarbeitern« großes Aufsehen erregt hatte, erhielt das Wort und sagte kurz und bündig, die neue Kunst beanspruche eigene Jury und die Hälfte aller Medaillen und Staatsankäufe. Professor Rosslip, der bekannte Bauernmaler, sprach dagegen, denn die wahre Kunst sei braun.

»Nein«, antwortete Lühre, »die wahre Kunst ist hellgrau, und wenn das den alten Herrn nicht paßt, so lassen wir sie in ihrer braunen Sauce schmoren und machen eine eigene Ausstellung.« In dem Höllenspektakel, der entstand, da alle durcheinanderschrien, pfiff ich auf vier Fingern so laut ich konnte, man hörte es im Lärm gar nicht, ich pfiff immer weiter, auch als längst Stille eingetreten war. Der Vorsitzende sprach: »Ich bitte die Herren, sich dem Ernst der Stunde angemessen zu benehmen, und besonders dieser Herr dort hat sogar gepfiffen. Das ist ungehörig.« Niemand wußte, für welche Partei ich gepfiffen hatte, und so stimmten ihm alle zu, deuteten mit Fingern auf mich, riefen Pfui. Worauf der Vorsitzende so mutig wurde, daß er verlangte, ich solle zu ihm auf das Podium kommen, meinen Namen nennen und mich entschuldigen. Unter der Einwirkung des Bieres folgte ich seiner Aufforderung, wurde mit verstärktem Pfuiruf empfangen. Ich erhob meine Hände wie segnend zu der Versammlung hin und sagte: »Medaillen sind keine Auszeichnung, sondern eine Erniedrigung für den Künstler, man soll sie abschaffen. Und man soll weder braun malen noch grau, sondern natürlich. Diese Anträge stelle ich, mein Name ist Emmaus.« Es gab einen großen Tumult, man stürzte wütend auf mich zu, fünftausend gegen einen.

Unten an den Eingangsstufen des Bürgerbräusaales fand ich mich, körperlich leicht beschädigt, wieder.

Wedekind

Max Halbe

Als ich im Sommer 1890 – wie gesagt, es regnete wochenlang in Strömen – einen kürzeren Besuch in München machte, war fast das erste, was mir meine dortigen Freunde berichteten, daß ein höchst origineller junger Literat dort aufgetaucht sei, den ich unbedingt kennenlernen müsse. Er stamme aus der Schweiz, ohne aber geborener Schweizer zu sein, komme augenblicklich aus Paris oder London, sei der Typus eines echten Bohemiens, der bis morgens um vier im Café Luitpold sitze und die merkwürdigsten Ansichten über Literatur, Kunst, Menschen und Welt zum Besten gebe: zweifellos ein Sonderling und ein Talent, nebenbei recht schwierig im Umgang. Sein Name noch unbekannt: Frank Wedekind. Schon sein Äußeres werde mich verblüffen. Diese auf der Perusastraße unter dem Regenschirm gemachten Eröffnungen waren noch kaum vor meinen Ohren verklungen, als der in dieser Weise Beschriebene auch schon urplötzlich vor uns stand, wie der Wolf in der Fabel. Mein Gewährsmann hatte recht. Das Äußere des Fremdlings war in der Tat verblüffend. Ja, seine Erscheinung hatte in dem damals noch sehr kleinbürgerlichen Münchner Straßenbild geradezu etwas Aufreizendes und Herausforderndes, nur daß man sich nicht recht klar wurde, ob sie mehr zum Lachen oder zum Widerspruch reizte.

Schon mein Berichterstatter hatte mir von den sechs oder sieben Bärten des Bohemiens erzählt. Ich fand die Mitteilung angesichts der Wirklichkeit nicht besonders übertrieben. Wenn es auch tatsächlich vielleicht nur drei oder vier oder fünf waren – zwei lang ausgewachsene, wieder in je zwei Spitzen endigende Bartkoteletten, ein Schnurrbart und ein beinahe bis auf die Brust hinunterreichender Bocks- oder Ziegenbart –, so wirkte das Ganze doch wie ein Heerhaufen von schwarzen Bärten, die beim Beschauer den Eindruck eines Magiers, Gauklers, Zauberers oder auch Zirkusmenschen hervorriefen. Dieser Eindruck wurde noch durch die geradezu penetrante äußere Eleganz des Fremdlings verstärkt, denn er trug zur gelbkarierten Pepitahose einen grauen Gehrock und einen glänzend neuen Zylinder und hatte die Hände in gelben Glacéhandschuhen stecken.

[...]

Mich wundert noch heute, daß unsere kleine Gruppe damals auf der Perusastraße nicht der Mittelpunkt einer Menschenansammlung wurde, aber erstens regnete es ja – ich sagte es schon –, regnete in Strömen, so daß die Leute unter ihrem Schirmdach nur gerade vor ihre Füße sahen, und zweitens muß man es schon dem damaligen Münchner, erst recht natürlich dem heutigen, nachsagen, daß auffällige Straßenerscheinungen ihn nicht so leicht in Erstaunen versetzten oder versetzen. Dies spricht für eine offenbar von jeher im Münchner vorhanden gewesene Anlage zum Großstädtertum, denn zu jener Zeit war ja München noch kaum als eine wirkliche Großstadt zu bezeichnen. Ich nehme an, daß die schon früh eingetretene Gewöhnung an extravagante Künstlererscheinungen im Münchner Straßenbild, zumal solcher von balkanischer und »schlawinerischer« Herkunft, nicht wenig dazu beigetragen haben wird, die Anschauungswelt des Münchner Bürgers in derartige Bahnen zu lenken.

Es scheint, daß die gegenseitige Anziehungskraft zwischen uns beiden – also das, was ich vorhin den coup de foudre genannt habe – sehr schnell wirksam geworden ist. Denn es wurde sofort eine Zusammenkunft verabredet, die noch am selben Abend (wie gesagt, es regnete) im Café Luitpold, Wedekinds damaligem Hauptquartier, stattfand. Sie dauerte bis zum nächsten Morgen, ganz wie es jener Münchner Freund vorausgesagt hatte und endigte, nachdem wir über Mensch, Gott und Teufel uns die Köpfe heißgeredet und uns unserer unverbrüchlichen Freundschaft versichert hatten, in der Frühe mit einem mächtigen Krach. Die Polizeistunde war damals in München noch eine sehr zeitige. Um Mitternacht wurden die Lokale geschlossen. Das einzige Café Luitpold hielt noch etwas länger offen, höchstens jedoch bis eins. Da hatte es nun Wedekind durchgesetzt, daß für ihn und seine Spießgesellen eine verschwiegene Nische des bekanntlich sehr tiefen und geräumigen Lokals bereitgehalten wurde, wo er die Sitzung fortsetzen konnte. Die allgemeine Beleuchtung war abgestellt, und nur ein paar in leere Bierflaschen gesteckte Kerzen flackerten auf dem Tisch, die wild disputierende Corona matt beleuchtend.

Es ging hoch her. Wedekind trank eine Flasche Bier nach der anderen. Die Flaschen häuften sich auf dem Tisch. Nachher kam Wein an die Reihe. Er hatte noch den Pariser Burgundergeschmack auf der Zunge und probierte jetzt alle Münchner Sorten durch, ohne recht zum Ziel zu kommen. Aber auch schon die Bemühung war ehrenvoll. Was um ihn saß, hing gespannt an seinen Lippen. Er hatte schon damals die Gabe, Menschen in seinen Bann zu ziehen und sie nicht mehr loszulassen wie die Flamme die Motten.

Gründung der »Sezession«

Hermann Uhde-Bernays

Die Jahre 1892 und 1893 waren für die Münchener Künstlerschaft von größter Wichtigkeit. Die Aufregung in der Stadt, deren Bewohner von jeher für diese den Ruf Münchens mehr als alle politischen Angelegenheiten betreffenden Fragen bedacht blieben, reichte bis in die untersten Schichten der Bevölkerung. Es war merkwürdig, wie einfache Leute auf der Straße die Ereignisse besprachen, die in der Münchener Gesellschaft, nicht nur unter den Künstlern, das ständige Thema der Unterhaltung bildeten. Durch die Zeitungen und ihre schroffe gegensätzliche Stellungnahme, die zu Kämpfen und Prozessen führte, wobei begabte junge Kunstschriftsteller wie Richard Muther in den Neuesten Nachrichten und Karl Voll in der Allgemeinen Zeitung ihre Namen bekannt machten, entstand eine nicht unbedenkliche Unsicherheit. Diese Erschütterungen beschränkten sich nicht, wie nachher behauptet wurde, auf den Zwiespalt zwischen älteren und jüngeren Künstlern. Sie erstreckten sich auf den gesamten kulturellen Fortschritt, das Musikwesen, die Universität. Energisch wurde die Notwendigkeit betont, die bejahrten Professoren in den Ruhestand zu versetzen und bei neuen Berufungen auf den Nachwuchs Rücksicht zu nehmen. Doch handelte es sich dabei nicht um das Nachrücken einer Generation, die auf ihr Daseinsrecht pochte, sondern im Übergangsstadium der ehrgeizig zur Großstadt aufstrebenden bayerischen Residenz um die Verteidigung einer nicht mehr sicheren lokalen Tradition gegen Verbesserungen einer veränderten Zeit, die aus Paris und Berlin nach München getragen werden sollten. Der Streit ging um eine neue Kunst, ein neues Schauspiel, eine neue Oper, neue Konzerte in neu gebauten Sälen, um die Verjüngung aller Lehranstalten, um ein neues frisches Leben in einer vertrockneten und verstaubten Atmosphäre. Prinzregent Luitpold, in seinem Herzen jedem Wechsel abhold, stand den Wünschen der Künstler anfangs wohlgeneigt gegenüber, bis er durch die häßliche Mißdeutung einer privaten Äußerung in eine parteiische Zwangslage versetzt wurde und sich zurückzog. Hartnäkkig vertrat das Kultusministerium seine reaktionäre Gesinnung. Der Staatsminister von Müller hatte in beiden Kammern des Landtages berechtigten Angriffen des Grafen Törring und des sozialistischen Führers Georg von Vollmar entgegenzutreten.

Endlich wurde die Spannung so stark, daß ein radikaler Teil der Künstlerschaft den Auszug von München nach Frankfurt am Main vorschlug und Verhandlungen mit dem dortigen Magistrat einleitete.

Am 29. Februar 1892 gründeten elf angesehene Münchener Maler die nach diesem Vorgang benannte ›Sezession‹ und beriefen in das Kunstgewerbehaus eine von mehr als hundert Künstlern besuchte Versammlung ein, in welcher der ›Verein bildender Künstler (Sezession)‹ ins Leben gerufen wurde. Piglhein und Habermann übernahmen die Stellen der Vorsitzenden. Die Mitglieder traten aus der Genossenschaft aus.

[...]

Hier genüge es, darauf hinzuweisen, daß nach einem kurzen Waffenstillstand zwischen den feindlichen Lagern der Kampf von neuem ausbrach und daß durch Hirths Unterstützung im Jahre 1894 in der Prinzregentenstraße ein eigenes Ausstellungsgebäude für die Sezession errichtet werden konnte. Es ergab sich, daß, von anderen Zwischenfällen abgesehen, die Machtsphäre Lenbachs, der als ungekrönter König das Münchener Kunstleben beherrschte und mit despotischer Willkür eine unbedingte Gefolgschaft forderte, allzu weit reichte, als daß sie beim ersten Ansturm hätte beseitigt werden können. Auch wandten die Männer, die an die Spitze der neuen Bewegung gestellt waren, nicht die richtigen Mittel an, um zum Ziel zu gelangen. Piglheins Tod veranlaßte weitere Konflikte, und die Sezession sah sich vergebens nach einer organisatorisch begabten Persönlichkeit um, die gegen Lenbach hätte auf den Platz treten und gleichzeitig in München populär werden können.

18 *Industrie- und Gewerbeausstellung im Glaspalast 1854, Blick von der untersten Galerie durch das Hauptschiff nach Westen*

Gründung des Simplicissimus 1896

Jakob Wassermann

Bei der immer spürbarer werdenden Seelenlosigkeit und der Unverbundenheit von Person zu Person, die dem literarischen Leben in Deutschland eigen ist, war mir die Erinnerung an die Gründungszeit des »Simplicissimus« immer wie ein angenehmer Lichtpunkt. Ich kam im wahrsten Sinn aus der Tiefe des Lebens, als mich Albert Langen in seine magischen Kreise zog, und das ist hier kein leeres Schmuckwort, denn es war in der Tat etwas Behexendes an dem Mann; seine Flinkheit, die Überfülle seiner Ideen, seine Triebkraft, seine Unermüdlichkeit, die bis zur Besessenheit ging, die List und Kunst, die er anwandte, Menschen an sich zu ketten, um sie seinen Zwecken dienstbar zu machen, sein durch keine Skepsis und keine Erfahrung zu besiegender rheinländischer Enthusiasmus schließlich, alles das hatte etwas von einem unwiderstehlichen Wasserstrudel; man konnte ihm nicht entkommen... Die Mischung von gallischer Flüssigkeit und Heiterkeit und deutschem Eigensinn, das Vergnügen an Geist, Bewegung, Farbe, Spannung und rascher Wirkung, das er aus Paris mitbrachte, das trotzige Rebellentum, die Kombinationsgabe und der Blick für Menschen und ihre spezifischen Eignungen, die Bestandteile seines widerspruchsvollen Charakters waren, all dies im Verein befähigte ihn außerordentlich zu der Aufgabe, die er sich gestellt. Ich war an ihn empfohlen worden; ohne viel Umstände erklärte er sich bereit, einen Roman von mir zu drucken. Solche Entschlüsse hatten bei ihm nichts Feierliches und Großartiges, bei einem Gespräch nach Tisch wurde man einig, meist unter Stichelei und Scherz. Er war mit dem fertigen Plan zur Gründung des »Simplicissimus« bereits nach München gekommen, doch erst der Titel des Blattes, der, wenn ich mich recht erinnere, von Otto Erich Hartleben stammt, übte jene Bezauberung auf Langen, deren er stets bedurfte, um eine Sache mit innerlichem Anteil zu betreiben. Alsbald gewann der Plan seine Form, die Form Leben. Geld war da, wenn es ausging, wurde neues beschafft. Und hauptsächlich waren Männer da, Menschen, Persönlichkeiten von beträchtlichem Zuschnitt. Björnstjerne Björnson, in seinem Nebenamt Langenscher Schwiegervater, tauchte mit seiner genialen Rede- und Gegenwartsgewalt in diesem seltsamen Redaktionsbüro auf, Dagny, die Tochter, schön, spottsüchtig, von unbezähmbarer Lebhaftigkeit und den jüngeren Literaten sehr geheimnisvoll erscheinend; der düster verschlossene Knut Hamsun; zum Lektor, mir selbst übergeordnet, war Sven Lange bestellt, ein liebenswerter Mann, der mir viel Anerkennung und geistige Hilfe erwies, schwer durchschaubar in seiner Hülle von dänischer Ironie und scheu verbindlichem Nurnichtzunahe. Aber es ist fast trivial, noch mehr Namen zu nennen, die heute, nach dreißig Jahren, in aller Munde sind; ich will nur nicht vergessen, die erstaunliche Wirkung zu erwähnen, die das Erscheinen Wedekinds ausübte, Erscheinen und Erscheinung, beides war gleich merkwürdig. Langen hatte ihn aus Zürich gerufen. Zwischen ihm und Langen bestand eine Art von furioser Anziehung, von wildgewordener Freundschaft, von materieller Abhängigkeit auf der einen Seite, die sich in Beschimpfungen Luft machte, von Bewunderung und Wissen um die hohe Besonderheit auf der andern, die sich gern in Machtbeweisen und Dresseurspäßen verleugnete. Eines Tages stand er mitten im Zimmer, wie aus dem Boden gewachsen, ganz Zirkusdirektor, im grauen Zylinder und grauen Gehrock, mit vier Bärten im Gesicht und steinern unerbittlicher Miene.

Erste Begegnung mit München

Reinhard Piper

Meine allererste Begegnung mit München liegt nun ein halbes Jahrhundert zurück. Mein Vater war von Konstanz am Bodensee mit uns hierher gezogen, weil er für sein Lebenswerk, die »Burgenkunde«, in München einen Verleger gefunden hatte. Auch liebte er die Stadt, seit er, der Norddeutsche, dort die ersten Semester studiert hatte. Auf mich fünfzehnjährigen Gymnasiasten machte die große Stadt einen überwältigenden Eindruck. Bis wir in unsere Wohnung an der Bürkleinstraße einziehen konnten, logierten wir in einem jetzt verschwundenen Hotel an der Kaufingerstraße, und so stand ich schon beim ersten Schritt aus dem Haus zu Füßen der mächtigen Frauentürme. Um uns München sogleich in seiner ganzen Größe zu präsentieren, stieg unser Vater mit uns in die bronzene Bavaria hinauf, aus deren Augenlöchern wir auf das Häusermeer, das sich bis an den Horizont dehnte, sahen. [...]

Daß ich nun wirklich in der berühmten Kunststadt mich befand, merkte ich, als ich auf einem unserer ersten Gänge in einem Schaufenster am Odeonsplatz einen echten Grützner, einen echten Defregger und einen echten Lenbach sah. Mit diesen berühmten Malern, die ich schon von Penzlin her aus der »Kunst für Alle« kannte, wohnte ich nun in ein und derselben Stadt, und es war leicht möglich, daß ich ihnen auf der Straße begegnete.

Die schier unabsehbare Ludwigstraße kam hellblaues Militär zur Feldherrnhalle heranmarschiert. Aus dem Hofgartentor sah ich den Prinzregenten Luitpold in offener Equipage nach Nymphenburg fahren, auf dem Bock der Kutscher und der Leibdiener mit weißen Federbüschen.

Am Maximiliansplatz stand das Verlagshaus von Braun & Schneider. Hier erschienen also die »Fliegenden Blätter«, für die Oberländer, Schlittgen und Harburger zeichneten, über die ich schon in Konstanz so viel gelacht und an die ich Witze eingeschickt hatte. Allerdings wurden sie zu meinem Kummer nicht einmal einer Ablehnung gewürdigt.

Bald ging ich allein in die Alte Pinakothek. Das war die erste Bildergalerie meines Lebens. Voll Ehrfurcht betrachtete ich das Selbstbildnis Dürers mit den langen Locken. Aber auch die betrunkenen und grölenden Bauern von Brouwer gefielen mir sehr, denn ich hatte von Jugend auf viel Sinn für das Groteske. In der Schack-Galerie, damals noch in dem verschnörkelten Hause vor den Propyläen, erfreute ich mich an den Wald- und Märchenbildern von Schwind. Fast noch mehr Eindruck machte mir der große Piloty: »Columbus erblickt zum ersten Male Amerika.« Schon allein wie er auf der einen Seite von bläulich-weißem Mondlicht, auf der anderen von der rötlichen Laterne beleuchtet war, imponierte mir gewaltig! Als ich mit meiner Mutter in die Glyptothek gehen wollte, wurde ich vom Aufseher als zu jugendlich zurückgewiesen. Wir wußten gar nicht, weshalb. Schließlich fiel mir ein, daß es wohl wegen der nackten Göttinnen geschah.

Auch im Wilhelmsgymnasium, in das ich eintrat, merkte ich die Malerstadt. Unter meinen Mitschülern gab es einen Kaulbach und einen Rottmann.

An manchem Sonntagnachmittag stand ich schon um vier Uhr am Hof- und Nationaltheater unter dem Wintergarten Ludwigs II. an, bis sich nach Stunden die großen Einlaßtüren in ihren Angeln drehten und ich unter möglichster Überholung der zahlreichen Konkurrenten, die vielen Treppenwindungen hinaufstürmte, um auf der Galerie einen guten Platz zu erobern. Von da sah ich dann in die gähnende Tiefe hinab und hörte berauscht den Orchesterklang des »Lohengrin«-Vorspiels, sah aber auch, wie die gemalte Welle nach vorn aufklappte, um den Kahn des Gralsritters durchzulassen. [...]

Auf der Schulbank schon stand bei mir fest, daß ich nichts anderes als Buchhändler werden würde. So trat ich denn, sobald ich das »Einjährige« in der Tasche hatte, im Herbst 1896 in

Johann Palms Hofbuchhandlung an der Theatinerstraße als Lehrling ein. Da standen allerdings Bücher in Hülle und Fülle an den Wänden, aber nun fehlte die Zeit, sie zu lesen. Ich stand zehn Stunden täglich hinterm Ladentisch und konnte abends vor Müdigkeit eigentlich nur noch ins Bett sinken. Ich war fast verzweifelt. An Stelle so sanfter Dichter wie Gellert und Claudius traten der grimmige Grabbe und der bittere Schopenhauer. Als Lehrling trug ich manchmal auch Pakete aus. Einmal mußte ich in den Malerpalast Franz v. Lenbachs ein Kochbuch bringen. Ich hatte in einem prachtvollen, in florentinischem Renaissancestil ausgestatteten Gemach ziemlich lange zu warten und drehte mir indessen, als Andenken an diesen großen Augenblick, von einer Tischdecke eine Troddel ab.

In jener Zeit erschien in München das erste Buch von Wilhelm von Scholz. Mit ihm, dem Älteren, hatte ich in Konstanz, den See entlang, den gleichen Schulweg gehabt, und wir unterhielten uns dabei auch einmal über die berühmtesten Verleger. Nun traten neue Verleger auf den Plan. Georg Hirth gründete in München die »Jugend«, Albert Langen den »Simplicissimus«. Ich lernte junge Dichter und Künstler kennen, die daran mitarbeiteten. Eines Tages kam in unseren Laden ein großer, schwerer Dreißiger und stellte sich dem Chef als Eugen Diederichs vor. Dem Chef war dieser Name noch ganz unbekannt. Ich aber, der Lehrling, hatte mir seine ersten, sehr modern ausgestatteten Bücher gemerkt. Ich schaute dem Manne nach. Würde ich auch einmal solch ein Verleger werden?

Schwabing

Viktor Mann

Die Geschichte Schwabings ist die eines nach vielen Jahrhunderten der ländlichen Einsamkeit von der Stadt umfaßten und im wörtlichen Sinne einverleibten Dorfes.

19 *Die Kaulbach-Villa, erbaut 1887–89 von Gabriel von Seidl, heute Kaulbachstraße 15, nach dem Zweiten Weltkrieg Sitz des AFN*

Es lag eine Meile vor dem nördlichen Stadttor und war keine reiche Siedlung, denn seine Fluren waren teils sumpfig-sauer, teils schotterig-mager. Nur der Fuhrwerksverkehr von und nach Ingolstadt und Freising und die durch die Stadtnähe gegebenen Möglichkeiten für direkten Absatz der landwirtschaftlichen Produkte gaben dem Dorf einige Chancen. Auch für das Fortkommen der nachgeborenen Bauernsöhne und -töchter war gesorgt: sie gingen als Bräuburschen, Hausknechte, Kutscher und Dienstmädchen »in d' Stadt eini«.

Schon bevor München seine Mauern endgültig sprengte, war bei der sehr langsamen Ausdehnung der Vorstädte auch ein gewisses Vorrücken nach Norden erkennbar: Die »Maxvorstadt« streckte einige unscheinbare Häuserzeilen dorthin aus, deren Spitzen aber nicht nach Schwabing selbst, sondern westlich am Dorf vorbeizielten.

[...]

Bahnbrecher des Neubaufrevels aber war Ludwig I., der seine

Prachtstraße von Renaissancebauten schnurgerade in die ländliche Leere vor dem Schwabinger Tor stellte und damit schon die halbe Entfernung zum Dorf in weitblickender und glänzender Art überwand. Von dieser Zeit ab vollzog sich die Entwicklung immer rascher und nahm in den Gründerjahren sogar einen stürmischen Verlauf.

Die Terrainspekulation stürzte sich in die Lücke zwischen der Maxvorstadt und dem Englischen Garten und griff immer weiter nach Norden und Nordwesten. Die Schwabinger Flur erlebte Baufieber, Planungen im amerikanischen Stil, dunkle Finanzcoups und Bankerottserien, die wie Gala-Feuerwerke krachten.

[...]

Hochbürgerliche Kreise folgten als Mieter der eleganten neuen Straßenzüge, und inzwischen hatten auch die Künstler das billige und teilweise so malerische Schwabing entdeckt.

Zunächst nisteten sich Maler und Bildhauer ein, die es von der Königlichen Akademie der bildenden Künste her nicht weit hatten. Dann folgten Literaten, Musiker und Schauspieler, und als das Treiben dieser Bohême eine interessante Atmosphäre geschaffen hatte, wurde es für alle, die an der Kunst ein tatsächliches oder vorgebliches Interesse hatten, fast selbstverständlich, auf Münchens Montparnasse zu wohnen, wo das treffliche Bier der Schwabinger Brauerei (der Liter zu zweiund zwanzig Pfennigen) den Absinth nicht zu stark vermissen ließ.

[...]

Alle Schwabinger aber: die ehemals bäuerlichen Hausbesitzer, die Handwerker, Kaufleute und Arbeiter, die erfolgreichen Spekulanten, die »Herrschaften« in den neuen Häusern und ihre Dienstboten, die Schlawiner und die Künstler bürgerlicher Prägung waren in ihrer bunten Gemeinschaft keine Großstädter im landläufigen Sinn. Sie waren »Münchener«. Das bedeutete damals Zugehörigkeit zu einem zwar großen und rapid weiter wachsenden, aber dem bäuerlichen Land und seiner Art eng verbundenen Gemeinwesen. Es war Asylrecht in einer lebenbejahenden und festfreudigen Stadt voller Toleranz trotz ländlichfrommem Katholizismus und vermeintlicher kleinbürgerlicher Enge, voll Demokratie trotz Königshaus und voller fast weltweiter Duldsamkeit trotz polterndem Lokalpatriotismus.

Und in Schwabing, von dem es eine gute Zeit lang hieß, sein Name sei kein geographischer, sondern ein weltanschaulicher Begriff, waren diese Eigenschaften am spürbarsten geworden. Es war schön, dort zu leben.

Am 21. November 1890 wurde das Dorf Schwabing der Königlichen Haupt- und Residenzstadt München eingemeindet.

Die Schwabinger Gräfin

Franziska von Reventlow

1. Februar 1898

So lange nicht geschrieben. Es brauste zu sehr in mir. In mir sind lauter stürmische Frühlingstage mit Sonne und Sturm. Und mein kleiner Rolf liegt in seiner Wiege und blüht vor Gesundheit und weiß nichts vom Leben, wie schlimm und herrlich es sein kann.

Diese wilde Liebe ist so stumm und verhalten, manchmal liegt sie zentnerschwer auf mir und dann wieder ein unendlicher Jubel ganz tief drin in mir. Was in ihm ist, weiß ich nicht. Nun möchte ich wieder alle lieben.

5. Februar

Keinen Moment Ruhe. Arbeit, über die ich kaum Herr werde. Möchte Bubi malen, immer wieder, ich möchte alles, alles. –

Ich halte aus, es muß alles noch kommen.

9. Februar

Heute alle Bekannten zum Bauernball. Ich hätte dies Jahr solche Lust, mitzutun, aber kann nicht von dem Kleinen fort und hab' kein Geld. Und doch lockt's so. Heut hat es mich ganz melancholisch gemacht. – Da liegt das süße Herz und schläft, und es ist ihm ganz gleichgültig, ob ich tanze oder bei ihm bin.

20. Februar

Künstlerfest, Friess auch hin. Schlug mir vor, mitzukommen. Ach Gott, ich hab' einfach keine Kräfte, mir ist alles gleich, selbst der Gedanke, mit ihm zum Fest zu gehen.

Wenn mich doch jemand herausrisse, aber –

In der Frühe um fünf Uhr, als ich aufstand, dachte ich daran, wie die andern jetzt vom Fest heimkommen und tröste mich mit dem Besuch des Kaminkehrers, der jetzt in einen anderen Bezirk kommt und sagt: »Ja, Fräulein, da kommen wir nimmer z'samm.« Das heitert mich wieder auf. Manchmal macht mir die ganze Situation Spaß, es ist so, als ob man ganz verzaubert wäre als Aschenbrödel oder so.

Bäurische Hauptstadt eines Bauernstaates

Alfred Lichtwark

München ist trotz aller Specialitätenbuhnen und Wiener Cafés, die ihm in den letzten Jahren so unorganisch aufgehängt worden sind, die im besten Sinne bäurische Hauptstadt eines Bauernstaates geblieben, und so verstanden ist das öffentliche Leben in München unter allen unseren Großstädten am meisten deutsch. Wenn ich einem Engländer oder Franzosen die Eigenart des ursprünglich deutschen Wesens fühlbar machen wollte, habe ich ihn nach München geführt. Während sich der Pariser in Berlin, erstaunt über das großstädtische Treiben, das alle seine Erwartungen übertrifft, in einem unbekannten Stadtteil von Paris wähnt, in München hat er unmittelbar die Empfindung fremden und energisch ausgesprochenen Volkstums.

Das alles fühlt auch der Deutsche, wenn er an München denkt, aber es kommen zu dem eigenen Wesen der Stätte noch mancherlei Associationen, die ihm München lieb machen. Es ist eines der Thore, durch das er den Süden betritt, und es bietet ihm den ersten Gruß heimatlichen Lebens, wenn er zurückkehrt.

Kunststudium

Alfred Kubin

Ein Freund unserer Familie, ein alter kunstsinniger Notar, der meine Zeichnungen gesehen hatte, riet meinem Vater, mich auf die Münchener Malerakademie zu schicken. [...]

Als ich am zweiten Tage meines Münchener Aufenthaltes zum erstenmal im Leben eine große Galerie, die Alte Pinakothek betrat, war das ein bedeutendes Ereignis für mich. Ich war wie aufgelöst vor Seligkeit und Erstaunen und wagte nur auf den Fußspitzen von einem Saal in den anderen zu gehen. Ich war ganz fassungslos vor einer solchen ungeheuren Betätigung und Ausstrahlung des menschlichen Geistes und blieb, ohne etwas zu essen oder zu ermüden, von morgens neun bis zum abendlichen Schluß um sechs Uhr in diesen Räumen, die mir wie der Himmel selbst erschienen. Einzelne hervorstechende Eindrücke hatte ich nicht, es war mir im Gegenteil, als wie wenn diese vielen hundert Gemälde von einer einzigen Hand gemacht wären. Endlich mußte ich mich trennen, konnte aber die ganze Nacht nicht schlafen. Einen solchen überwältigenden Gesamteindruck habe ich später nie wieder von einer Galerie gehabt.

Die ersten Jahre in München werden für mich immer zu meinen angenehmsten Erinnerungen gehören. [...]

Mehr muß ich von einem Künstlerfreundeskreis erzählen, der im Café Elite in der Schellingstraße seine Hochburg hatte und den wohl keines der einstigen Mitglieder je vergessen wird. Es war dies die »Sturmfackel«, ein freier Verein, welcher, darin grotesk genug, vorgab, in der Unterdrückung der Individualität seine Hauptaufgabe zu sehen.

Von seinen Mitgliedern haben sich Ernst Stern, Weisgerber, Salzmann, Rudolf Levy, ein Maler, der immer weit über seine Verhältnisse lebte, stets in Schulden verstrickt war, aus denen ihn sein reicher Vater auslösen mußte, und dann später nach Paris ging, wo ich ihn aus den Augen verlor, Finetti, Korzendörfer,

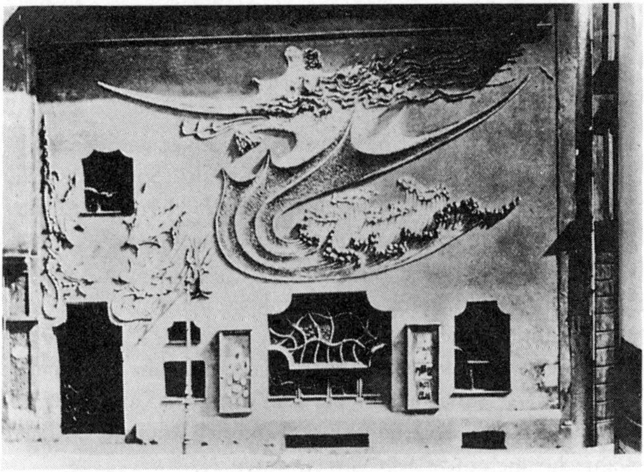

20 Hof-Atelier Elvira, Von-der-Tann-Straße 15, die Fassade von 1896/97, ein Hauptwerk des floralen Jugendstils, wurde auf Befehl Hitlers später abgeschlagen

Cardinaux und einige andere einen gewissen Namen gemacht. Ob ich dort und damals schon Giorgio de Chirico kennenlernte, weiß ich heute nicht mehr; ich entsinne mich jedoch noch recht gut seiner als eines sehr gewandten Malers. In der Blütezeit der »Sturmfackel« um das Jahr 1901/1902 beugten sich dem sehr seltsamen zeremoniellen Vereinsstatut wenigstens dreißig auserlesene Geister. Leider sind manche davon heute schon tot, darunter der prächtige E. Mantels, der spätere Arcus Troll der »Elf Scharfrichter«. Wenn uns auch nicht künstlerische Vorliebe für irgendeine Richtung, wie es in Paris der Brauch ist, hier zusammenführte – denn heimlich hatte doch jeder seine Individualität –, so gewannen wir doch alle durch die übermütige, witzige und geistvolle Atmosphäre, die bei uns herrschte. Jeder fühlte herzliche Sympathie für den andern und hatte Teilnahme für seine Lebensschicksale, was mir ganz besonders wohl tat, denn ich war sehr mitteilungsbedürftig.

Bürgertum und Boheme

Katia Mann

München war damals eine Kunststadt; weniger eine literarische Stadt, die Schriftsteller zählten nicht so viel. So wurde mein Mann, wenn er in ein Geschäft ging, immer »Herr Kunstmaler« genannt. Daß ich ein frühes Training im Umgang mit Schriftstellern hatte, kann ich eigentlich nicht sagen. Ich kannte natürlich diverse Schriftsteller schon als Kind. Es hat mir aber keinen großen Eindruck gemacht.

Der erste Schriftsteller, den ich gekannt habe, war meine Großmutter Hedwig Dohm, die Frau von Ernst Dohm, der den »Kladderadatsch« gegründet hat. Sie schrieb Romane, die heute wahrscheinlich nicht sehr aktuell wären. [...]

Unter ihren vielen Romanen hatte sie ein Buch geschrieben, das einen großen Skandal in München erregte. Es hieß »Sibilla Dalmar«. Meine Großmutter liebte ihre älteste und begabteste und schönste Tochter, meine Mutter, heiß, und sie korrespondierten miteinander, ich glaube, mindestens zwei- bis dreimal die Woche. Meine Mutter schrieb ihr lange Berichte aus München nach Berlin, und meine Großmutter bewahrte sie alle auf. In den Roman »Sibilla Dalmar« hat sie dann alles, was in den Briefen über die Münchner Gesellschaft stand, übernommen, und das hat in dieser Gesellschaft ein furchtbares Ärgernis gegeben, wirklich einen richtigen Skandal. Um so mehr, als die Figur, die meiner Mutter entsprach, ein Verhältnis mit einem baltischen Adligen hatte, das es in Wirklichkeit nicht gegeben hatte. Das war für meinen Vater besonders ärgerlich. Meine Großmutter war eine sehr naive, dabei begabte Frau. Sie hatte sich gar nichts dabei gedacht.

Sie war später eigentlich eine richtige Märchenfigur. Sie war sehr klein und wurde immer kleiner. Lenbach hat ein sehr schönes Porträt von ihr gemacht, das wir besitzen. Sie hatte einen guten Kopf, und alle Enkel hingen sehr an ihr. Wir fuhren zusammen nach Meran, mein Mann und ich und Urmiemchen. So nannten wir sie, weil meine Kinder sie Urmiemchen nannten. Urmiemchen fuhr mit, und da sagte sie: Ach, Tommy! Tommy! Komm doch bitte mal schnell in mein Coupé, denn weißt du, hier im Schlafwagen ist ja alles für Riesen eingerichtet.

Sie war eine sehr kleine, sehr putzige und in ihrer Art reizvolle, alte Dame. [...]

Mein Vater war nicht so sehr dafür, daß ich einen Schriftsteller heirate. Er dachte immer: ein Schriftsteller ist doch nicht so ganz das Richtige, nicht wahr? Das ist doch eher etwas Unseriöses. Er dachte, es müßte ein junger Gelehrter, ein Universitätsprofessor sein, und ich hatte damals, neben anderen, sogar einen Bewerber, der Professor war. Meine Mutter war gleich für eine Heirat mit Thomas Mann, ihr leuchtete es sofort ein. Meinem Vater nicht in dem Maße; aber er hat die Heirat mit Thomas Mann auch nicht verhindert. Er hätte es auch gar nicht gekonnt. Gern sah er es nicht, auch deshalb: als das einzige Mädchen mit den vier Buben war ich so ein kleiner Sonnenschein, nicht? Ich sollte nicht so früh aus dem Haus. Es war ihm nicht recht, wie Väter so sind. Thomas Mann hat das auch ein bißchen in »Königliche Hoheit« geschildert. In meiner Jugend war ich, glaube ich, recht hübsch. Das Traurige ist, daß ich es gar nicht wußte. Es hat eigentlich nie jemand in meiner Familie die Freundlichkeit gehabt, es mir zu sagen. Da meine Mutter eine berühmte schöne Frau war und eine meiner beiden Großmütter, die Mutter meines Vaters, immer, wenn sie mich sah, mir nur sagte: Ach, die Mutter erreichst du ja nie! habe ich mich auch damit abgefunden. Ich hatte gar keine hohe Meinung von meinen äußeren Reizen und wußte nichts davon. Schade eigentlich. Else Lasker-Schüler hat mich einmal irgend jemandem gegenüber eine »morgenländische Prinzessin« genannt, das halte ich für sehr übertrieben.

Natürlich fanden sich viele Bewerber ein. Es verkehrten viele junge Leute bei uns, die mir alle mehr oder weniger den Hof machten, und der eine oder andere hätte mich wohl auch gewiß ganz gern geheiratet. Aber ich dachte nicht daran zu heiraten, selbst nicht, als ich Thomas Mann kennenlernte und er sich für mich interessierte. Ich habe das nicht so sehr ernst genommen und wäre nicht auf den Gedanken gekommen, ihn zu heiraten. Es ging von ihm aus.

Die Insel

Rudolf Alexander Schröder

Das war denn alles in allem ein recht angefüllter Sommer für einen jungen Menschen von einundzwanzig Jahren, dieser Sommer 1899. Hatte ich doch zudem begonnen, meinem Vetter eine Parterrewohnung in einem der neuen Häuser der Leopoldstraße in München in unmittelbarer Nähe des Siegestors einzurichten. Um diese Wohnung nun war es eine eigentümliche Sache, und wenn sich um sie und ihre Bewohner alsbald ein Legendenkranz von nicht ganz gewöhnlichen Ausmaßen zu spinnen begann, so hatte das immerhin seine Gründe. Heymel hatte mir in seiner unbesorgten Art zu allem freie Hand gelassen, und so begannen wir alsbald, alles Vorhandene an Decken, Wandverkleidungen und so weiter herauszunehmen und zu demolieren, um es durch die Produkte meiner Phantasie zu ersetzen. – Nun war ich freilich zu jener Zeit noch nicht im Besitz der zu solcher Leistung benötigten technischen Erfahrung; wir zogen deshalb einen damals vielgenannten Münchner Architekten zu Rat. Doch mußten wir alsbald erfahren, daß er, tief in die Schlängelpfade des seit kurzem grassierenden Jugend- und Bandwurmstiles verstrickt, meinen Skizzen und Weisungen nicht gerecht wurde.

So ließen wir ihn denn schandenhalber sich in den beiden Büroräumen der künftigen Zeitschrift austoben, und ich hielt mich an seinen »jungen Mann«, der mir mit gutem Willen entgegenkam und mit dessen Hilfe ich das Ganze zu beiderseitiger Zufriedenheit unter Dach und Fach brachte. – Jener junge Mann war niemand anders als Paul Ludwig Troost; und wenn

21 *Leopoldstraße 4, Redaktionssitz der Zeitschrift »Die Insel«*

unsre gemeinsame Arbeit für ihn den Ausgangspunkt eines erfolgreichen Schaffens bedeutet hat, so hat sie auch mir eigentlich ganz wider Willen eine freilich »zur linken Hand« ausgeübte Tätigkeit aufgedrängt, die mir vor dem Krieg meine wirtschaftliche Unabhängigkeit erleichtert, nachher mir über die Inflationsjahre hinweggeholfen hat. [...]

Beim Ornament ging mir damals Vogeler an die Hand; und wir haben gemeinsam die Möbel, Vorhänge, Kamingitter, Beleuchtungen, Spiegel und Teppiche des großen, grauseidenen Salons mit gestickten, geschnittenen und getriebenen Rosenmustern überzogen. – Das Eßzimmer mit rosa Wänden, grau und weißem quadratischem Fliesenbelag, hellen Mahagonitüren und Möbeln, silbernen Wandleuchtern, einer schmalen Girlande aus natürlichen Lorbeerblättern als einzigem Zierat und einem Tafelgerät, bei dem Damast, Silber, Glas und Porzellan alles nach einheitlicher Formel entworfen und hergestellt war, das Kupferstichzimmer in Hellgrün und die anschließende blaue Bibliothek mit Möbeln, in deren dunklen Mahagoniflächen ein schwarz und weiß eingelegter Mäanderstreif das einzige Ornament bildete, das Billardzimmer in Gelb und Schwarz mit den bunten englischen Stichen und dem von Messing und Silber funkelnden, mit Eisschrank und allen kanonischen Apparaturen versehenen Schenktisch und den riesigen Ledersofas stehen mir noch deutlich vor Augen.

Die Tischgenossenschaft, an die ich, in Begleitung Heinrich Vogelers, des Worpsweders, von Bremen kommend, geraten war, bestand in der Hauptsache aus einem Kreis von Malern, aus dem hernach die Genossenschaft der »Scholle« hervorging. Der bekannteste seiner Namen ist wohl der Fritz Erlers, des jüngst Verstorbenen, geblieben. Auch Adalbert Niemeyer, der vielseitig begabte, gehörte ihm an. Er hatte ein Instrument erfunden, das aus einer an einem Steg über eine halbe Kokosnußschale geführten Saite bestand und dem er allerhand schnurrige Töne und Weisen zu entlocken wußte. Es war auf den Namen »Cococello« getauft; und nach ihm nannte sich dann ein fiktiver »Cococelloclub«, der in der Faschingszeit Redouten von Rang und Ruf veranstaltete. Auf ihnen war so ziemlich das ganze literarische, künstlerische und musikalische »junge München« vertreten mit Ausnahme etwa des George-Kreises, der seine separaten Feste feierte. Auf einem dieser Bälle lernte ich meine Landsmännin Clara Westhoff, die Bildhauerin und nachmalige Gattin Rainer Maria Rilkes, kennen, mit der mich noch heut, über den Wandel der Jahre, Menschen und Gesinnungen hinweg, nahe Freundschaft verbindet. Auf einem späteren mußten mein Vetter Alfred Walter Heymel und ich selber den Stoff zu einer allerdings harmlosen Verulkung unsrer erst jüngst der Welt kundgetanen Bestrebungen hergeben. Das Fest nannte sich die »Halb-Insel«; und die seit kurzem von uns begründete Zeitschrift »Die Insel« hielt zu allerhand gesungenen, gemimten, geschriebenen und gezeichneten Parodien her.

Seit im Dezember 1899 das erste Heft der »Insel« erschienen war, bildeten nämlich wir zwei »Bremer Jungens« im Verein mit Otto Julius Bierbaum und den andern Mitarbeitern der Monatsschrift so etwas wie einen eigenen Kreis innerhalb der vielen »Kreise« Münchens, das trotz alles unbezweifelbar hauptstädtischen Charakters nach den Traditionen seines Kunstlebens seit je zwar nicht eine »Kreisstadt«, aber doch eine Stadt der »Kreise« gewesen ist, im Gegensatz zu Berlin, wo ein heftigerer und lauterer Umtrieb das Stilleben geselligen Zusammenhalts nie recht hat aufkommen lassen. Der »Kreis« der »Insel«, naturgemäß zum Teil mit andern, wie dem des »Simplizissimus« oder der »Jugend« sich überschneidend, existierte zwar in einer gewissen Verborgenheit; die schöne heymelsche Wohnung in der Leopoldstraße war sein Mittelpunkt. – Namen? Außer den drei Herausgebern der »Insel«, Bierbaum, Heymel und mir, waren es Richard Dehmel, Max Dauthendey, Frank Wedekind und der seltsam begabte Schweizer Robert Walser; Wilhelm Weigand, der vor kurzem seine Erinnerungen herausgab, und Michael Georg Conrad waren hie und da zu Gast, dazu die Schar der heut Vergessenen.

In einem ins Klassizistische zurückgreifenden Stile entwarf und baute sich Stuck schon als junger Künstler einen Palast, in dessen Innenräumen bemalter Gips Reichtum und edles Gestein oder Bronze vorzutäuschen hatte, der außerdem in seinen vagen, unüberdachten Proportionen nur noch von Hitlers Ausstellungsbau in München übertroffen worden ist und der den Krieg unbeschädigt überstanden hat. Das sonst so sympathische München gefiel sich in großspuriger Scheinwelt, hierin um so gefährdeter, da es eine Kunststadt war, die einem gesunden Sinn und Zweck die Grenzen nicht zu enge zog.

Franz Stuck, feierlich einen Gehrock sorgfältigster Schneiderarbeit, ging schweigsam und ernst umher, und seine Person machte nicht weniger Eindruck als sein Werk. Man erzählte von ihm und über seine Bilderpreise Märchengeschichten, rühmte seinen Blick für die Technik der alten Meister, der sich oftmals bewährte und Kunsthistoriker in Erstaunen setzte. Ein Direktor der Pinakothek sagte mir einmal, daß man Stuck viele Entdekkungen falscher Zutaten verdanke, die Fachleuten unerkannt geblieben waren. Vor einer Kommission soll er einmal, auf ein Dürerbild deutend, gesagt haben: »Meine Herren, dies Buidel ist nicht von Dürer«; man lächelte, wie der Bericht weiter lautet, ungläubig, mußte sich aber davon überzeugen, daß Stuck mit seiner Vermutung recht gehabt hatte.

[...]

Während der Wintermonate, in denen im Malergewerbe die Arbeit ruht, konnte ich in München studieren; und als ich ein Semester lang bei G. Hackl die Zeichenklasse besuchte, stellte ich mich bei Stuck vor, um mich um die Aufnahme in seine Malklasse zu bewerben. Seine Berühmtheit schüchterte mich ein; das Betreten seiner Villa, das Läuten an seiner bronzenen Tür, von der mich ein römisches Medusenhaupt anstarrte, das als Briefeinwurf diente: all das machte mir diesen Gang zu einer peinlichen Sache. Ich legte Kompositionen vor; denn nur auf diese legte Stuck eigentlich Wert, Akademie- oder Naturstudium schien er kaum zu beachten. Sein teuflisch stark bemusterter

Atelierboden machte mich wanken, und beim Ausbreiten meiner Arbeiten darauf hätte ich bald jeden Halt verloren. »Gut«, sagte mir Stuck, der die längere Wartezeit mit einem Händedruck unterbrach, um mich als seinen Schüler zu begrüßen. Vorerst dürfe ich jedoch nicht über die Aufnahme sprechen, so viele Bewerber habe er abweisen müssen und es mit Platzmangel begründet.

Geburt am Viktualienmarkt

Ernst Hoferichter

Es war am 19. Januar Anno 1895 an einem klirrenden, kalten Winterabend. Da erblickte mich das Licht der Welt, inmitten der Münchner Altstadt. Dieses Licht kam aus einer Petroleumlampe, die qualmte und rußte.

Das erfuhr auch ich erst nach Jahren, denn noch nie hat ein menschliches Wesen die Zeit und Umwelt seiner Geburt bewußt miterlebt. Erst durch etliche Zeugen und aus der Zeitung erfuhr ich, was an diesem Tage um mich und draußen in der Welt geschah.

Vier Stockwerke über dem Viktualienmarkt, Blumenstraße 4, in einem grauen Mietshaus hörten die Bewohner jäh ein Geschrei durchs Treppenhaus: »Beim Schreiner oben, da ist's soweit!«

Aber die Hebamme kam zu spät. Sie war auf dem Maskenball des Sterbekassenvereins »Fröhlichkeit«.

An Lichtmeß wurde ich in St. Peter, der ältesten Kirche Münchens, auf die Namen Ernst Peter August getauft. Es war der kälteste Tag des Jahres, und im Taufbecken war das Weihwasser eingefroren. Der Mesner sagte: »... dös bedeut allerhand!«

Unten am Markt erloschen die letzten Öllampen. Da kostete das Ei 3 Pfennig und 5 Pfund prima Pferdefleisch 1 Mark. Vier Stunden vor meiner Geburt besuchte Seine Königliche Hoheit, der Prinzregent Luitpold, die Vogelausstellung gegenüber in der Freibank. Der hohe Gast kaufte zwei Harzer und einen Käfig.

[...]

Drei, vier Jahre alt – so erlebte ich es in meinem ersten Rückerinnern – war alles Leben vom Grünen Markt erfüllt. Und während in der Dachwohnung im Winter die Eiszapfen von der Decke herabhingen, schwitzten im Sommer die Wände.

Am frühen Morgen stieg das Grunzen junger Ferkel vom Schweinemarkt herauf, Hühner gackerten aus den Steigen, und die ersten Wagen der Pferdetrambahn holperten über das Katzenkopfpflaster. Dazwischen hörte ich Kleingeld klirren, das meine Mutter jeden Morgen auf die Ofenplatte zählte. Bald war ich unten bei den Zelten, Ständen und Läden. Aus jeder Türe kam ein anderer Duft von Gewürzen, getrockneten Stockfischen und Blumensträußen. In der Faschingszeit fielen Luftschlangen und Konfetti über die Totenkränze hin.

Das Hofbräuhaus

Jules Huret

Wer mit den richtigen Biertrinkern in Berührung kommen will, muß das Hofbräuhaus oder einen jener »Keller«, die sich die ganze Eigenart der alten Münchener Bierlokale bewahrt haben, aufsuchen. [...]

Das Hofbräuhaus liegt mitten in der Stadt, am »Platzl«, wenige Schritte nur von der Maximilianstraße entfernt. Man tritt durch eine Art Hof ein, der mit Bäumen bepflanzt ist, einen Springbrunnen in der Mitte hat und in dem Fässer aufgestellt sind, auf denen Steinkrüge mit Zinndeckeln stehen. Um die Fässer herum behaglich schwatzende und rauchende Männer. Von diesem Hofe aus gelangt man in das zu ebener Erde liegende Bierlokal, das mit seinen Schwibbogen, die auf starken Pfeilern und mit verblaßten Fresken bemalten Mauern ruhen, wie ein

22 *Auf dem Viktualienmarkt*

Kloster aussieht. Dralle Mägde, die Ledertasche um die miederlose Taille, die zwei Arme kaum zu umspannen vermöchten, drücken etwa ein Dutzend leere Krüge an die mächtige Brust und schwanken langsam, unaufhörlich, auf ihren kurzen Beinen vom Faß zu den Tischen und von den Tischen zum Faß. Der straff über den Leib geschürzte Rock läßt die derben Knöchel sehen, schlurfend ziehen sie ihre Füße auf dem mit allen möglichen Abfällen, Papieren, Obstschalen bestreuten Boden nach. Lachend traben sie an den Gästen vorbei, die mit ihnen schäkern, sie in das pralle Fleisch kneifen, und ihr Mund mit dem dreifachen Kinn verzieht sich zu einem breiten Grinsen.

Ein entsetzlicher Bier- und Tabakduft füllt die Säle. An schweren Eichentischen sitzen auf derben Bänken Hunderte von Trinkern nebeneinander, Zigarren oder lange Pfeifen rauchend. Es sind Leute aus dem Volk, Arbeiter, Handlanger, Droschkenkutscher, Seite an Seite mit Beamten jeden Alters, Angestellten, Ladenbesitzern, Kleinbürgern usw. – Auch Frauen in Menge, die einen barhäuptig, die andern in jammervollen Hüten.

Der Ton ist durchweg äußerst frei, manchmal sogar ausgelassen. Die Ungeniertheit und Natürlichkeit läßt daher nichts zu wünschen übrig. Von Steifheit oder Zwang keine Spur: offne Westen, keck nach hinten geschobene Hüte, struppige Bärte jeglichen Schnitts.

In endlosen Reihen stehen die Steinkrüge da, die meisten haben ein Papierschnitzel durch den Henkel gezogen, das den Gästen, die sich einen Augenblick entfernt haben, als Kennzeichen dient.

Da die Kellnerinnen nicht allem gerecht werden, haben sich die Leute angewöhnt, sich selbst zu bedienen. Ununterbrochen wandern sie vorbei, ihren Maßkrug in der Hand, den sie dem Schenkkellner bringen. – Zu zehn, zu zwanzig, zu dreißig kommen sie daher und warten geduldig, bis sie an der Reihe sind. Dann kehren sie mit dem vollen Topf, den sie behutsam, wie eine Monstranz vor sich hertragen, an ihren Platz zurück.

Wladimir Iljitsch Lenin alias Meyer

Nadeshda Krupskaja

Wladimir Iljitsch war ebenso wie Martow und Potressow mit legalem Paß ins Ausland gereist. In München beschlossen sie aber, unter fremden Pässen und abseits von der russischen Kolonie zu leben, um die aus Rußland eintreffenden Genossen nicht zu gefährden und illegale Literatur in Koffern, Briefen usw. leichter nach Rußland übersenden zu können.

Als ich nach München kam, lebte Wladimir Iljitsch bei dem bereits genannten Rittmeyer, ohne bei der Polizei gemeldet zu sein, und nannte sich Meyer. Rittmeyer war zwar Besitzer einer Gastwirtschaft, aber Sozialdemokrat, und gewährte Wladimir Iljitsch in seiner Wohnung Unterkunft. Wladimir Iljitsch hatte ein ärmliches Zimmerchen. Er lebte wie ein Junggeselle. Zu Mittag aß er bei einer Frau, die ihm dauernd Mehlspeisen vorsetzte. Den Tee trank er morgens und abends aus einem Blechbecher, den er selbst sorgfältig säuberte und an einem Nagel über dem Ausguß aufhängte.

Er sah besorgt aus. Es ging alles nicht so rasch, wie er wünschte.

Außer Wladimir Iljitsch lebten damals noch Martow, Potressow und Vera Sassulitsch in München. Plechanow und Axelrod wollten die Zeitung unter ihrer unmittelbaren Leitung in der Schweiz erscheinen lassen. Sie, und in der ersten Zeit auch Vera Sassulitsch, maßen der »Iskra« (zu deutsch: »Der Funke«) keine besondere Bedeutung bei und unterschätzten die organisatorische Rolle, die sie spielen konnte und auch wirklich gespielt hat. Sie interessierten sich viel mehr für die »Sarja« (zu deutsch: »Die Morgenröte«, illegale marxistische theoretische Zeitschrift, die im Auslande herausgegeben wurde).

[...]

Nach meiner Ankunft zogen wir zu einer deutschen Arbeiterfamilie. Die Familie war recht groß, sie bestand aus sechs

Personen. Sie hatten nur eine Küche und eine kleine Kammer. Aber es herrschte überall peinliche Sauberkeit, die Kinder waren sehr sauber und gut erzogen. Ich beschloß, Wladimir Iljitsch mit häuslicher Kost zu versorgen und begann selber zu kochen. Ich kochte in der Küche der Wirtsleute, mußte aber alles in unserem Zimmer zubereiten. Ich bemühte mich, dabei so wenig Geräusch wie möglich zu verursachen, denn Wladimir Iljitsch schrieb damals schon an seiner Broschüre »Was tun?«.

[...]

Mittags nach dem Essen kamen Martow und auch andere zur sogenannten Redaktionssitzung zu uns. Martow pflegte ununterbrochen zu reden und dauernd von einem Thema aufs andere überzuspringen. Er las ungeheuer viel, erfuhr stets irgendwoher einen Haufen Neuigkeiten und kannte alles und jedes. »Martow ist der typische Journalist« – sagte Wladimir Iljitsch von ihm verschiedentlich – »er ist außerordentlich begabt, faßt alles rasch auf, ist äußerst sensibel, nimmt aber alles auf die leichte Achsel.«

[...]

Das lokale Leben fesselte unsere Aufmerksamkeit nur wenig. Wir nahmen nur als Beobachter daran teil. Wir gingen zwar auch manchmal in Versammlungen, aber sie waren im allgemeinen wenig interessant.

Ich erinnere mich an eine Maifeier. In jenem Jahr war es der deutschen Sozialdemokratie zum erstenmal gestattet worden, einen Umzug zu veranstalten, aber nur unter der Bedingung, daß man Ansammlungen innerhalb der Stadt vermeide und die Feier außerhalb veranstalte.

Und nun zogen die deutschen Sozialdemokraten in ziemlich großen Kolonnen, mit Kind und Kegel und mit den üblichen Rettichen in der Tasche, schweigend im Eilmarsch durch die Stadt, um später in einem Vorortrestaurant Bier zu trinken. An eine Demonstration aus Anlaß des Weltfeiertages der Arbeiterklasse erinnerte diese »Maifeier« in keiner Weise.

Eigentümlichkeiten Schwabings

Erich Mühsam

Welche lokalen Eigentümlichkeiten Schwabings besondere Eignung zum Zentrum eines sozusagen experimentellen Gesellschaftsindividualismus bewirkten, kann ich nicht feststellen. Doch scheint die Entdeckung Schwabings nicht erst auf den Einzug der Boheme der achtziger Jahre gewartet zu haben, die von dort aus unter Führung Michael Georg Conrads den Sturm durchs Siegestor gegen die Propyläen organisierten, deren Schatten die Villa schützte, wo Paul Heyse in grimmigem Eifer den Hellenismus einer etwas ramponierten Klassizität gegen den Banditismus modernen Geistes verteidigte. Schon vor jenen hundert Jahren, als die Erlesenheit des Münchener Geistes sich in die Verse des Königs Ludwig I. und die Wortwitze des Hoftheater-Intendanturrates Moritz Gottlieb Saphir absetzte, suchte sich ein wirklich großer Geist und dabei einer der absonderlichsten Käuze seiner Zeit schon das damals völlig abgelegene Dorf Schwabing zum Wohnsitz aus: das war der Philosoph der Christologie, der Theosoph Franz von Baader, der täglich nach München hineinspazierte, irgendeinen harmlosen Handwerksmann beim Knopf faßte und ihm seine Fragen über das Gottesbewußtsein oder seine mystische Sozietätswissenschaft vorlegte. Der einfache Verstand des von Wissenschaft unbelasteten Gehirns sollte die Gelehrsamkeit des weisen Mannes regulieren. Welche prachtvolle Vorurteilslosigkeit, welch unzünftlerisches Verfahren, welche echte und beste Schwabingerei! […]

Im allgemeinen war die Langhaarigkeit der Schwabinger Männer so wenig wie die Kurzhaarigkeit vieler Schwabinger Frauen – Lotte Pritzel und Emmy Hennings brauchten den Bubikopf nicht erst von der Mode geschnitten zu bekommen – noch die Samtkittel der Schwabinger Maler ein wichtiges Kennzeichen Schwabings. Kennzeichen war nur, daß jeder seine Aufmachung selbst bestimmte, einer von Eitelkeit, ein anderer von Bequemlichkeit, der dritte von Stilgefühl und mancher auch von seinem Schneider beraten. Uniformität gab es höchstens in dem Ästhetenzirkel um Stefan George. Dort trug man hochgeschlossene Westen mit schwarzen Krawattentüchern bis zum Kinn und dünne silberne Ketten, die um den Hals gelegt waren und in einer Westentasche verschwanden. Das gehörte zu der Weihe, zu welcher die Zugehörigkeit zu jenem Kreise verpflichtete; denn so trug sich der Meister selbst, dem Franziska zu Reventlow, »die Gräfin«, respektwidrig den Namen »Weihenstefan« angehängt hatte.

Es wird wohl 1905 gewesen sein, daß ich zum ersten Male einige Zeit angemeldeter Einwohner Münchens und selbstverständlich Schwabings war. Zum Stammlokal wurde das Café Stefanie gewählt, an der Peripherie des Künstlerviertels, im Münchener Quartier latin gelegen.

Wahnmoching

Franziska von Reventlow

Dann unterhielt man sich über dieses und jenes. Der Professor ging dabei mit etwas stürmischen Schritten auf und ab, nahm jeden Augenblick einen Gegenstand in die Hand, betrachtete ihn ganz genau und stellte ihn wieder hin. Im Laufe des Gespräches fragte er mich, ob ich auch in ›Wahnmoching‹ wohnte. Ich fragte wieso und hielt es für einen Witz – »ich wohne in der K... straße«. Darüber brachen sie alle in Gelächter aus und fanden es enorm, daß ich nicht wüßte, was ›Wahnmoching‹ sei.

Man erklärte mir, daß der ganze Stadtteil von dem großen Tor an so heiße. Wie sollte ich das wissen, ich habe mich gar nicht darum gekümmert, wie der Stadtteil heißt, in dem ich *wohne.* In Berlin weiß man es, aber hier doch nicht. Ich begriff wirklich nicht, was daran ›enorm‹ sein sollte. Ja, sagten sie, das sei es ja eben – ich wäre in allem so unbewußt.

Sonst bin ich wirklich ein geduldiger Mensch, aber ich hatte allmählich den Eindruck, als ob man mich mystifizieren wollte, und sagte, den Ausdruck ›Wahnmochingerei‹ hätte ich schon gehört. Der Professor wurde stutzig und fragte, von wem denn?

»Von Doktor Sendt, dem Philosophen.«

»Ah – Sie kennen Doktor Sendt?« es klang beinah, als ob ihn das verstimmte. Aber dann wurde er wieder sehr herzlich und lud mich ein, ihn zu besuchen und zu seinem Jour zu kommen.

[...]

»Herr Dame – denn Sie heißen ja wirklich so«, sagte der Philosoph, und ich konnte es ihm in diesem Augenblick nicht übelnehmen – »Wahnmoching heißt wohl ein Stadtteil, eben dieser Stadtteil, aber das ist nur ein zufälliger Umstand. Er könnte auch anders heißen oder umgetauft werden, Wahnmoching würde dennoch Wahnmoching bleiben. Wahnmoching im bildlichen Sinne geht weit über den Rahmen eines Stadtteils hinaus. Wahnmoching ist eine geistige Bewegung, ein Niveau, eine Richtung, ein Protest, ein neuer Kult oder vielmehr der Versuch, aus uralten Kulten wieder neue religiöse Möglichkeiten zu gewinnen – Wahnmoching ist noch vieles, vieles andere, und das werden Sie erst allmählich begreifen lernen. Aber für heute sei es des Guten genug, sonst möchte noch die aufgehende Sonne uns hier im Zwiegespräch überraschen.«

Damit trennten wir uns.

München

Stefan George

Mauern wo geister noch zu wandern wagen
Boden vom doppelgift noch nicht verseucht:
Du stadt von volk und jugend! heimat deucht
Uns erst wo Unsrer Frauen türme ragen.

23 *Maskenball 1904: Stefan George als Dante, Maximilian Kronberger als florentinischer Edelknabe und Karl Wolfskehl als Homer*

Brutstätten der Münchner Kultur

Erich Mühsam

München brauchte zur Pflege kultureller Geselligkeit vielerlei Gärten. Das Klüngel- und Cliquenwesen war reich entfaltet, doch fanden allgemein keine so schroffen und unübersteigbaren Abgrenzungen statt wie etwa in Wien. Alle Zentren des geistigen Lebens strahlten in benachbarte und verwandte Zirkel aus, waren durch mancherlei Fäden mit ihnen verknüpft, unterhielten zueinander zahlreiche persönliche Verbindungen und Interessenverwebungen und bildeten so ein Netz, das – als Muster föderativer Gesellschaftsstruktur verwendbar – die Selbständigkeit von Wirkungsart und Daseinszweck jedes Zusammenschlusses wahrend, dennoch die Gemeinsamkeit der Lebensbeziehungen aller derer, die das Vorkriegs-München, trotz Grillparzer, mehr als Wien zum Capua der Geister machten, zu schöner Geltung brachte.

Was zusammengehörte und zueinanderstrebte, fand sich in den Caféhäusern, Weinstuben und Bierkellern an den Tischen, welche zu verschiedenen Tageszeiten die verschiedenen Sammelpunkte der verschiedenen Freundes- und Kollegenkreise abgaben. Aber der Stammgast des Cafés Stefanie war kein lästiger Fremdling, wenn er einmal im Café Luitpold bei den Ästheten, im Café Noris bei den Schwabinger Honoratioren Georg Schaumberg und Graf Du Moulin-Eckardt oder im Café Orlando di Lasso bei den kritikenverschlingenden Hofschauspielern auftauchte. Wer sonst abends die letzten Krach-Sensationen innerhalb der zahlreichen Künstlerbünde bei der Kathi Kobus oder in der Torggelstube mit den unmittelbar Beteiligten oder den mittelbar Interessierten zu diskutieren liebte, wurde gleichwohl willkommen geheißen, wenn ihn der Abwechslungsdrang einmal an den Wochenstammtisch der Simplicissimus-Künstler in der »Kette« oder zum Frühschoppen in den »Franziskaner« führte, wo Ludwig Thoma, die Pfeife im Munde, den Ton angab, zu dem die Schauspieler Gustl Waldau, Fritz Ulmer und Fritz Basil die Begleitmusik machten. Man kannte sich in München, man grüßte sich auf der Straße, man setzte sich im Hofgarten zum Nachmittagskaffee zusammen an den Tisch, man traf sich bei allen Premieren im Theater und sprach in den Pausen miteinander über das neue Stück oder über das aktuelle Schwabinger Ereignis. Es gab immer Gesprächsstoffe, die alle Zirkel gleichmäßig bewegten.

[...]

Die Zentren der geistigen und geselligen Gemeinschaft des kulturellen Münchens beschränkten sich aber durchaus nicht auf Stammtische oder Atelierunterhaltungen. Da gab es den »Neuen Verein«, einen Nachkommen des Akademisch-Dramatischen Vereins der neunziger Jahre. Ein Experimentier-Institut für moderne, gefährliche, dem Zensor unsympathische Aufführrungen. Jede Veranstaltung dieses Vereins war ein Kulturereignis für München. Die von der Polizei verbotenen Stücke Wedekinds wurden vom Neuen Verein vor geladenem Publikum gespielt, und der Beifall raste und wurde am entsprechenden Ort richtig verstanden als Protestdemonstration gegen die Bevormundung des Geschmacks.

Die elf Scharfrichter

Hans von Gumppenberg

Inzwischen war in der literarischen Modenwelt der kaum erst zum Sieg gelangte Naturalismus schon wieder »überwunden« worden; »Symbolismus« und »Neuromantik« zogen mit flatternden Fahnen ein und brachten die Phantasie und den Vers wieder zu Ansehen: freilich aber jetzt im Dienste eines mehr oder weniger affektierten Artistentums, das mir noch ferner lag als der geistig und seelisch unfruchtbare Wirklichkeitsabklatsch. Am erträglichsten erschien mir diese Artistik noch, wo sie nur preziös unterhaltliche, übermütig heitere und schlechthin groteske Kleinkunst bieten wollte; so fand ich trotz allem einige Anpassungsmöglichkeiten, als auf Anregung Bierbaums, der nun seine Gusti an einen Hausfreund verloren, aber seinen Humor darüber nicht eingebüßt hatte, der Kult der »zehnten Muse« des »Ueberbrettls« aufgekommen war. Bekanntlich sollte damit das Variété künstlerisch geadelt werden, nach dem Vorbild der Pariser Cabarette, doch auch in heimischer Umbildung und Bereicherung. Wie dieser neue, deutsche Frühling der Bohème in Berlin mit Bierbaums kurzlebigem »Intimen Theater« und Ernst von Wolzogens erfolgreicherem »Bunten Theater« seine zierlichen und launischen Blüten trieb, so hatte sich gleichzeitig, ja noch etwas früher in München eine Anzahl jüngerer und jüngster Literaten, Musiker und Künstler zum Unternehmen der »Elf Scharfrichter« zusammengetan. Im Quartier latin Isarbabels, im Café Stephanie an der Theresienstraße, das als Treffpunkt des selbstbewußten Nachwuchses um jene Zeit den Spottnamen »Café Größenwahn« erhielt, und in einer daneben betriebenen, jetzt längst verschwundenen Weinstube wurde der Plan ausgebrütet. Das große Wort führten dabei drei junge Poeten: der Rheinländer Otto Falckenberg, der dann zur Zeit des Weltkrieges Direktor der Münchener Kammerspiele geworden ist, der aus Siebenbürgen zugewanderte Leo Greiner und Willy Rath, dessen Eltern in Wiesbaden ein Variété besaßen, so daß er von klein auf Brettl-Luft geatmet hatte. [...]

Das Münchener Cabarett sollte neben der Darbietung verschiedenartigster dichterischer und musikalischer Kleinkunst vor allem auch eine freimütige und frohlaunige, durch Phantastik gewürzte Kritik an allen Zeiterscheinungen üben; seine vier ideellen Begründer und sieben alsbald sich anschließenden Förderer des Plans kamen daher überein, es auf den bereits erwähnten grimmigen Namen zu taufen und in entsprechende altdeutsche Henkerromantik einzukleiden. Jeder von ihnen legte sich einen unheimlichen, ans Mörderische gemahnenden Namen bei, ein grausiger Chorgesang und Grotesktanz der Elf in scharlachroten Talaren und mit blanken Richtbeilen sollte jede »Exekution« einleiten, auch beschloß man, im Zuschauerraum einen »Schandpfahl« aufzustellen, der, sinnreich geziert mit dem abgeschnittenen Zopf und Perückenskalp der Rückständigkeit, verschimpfierende Plakate gegen allerlei bekämpfte Übelstände aufnehmen sollte. Als geeigneten Raum für die »Exekutionen« fand man ein Sälchen im Gasthof zum »Hirschen« an der Türkenstraße des Theresienviertels; es konnte freilich nur knapp hundert Zuschauerplätze fassen, doch entsprach das gerade den Absichten, denn der intime Charakter sollte gewahrt werden. Man baute eine kleine niedliche Bühne ein, errichtete die Schandsäule und dekorierte die Wände mit entsprechend grotesken Radierungen von Rops und Blättern aus den Mappen der »Insel« sowie mit den Gipsmasken der elf »Scharfrichter«. Zu ihnen zählte außer Falckenberg (Peter Luft), Greiner (Dionysius

Tod), Rath (Willibaldus Rost) und Henry (Balthasar Starr), vor allem mein alter Freund Weinhöppel (Hannes Ruch), der sich als Kapellmeister und Liederkomponist mit Feuereifer in den Dienst der Sache stellte, dann der junge Rechtsanwalt Robert Kothe (Frigidius Strang), der seiner wenig einträglichen Praxis ziemlich satt geworden war, schon seit Jahren in den schöngeistigen Zirkeln als Sänger, Geiger und Deklamator sich hören ließ und jetzt gerne die Gelegenheit zu intensiverer Kunstübung ergriff; ferner der Architekt Langheinrich (Max Knap), der die Bühne mit allen nötigen technischen Einrichtungen montierte und auch die sonstige Ausstattung des Sälchens übernahm, sowie die beiden jungen Bildhauer Hecker und Hüsgen (Till Blut), von welchen letzterer die Scharfrichtermasken, ersterer die ziemlich großen und sehr lustigen Puppen zu einem Marionettenspiel herstellte, das mit seinen Personifikationen der europäischen Mächte zu regelmäßiger satirischer Verulkung der politischen Tagesereignisse dienen sollte. Ferner schloß sich auch Frank Wedekind an, im Galgenhumor und Erwerbsbedürfnis seiner damals noch immer wenig rosigen Lage; schon in einer der ersten Exekutionen löste er als Lautensänger Weinhöppel ab, der zwar ein Meister auf der »Klampfe« war, aber für die weichlyrischen Sachen, die er zu Gehör bringen sollte, nicht mehr die entsprechend klangvolle Stimme besaß. Wedekind, der übrigens auf einen Scharfrichternamen verzichtete, war gewiß kein großer Sänger vor dem Herrn, und als Lautenspieler damals noch dilettierender Anfänger, aber für die schlichten Weisen, die er sich zu seinen eigenen Bänkelliedern und Moritaten zurechtgelegt hatte, reichten sein Organ und seine Technik aus, und das seltsame, verhalten-satanische Gepräge, das er seinem Vortrag zu geben wußte, zog das originalitätssüchtige Publikum schnell in seinen Bann.

München leuchtete

Thomas Mann

München leuchtete. Über den festlichen Plätzen und weißen Säulentempelchen, den antikisierenden Monumenten und Barockkirchen, den springenden Brunnen, Palästen und Gartenanlagen der Residenz spannte sich strahlend ein Himmel von blauer Seide, und ihre breiten und lichten, umgrünten und wohlberechneten Perspektiven lagen in dem Sonnendunst eines ersten, schönen Junitages.

[...]

Jedes fünfte Haus läßt Atelierfensterscheiben in der Sonne blinken. Manchmal tritt ein Kunstbau aus der Reihe der bürgerlichen hervor, das Werk eines phantasievollen jungen Architekten, breit und flachbogig, mit bizarrer Ornamentik, voll Witz und Stil. Und plotzlich ist irgendwo die Tür an einer allzu langweiligen Fassade von einer kecken Improvisation umrahmt, von fließenden Linien und sonnigen Farben, Bacchanten, Nixen, rosigen Nacktheiten ...

Es ist stets aufs neue ergötzlich, vor den Auslagen der Kunstschreinereien und der Basare für moderne Luxusartikel zu verweilen. Wieviel phantasievoller Komfort, wieviel linearer Humor in der Gestalt aller Dinge! Überall sind die kleinen Skulptur-, Rahmen- und Antiquitätenhandlungen verstreut, aus deren Schaufenstern dir die Büsten der florentinischen Quattrocento-Frauen voll einer edlen Pikanterie entgegenschauen. Und der Besitzer des kleinsten und billigsten dieser Läden spricht dir von Donatello und Mino da Fiesole, als habe er das Vervielfältigungsrecht von ihnen persönlich empfangen ...

Aber dort oben am Odeonsplatz, angesichts der gewaltigen Loggia, vor der sich die geräumige Mosaikfläche ausbreitet, und schräg gegenüber dem Palast des Regenten drängen sich die Leute um die breiten Fenster und Schaukästen des großen Kunstmagazins, des weitläufigen Schönheitsgeschäftes von M.

24 *Das Neue Rathaus, der westliche Erweiterungsbau wurde 1889 bis 1908 nach Plänen von Georg Hauberrißer errichtet*

Blüthenzweig. Welche freudige Pracht der Auslage! Reproduktionen von Meisterwerken aus allen Galerien der Erde, eingefaßt in kostbare, raffiniert getönte und ornamentierte Rahmen in einem Geschmack von preziöser Einfachheit; Abbildungen moderner Gemälde, sinnenfroher Phantasien, in denen die Antike auf eine humorvolle und realistische Weise wiedergeboren zu sein scheint; die Plastik der Renaissance in vollendeten Abgüssen; nackte Bronzeleiber und zerbrechliche Ziergläser; irdene Vasen von steilem Stil, die aus Bädern von Metalldämpfen in einem schillernden Farbenmantel hervorgegangen sind; Prachtbände, Triumphe der neuen Ausstattungskunst, Werke modischer Lyriker, gehüllt in einen dekorativen und vornehmen Prunk; dazwischen die Porträts von Künstlern, Musikern, Philosophen, Schauspielern, Dichtern, der Volksneugier nach Persönlichem ausgehängt... In dem ersten Fenster, der anstoßenden Buchhandlung zunächst, steht auf einer Staffelei ein großes Bild, vor dem die Menge sich staut: eine wertvolle, in rotbraunem Tone ausgeführte Photographie in breitem, altgoldenem Rahmen, ein aufsehenerregendes Stück, eine Nachbildung des Clous der großen internationalen Ausstellung des Jahres, zu deren Besuch an den Litfaßsäulen, zwischen Konzertprospekten und künstlerisch ausgestatteten Empfehlungen von Toilettenmitteln, archaisierende und wirksame Plakate einladen.

[...]

Die Kunst blüht, die Kunst ist an der Herrschaft, die Kunst streckt ihr rosenumwundenes Zepter über die Stadt hin und lächelt. Eine allseitige respektvolle Anteilnahme an ihrem Gedeihen, eine allseitige, fleißige und hingebungsvolle Übung und Propaganda in ihrem Dienste, ein treuherziger Kultus der Linie, des Schmuckes, der Form, der Sinne, der Schönheit obwaltet... München leuchtete.

Die Gesellschaft

Josef Ruederer

Der Festsaal eines eleganten Privathauses. In der vornehmen Pracht seiner hochmodernen Ausstattung. Bruno Paul, Riemerschmid, van de Velde. Darin in großer Toilette eine glänzende Gesellschaft, Herren und Damen der Geburts- und Finanzaristokratie, der Künstlerwelt, der literarischen Kreise, kurz, das beste, vornehme München. Alles in froher Erwartung, alles geheimnisvoll zischelnd. Jetzt ein Zeichen, die Lichter erlöschen, dann eine Stille, daß man die berühmte Stecknadel hören könnte, die immer zu Boden fallen muß, wenn den Berichterstattern nicht noch ein dümmeres Gleichnis zu Kopf steigt. Auf dem matt erleuchteten Podium erscheint ein Herr, ein großer, eleganter Herr mit spitzem Vollbart und wohlgepflegten Händen. Das ist ein vielgenannter Arzt, der sich mit Hypnose beschäftigt. Deshalb hält er darüber eine Ansprache. In gemessenen Wendungen, mit schönen Bewegungen. Und während er das tut, streicht ein anderer, der den Bauch und das Gesicht eines Managers hat, auf etwas herum. Erst kann man gar nicht erkennen, was das ist, plötzlich aber entwickelt sichs vor den atemlos schauenden Herrschaften. Eine weiße Gestalt, eine Frau mit rollenden Augen und einem ungewöhnlich großen Munde. Gurgelnde Laute stößt sie aus, sie macht kreisförmige Bewegungen mit den Armen und auf einmal fängt sie zu tanzen an. Nach einer Melodie, die einer der in Mode stehenden Komponisten Münchens auf dem weitgeöffneten Bechstein hervorzaubert. »Huuuuh« tönt es schauervoll über das fröstelnde Parkett. Dort wirds rebellisch auf der ganzen Linie. Visionen erstehen, man glaubt die blutigen Hände der Lady Macbeth, die Geschichte der heiligen Katharina zu sehen, man fühlt die fleischgewordene Tragödie. Und alles im Schlafe hervorgebracht, so viel Kunst, so viel Schönheit, so viel klingende Rhythmen! Ein ewiges Rätsel. Wie ists nur möglich? Die Mitglieder der psychologischen Gesellschaft rücken näher zum Podium, bekannte Maler holen ihre Mappen hervor, und dann kommen die Ärzte. Mit der alleswissenden Amtsmiene, mit Stethoskop und Taschenuhr. Sie untersuchen die aus dem Schlafe jetzt wieder Erwachte, sie stecken die Köpfe zusammen, sie sagen, »es stimmt«. Allgemeine Ekstase, Tags darauf ein Rausch in der Presse, die folgenden Wochen aber eine unwiderruflich letzte Vorstellung nach der andern gegen wahnsinnige Eintrittspreise. Der Manager hypnotisiert kräftig drauf los, bis ihn endlich weitere Verpflichtungen nach auswärts rufen. Diesen folgt er nur ungern. Denn er sagt sich beim Abschied, daß er ein angenehmeres Publikum wohl nirgends mehr finden werde. So eindrucksfähig, so gläubig, so gut.

Die Malschule

Leonhard Frank

Die Malschule war in der Georgenstraße, in einem Holzhäuschen, das im Garten stand. Unten war das Atelier, aus dem eine steile hühnerleiterartige Treppe emporführte zu einer Holzgalerie, dem Zugang zu der winzigen Kammer, die der Inhaber der Schule bewohnte, Herr Ažbe. Er lag angekleidet im Bett, in tiefem Alkoholschlaf. Die Kognakflasche stand neben ihm.

Seine Schule war berühmt, er galt als ein genialer Lehrer. Die begabteren jungen Leute verließen die Akademie der Künste, um unter seiner Leitung zu studieren. Aus allen Ländern Europas kamen Kunstjünger zu ihm. Er fragte nicht, ob ein Schüler bezahlen konnte, und wußte auch nie, wer Schulgeld bezahlt hatte und wer nicht. Solange Geld für die Modelle und für Kognak in seiner Nachttischlade lag, war die Buchführung in Ordnung. Viele warteten auf einen frei werdenden Quadratmeter, seine Malschule war überfüllt. »Wer zuerst kommt, malt zuerst«, war sein stehender Scherz, den er und die Schüler, die nicht bezahlen konnten, ganz ausgezeichnet fanden. [...]

In die Arbeitsstille tönte ein Knarren – Ažbe stand oben auf der Holzgalerie, in seinem pelzgefütterten schwarzen Mantel mit Pelzkragen, die schwarze viertelmeterhohe Pelzmütze tief in der Stirn. Er hielt den Mantel, der bis zu den Knöcheln reichte, vorne hoch, stieg Stufe für Stufe herunter, sehr langsam, die Hand am Holzgeländer, und ging langsam auf einen Schüler zu, x-beinig und schleifend wie ein Kind, das Rollschuh laufen lernt.

Die Korrigierstunde, deretwegen er und seine Schule berühmt waren, begann damit, daß er den Schlitten der Staffelei vierzig Zentimeter herunter ließ zu seiner Blickhöhe – er war so klein wie ein zehnjähriger Knabe. Die Schüler standen um ihn herum und sahen aufmerksam zu, wie der Akt, der in der Luft gehangen hatte, durch ein paar Striche auf die Füße zu stehen kam, in der richtigen Gewichtsverteilung des Körpers. »So, nämlich«, sagte er und trat langsam vor die Staffelei nebenan.

Dieser Schüler hatte an seiner nur handhohen Aktstudie eine ganze Woche herumgefummelt. Ažbe strich sie mit der Zeichenkohle durch, langsam, von der linken Schulter quer herunter zum rechten Fuß, und sagte: »Keine Knochen, keine Muskeln,

25 *Karl Arnold in seinem ersten Münchner Atelier, 1907*

keine Anatomie, nämlich.« Während er eine dicke Kontur um die sorgfältig retuschierte Photographie herumzog, erschien unter den Blicken seiner Zuschauer der Akt des Modells, das auf dem Podium stand.

Ažbe war ein Chirurg, er operierte seine Schüler, indem er ihre Arbeiten operierte. Mancher starb unter seinem Messer und verließ die Schule; die Begabten lernten, was von einem Lehrer gelernt werden kann.

Der nächste, ein schwarzhaariger Junge mit dicker Nase und eingefallenem, quittengelbem Gesicht, war so vertieft in seine Arbeit, daß er erst aufblickte, als Ažbe ihn auf die Schulter tippte. Er hatte nicht den Männerakt gezeichnet, sondern einen weiblichen Unterleib, nur den Teil zwischen Nabel und Schenkel, in dreifacher Lebensgröße. Ažbe, der durch den dicken Pelzmantel fast so breit war wie hoch und trotz der hohen Pelzmütze den Schülern nur bis zur Brust reichte, lachte ein paar dunkle Alkoholtöne und sagte anerkennend: »Gut, nämlich. Aber gehen Sie nicht zum Irrenarzt, sondern zu einem Mädchen, nämlich.«

Ažbe wurde in München nur Professor Nämlich genannt. Aus seiner Schule waren anerkannte Maler hervorgegangen. Von ihm selbst hatte niemand ein Bild gesehen. Niemand wußte, ob er je ein Bild gemalt hatte. Niemand wußte etwas aus seinem früheren Leben. Jahre später, in einer kalten Dezembernacht, fiel er auf dem Heimweg in den Schnee, im Kognakrausch, und schlief ein. Er wurde erst am Morgen aufgefunden, erfroren. Seine Herkunft blieb unbekannt. Die Münchener Künstler folgten dem Sarg.

In der Kaulbachstraße

Johannes von Guenther

Einer meiner ersten Wege führt mich zu Franz Hessel in die Kaulbachstraße. Er hatte in dem sogenannten ›Häuschen‹, einem zweistöckigen kleinen Haus, das die Dichterin Franziska Gräfin zu Reventlow, die berühmte Verfasserin des ›Schwabinger Beobachters‹ bewohnte, einen Teil der ersten Etage gemietet. Man konnte dieses Haus manchmal als Generalstabsquartier der Münchner Bohème bezeichnen.

Ich hatte gleich ein gutes Gefühl, als ich die Treppe zum ersten Stock hinaufstieg. Dies Haus hatte ein Gesicht und es war mir gewogen.

[...]

Hessel, mittelgroß, stämmig, mit einem großen, charakteristischen jüdischen Kopf, war faszinierend. Außerordentlich gescheit und dabei eminent witzig, hilfsbereit, aufgeschlossen und sehr selbstverständlich in allem, was er tat und sagte. Er war Berliner und vieleicht zehn Jahre älter als ich. Seine bezaubernde Gastfreundschaft bewirkte, daß ich fast täglich zu ihm ging und auch Herbert von Hoerner mitbrachte, der sich dort ebenfalls bald zuhause fühlte. Hessels Freundin spielte Hausfrau, sie war eine Westfälin aus einem alten Philologenhause, ihr Großvater war der erste Herausgeber August Wilhelm von Schlegels gewesen. Bei Hessel gab es keinen Alkohol, man trank Tee und höchstens zum Abendessen einen Schluck Bier. Aber man rauchte. Man rauchte endlos Zigaretten. Wir brauchten auch keinen Alkohol: der Rausch, der von den Worten ausging, war stärker.

Bei Hessel lernte ich zum erstenmal eine nach rein dichterischen Gesichtspunkten in drei offenen Regalen geordnete Bibliothek kennen, die gar nicht groß, aber systematisch aufgebaut war. Keine Belletristik, nur wirkliche Dichtung und ein wenig Philologie. [...]

Gräfin zu Reventlow war mit Georges Münchner Statthalter,

Karl Wolfskehl, befreundet, sie hatte Hessel zu ihm gebracht und Wolfskehl hatte Hessels Gedichte wohlgefällig begutachtet. Das Häuschen in der Kaulbachstraße war eine Art Außenexpositur der ›Blätter für die Kunst‹, damals besonders wichtig, weil 1905 das Jahr des großen Atomzerfalls im Kreise derer um George war, das Jahr der Kettenreaktion, der Teufelsbannung und Hexenverfolgung mit dem gefährlichen Abfall zweier der Getreuesten: Ludwig Klages und Alfred Schuler. Von diesen Schwabinger geheimnisvollen Quertreibereien wußte ich natürlich noch gar nichts und war nur erstaunt, daß der Name Theodor Lessing, den ich als meinen Meister betrachtete, keine Wirkung tat.

Ich war ganz unversehens in den lautlosen Schlachtenlärm hineingeraten – Lessing war doch ein Freund von Klages. Hier aber war alles restlos für George.

Die Schwabinger Schattenspiele

Rolf von Hoerschelmann

Im Frühling 1907 wurde die Creme der Bohème von Schwabing eingeladen, sich im Hause des Freiherrn von Bernus einzufinden, wo ein neues kleines künstlerisches Unternehmen aus der Taufe gehoben wurde, das der Hausherr in Gemeinschaft mit dem Dichter Will Vesper geschaffen hatte, die Schwabinger Schattenspiele. Man saß im verdunkelten Raume vor einer metergroßen, von hinten beleuchteten Bühnenfläche und sah nach dem Verklingen zarten Geigenspiels die kleinen Schattenfiguren vor sich agieren.

Die beweglichen Figürchen entzückten durch ihre Grazie, sie waren von Dora Polster geschaffen, und die Verse, die sie anscheinend sprachen, waren von so traumhafter poetischer Süße, daß man wie gebannt war von dieser winzigen dramatischen Zauberei.

Die Stücke, mit denen das zu Weltruhm gelangende Theaterchen begann, waren von Bernus und seiner Frau, der geborenen von Sybel, von Will Vesper, und dazu kam der »Totengräber von Feldberg«, ein Schattenspiel von Justinus Kerner, das düstere nächtliche Töne anschlug, ein klassisches Werk der Schattenbühne. Die Art, wie die Sprecher hinter der Bühne die Verse ertönen ließen, entsprach der, wie sie im George-Kreise üblich war, ganz den Rhythmus betonend, musikalisch, manchmal fast singend. Es war die geeignetste Sprechweise für die gänzlich unnaturalistische Schattenbühne, die nur im Falle seltener derbkomischer Wirkungen der starken Stilisierung entraten durfte. Der Anklang, den die wenigen privaten Aufführungen bei dem geladenen hochgeistigen Publikum fanden, war so stark, daß ein öffentliches Schattentheater beschlossen wurde. Zur Gewinnung von Mitarbeitern wurde ein Preisausschreiben erlassen, bei dem ich als geeignete Kraft für die Silhouettenbühne entdeckt wurde.

Ich schnitt Wolfskehls »Wolf Dietrich und die rauhe Els« und anschließend die Figuren und Szenerien für die Uraufführung von Goethes »Pater Brey«, mit welchen Stücken im kleinen Theatersaal an der Ainmiller Straße im November 1907 die »Schwabinger Schattenspiele« ihre öffentliche Wirksamkeit eröffneten. (Im Laufe der Jahre schnitt ich 150 Figuren und 50 Dekorationen.)

Die spezifische, ganz auf das Dichterische gestellte Wirkung dieser Aufführung wurde von Publikum und Presse über alles Erwarten stark beachtet. Es gab bekannte Kritiker, die enthusiastisch den Beginn einer neuen theatralischen Ära verkündeten (das Künstlertheater war noch nicht geboren), es gab auch solche, die sich über den monotonen Singsang und die harten Stühle mokierten; aber das Neue, Eigenartige war so erregend, daß alle illustrierten Zeitschriften bilderreiche Artikel brachten, daß ausländische und überseeische Zeitungen darüber berichteten.

Wir bastelten weiter, es wurde alles auf primitivste Weise

dilettantisch hergestellt, und wir strahlten natürlich, daß die Welt soviel Aufhebens davon machte. Es war wohl eines der spirituellsten, künstlerisch sublimsten Theaterunternehmen, das je an die Öffentlichkeit trat. Als uns die Ausstellungsleitung 1908 aufforderte, in dem neubegründeten Ausstellungspark unsere Bühne in einem eigenen Theaterbau aufzuschlagen, mußte den derberen Ansprüchen des Vergnügungsparkes Rechnung getragen werden, und einige Puppenspiele des Grafen Pocci »Kasperl wird reich« und »Kasperl unter den Wilden« wurden zu Kassenstücken. Daneben aber herrschte die lautere Romantik. Zu Goethe und Kerner kam Tieck, dessen Rotkäppchen mit farbigen Figuren gespielt wurde. Wolfskehl schrieb noch »Die Rache des Kalifen« und »Thors Hammer«, für den Emil Preetorius die Figuren schnitt. Ein witziges Stück, das Friedrich Huch für uns schreiben wollte, in dem der Tristanstoff mit romantischer Ironie für das Schattentheater bearbeitet war, ist leider nie fertig geworden.

Der »Simplizissimus«

Joachim Ringelnatz

An einem anderen Nachmittag schlenderten wir durch die Türkenstraße. Da lasen wir ein gelbes Plakat an der Tür eines Restaurants: »Simplizissimus-Künstlerkneipe«, illustriert durch einen roten Hund, der eine Sektflasche zu entkorken suchte.

Künstlerkneipe! Künstlerleben! Das war ja, was wir ersehnten. Wir wagten uns hinein. In dem spärlich beleuchteten Zimmer standen die Stühle noch auf den Tischen. Eine Kellnerin gab uns Auskunft. Die Künstler und Gäste kämen erst abends gegen zehn Uhr.

Wir fanden uns abends wieder dort ein. Das Lokal war brechend voll, so daß wir im vorderen Zimmer bleiben mußten. An den Wänden hing Bild an Bild, und an den Tischen saß Gast an Gast, dicht gedrängt, meistens Studenten. Die Wirtin in Bauerntracht begrüßte die Neuankommenden und redete alle, auch uns, mit »Du« an. Man nannte sie Kathi. Sie war eine stattliche Frau und schien überaus liebenswürdig zu sein.

Eine dreiköpfige Kapelle spielt Wiener Lieder. Dann verteilte Kathi den Text zu einem Simplizissimuslied, das vom Freiherrn von Osten-Sacken verfaßt war. Wir tranken Bowle und gerieten in wonnige Stimmung.

Am nächsten Abend eilte ich nach Geschäftsschluß wieder dorthin. Lockend und verheißend winkte die rote Lampe vorm Eingang, vor dem eine lange Reihe von Privatautos angefahren war. Wieder war das Lokal überbesetzt. Ein schmaler Gang führte nach dem Hinterzimmer. Es gelang mir so weit vorzudringen, daß ich dieses übersehen konnte. Künstler, Studenten, Mädchen, elegante Herrschaften. Das saß eng gepreßt um weiß gedeckte Tische. Auf einem dieser Tische stand ein schmächtiger Mann mit wildem Vollbart, stechenden Augen und feinen Händen. Der trug ein Gedicht vor. »War einmal ein Revoluzer.« Ich fragte einen neben mir stehenden Studenten, wer der Vortragende sei.

»Das wissen Sie nicht? Sie sollen sich schämen!«

Ich schämte mich wirklich. Ein herumgehendes sehr ältliches Blumenmädchen klärte mich auf. Der Herr auf dem Tische wäre der Edelanarchist Erich Mühsam.

Am dritten Abend saß ich bereits im Hinterzimmer. Und von da an verbrachte ich jeden Abend dort und gab all mein Geld dort aus, obwohl ich nur die einfachsten Getränke bestellte und sehr lange an einem Glase schlürfte. Das Milieu war gar zu schön. Es war aufregend schön. Es war mir etwas ganz Neues.

Ich lernte im Laufe der Zeit das Lokal, seine Wirtin, seine Stammgäste, ich lernte dort Tausende von Menschen kennen.

Die Wirtin in Chiemgauer Bauerntracht hieß Kathi Kobus und war ein Bauernkind aus Traunstein. Sie trug nicht immer dies Kostüm, sondern erschien auch in städtischen, kostbaren Garderoben und mit wertvollem Schmuck behangen. Immer sah sie

26 *Das »Tabackhaus: Zum Hausdichter« von Joachim Ringelnatz, Schellingstraße 23*

repräsentativ und bestrickend aus, so daß sich viele Männer und Frauen in sie verliebten, obwohl sie damals schon etwa 55 Jahre alt war und eine Perücke trug. In der Weinstube »Dichtelei« war sie eine beliebte Kellnerin gewesen. Die Künstler, die dort verkehrten, hatten ihr zugeredet, selbst eine Kneipe aufzumachen. So gründete sie den »Simplizissimus« und erwarb sich als Plakat auf eine komische Weise den von Th. Th. Heine gezeichneten roten Hund.

Heine, Rudolf Wilke, Wedekind und andere berühmte Leute verkehrten dort, und jüngere Maler, Dichter und Schauspieler, die zum Teil später auch zu Ruhm und Geld kamen. Die alle unterstützten die Kathi, indem sie ihr Bilder schenkten oder gegen freie Zeche hingaben, Dekorationen entwarfen und einen ausgelassenen Betrieb aufzogen.

Der »Simpl« war der Mittelpunkt der Bohême und war weltbekannt geworden. Wer in München lebte oder studierte, ging dorthin. Wer durch München reiste, kehrte bei Kathi ein. Ja, es kamen Leute aus Amerika und anderen Ländern weit her, nur um sie und ihre Künstlerkneipe kennenzulernen.

Die jungen Künstler sangen zur Laute oder zum Klavier. Andere tanzten, führten Theaterszenen, Zauberkünste vor, jede Art künstlerischer Unterhaltung ward geboten. Anfangs geschah das improvisiert, später, als die Kathi dadurch viel Geld gewann, nach Vereinbarung und gegen Bezahlung, allerdings sehr spärliche Bezahlung. Auch Wedekind hat dort vorgetragen.

An den Wänden bis zur Decke hingen bunt durcheinander Bildnisse von Brettlgrößen. La belle Otéro, Maria Delvar, Danny Gürtler, Sylvester Schäffer. Dann Photos, Ölgemälde, Aquarelle, Zeichnungen, Radierungen von Uhde, O. Seidel, Kaulbach, Segantini, Harburger, Vautier, Weißgerber, Futterer, Acbé und anderen. All diese Bilder hatten ihre humoristische oder ernste Geschichte. Acbé, genannt »Professor Nämlich«, war unter den ersten der treueste Stammgast gewesen. Man erzählte, er hätte sich im »Simpl« zu Tod gesoffen.

Im Hinterzimmer war die Bühne, ein schmales Podium mit

einem Klavier links und einem Harmonium rechts. Das Klavier bediente ein langhaariges Faktotum namens Klieber. Der alte Klieber brummte sonderbar vor sich hin, wenn er spielte. Er trank auch gern, und sein Lieblingsthema war Chemie.

Der »Simplizissimus« war jeden Tag überfüllt. Waren alle Stühle besetzt, so wußte die Kathi doch noch immer für neue Gäste Platz zu schaffen. Es wurden Hocker in die Gänge gestellt. »Bitt' schön, rückt ein wenig zusammen!« sagte Kathi in ihrem Dialekt. Dabei legte sie bittend die Hände zusammen und ließ einen madonnenhaften Augenaufschlag wirken. Eine Minute später schimpfte sie in der Küche ein Lehrmädchen mit den gröbsten bayrischen Flüchen zusammen. Zu ihrer organisatorischen Begabung gehörte eine rücksichtslose Energie. Man erzählte sich, einmal wäre der deutsche Kronprinz inkognito im »Simpl« gewesen, und die Kathi hätte nach Polizeistunde zu ihm und ein paar anderen Säumigen gesagt: »Werd's hoam gehn, Saupreiß'n verdammte.« Häufig wurden Studenten, die im Suff skandalierten, von Kathi eigenhändig und gewaltsam an die Luft gesetzt.

[...]

Eines Nachts faßte ich den Mut, die Kathi zu fragen, ob ich einmal ein Gedicht vortragen dürfte. Sie willigte gern ein. »Silentium, ein Gast ist so freundlich, uns eigene Gedichte vorzutragen.«

Ich weiß nicht mehr, ob ich Lampenfieber hatte, als ich das Podium betrat und ein paar lyrische Gedichte von mir vortrug. Jedenfalls wurde es ein völliger Mißerfolg. Nur aus Mitleid klatschten ein paar Hände. Ich verkroch mich kleinlaut.

Ging aber weiterhin jeden Abend zum »Simpl«. Nach ein paar Tagen versuchte ich mich abermals auf der kleinen Bühne, fand aber auch diesmal keinen Anklang. Dies wurmte mich sehr. Ich dichtete ein langes humoristisches Gedicht, das auf die Lokalverhältnisse Bezug nahm, und Kathis stehendes Wort brachte »Es ist noch viel Platz, nur immer herein«. Dieses Poem lernte ich auswendig und trug es vor. Der Beifall tobte. Kathi bedankte sich überschwenglich. Julius Beck und Hugo Koppel machten mir Komplimente.

Den »Simplizissimustraum« – so hieß das Gedicht – trug ich nun allabendlich vor. Er wurde stürmisch verlangt. Ich dichtete neue Lokalverse hinzu. Kathi stellte mich Herrn und Frau Scharf und den übrigen Künstlern vor, und nun saß ich, wie ersehnt, am Künstlertisch. Jeden Abend bis drei Uhr nachts. Hugo Koppel setzte es durch, daß ich die zwei Schoppen Magdalener, die ich trank, nicht mehr bezahlen mußte, und daß ich später sogar eine Tagesgage von einer Mark erhielt. Dafür mußte ich zweimal je vier bis fünf Gedichte hersagen.

Das Simplicissimus-Lied

Joachim Ringelnatz

Mitternacht ist's. Längst im Bette
Liegt der Spießer steif und tot.
Ja, dann winkt das traulich nette
Simpel-Glasglüh-Morgenrot.
Und mich zieht's mit Geisterhänden.
Ob ich will, ob nicht, ich muß
Nach den bildgeschmückten Wänden
In den Simplicissimus.

Wo sich zum gemeinen Wohle
Künstler und Bohème trifft,
Wo die Kathi still zur Bowle
Mischt das tödlich scharfe Gift;
Wo mit Mandolinenklängen
Sich verwebt der Weißwurst Dampf,
Lausch ich fröhlichen Gesängen
Und dem Mords-Klaviergestampf.

Wo das Malweib uns stets heimlich
Vor- und hinterrücks skizziert,
Wirbt der Dichter rühm- und reimlich,
Tanzt man, scherzt und rezitiert.
Ist auch vollbesetzt das Zimmer,
Fremdling, stoß dich nicht daran,
Kathi Kobus findet immer
Plätze noch für zwanzig Mann.

Schwelg ich dann bei Knödelsuppe
Hier im Simplicissimus,
Ist die ganze Welt mir schnuppe
Bis die Polizei ruft: »Schluß!«
Scheid ich einst von diesem Globus
Sei mein letzter Abschiedsgruß:
»Pfüat di Gott mein' Kathi Kobus!
Heil dir Simplicissimus!«

Hof, Adel und Bürger

Franz Blei

Das Haus Wittelsbach gehörte nicht zu den reichen Dynastien, und die Familie ist groß. Man mußte sparsam leben. Des Prinzregenten Zigarren waren bei allen, die er damit beschenkte, gefürchtet. Und wenn sein bäuerisch-geiziger Sohn Ludwig, der ungeduldig auf den Thron wartend, den uralten Luitpold nur »das ewige Licht« nannte, eine Einladung gab, wurde Hofbräu und Würstel serviert. Die diensttuenden Hofdamen bei Frau Ludwig und deren vielen Töchtern mit den walhallischen Taufnamen ließen sich ihr Mittagessen aus einer kleinen Kneipe ins Schloß holen, im Abonnement zu einer Mark.

Bis auf den abseitigen Rupprecht, den intelligentesten Kopf der zahlreichen Familie, taten die andern »Bäcken«, wie man in

München die Wittelsbacher dieser Birkenfelder Seitenlinie nannte, ihr möglichstes, sich mit dem Volke gemein zu machen, von keinem strengen Hofzeremonial darin gehindert und von so volkstümlichen Festen wie Anstich des neuen Bräus oder Eröffnung der Oktoberwiese gefördert, an welchen Gelegenheiten der ganze Hof teilnahm wie Volk im Volke. Aber es wirkte nicht wie was Besonderes auf das Volk, das seinen Regenten an Sommertagen in den Gassen spazieren sah, den Hut abnehmen, sich mit einem Taschentüchel den Schweiß wischen und zu einem Passanten sagen: »Heiß is heut.« Daß der nicht geradezu antwortete: »Recht hast, alter Bazi«, war alles. Weit volkstümlicher und geliebter war, weil er die Phantasie mit legendenbildender Kraft beschäftigte, um 1900 immer noch des zweiten Ludwig Leben und Sterben bei diesen Oberbayern, die gern glaubten, daß die Anbiederung der derzeitig herrschenden Familie aus einem schlechten Gewissen käme.

Um diesen Hof lag kein beim Militär oder im bescheiden geführten Hausdienst untergebrachter Adel, der um die Dynastie einen von der weiteren Umgebung trennenden Ring gelegt hätte. Ein Graf, der beim Leibregiment Oberleutnant oder so was war, das bedeutete gesellschaftlich in München gar nichts. Und wenn er seinen Abschied nehmen mußte und mit Automobilen einen Handel anfing, so bedeutete das gesellschaftlich auch nichts. Im Adelsklub saßen ein paar sehr alte wackelige Herren und warteten, bis noch einer käme, der ihnen hülfe, auf einen vierten zu warten. Da der nicht kam, gingen sie schließlich nach Hause oder in den Franziskaner, ein Bier trinken.

München war die Stadt der Fremden, die sich ohne Reibung in das Landesübliche der Sitten und Bräuche fanden, denn diese waren locker, leicht, zuweilen ein bißchen komisch, anspruchslos; verbanden alle Kasten und Stände, distinguierten sich nicht danach; die Schichten waren nicht gestaffelt, sondern lagen auf der gleichen Ebene eines sozusagen demokratischen Konvenüs. Es distinguierten sich nicht einmal die Münchner Juden, die völlig bajuvarisch geworden gar keine Rolle spielen, wie in

Berlin oder Frankfurt oder gar in Wien. Das Wort Bourgeoisie würde das Bürgertum der Sedelmeyer, Pschorr, Guggenheim, Maffey usw. zu einer sozialen und politischen Bedeutung aufblasen, welche dieses Bürgertum nicht besitzt. Und gar nicht besitzen will. Es spielt in der Münchner Komödie keine Rolle à part. Es tut mit. Wie der Hof. Wie der Adel.

Eröffnungshymne

Ludwig Thoma

Was ist schwärzer als die Kohle?
Als die Tinte? Als der Ruß?
Schwärzer noch als Rab' und Dohle
Und des Negers Vorderfuß?
Sag mir doch, wer dieses kennt
– Bayerns neues Parlament.

Und wo sind die dicksten Köpfe?
Dicke Köpfe gibt es viel,
Denken wir nur an Geschöpfe
Wie Rhinozeroß' im Nil.
Dick're hat – o Sakrament!
– Bayerns neues Parlament.

Wer ist frömmer als die Taube?
Als die milchgefüllte Kuh?
Als der Kapuzinerglaube
Und das fromme Lamm dazu?
Frömmer ist das Regiment
In dem neuen Parlament.

Und was ist das Allerdümmste?
Schon noch dümmer als wie dumm?
Sagt mir gleich das Allerschlimmste,
Aber ratet nicht herum!
Sag' mir endlich, wer es kennt!
Himmelherrgottsakrament!

Welche Stadt! – Welcher Pfuhl!

Oskar Panizza

Fremder: Welche Stadt! Welche Stadt!

Einheimischer: Welcher Pfuhl, welcher Pfuhl – sagen Sie lieber!

Fremder: Lassen Sie mich – lassen Sie mich bewundern! Das wird das zukünftige Rom. Der Papst ist tot – es lebe München!

Einheimischer: Nach dem Verbrauch des Weihrauchs könnten Sie recht haben. Wir haben hier 12000 Marienstatuen...

Fremder: Das macht nichts – lassen Sie die Leute. Es wird immer Menschen geben, die Statuen umklammern wollen – besser eine Maria als eine Astarte, die – ah, lassen Sie mich, ich kann's nicht sagen – von ihren Priestern das Entsetzliche verlangte...

Einheimischer: Besser die Hoden als den Kopf verloren!

Fremder: Nein, nein, so schlimm ist es nicht. Ich sage Ihnen, diese Bojer oder Bayern oder Bajuvarii – – – woher kommt es eigentlich?

Einheimischer: Sagen Sie, diese Böotier...

Fremder: Nein, so arg ist es nicht! Das ist ein altes Scheltwort... Inzwischen haben sie die preußischen Exerziermeister gehabt...

Einheimischer: ... welche sich das Saufen und ihnen nicht den Stechschritt gelehrt haben.

Fremder: ... macht nichts, macht nichts! Nein, was ich sagen wollte: diese Oberbayern, dieses herkulische Geschlecht, aus Nacken und Haar bestehend, und das Messer im Hosenschlitz, brauchte eine kindliche, weinerliche, weiblich-süße Religion, ’was Zartes in Blau – anders waren diese Ochsenfiesel gar nicht zu rühren – und, sehen Sie, das ist ihnen diese Maria – blauer Himmelsmantel, silberne Sternchen, ’ne Taille zum Abbrechen, süßes Köpfchen, kirschrote Lippen...

Einheimischer: Ah, nôtre Dame de Munich? »Unsere liebe Frau?«

Fremder: Précisement! C’est bien cela! – E bissl ’was zum Gernhaben.

Einheimischer: (lacht) Haha, Sie haben das Münchnerische sich rasch angeeignet... das heißt: Sie müssen Obacht geben! »Gern haben« hat eine entsetzliche Nebenbedeutung...

Fremder: Wirklich?

Marietta

Ein Liebesroman aus Schwabing

Klabund

Ich habe kein Vaterland.
Ich habe kein Mutterland.
Jede fremde Sprache berührt mich heimatlich.
Ich bin eine polnische Prinzessin: hübsch aber schlampig.
Ich schiele.
Das ist meine Weltanschauung.
Eigentlich müßte ich ein Monokel tragen.
Ich gewinne auf der Münchener Wohlfahrtslotterie eine kleine Kuhglocke.
Ich binde sie mir um den Hals und lasse sie läuten.
Jeder möchte mein Hirt sein.
Ich bin Marietta.

Aber ich bin noch nicht ganz Marietta.
Ich will Marietta werden.
Ich schwanke noch.
Ein funkelndes Feuer.
Und sehr viel Rauch.
Ich habe eine unordentlich zugeknöpfte orangine Bluse und verkünde nachts im Simplizissimus blaue Fabeln und graue Anekdoten von Klabund.
Manche nur sind leise rosa und schmecken wie Himbeerkompott.
Ich kriege für den Abend vier Mark und nicht mal warmes Abendbrot.
Ich suche nach Nebenverdienst.

Gestern kam ein sehr junger Mann mit glattem Gesicht in Begleitung Etzels in den Simplizissimus.
Etzel sagte: »Der Herr möchte ein Manuskript tippen lassen!«
Ich kann Schreibmaschine schreiben, denn ich war eine Zeitlang auf dem Büro der Zeitschrift »Lese« (am Rindermarkt) beschäftigt.
Ich sagte: »Ich werde es gerne tun.«
Der junge Mann bestellte ein Glas Bowle für mich.

Ich setzte mich neben ihn auf die Bank.
Wir sprachen nicht viel.
Einmal legte er schüchtern seinen Arm um meine Hüfte.
Emmy Hennings sang das Lied von den »Beenekens«.
Sie kreischte wie eine dänische Möwe, die sich von den Wellen des Kattegatt erhebt.
»Kommen Sie morgen früh um elf und holen Sie sich das Manuskript«, sagte der junge Mann und ging.
Er ging mit Schritten wie ein Gymnasiast und mit den Augen eines Seeräubers.
Er trug einen segelblonden Anzug.
Der roch nach Tang und wehte.

Der junge Mann wohnt Kaulbachstraße 56, parterre.
Die Tür stand offen, als ich kam, und er sagte:
»Begleiten Sie mich ein Stück? Hier ist das Manuskript!«
Auf dem Tisch lag eine Postanweisung von der »Jugend«.
Ich nahm das Manuskript.
Es waren Verse.
Ich fragte ihn: »Haben Sie das gemacht?«
»O nein«, lächelte er, »gewiß nicht!«
Aber ich glaubte, daß er es sei.
– Wir gingen durch die Kaulbachstraße.
In der Sonne.
Er nahm den Hut ab und die Sonne ließ sich wie ein goldener Vogel auf ihn nieder.
»Ich habe einen schönen Akt«, sagte ich.
Ich mußte doch etwas sagen. »Der Habermann hat mich gemalt.«
Er sah mir durch die Bluse und meinte:
»Vielleicht!«
An der Ecke der Kaulbach- und Veterinärstraße hockte eine italienische Blumenverkäuferin.
Er kaufte ihr eine rote Nelke ab und schenkte sie mir.
Ich fühlte, daß er sie mir schenkte.
Er ist hochmütig.
Ich mag ihn nicht.
Er verabschiedete sich.

Um zu einer Schreibmaschine zu gelangen, stieg ich nachts durch ein Parterrefenster in den Verlag Heinrich F. S. Bachmair, bei dem ich früher einmal Fräulein gewesen war.
Ich tippte die Gedichte auf offizielle Briefbögen des Verlages Heinrich F. S. Bachmair, weil ich kein anderes Papier fand.
Becher kam mit Dorka und überraschte mich.
Er wollte mich schlagen. »Was hast du denn hier zu suchen, du Aas?«
Aber Dorka beruhigte ihn.

Sie gingen zusammen ins Nebenzimmer und aufs Sofa.
Der junge Mann war nicht mehr in München.
Ich brachte das Manuskript einem Herrn, den er mir schriftlich bezeichnet hatte.
Ich empfing acht Mark.
Ich weinte.
Ich haßte den jungen Mann in der Ferne.
Der mir fremd war.
Der mir »über war«.
Wie ein Aviatiker.
Ich mußte fort.
Ich erbrach München...

Café Stefanie

Johannes R. Becher

In München wars, im Café Stefanie,
Als ich dir, Emmi, die Gedichte sagte,
Die ich allein dir nur zu sagen wagte,
Und häufig kam das Wort vor: »Irgendwie.«

Am Tisch daneben spielte Mühsam Schach,
Und Frank saß einem Geldmann auf der Lauer.
(Vielleicht saß der indes im Café Bauer?)
Ein Denker hielt mit Kokain sich wach.

Franz Jung erschien mit seiner Tänzerin,
Und Bing, der Zeichner, ließ das Billard fahren,
Denn Däubler nahte sich mit Bauch und Bart...

Ihr Freunde, die ihr gute Freunde wart,
Ich schreib' euch dies zum Angedenken hin
An jene Zeit, als wir noch Kinder waren.

27 *Münchner Verleger, Karikatur um 1912*

Torggelstube

Ludwig Thoma

Eine Weinwirtschaft am Platzl, in der die Zunftstube der bedeutenden Literaten war. Wer aus der Fremde kam und dort das Handwerk grüßte, durfte sich an den Tisch setzen, an dem Meister Wedekind Tag um Tag, im frostigen Winter, im jungen Frühling, im heißen Sommer und im hinsterbenden Herbste saß und Rotwein trank. Manchmal warf er ein bedeutendes Wort unter die gierig Horchenden, die es sich merkten und weitertrugen und auch niederschrieben.

Keines seiner Worte verwehte, denn die ungeheuren Schalltrichter des Jüngers Joachim fingen das Leiseste auf, und ein nie fehlender, stets dabeisitzender Literaturprofessor reihte es sogleich ein ins Bedeutende, Faustische oder anekdotischem Wesen sich Nähernde.

Hier war es, wo das auserwählte Volk der Geistigen auf das Erscheinen der »Franziska« harrte und dieses neue, zwischen den Torggelstubennächten entstehende Werk des Meisters als Offenbarung ersehnte.

Ein Zufall fügte es, daß ich an jenem bedeutsamsten Tage der Erstaufführung, an einem Nebentische sitzend, Zeuge des Ereignisses ward. Der Platz des Meisters war leer, als ich das Gastzimmer betrat, einige Stühle lehnten umgeklappt an dem geweihten Tische. Eine einzige elektrische Lampe war aufgedreht und beleuchtete spärlich die kulturhistorische Ecke.

Lag die Vorahnung großer Ereignisse darüber?

Das Servierfräulein, das immer so verzeihend lächelte, wenn sich ein geistiger Führer der Nation über die bourgeoise Gewohnheit des Bezahlens hinwegsetzte, war sichtlich aufgeregt.

Da und dort flüsterte sie Gästen zu: »Heut is d' Franziska.«

»Was is heut?« fragte ein gewöhnlich aussehender Herr zurück. Ein Münchner Rentner, ein Privatier sozusagen.

Man warf ihm von rechts und links unwillige Blicke zu; das Servierfräulein zog die Achseln in die Höhe.

Wie kam der Mensch eigentlich da herein?

Eine bleischwere Stunde verstrich langsam.

Draußen vor der Torggelstube stand die lange Reihe der Droschken; die Kutscher standen in einem Kreise zusammen, und jeder trank seine Maß Hofbräuhausbier.

Seltsam, wie in großen Momenten das kleine Leben unbeirrt und ewig gleich weitergeht.

Ein paar Straßen weiter wurde eben »Franziska« aufgeführt, und hier war alles wie sonst. Leute gingen ins Hofbräuhaus, setzten sich in die qualmende Halle, Leute kamen heraus, es roch nach Bier, nach Käse, nach Gebratenem.

Es war eine Nacht wie sonst. Komisch eigentlich!

Ich saß an meinem Nebentische und las in einer Zeitung. Zuweilen blickte ich auf das Servierfräulein, das immer unruhiger wurde. Man kennt ja die Stimmung, wenn man auf ferne Schritte horcht... »Jetzt... jetzt... jetzt bringen s' ihn...«

Endlich!

Die Glastüre wurde aufgestoßen. Der Literaturprofessor stürmte mit wehendem Mantel herein, hinter ihm kamen gewöhnliche Menschen, bedeutende Menschen und wieder gewöhnliche.

Der Jünger Joachim kam; er war blaß und sah angegriffen aus

wie eine Wöchnerin. Er hatte eben ein Telegramm zur Welt gebracht.

Immer wieder klappte die Türe auf und zu; geräuschvolle Theaterbesucher kamen und füllten die Stube mit schwirrenden Gesprächen.

Am Tische der Bedeutenden war es totenstill. Der Literaturprofessor hatte das erlösende Wort noch nicht gefunden. Er rang sichtlich darnach. Der Jünger Joachim saß verängstigt auf seinem Stuhle; es war ein Wagnis gewesen, zu telegraphieren, noch vor das maßgebende Urteil gesprochen war.

Sollte...?

Und wirklich schlug in diesem Augenblicke der Professor auf den Tisch und rief: »Nein! Nein! Da kann ich nicht mehr mitgehen. Das verstehe ich einfach nicht mehr...«

In der Stube wurde es still, die Gespräche verstummten.

War man an einem Wendepunkte angelangt?

Das Servierfräulein stellte sich an den Tisch der geistigen Führer.

»Und??–?–«

Niemand antwortete ihr.

Der Professor suchte fieberhaft nach einer Spalte in der Wand, die sich vor seinen Geist geschoben hatte.

Der Jünger Joachim war bleich und tief erschüttert.

Wer wird auch so schnell telegraphieren! Dieses verfluchte Gesetz der Fixigkeit!

Stühle rückten, eine Bewegung ging durch den Raum.

Der Meister kam. Ein paar Getreueste folgten ihm.

Als er auf seinem Platze saß, löste sich die Spannung der Tafelrunde.

Bewundernde Worte erklangen.

Der Literaturprofessor brachte seinen Zweifel vor, nicht als Zweifel, sondern als ehrerbietige Fragen.

Und es wurde ihm Erleuchtung zuteil.

Mit knappen, hingeworfenen Randbemerkungen goß Wedekind eine Flut von Licht über alles Dunkle aus.

Faust zweiter Teil war es, an den man analog zu denken hatte.

Verständnis huschte über die verängstigten Gesichter und legte sich breit und sonnig auf die Miene des Literaturprofessors.

Die Einreihung ins ganz Große, ins Symbolische, ins Faustische vollzog sich.

Der Jünger Joachim glänzte; er brauchte seine Bewunderung nicht umzuparkieren, und sein Telegramm stempelte ihn zum Erkennenden, Vorausschauenden.

So vollzogen sich in München die großen literarischen Ereignisse.

A blau's Roß

Oskar Maria Graf

Da hatten einmal zwei Maler in der Türkenstraße einen leeren Laden gemietet. Der eine hing seine Riesenleinwand auf die rechte und der andere die seine auf die linke Wandseite. Sie fingen zu malen an und kümmerten sich sonst um nichts. Leute, die an dem Laden vorüberkamen, blieben neugierig stehen und fixierten, was da gemalt wurde. Mehr und immer mehr Leute sammelten sich an. Gelacht, gespottet und geschimpft wurde.

»Ha, jetzt do schaut's... A blau's Roß macht der, a blau's Roß!« rief einer hämisch: »Schaugt's nur grad –. Der muaß ja faktisch farb'nblind sei, der Aff, der saudumme!« Die zwei Maler drinnen ließen sich nicht stören. »Du, und der do, der... Wos patzt denn der do hin –? Do kennt sich überhaupts koana mehr aus, solln dös Berg werdn oder ausglaufene Darm'?« kicherte ein fetter Rentier und zeigte auf den linken Maler: »Dö zwoa müassn, mir scheint, aus'm Irrenhaus davonglaufn sein –«

»Und so wos hoaßt ma heutzutog Kunscht! Pfui Teifi!« schimpfte ein hagerer Stehgeiger. Immer lauter und ordinärer ging's zu, und immer mehr Neugierige kamen daher und drängten an die Auslagenfenster. Als die zwei Schutzleute daherkamen, war es schon ein regelrechter Volksauflauf. Nicht ließen sich die Leute auseinandertreiben.

»Do ... Do schaun S' doch selber 'nei, Herr Wachtmeister ... Do ... Dös san doch Irrnhäusler. So was ghört verbot'n!« schrie ein Metzgermeister. Die Schutzleute bahnten sich einen Weg durch die heftig Protestierenden, rüttelten an der verschlossenen Ladentür: »Aufmachen da, marsch, aufmachen!« Die Tür ging auf, die Leute wollten hinter den Schutzleuten nach, aber die verboten es energisch und verschwanden hinter der Tür. Einen scharfen Wortwechsel gab es. Was ihnen denn einfalle? Wieso und warum sie denn ausgerechnet in einem Straßenladen malten, wollte der Wachtmeister wissen, worauf er die Antwort bekam, ob er ihnen vielleicht das Geld für die hohe Ateliermiete geben könnte.

»Das Fenster verhängen? Haben Sie vielleicht schon einen Maler gesehen, der in der Dunkelheit malt?« sagte der Pferdemaler: »Und überhaupt, wo steht das, daß es verboten ist, einen Laden zu mieten und da zu malen?«

Nichts zu machen. Die Schutzleute kamen aus dem Laden und verbaten den erregten Leuten ihre unsinnige Massengafferei. Murrend und schimpfend zerstreute sich der Haufe, aber nach einer Stunde war schon wieder ein anderer vor den Ladenfenstern, und so ging das, bis den ganzen Tag zwei Polizisten davor patroullieren mußten, um solche Aufläufe zu verhindern. Hin und wieder sah so ein biederer Schutzmann durchs Ladenfenster auf die verrückten Bilder, die da drinnen entstanden. Das eine zeigte sich bäumende, plumpgemalte blaue Pferde, ein Gewirr von farbigen Linien und Vierecken das andere.

»Hm-hm, jetzt woaß i net, bin ich verrückt oder sind's die da drinnen«, sagte er zu seinem Partner. Und eines Tages waren die Maler fort, zwei Dienstmänner schlossen die Ladentür auf und kamen mit den Bildern heraus.

»Hoho, wo aus und wohin denn?« fragte der eine Schutzmann.

»Mir hab'n den Auftrag, dö Bilder zum Littauer zu bringen. Die Herrn sind abgereist«, sagte der Dienstmann und schloß die Ladentür ab. Die königliche Buch- und Kunsthandlung Littauer befand sich am Odeonsplatz, am Anfang der Ludwigstraße, und dort kaufte von der königlichen Familie abwärts der ganze bayrische Adel seine Jagd- und Genrebilder, die alle von Malern aus der Lenbach- und Defreggerzeit stammten.

Was bis dahin in München unvorstellbar war, ereignete sich. Tausende empörter Münchner, schreiend, schimpfend, drohend, zogen mit den Dienstmännern von der Türkenstraße bis zum Odeonsplatz, und ein großes Aufgebot von Polizisten, darunter sogar berittene, hatte alle Mühe, einen Ausbruch der Volkswut zu verhindern. Die Dienstmänner trugen nämlich die ungerahmten Riesenkunstwerke unverdeckt und mit der Bildseite nach außen. Was sich für ein aufregender Tumult bei ihrer Ankunft im umfänglichen Laden bei Littauer abspielte, läßt sich kaum beschreiben. Die vornehmen Kunden, die gerade da waren, erstarrten zunächst und ergriffen die Flucht. Der alte Herr Littauer schlug die Hände über dem Kopf zusammen und schrie in einem fort auf die vollkommen ungerührten Dienstmänner ein: »Was wollen Sie? Machen Sie sofort, daß Sie aus meinem Geschäft kommen! Wer hat Sie geschickt? Ich weiß nichts. Marsch, fort mit Ihnen und dem Sudelzeug. Herr Wachtmeister, helfen Sie mir doch, bitte, schreiten Sie doch ein gegen diese Frechheit!« Seine zusammengelaufenen Angestellten flitzten ratlos herum und versuchten endlich, die Dienstmänner samt den Bildern auf die Straße zu schieben. Die aber sagten einfach, ihr Auftrag sei damit erledigt, die Herren hätten bezahlt, basta. Sie wußten nicht einmal die Namen derselben, schlugen ihre Stricke um die Schultern und zogen ab. Zerschmettert, wie bei einem Herzanfall nach Luft schnappend, stand Herr Littauer da, riß sich aber auf einmal zusammen und schrie mit befehlshaberischem Grimm auf die verwirrten Angestellten ein: »Was stehn Sie denn so unnütz herum? Marsch, hinaus mit dem Zeug in den Hinterhof! Da kann's meinetwegen zugrunde gehn. – Ich hab's nicht bestellt! Marsch! Ich will nichts mehr sehn davon!« Erschrocken griffen die Angestellten zu.

»Herr Littauer? – Goltz, mein Name, Hanns Goltz«, sagte in dem Augenblick ein gutaussehender, ziemlich großgewachsener Vierziger: »Ich will Ihnen gern aus der Verlegenheit helfen, wenn die Bilder in meinen Laden, drüben an der Ecke vom *Café Luitpold*, gebracht werden.«

»*Bilder* nennen Sie das? – *Bilder?* – Oh, bitte schön, gerne, sehr gern!« warf der Herr Littauer verächtlich hin und musterte den Mann geschwind. Ohne weiteres ging er darauf ein und war heilfroh darüber. Hanns Goltz, der nachmals berühmteste Pionier der neuen Kunst, hatte einen modernen Buch- und Kunstsalon erst kürzlich eröffnet und wagte es, die beiden Bilder in seine großen Auslagen zu stellen. Auch da sammelten sich noch öfter haufenweise spottende, empörte Leute; wahrscheinlich aber hinderte sie der respektgebietende, elegant aufgemachte Laden daran, rabiater zu werden. Sie verliefen sich nach einigem Geschimpf und Genörgel wieder. Der *Kunstsalon Hanns Goltz* in der Brienner Straße wurde zur vielbesprochenen, provokantesten Münchner Sensation und sehr schnell auch international bekannt. Die Leute gewöhnten sich auch allmählich an derartig monströs wirkende Bilder, wie die Riesenwerke von Franz Marc und Wassily Kandinsky, mit denen in München der Siegeszug des Expressionismus anfing.

28 *Vignette von Franz Marc, Aus »Der Blaue Reiter«, 1912*

Neue geistige Güter

Franz Marc

Es ist wahnsinnig schwer, seinen Zeitgenossen geistige Geschenke zu machen.

Einem zweiten großen Geber in Deutschland ging es nicht besser – Tschudi. Der geniale Mann schenkte Berlin die größten Kulturschätze an Bildern – die Folge war, daß man ihn einfach aus der Stadt vertrieb. Man wollte seine Erwerbungen nicht haben. Tschudi ging nach München. Dasselbe Schauspiel: auch hier wollen sie seine Geschenke nicht. Man besah sich in der Alten Pinakothek die Sammlung Nemes höchstens wie eine neue Modeauslage und wird erleichtert aufatmen, wenn die gefährliche Sammlung weg ist, ohne daß man etwas davon behalten mußte. Die Erwerbung eines Rubens oder Raffael wäre eventuell schon etwas anderes; denn die könnte man unbedenklich als eine Stärkung des *materiellen* Nationalreichtums ansehen.

Diese melancholische Betrachtung gehört insoweit in die Spalten des »Blauen Reiters«, als sie ein Symptom eines großen Übels zeigt, an dem der »Blaue Reiter« vielleicht sterben wird: die allgemeine Interesselosigkeit der Menschen für neue geistige Güter.

Wir sehen diese Gefahr vollkommen klar vor uns. Man wird mit Zorn und Schmähung unsere Geschenke von sich weisen: »Wozu neue Bilder und neue Ideen? Was kaufen wir uns dafür? Wir haben schon zuviel alte, die uns auch nicht freuen, die uns Erziehung und Mode aufgedrängt hat.«

[...]

Diese Zeilen waren schon geschrieben, als die schwere Nachricht von Tschudis Tode eintraf.

So wagen wir, dem edlen Andenken Tschudis dies erste Buch zu weihen, für das er wenige Tage vor seinem Tode noch seine immer tätige Hilfe versprach.

Wir hoffen mit brennender Seele, an der Riesenaufgabe, die

ohne ihn verwaist liegt, sein Volk zu den Quellen der Kunst zu führen, mit unsern schwachen Kräften weiterzuarbeiten, bis wieder einmal ein Mann kommt, mit mystischen Kräften ausgestattet wie Tschudi, der das Werk krönt und die vorlauten, allzulauten Gegner des großen Toten zum Schweigen bringt: Die Leugner des freien Geistes und der Vorzugstat!

Niemand hat es schwerer erfahren als Tschudi, über seinen Tod hinaus, wie schwer es ist, seinem Volke geistige Geschenke zu machen – aber noch schwerer dürfte es diesem werden, die Geister wieder loszuwerden, die Tschudi heraufbeschworen.

Der Geist bricht Burgen.

Die Kammerspiele

Otto Falckenberg

Kurz vor dem ersten Weltkrieg, gegen Ende des Jahres 1913, kehrte ich von einer längeren Auslandsreise nach München zurück. In dieser Stadt, die mir seit meiner Studentenzeit zur Wahlheimat geworden war, hatte sich ein neues Theater aufgetan. Im Sommer 1911 war »Der große Wurstl«, eine Einakterbühne, eine Art gemütlicher Münchener »Grand Guignol«, in der Augustenstraße eröffnet worden. Direktor Dr. Robert übernahm dieses kleine Theater dann unter dem Namen »Münchener Kammerspiele« als Schauspielbühne. Diese hatte mit intimen, atmosphärischen Aufführungen, wie etwa der von Anton Tschechows »Möwe«, ihre ersten Erfolge. Als dann Dr. Robert wegen einer Differenz mit der Gesellschaft fristlos aus dem Verband des Theaters ausschied, übernahm Erich Ziegel am 15. April 1913 zunächst provisorisch, ab 1. September 1913 mit festem Vertrage die künstlerische Leitung.

Das neue kleine Saaltheaterchen lag in einer sehr wenig vornehmen und völlig gesichtslosen Gegend der Stadt – etwa auf der Grenze zwischen der alten Münchener Ludwigs-Vorstadt und dem neuen Schwabing – in einem jener grau verrußten, mit lieblosem Stuck überkrusteten fünfstöckigen Kästen der achtziger Jahre, mitten zwischen hausbackenen Geschäften, Büros bescheidener Unternehmungen, Gastwirtschaften und Cafés, in denen eben die Bewohner jener kleinbürgerlichen Gegend zu verkehren pflegten. Der Zuschauerraum des Theaters aber ähnelte einem blauvioletten, tonnenartig überwölbten Korridor, der sich in gleicher Breite in die Garderoben und Kassenräume fortsetzte, während sich darüber an einen kleinen Balkon eine zum Foyer gewandelte Etagenwohnung anschloß. Die Bühne vollends war das Einfachste, was sich wohl denken ließ: knapp acht Meter breit, ohne Tiefe, so gut wie ohne Schnürboden, die Beleuchtungsanlage völlig veraltet. Desungeachtet wurde mir das neue Theater mit dem aus Berlin entliehenen Namen als etwas besonders Lebendiges, Interessantes und Neuartiges geschildert, und es hieß, daß auf seiner winzigen Bühne die besten Stücke in erstaunlich origineller Weise dargestellt würden.

Fasching 1914

Erich Mühsam

Der wildeste, bewegteste und lustigste Fasching, dessen ich mich in meiner ganzen Münchener Zeit erinnere, war der letzte vor dem Kriege, im Februar 1914. Ich denke an ein Fest bei Körting, das vom Abend bis zum übernächsten Morgen dauerte – wir sprachen nachher von der Nacht vom Dienstag zum Donnerstag – und endlich mit einem Frühschoppen in einer noch nie betretenen Kneipe abgeschlossen wurde. Ich denke vor allem an unser abenteuerliches »Gespensterfest« bei Köster, dessen Wohnung zu einer wahren Spukkammer hergerichtet war. Das Licht war auf eine grünviolette Färbung gebracht worden, an die Wände waren die schauerlichsten Greuel gemalt, am Eingang lag ein ausgestopfter Herr mit offenem Mantel, dem ein Regenschirm aus dem Bauch ragte, die Gesichter der Festteilnehmer waren mit Kreide verschmiert, über die sich rote Streifen zogen oder sie waren sonstwie geisterhaft entstellt, die Frauen waren in mächtige Laken gehüllt oder es hingen ihnen Algen und Wasserrosen in den offenen Haaren. Jeder, der kam, fröstelte zuerst; aber dann entstand aus dem Schauer, den die Umgebung ausströmte, aus dem lachenden Willen, keine abergläubischen Empfindungen aufkommen zu lassen, eine so mutwillige und ausgelassene Stimmung, wie ich sie nie vorher oder nachher miterlebt habe. Die Männer wischten sich die Malerei aus den Gesichtern, die Frauen aber wurden in dem bleichen Licht immer schöner, je mehr der Tanz, die Bowle und die Tollheit der Laune ihnen Farbe gab. Weisgerber, Unold und Körting, die die künstlerische Vorarbeit geleistet hatten, war ein Meisterwerk gelungen. Es war eine der letzten Veranstaltungen jenes Faschings, des Münchener Faschings überhaupt. Wenige Monate später begann ein anderes Gespensterfest, von dem viele unserer Freunde, Weisgerber, Jacobi, Franz Marc nicht zurückkehrten, für uns andere ist eine andere Welt geworden. Die freie Unbefangenheit des Genießens hat in ihr keine Stätte mehr.

Kriegsausbruch

Otto Flake

Im Juni war ich in *München*, bereitete die Reise nach dem Orient vor und wohnte bei Guy, der sich gerade als Zahnarzt niedergelassen hatte. Er verkehrte mit Wahl, der für die ›Frankfurter Zeitung‹ Berichterstatter in Madrid gewesen und in der gleichen Eigenschaft nach München übergesiedelt war, ein gastfreier Mann mit einer großzügigen Frau; man traf halb Schwabing in seinem Haus, Erich Mühsam sowie den Kontinent durchschwärmende Engländerinnen.

Es war der letzte Monat der alten Zeit. Alle Welt reiste. [...]

München war in diesem Juni wunderbar schön. Die weiten Straßen nahmen die Scharen der Fremden mühelos auf, und das Gelb der Bauten hatte unter dem strahlenden Himmel etwas Legitimes. Nach Tisch traf sich alles im Hofgarten an den Kaffeetischchen. Ich ging manchmal zu Georg Müller; er gab mir den Auftrag, Vignys ›Cinq Mars‹ zu übersetzen, und zahlte wieder Raten.

Eines Sonntags, es war der 28. Juni, verließ ich das Haus der Hitze wegen erst gegen sechs. Auf der Straße sah ich, wie die Leute sich um ein Extrablatt drängten: der Mord in Serajewo. Das ist der Krieg, sagte man, aber dann versank alles wieder, als ich nach *Mittenwald* fuhr und mich oberhalb des Ortes in einer Villa einmietete.

Kriegswirtschaft

Josef Hofmiller

23. August 1918

Um 8 Uhr in der Bazeillesschule, um Lebensmittel fürs Büble zu holen. Man schickt mich nach Metzstraße 12, Säuglingsanstalt, um die Karte abstempeln zu lassen. Ich kann die Beamtin erst um ¼11 treffen. Inzwischen heim, um nachzusehen, ob wir die Reserve-Brotmarken-Abschnitte noch haben. Nein. Zur Dollin, Zwiebel und Beeren bestellt. Sie sagt, der Abschnitt gilt. In die Isaria-Drogerie, gefragt, ob schon Süßstoff da ist. In der Schloßstraße versucht, Brot zu kaufen: der Abschnitt gilt nicht, weil die rechte Hälfte fehlt. Zur Bäckerei Seeberger: versucht, ob mir vielleicht sie für meine Abschnitte Brot geben. Abgewiesen. Zurück zur Dollin, ob sie vielleicht diese rechten Abschnitte hat. Nein. Zu Kufner, mich für Butter und Käse vormerken zu lassen. Wieder Metzstraße 12, abstempeln lassen. Man macht mich aufmerksam, daß mehrere Marken sofort verwendet werden müssen, sonst verfallen sie. Also gleich wieder zurück zur Isaria-Drogerie, um mich vormerken zu lassen für Säuglingsnahrung und Haferflocken. Wieder zur Dollin, um Zwiebel und Beeren auch für soeben erhaltene Marken zu bestellen. Zu Seeberger: sie gibt mir aus Gnade, weil ich eine alte Kundschaft bin, ½ Pfund Brot. Zu Kufner, 2 Buttermarken abgeben, die ich soeben für den Säugling erhalten habe. So sieht ein Kriegsvormittag aus. Solche Kriegsvormittage habe ich hunderte hinter mir.

Baron W. getroffen. Er erzählte, wie der König damals, als er zum erstenmal im Simplicissimus karikiert wurde, plötzlich bei der Herzogin Karl Theodor in Tegernsee gemeldet wurde. Die Nummer war eben eingetroffen und alles lachte über Gulbranssons Zeichnung mit den Ziehharmonikahosen. Der König wird gemeldet. Die Herzogin hat gerade noch soviel Zeit, die Nummer unters Kanapee zu werfen und mit dem Fuß zurückzuscharren. Der König, strahlend, zieht dieselbe Nummer aus der Tasche: »Gell, jetzt haben sie mich halt doch drin!« Er sah in dieser Karikatur nicht mit Unrecht den Anfang seiner Popularität. Aber welche Ungeschicklichkeit, daß er nicht *alle* Milch von seinem Gut Leutstetten den Säuglingsheimen zur Verfügung stellt! Er hätte sie in Hofwagen jeden Tag vorfahren lassen sollen. Seine Umgebung berät ihn falsch. Fürsten kommen immer mit falschen Leuten zusammen: mit Großindustriellen, Adeligen, hohen Beamten. Der König hätte zu den Pfarrern der äußern Vorstädte von München gehen sollen und alle armen Erstkommunikanten und Konfirmanden zum Essen in die Residenz einladen.

Malerisch ist jetzt die Au, wenigstens das Quellenviertel, bei Nacht. Die Beleuchtung wird eingespart, in diesen Vierteln nur Gasglühlichter. Man muß sie wohl oder übel brennen lassen, weil die Gassen z. T. keinen guten Ruf haben. Gestern mit G. durch die malerischen Gassen zwischen Corneliusbrücke und Müllerbad: lauter Spitzweg. Es wäre entzückend gewesen, hätten wir derweil den Krieg vergessen können. Aber dieses Sparen an Beleuchtung aus Kohlennot hat doch auch eine unheimliche Seite: es trägt dazu bei, die ohnehin schon düstere Stimmung weiter Volkskreise noch mehr zu verfinstern, die Nerven noch weiter zu zermürben.

3. September.

Bei Krüche. »Wie steht's, Verehrtester? Was macht die Leber? (Beginnt mich abzuklopfen.) Bravo! Enthaltsamkeit ist das Vergnügen an Sachen, welche wir nicht kriegen; teils dieserhalb, teils außerdem. Aber die Leber ist in guter Form. Gehe hin und sündige nicht mehr. Daher der Name Dünnbier. Im übrigen sind die Zeiten scharmant, das Säkulum blüht, es ist eine Freude, zu leben; Glasl, der Herr Professor wünschen abgeduscht zu werden, guten Morgen!« und weg war er. Glasl sagt, das sei lauter Galgenhumor, der Doktor zahlt seit Monaten schwer drauf, wegen der hohen Kohlenpreise, aber er ist zu anständig, um den Preis der Bäder zu erhöhen. Ich verstand den Wink und gab Glasl ein höheres Trinkgeld; er hat ja recht. Mein Gewicht hat wieder abgenommen. Seit 1915 um über 40 Pfund. Alle Anzüge schlottern an mir. Im Dampf saß neben mir der Hofbräumeister Schindlbeck, den ich noch von Freising her kenne. Er jammerte über die »Lumperei« mit dem dünnen Bier. Er rückte nicht heraus mit der Sprache. »Lumperei« war sein drittes Wort. »Sie werden schon sehen«, sagte er, »wir kriegen einen Bierkrawall. Das lassen sich die Münchner nicht gefallen, daß das Bier so dünn wird. So oft das Bier dünner oder teurer geworden ist, haben sie einen Bierkrawall gemacht.« Krüche war noch anwesend, als er das sagte, stand zwischen Schindelbecks und meinem Dampfkasten und fing an, das Gedicht herzusagen, das im großen Saal im Hofbräuhaus steht, die letzte Strophe, deren letzte Zeile lautet: »Bayern, zu verderben seid ihr nicht.« »Da gibt's gar nichts zu lachen«, sagte der Hofbräumeister, »wenn das Bier schlecht wird, machen die Münchner einen Krawall. Das versteh' ich als Fachmann besser.« Er war ärgerlich.

Wissenschaft und Politik

Julie Meyer-Frank

Als ich im Herbst 1917 nach München kam, saßen in den Hörsälen Frauen und Kriegskrüppel. Die Studenten hungerten und froren in ihren Buden und in den schlecht geheizten Hörsälen und Bibliotheken. Ihre Kleider und Schuhe waren schäbig und die Uniform der entlassenen Kriegsteilnehmer verschossen und geflickt. Und es hungerte und fror die Stadt und lag unter dem grauen Entsetzen eines Krieges, der, wie wir es damals sahen, keiner Seite Aussicht auf Sieg mehr gab und nur noch ein großes Morden war. Geeint war die Stadt im Elend und schimpfte auf die Bauern des fruchtbaren Umlandes, die Brot und Butter, Eier und Fleisch hatten und die Bauern haßten die Hungerleider aus der Stadt, die bettelnd zu ihren Toren kamen.

Ich trat damals der Münchner Freien Studentenschaft bei, einer Organisation, die im Gegensatz zu den Verbindungen Lernen und Wissen als den Mittelpunkt des Studentseins betrachtete und darüber hinaus die Kluft zwischen reiner Wissenschaft und den politischen und sozialen Strömungen der Zeit zu überbrücken suchte. Meinen Freunden und mir schienen in dieser Kriegszeit Farbentragen und Säbelfechten unsinniger denn je und die jüdischen Verbindungen genauso unzeitgemäß und reaktionär wie die anderen. Wohl hatte die Freie Studentenschaft einen verhältnismäßig hohen Prozentsatz von jüdischen Mitgliedern, aber es ging uns damals um Deutschland, nicht um das Judentum. Wir waren deutsche Juden, das Schicksal Deutschlands war unser Schicksal, von welcher politischen Richtung aus wir es auch sahen. Das Häuflein der Zionisten an der Universität war klein und trat nicht hervor. [...]

Im Menschengewühl der Ludwigstraße stießen ein paar Freunde und ich auf Lujo Brentano. Wir Jungen, erschüttert von den Ereignissen, fragten ihn nach seiner Meinung. »Was wollen Sie«, sagte der alte Kathedersozialist, »eine bessere Zeit bricht an; hier, in der Erklärung des Prinzen Max von Baden, steht der Achtstundentag.« [...]

Ein Student, der nachmalige Verteidiger von Ludendorff, reichte mir die Münchner Neuesten Nachrichten vor. Die hatten groß auf der ersten Seite die Proklamation des Freistaates Bayern, gezeichnet vom 1. Vorsitzenden des Arbeiter-, Bauern- und Soldatenrates, Kurt Eisner. Bonn, der damals mitten in der Politik stand, indigniert über unsere Unruhe, schaute auf. Wir legten ihm die Zeitung auf das Katheder. Schon schrillte der Alarm durch die Universität und forderte die Studentenschaft auf, sich im Auditorium Maximum zu versammeln. Dort stand Erich Mühsam, bis damals nur als ein Kaffeehausliterat bekannt und neben dem kleinen, nervösen Mann saßen auf den Treppen des Podiums zwei stämmige Matrosen mit Patronengurten über den Schultern und Gewehren über den Knien. Einzogen in der Pracht ihrer Talare der Rektor, der Senat und die Professorenschaft der Universität, die Herolde voran und der Rektor, ein bis dahin königstreuer Mann, begrüßte den Vertreter der neuen Regierung und »stellte sich mit Schmerz und Entrüstung auf den Boden der Tatsachen«. Allzu schnell ging das meinen Freunden und mir, die wir Liberale waren und weder kaiser- noch königstreu. Zum erstenmal erlebten wir, wie einer die geistige Führerschaft seines Amtes verneinte und sich beugte vor der Gewalt. Keiner von uns konnte damals die Ereignisse des Jahres 1933 voraussehen, aber in dieser Stunde erlebten wir ein Verhalten, aus dem sie möglich wurden.

In diesem Winter hielt Max Weber vor der Freien Studentenschaft die beiden berühmt gewordenen Vorträge »Wissenschaft als Beruf« und »Politik als Beruf«. Kurz vor dem zweiten hatte er Eisner den »Hanswursten des Blutigen Karnevals« genannt. Noch standen wir alle unter dem Eindruck der letzten Worte seines Vortrages, jener großen und traurigen Abrechnung mit den »Gesinnungspolitikern« der Revolution, als der Eigentümer des Saales, der Buchhändler Steinicke, hereinkam und sagte, wir müßten schließen, Eisner-Anhänger wollten die Versammlung sprengen. Wir gingen alle nach meiner nahe gelegenen Bude. Dort erzählte Max Weber bis in die Morgenstunden [...]

An der Universität hatte die reaktionäre Studentenschaft, geführt von Verbindungen und ehemaligen Offizieren, die Oberhand bekommen. Wilde Politik störte den geordneten Vorlesungsbetrieb. Im Mittelpunkt des ersten Tumultes stand der Pazifist Professor Friedrich Wilhelm Foerster. Unhistorisch und verbissen, glaubte er damals, daß durch ein Kriegsschuldbekenntnis Deutschlands der Friedensschluß rascher herbeigeführt werden könne. Er war unter der Eisner-Regierung bayerischer Vertreter in Bern gewesen und es wurde ihm Verbindung mit Clemenceau, die er bestritt, vorgeworfen. Nun verhinderte ihn eine johlende Studentenschaft am Abhalten seiner Vorlesungen und erzwang ihre Einstellung.

Im Mittelpunkt des zweiten Skandals stand Max Weber, der im Sommersemester 1919 den Lehrstuhl Lujo Brentanos übernommen hatte. Zu Beginn des folgenden Jahres war der zum Tode verurteilte Eisner-Mörder, Graf Arco, auf ein Gesuch der Münchner Studentenschaft hin, begnadigt worden. Die Begnadigung wurde in einer Versammlung in der Universität, unter Anwesenheit des Rektors, gefeiert. Es wurde da von einem Putsch gesprochen, der für den Fall der Nichtbegnadigung geplant war. Die anwesenden sozialistischen Studenten wurden beschimpft und bedroht. Am Beginn seiner nächsten Vorlesung nahm Max Weber zu diesen Vorfällen Stellung. Er erklärte, daß für eine gerechte Justiz das Leben Arcos an einem Faden mit dem des Leviné-Nissen gehangen habe, daß ein Justizminister nicht den einen für seine Schuld hätte sterben lassen und den anderen hätte begnadigen dürfen. Und dann fielen die Worte von Eisner, der nun ein Märtyrer geworden und von Arco, der in Zukunft bestenfalls eine Kaffeehausgröße sein werde. In der nächsten Vorlesung drängten sich im dicht gefüllten Auditorium Maximum Studenten aus anderen Fakultäten unter die Max Webers. Die Eindringlinge empfingen ihn mit Gejohle und Gepfeife. Max Weber lud die Tobenden zu einer Auseinandersetzung am gleichen Ort für den vorlesungsfreien Samstagnachmittag ein. »Ein Hundsfott, der sich nicht stellt!« Sie kamen und veranstalteten einen Höllenlärm. Max Weber stand auf dem Katheder und lachte sie aus. Dieses Spiel endete als der Rektor die Lichter im Saale auslöschen ließ.

Vor Kriegsende

Rainer Maria Rilke

7. November 1918

In den letzten Tagen hat München etwas von seiner Leere und Ruhe aufgegeben, die Spannungen des Augenblicks machen sich auch hier bemerklich, wenngleich sie zwischen den bajuwarischen Temperamenten sich nicht gerade geistig steigernd benehmen. Überall große Versammlungen in den Brauhaussälen, fast jeden Abend, überall Redner, unter denen in erster Linie Professor Jaffé sich hervortut, und wo die Säle nicht ausreichen, Versammlungen unter freiem Himmel nach Tausenden. Unter Tausenden auch war ich Montag abend in den Sälen des Hotel Wagner, Professor Max Weber aus Heidelberg, Nationalökonom, der für einen der besten Köpfe und für einen guten Redner gilt, sprach, nach ihm in der Diskussion der anarchistisch überangestrengte Mühsam und weiter Studenten, Leute, die vier Jahre an der Front gewesen waren, – alle so einfach und offen und volkstümlich. Und obwohl man um die Biertische und zwischen den Tischen so saß, daß die Kellnerinnen nur wie Holzwürmer durch die dicke Menschenstruktur sich durchfraßen, – wars gar nicht beklemmend, nicht einmal für den Atem; der Dunst aus Bier und Rauch und Volk ging einem nicht unbequem ein, man gewahrte ihn kaum, so wichtig wars und so über alles gegenwärtig klar, daß die Dinge gesagt werden konnten, die endlich an der Reihe sind, und daß die einfachsten und gültigsten von diesen Dingen, soweit sie einigermaßen aufnehmlich gegeben waren, von der ungeheueren Menge mit einem schweren massiven Beifall begriffen wurden. Plötzlich stieg ein blasser junger Arbeiter hinauf, sprach ganz einfach: »Haben Sie oder Sie oder Sie, habt Ihr«, sagte er, »das Waffenstillstandsangebot gemacht? und doch müßten *wir* das tun, nicht diese Herren da oben; bemächtigen wir uns einer Funkstation und sprechen wir, die gewöhnlichen, zu den gewöhnlichen Leuten drüben, gleich wird Friede sein.« Ich wiederhole das lange nicht so gut, wie er es ausdrückte, plötzlich als er das gesagt hatte, stieg ihm eine Schwierigkeit auf, und mit rührender Gebärde, nach Weber, Quidde und den anderen Professoren, die neben ihm auf dem Podium standen, fuhr er fort: »Hier, die Herren Professoren, können französisch, die werden uns helfen, daß wirs richtig sagen, wie wirs meinen...« Solche Momente sind wunderbar und wie hat man sie gerade in Deutschland entbehren müssen, wo nur die Aufbegehrung zu Worte kam, oder die Unterwerfung, die in ihrer Art auch nur ein Machtanteil der Untergebenen war.

An die Bevölkerung Münchens!

Kurt Eisner

Das furchtbare Schicksal, das über das deutsche Volk hereingebrochen, hat zu einer elementaren Bewegung der Münchener Arbeiter und Soldaten geführt. Ein provisorischer Arbeiter-, Soldaten- und Bauernrat hat sich in der Nacht zum 8. November im Landtag konstituiert.

Bayern ist fortan ein Freistaat.

Eine Volksregierung, die von dem Vertrauen der Massen getragen wird, soll unverzüglich eingesetzt werden.

Eine konstituierende Nationalversammlung, zu der alle mündigen Männer und Frauen das Wahlrecht haben, wird so schnell wie möglich einberufen werden.

Eine neue Zeit hebt an!

Bayern will Deutschland für den Völkerbund rüsten.

Die demokratische und soziale Republik Bayern hat die moralische Kraft, für Deutschland einen Frieden zu erwirken, der es vor dem Schlimmsten bewahrt. Die jetzige Umwälzung war notwendig, um im letzten Augenblick durch die Selbstregierung des Volkes die Entwicklung der Zustände ohne allzuschwere Erschütterung zu ermöglichen, bevor die feindlichen Heere die Grenzen überfluten oder nach dem Waffenstillstand die demobilisierten deutschen Truppen das Chaos herbeiführen.

Der Arbeiter-, Soldaten- und Bauernrat wird strengste Ordnung sichern. Ausschreitungen werden rücksichtslos unterdrückt. Die Sicherheit der Person und des Eigentums wird verbürgt.

Die Soldaten in den Kasernen werden durch Soldatenräte sich selbst regieren und Disziplin aufrecht erhalten. Offiziere, die sich den Forderungen der veränderten Zeit nicht widersetzen, sollen unangetastet ihren Dienst versehen.

Wir rechnen auf die schaffende Mithilfe der gesamten Bevölkerung. Jeder Arbeiter an der neuen Freiheit ist willkommen! Alle Beamten bleiben in ihren Stellungen. Grundlegende soziale und politische Reformen werden unverzüglich ins Werk gesetzt.

Die Bauern verbürgen sich für die Versorgung der Städte mit Lebensmitteln. Der alte Gegensatz zwischen Land und Stadt wird verschwinden. Der Austausch der Lebensmittel wird rationell organisiert werden.

Arbeiter, Bürger Münchens! Vertraut dem Großen und Gewaltigen, das in diesen schicksalsschweren Tagen sich vorbereitet!

Helft alle mit, daß sich die unvermeidliche Umwandlung rasch, leicht und friedlich vollzieht.

In dieser Zeit des sinnlos wilden Mordens verabscheuen wir alles Blutvergießen. Jedes Menschenleben soll heilig sein.

Bewahrt die Ruhe und wirkt mit an dem Aufbau der neuen Welt!

Der Bruderkrieg der Sozialisten ist für Bayern beendet. Auf der revolutionären Grundlage, die jetzt gegeben ist, werden die Arbeitermassen zur Einheit zurückgeführt.

Es lebe die bayerische Republik!

Es lebe der Frieden!

Es lebe die schaffende Arbeit aller Werktätigen!

München, Landtag, in der Nacht zum
8. November 1918,

Der Rat der Arbeiter, Soldaten und Bauern:
Der erste Vorsitzende: *Kurt Eisner*.

Die Republik wird ausgerufen

Marta Feuchtwanger

Kurze Zeit darauf – der Krieg war durch die Flucht des Kaisers beendet – wurde die Republik ausgerufen und Kurt Eisner in Bayern zum Ministerpräsidenten ernannt. Die Bevölkerung jubelte: »Nun können die Soldaten heimkehren.«

Unsere Hausfrau, die Mutter des Generals, dessen Wohnung wir gemietet hatten, bat Lion um einen Besuch. Sie war die Frau eines hohen Regierungsbeamten, doch jetzt hatte sie nur Worte der Verachtung für den Kaiser, für die Regierung, für den bayerischen König. »Wir sind belogen worden«, ereiferte sie sich, »bis zuletzt haben wir alle an den deutschen Sieg geglaubt. Ihr Eisner ist der einzige Mann, der uns retten kann.«

Es wurde Nacht. Das Volk ging auf die Straße. Soldaten, trunken vor Freude und von Bier, sausten in offenen Lastwagen herum und schossen mit wildem Geschrei ihre Gewehre in die Luft. Sonst benahmen sich alle ordentlich und gesittet. Wir kamen an die königliche Residenz. Die Schildwachen waren verschwunden, Leute gingen in der Hauptwache aus und ein. Drinnen wurde Karten gespielt. Wir aber gingen um das Gebäude. Da sahen wir auf der Rückseite eine Equipage warten. In diesem Augenblick trat der alte König mit seiner Frau und seinen

Töchtern aus einer kleinen Hintertür ins Dunkel. Er war auf der Flucht.

Im Triumph zog Eisner, der Führer der Unabhängigen Sozialisten, mit den Arbeitern zu Fuß durch die Stadt. Alles jubelte ihm zu. Die Zeitungen waren voll von modernistischen Zeichnungen. Wahlen wurden angekündigt und die Pressefreiheit eingeführt. Das war die Einhaltung der Versprechungen, die die Sozialisten gemacht hatten. Es war aber auch das Ende der sozialistischen Revolution.

Die meisten Künstler und Schriftsteller waren Kriegsgegner. Sie waren aber ganz unpolitisch, zumindest in München.

Aus der Sicht eines Unpolitischen

Reinhard Piper

12. November 1918

Hier in München ist es auch im Großen und Ganzen nicht allzu schlimm hergegangen. Man muß sich wundern, daß bei der ungeheueren Erregung und dem Mangel jeder Aufsicht die Massen sich selbst so im Zaum gehalten haben.

Da ich ganz unpolitisch bin, ging ich nicht zu der großen Volksversammlung auf der Theresienwiese, die für Donnerstag Nachmittag drei Uhr anberaumt war. Es lag darin auch ein gewisser Protest, da ich einem Krach jeder Art gerne aus dem Wege gehe und nicht gerne wohin laufe, wo ohnehin alle übrigen schon hinlaufen.

Als ich eben vom Verlag heimkam, hörte ich vom Josefsplatz her ein viel-tausendstimmiges Gejohle und zu Hause angekommen, begann bald bei den Kasernen draußen ein sehr heftiges Geschieße. Ob es zu einem Sturm auf die Kaserne gekommen ist und ob einzelne Offiziere dabei sich geopfert haben, kann man nicht sicher erfahren. Die meisten Schüsse sind wohl in die Luft gegangen und viele Leute haben das Ganze überhaupt nur als

»Gaudi« empfunden. Man hörte vielfach Ausdrücke wie: »Auf dem Marienplatz geht's zu, wie am Fasching.«

Am Abend kamen Rothballer und der kleine Rolf von Hoerschelmann zu mir, um bei mir Graphik anzusehen und während in der Stadt die Neuesten Nachrichten und das Landtagsgebäude besetzt wurden, unterhielten wir uns in Ruhe über Pocci. Rothballer war auf dem Wege zu mir bei der Türkenkaserne vorbeigekommen und hatte die vielen Militärautos mit Soldaten und roten Fahnen gesehen. Sehr viele Soldaten und fast das ganze Publikum verhielten sich passiv und als Zuschauer. Unser Hausherr hatte von der Stadt aus an uns telephoniert, die Hausmeisterin möchte ihm seine Zivilkleidung bringen, da er als Offizier sich nicht auf die Straße trauen könne. Rothballer sah, wie einem Offizier die Mütze heruntergeschlagen wurde. Der Betreffende erhielt aber sofort eine solche Ohrfeige, daß er umfiel.

Wir gingen an dem Abend erst um ein Uhr auseinander und die Straßen waren da völlig ruhig. Man konnte sich einbilden, daß sich die Sache als vorübergehender Exzeß an die große Versammlung angeschlossen hatte und sich wieder verlaufen werde. Nur Hoerschelmann meinte, daß wir am nächsten Morgen definitiv die Revolution haben würden.

Am Freitag verspätete sich die Zeitung, und ich war natürlich aufs höchste überrascht, als die erste Seite die Proklamation des Arbeiter- und Soldaten-Rates brachte. Sie füllte in großen Buchstaben die erste Seite. Die ursprüngliche erste Seite war auf die zweite Seite gedrängt. Ich dachte mir natürlich gleich, daß die Redaktion über Nacht besetzt und zum Abdruck der Seite gezwungen worden sei. Morgens gab es kein Brot, da die Läden aus Furcht vor Plünderung geschlossen waren. Mittags wurden sie aber wieder aufgemacht und man sah überall lange Reihen anstehen. Einzelne Waffengeschäfte sind erbrochen worden. Das Militär-Bekleidungsamt wurde noch am Donnerstagabend ausgeplündert; viele Sachen sind aber späterhin wieder beigebracht worden. Der Verlag arbeitete den Tag über friedlich wie sonst. – Sämtliche Lokale mußten am Freitagabend um sieben Uhr geschlossen werden und um neun Uhr mußten alle Straßen vom Publikum geräumt sein. Die Straßen waren also bald dunkel und wie ausgestorben.

Am Samstagnachmittag wollte meine Frau absolut etwas von der Revolution sehen und wir gingen in die Stadt. Bis an die Staatsbibliothek in der Ludwigstraße ging es ganz gemütlich. Am Kriegsministerium aber wurde man aufgehalten. Es waren viele Soldaten mit aufgepflanztem Bajonett da, die das Publikum zurückwiesen; nur die Trambahnen konnten durchfahren. Wir kehrten um und kurz darauf begann eine heftige Schießerei. Ein Herr rief uns zu: »Da müssen Sie sich eilen, in solcher langen Straße fliegen die Kugeln weit.« Schon sahen wir alles rennen, auch aus den Seitenstraßen hervor. Ein mit Soldaten vollbesetztes Auto rasselte die Schellingstraße herunter und an dem dortigen Schulhaus erhob sich gleichfalls heftiges Geknatter. Es hieß, die Preußen seien da. Alle Läden machten zu. Die Leute standen verängstigt vor ihren Haustüren, alles andere lief. Es wurde schon dunkel, die Kinder waren in den Nordpark geschickt und noch nicht nach Hause gekommen. Wir mußten sie nun noch suchen gehen, konnten aber an der als Kaserne eingerichteten Hohenzollern-Schule kaum vorbei, da auch hier große Erregung herrschte und ein Auto heranraste, von dem herab die Soldaten aufgefordert wurden, sofort auf den Bahnhof zu kommen, die Preußen seien da. Als wir die Kinder gefunden hatten, und zurück wollten, mußten wir noch wenige Schritte vor unserem Hause wieder flüchten, da an der nächsten Ecke scheinbar geschossen wurde und ein Maschinengewehr dort stehen sollte. Wir kamen aber doch dann nach Hause. Dies ist alles, was ich von der Revolution persönlich gesehen habe. Die Soldaten auf den Autos machten meistens einen ziemlich wüsten und frechen Eindruck und schienen von Machtgefühl geschwellt zu sein. Verschiedentlich sah man zwei Soldaten mit Bajonetten Offiziere ohne Waffen über die Straße führen.

Am Sonntag war alles sehr ruhig, und wir konnten wieder unseren Spaziergang in der Leopoldstraße machen.

Ein Anschlag, der die Offiziere aufforderte, sich wieder zu melden, trug viel zur Beruhigung bei. Auch tauchten wieder die ersten Schutzleute auf, die seit Donnerstag völlig verschwunden waren. Der neue Stadtkommandant, der einen Anschlag gemacht hatte, daß Haussuchungen nach Waffen stattfinden würden, ist sofort abgesetzt worden. Man will also offenbar alles tun, um Ruhe und Vertrauen wieder herzustellen.

Abends gingen wir zu Caspar's, wo wir Konrad Weiß, den Mitarbeiter des »Hochland« (er hat unsere Kunstbücher immer sehr gut besprochen) und seine Frau trafen. Wir waren uns einig, daß mindestens drei Viertel der Bevölkerung sich die Dinge nur passiv gefallen ließ und daß wir durchaus nicht so rot bleiben werden, wie die Sache jetzt aussieht.

Seit Montag zeigt München ganz das normale Straßenleben.

Der Bayerische Kurier hat in aller Ruhe konstatiert, daß er seine Fahne nur einrollt, nicht verbrennt, sie also später wieder aufrollen will. Nur die Neuesten Nachrichten sind völlig umgefallen. Sie werden allerdings auch wohl besonders scharf zensiert. Es ist ja nicht gut denkbar, daß das gesamte Bürgertum und die Landbevölkerung dauernd sich nur zusehend verhält und einfach überstimmt wird. Natürlich glaube ich nicht an eine »Gegen-Revolution«. Dies ist auch gar nicht wünschenswert und daß die Monarchie wieder kommen könnte, nimmt wohl niemand ernstlich an. Die »neuen Männer« haben all die Jahre über Vergewaltigung geklagt und können sich nicht gut vorwerfen lassen, daß sie nun ihrerseits alle anders Denkenden vergewaltigen. Die Offiziere haben ausdrücklich betont, daß sie »unter Wahrung ihrer Überzeugung und Gesinnung« sich der Neuordnung zur Verfügung stellen, um ein allgemeines Chaos zu verhüten. Und diese Überzeugung und Gesinnung werden auch alle anderen wahren. Es scheint mir undenkbar, daß ein Mann, wie Kurt Eisner, ein in Berlin geborener Jude, in Bayern eine ausschlaggebende Stimme hat. Das bayerische Volk wird sich jedenfalls nur von einer Regierung leiten lassen wollen, die aus ihren eigenen Reihen hervorgegangen ist.

Eine große Freude macht mir persönlich, daß Deutsch-Österreich zu uns kommt, wofür ich immer viel Liebe gehabt habe. So werden Leute wie Mozart, Schubert und Bruckner noch nachträglich unsere engeren Landsleute und daß man nach Tirol kann, ohne eine Grenze passieren zu müssen, ist mir ein lieber Gedanke. Auch auf der Donau wird man bis Wien in Deutschland fahren können.

Vielleicht haben wir gegen das alte Regime nur deshalb nicht viel auszusetzen, weil wir nicht viel unter ihm gelitten haben. Aber eigentlich hat uns auch nicht viel mit ihm verbunden. (Bei Herrn Eisenlohr ist dies seiner Familien-Tradition zufolge wohl anders.) Jedenfalls waren mir Herrscher und Höfe stets etwas Fremdes, und wenn ich im Nymphenburger-Park einen Prinzen daher kommen sah, ging ich lieber so lange auf die Seite. Mein Vater war immer ein Gegner des Kaisers, da er bekanntlich seine Arbeit über die Hohkönigsburg abbrechen mußte, weil seine rein sachlich historische Behandlung ihn in eine Polemik gegen den vom Kaiser gewünschten theatralischen Wiederaufbau drängte, und oben auch in solchen Dingen ein Widerspruch nicht aufkommen konnte.

Über die Reden des Kaisers haben wir uns ja alle oft genug geärgert. Ich kaufte mir vor vier Wochen die Reclam-Ausgabe derselben und erstaunte von neuem über den anmaßenden und mir völlig fremden Ton derselben.

Dann freute ich mich auch, daß Hindenburg bleibt. Es hätte mir wirklich sehr leid getan, wenn dieser Mann in seinen letzten Lebensjahren Undank geerntet hätte.

Daß wir durch die Umwälzung zu einem billigeren Frieden kommen, ist wohl anzunehmen, und schon damit ist viel gewonnen. Auch, daß der alte Partikularismus überwunden wird, ist nicht zu bedauern. [...]

Von den neuen Männern in Bayern habe ich den Justizminister Timm noch ganz kürzlich an einem Abend bei Hanfstaengl's kennen gelernt. Er war Schneider, stammt aus Holstein und war mir durch seine unverkennbar niederdeutsche Mundart wohltuend heimatlich. Er kam gerade aus einer Sitzung und zog sein Butterbrot aus der Tasche, packte es aus und verzehrte es ohne weitere Umstände aus der Hand. Er erzählte etwas von seiner Tätigkeit als Arbeiter-Sekretär und sagte, er könne viel Gutes stiften, weil er so ruhig sei. Er machte auf mich einen sehr vertrauen-erweckenden Eindruck und erzählte Einiges von dem Besuch einer sozialdemokratischen Abordnung an der Front im Hauptquartier des deutschen Kronprinzen. Jedenfalls ist es mir kein unsympathisches Gefühl, daß ich diesen Justizminister jederzeit ohne Umstände auch zu mir einladen könnte, während das bei dem bisherigen Justizminister, den man vorne und hinten »Excellenz« nennen mußte, doch nicht so einfach ginge. Auch den Finanzminister Jaffé lernte ich vor einiger Zeit einmal bei Hausenstein kennen. Er ist natürlich ein sehr gescheiter Mann, aber offenbar Jude. [...]

Eine Frau in der Politik

Emil Holzapfel/Michael Schröder

Am Weihnachtsfeiertag 1911 hielt der bayerische Sozialdemokrat Georg von Vollmar in München eine Versammlung zur bevorstehenden Reichstagswahl am 12. Januar 1912 ab: Ich durfte mit meinem Großvater hingehen. Durch die Küche gelangte ich ins Nebenzimmer und mußte mich unter dem Tisch verstecken. Denn Kinder waren ebenso wie Frauen von politischen Veranstaltungen ausgeschlossen. [...] Mein Großvater deutete auf eine Person und sagte: ›Dies ist ja die Genossin Toni Pfülf.‹ Das ist doch keine Frau, die hat ja eine Hose und eine Joppe an, war meine Antwort. In die Versammlung war sie nur gekommen, weil sie sich als Mann verkleidet hatte. Sie sprach zum Thema Gleichberechtigung der Frau und forderte die Männer auf, sich für das Wahlrecht der Frauen einzusetzen. [...]

Mit ihrer Forderung, das Frauenwahlrecht einzuführen, bestritt sie den Wahlkampf zur Reichstagswahl von 1912. Mit roten Flugblättern rief Toni Pfülf die Bevölkerung auf, die Liste der Sozialdemokraten zu wählen.

Von meiner Großmutter erhielt ich den Auftrag, die Flugzettel, die sie von Genossin Pfülf erhielt, in unserem Münchner Stadtteil, dem Schlachthofviertel, zu verteilen. Ein Mitschüler, der mich dabei gesehen hatte, meldete mich bei unserem Klassenlehrer. Mein Vater wurde vorgeladen und ermahnt, daß ich solche politischen Handlungen zu unterlassen habe. Außerdem verdrosch mir mein Lehrer mit einem Rohrstock mein Sitzfleisch. [...]

Während des Krieges arbeitete Toni Pfülf als Waisen- und Armenrätin in München. Sie kämpfte vor allem dagegen, daß Frauen zur Arbeit in der Rüstungsindustrie verpflichtet wurden, schon deshalb, weil sie bei gleicher Leistung wesentlich schlechter bezahlt wurden als ihre männlichen Kollegen.

Bei Weltkriegsende im November 1918 stürzte sie sich voller Begeisterung und Engagement in die politische Arbeit der damaligen Revolutionswirren. [...]

Wie im ganzen Reich, so bildeten sich auch in München Arbeiter- und Soldatenräte, die die provisorische Regierung unterstützten. Dem Rat in München gehörten nur Männer an. Doch das hielt Toni Pfülf nicht davon ab, auf einer Sitzung des Arbeiter- und Soldatenrats im November 1918 im Mathäser-Festsaal ohne Einladung zu erscheinen. Der Sitzungsleiter Erich Mühsam forderte sie sofort auf, die Sitzung zu verlassen. Sie wehrte sich ganz energisch und rief aus: »Man kann mich nur mit Gewalt aus dem Sitzungssaal befördern, denn ich habe hier im Arbeiter- und Soldatenrat die Interessen der Frauen zu vertreten!« Daraufhin nannte sie einige ihr wichtige Punkte:

- die Versorgung der aus der Kriegsindustrie entlassenen, arbeitslosen Frauen,
- die schlechte Wohnungssituation,
- mangelnde Hygiene in den Wohnungen,
- Bekämpfung der Tuberkulose,

– Betreuung der Kriegsgefangenen,
– Versorgung der Kriegsbeschädigten.

Nach ihrem Auftritt lehnten die Genossen mit einer knappen Mehrheit die weitere Teilnahme der Toni Pfülf an den Sitzungen des Arbeiter- und Soldatenrats ab.

Der Volksredner

Oskar Maria Graf

Ich fuhr nach München ab. Einige Tage nach meiner Ankunft suchte ich meine Gönnerin auf und setzte ihr einen großen Plan auseinander. Nämlich es müßte gegen den Terror gesteuert werden, war meine dürftige Ansicht. Es müßte etwas getan werden, das das ganze Volk eint zur endgültigen Republik. Bevor nicht Friede in allen Schichten geschaffen sei, könnten die Staatsmänner nichts machen, und letzten Endes drohe ein unsägliches Blutbad.

»Und – was wollen Sie jetzt tun?« fragte die Dame.

»Sehr einfach!« sagte ich. »Ich halte eine große Versammlung und rede in diesem Sinn. Dann müssen die ganzen Intellektuellen bearbeitet werden, daß sie genauso einwirken, besonders die Universitätsprofessoren. [...] Es muß erreicht werden, daß alle Schichten erst einmal vollkommen einverstanden sind mit der neuen Zeit, dann geht es auch vorwärts. [...] Vorläufig muß unbedingt eine Versammlung abgehalten werden und eine Art Bund freier Menschen gegründet werden. [...] Dazu brauche ich Geld.« – Der Dame leuchtete das ein. Sie zögerte nicht und gab mir zweitausend Mark für diese Zwecke. Das machte mich völlig kopflos. Ich stand auf einmal mitten in einem Unternehmen und mußte nun unbedingt etwas tun. Ich schrieb Flugblätter und ließ sie drucken. Gleich zehntausend von jedem Stück. Ich lief zu einer Plakatdruckerei und ließ ein Riesenplakat herstellen, folgenden Wortlautes:

»Menschen aller Stände! Große öffentliche Versammlung! Gegen den Terror! – Um das Menschsein! Redner: Oskar Maria Graf, München.

Männer und Frauen! Arbeiter, Soldaten, Bürger, Künstler, Wissenschaftler, Studenten! Mitglieder aller Parteien! Menschen aller Stände! Vier Jahre wurden Menschen sinnlos hingeschlachtet. Vier Jahre erstickte die Herrschaft der Gewalt Vernunft und Menschsein!

Nach vier Jahren des Schreckens, Blutens, Sterbens siegte die Revolution und brachte den Frieden, öffnete die Tore des neuen Lebens.

Während die Regierungen bemüht sind, Ordnung und Ruhe zu schaffen, während jeder von uns an die Arbeit geht, wühlen Hetzer und Querköpfe, verbreiten Unruhe und versuchen das Volk aufzustacheln zu neuen Gewaltakten, bewaffneten Aufständen usw.

Volk! Nach vier Jahren Mord soll kein Ende sein?

Volk! Versammle dich! Sag' nein! Jeder, der das Menschsein noch nicht vergessen hat, komme!

Nicht eine Partei soll gegründet werden, die nur ihr Interesse vertritt, Menschen rufen hier, die das Wohl des Volkes im Auge haben.

Die Kameradschaft zur Gründung des Bundes
›Freie Menschen‹.«

Am anderen Tag klebten die Plakate. Ich stellte mich heimlich vor die Litfaßsäulen und schaute sie mit größter Bewunderung an. Eine prickelnde Eitelkeit beseeligte mich. Noch nie stand mein Name so groß gedruckt irgendwo. Ich telegraphierte an Pegu. Er kam am andern Tag.

»Neues Etablissement! Bund freier Menschen! Geld ist da! Alles klappt!« sagte ich. Er riß Maul und Augen auf, als er die Plakate las.

»Mensch, du bist ja der reinste Gegenrevolutionär!« rief er.

»Ah!... Im Gegenteil! Es muß jetzt wieder anarchistisch

gearbeitet werden! Nur mit dem einzelnen... Bevor wir nicht brauchbare Menschen haben, kann auch keine Revolution werden!« klärte ich ihn auf. Er schüttelte fort und fort den Kopf.

Ich war in einem Wirbel. Durch einige mir bekannte Studenten und Studentinnen ließ ich die Flugblätter austragen. Das Fräulein, Pegu und ich steckten sie ebenfalls in jeden Briefkasten. Massenandrang mußte es geben zur Versammlung. Pimperlwichtig war ich.

Der Tag der Versammlung kam immer näher.

»Haben Sie denn schon Ihre Rede?« fragte die Dame.

»Jaja, selbstverständlich«, erwiderte ich. Nicht ein Wort wußte ich.

Genauso fragten das Fräulein und Pegu. Ich raste bloß herum. Was ich sagen wollte, würde sich schon ergeben, dachte ich, die Hauptsache ist ein voller Saal.

Die zweitausend Mark verrannen wie nichts. Heimlich war mir schier Angst vor diesem Überstürzen. Dann kam also das große Ereignis. Der ganze Mathäsersaal war so gedrückt voll, daß man nicht durchkam, und draußen stand der halbe Garten Kopf an Kopf.

Ich trat auf die Rednertribüne. Ein Student war der Versammlungsleiter. Er klingelte und sagte ein paar Worte. Dann kam ich. Das Fräulein saß zur Rechten und stenographierte.

»Versammelte! Menschen! Rebellen! Bürger!« schrie ich erst einmal und überlegte einen Augenblick. Es fiel mir schon fast nichts mehr ein.

An den Tischen räkelten sich die Leute.

»Ich habe Sie hierhergerufen, um ein klares Wort gegen den Terror zu sagen! Terror ist Krieg! Niemand von uns will den Krieg und das Blutbad! Ich war in Berlin und habe Liebknecht gehört, habe Pogromversammlungen gesehen! Nichts als Verwirrung ist überall!« Zwischenrufe brachten mich daraus. Ich wußte absolut nicht mehr weiter und war froh, daß ein solcher Skandal entstand. Nicht lang genug konnte mir der Versammlungsleiter läuten.

»Haut ihn runter!« schrien Leute, weit hinten drohte ein Arbeiter derart, daß eine kleine Rauferei entstand. Rechts plärrten die Kommunisten auf mich ein. Ich schrie mit aller Macht: »Ich bin gegen jeden Terror! Komme er her, wo er herkomme!« Es wurde immer tumultuarischer, und zum Schluß stand Joseph Sontheimer, ein Mann, der früher die Freidenkerbewegung gegründet hatte und nun radikaler Spartakist war, auf dem Podium und riß die Führung der Versammlung an sich.

»Den kennen wir schon! Er ist ein harmloser Tolstojaner und sehr verworren!« fing er an, und weil nichts anderes zu machen war, rief ich auf einmal: »Schluß. Die Versammlung ist aus!« Ebenso der Versammlungsleiter. Jetzt wurde es ganz bedrohlich. Ich blieb einfach stehen und schaute dumm in das Toben, ließ Sontheimer reden. Die Diskussionen gingen durcheinander, und als man nach längerer Zeit auseinanderging, schrie es von allen Seiten: »Der Lausbub hetzt halb München daher und sagt nichts! Durchhaun soll man ihn!«

Bedeppt wanden wir uns aus dem Menschengewühl und fuhren eiligst nach Schwabing. Am andern Tag schimpften alle Zeitungen über eine derartige Lausbuberei.

Kurt Eisners Ermordung

Ricarda Huch

Auf der Ludwigstraße fanden wir lebhafte Bewegung: Spaziergänger, wie man sie an so schönen Tagen zu sehen pflegt, Neugierige wie wir, vor allen Dingen Proletarier in großer Menge. Sie waren augenscheinlich zu einem kleinen Demonstrationszug geordnet, wie man solche seit der Revolution häufig zu sehen bekommt. Es fällt jedermann auf, daß man unter ihnen Gesichter sieht, die man sonst nicht sah: böse, unmenschliche, gefahrdrohende. Kamen sie früher aus ihren Höhlen nicht in die eleganten Viertel? Oder haben Krieg und Revolution fast vergessene Masken von den Gesichtern gelöst? Sie sehen unsereinen mit unverhohlener Drohung im Vorübergehen an, sie machen wüste Bemerkungen, die wir verstehen können und auch verstehen sollen. Man mag sie bemitleiden; aber Grauen flößen sie ein. Vielleicht wäre die Stimmung doch nicht so unheimlich gewesen, wenn die Elektrische gegangen wäre. Es ist unbeschreiblich, wie das Aufhören dieses sonst nur des Nachts ruhenden Geräusches den Charakter des großstädtischen Organismus verändert. Es ist wie das Atmen eines ungeheuren Geschöpfes, das zu verenden scheint, wenn der schnarchende Atem nicht mehr geht. Ein ängstliches Gefühl ergreift einen unwillkürlich; die Stille hat etwas von der seltsamen Stille vor dem Erdbeben, in der man die bangen Vögel zirpen hört. Nach fünf Minuten kehrten wir ohne Kaninchen und ohne Uhrkette um; ohnehin waren alle Geschäfte geschlossen. Die Ahnung drängte sich uns auf, daß die Kugel, die Eisner traf, eine neue Epoche der Revolution eingeleitet hatte.

Im Laufe des Tages vernahm man Genaueres über die Vorgänge des Morgens. Daß Eisner, der auf dem Wege zum Landtage getötet wurde, die Urkunde seiner Abdankung in der Tasche gehabt habe; daß die Kunde seines Todes in den eben eröffneten Landtag gebracht wurde; daß der Vorsitzende eine Ansprache hielt, um seinem Beileid und seiner Entrüstung Ausdruck zu geben; daß gleich darauf ein Mann mehrere Schüsse abgab, von denen einer den Minister Auer traf und schwer verwundete, während die andern einen Zentrumsabgeordneten, dessen Namen ich vergessen habe, und den Major von Jahreiß töteten. Major von Jahreiß war der einzige, der sich dem Mörder entgegenwarf, um ihn zu entwaffnen; die andern waren weggelaufen oder hatten sich verkrochen, was augenscheinlich das Allgemein-Menschliche ist. Zuerst wurde dies Attentat so dargestellt, als sei es eine Art Totenopfer für Eisner gewesen; später hieß es, die Unabhängigen hätten sowieso die Absicht gehabt, die Eröffnung des Landtages zu verhindern, und dieser Angriff stehe mit der Ermordung Eisners in keinem Zusammenhange. Wie dem auch sei, der gewaltsame Tod Eisners kam der Bergpartei erwünscht: Die Schuld, daß die Umwälzung aus dem verhältnismäßig richtigen Fahrwasser gerissen wurde, um nach links abzustürzen, konnte den Konservativen zugeschoben werden. Über den Mörder Eisners hörte man verschiedenes: Er sollte einer alten bayrischen Adelsfamilie angehören, er sollte ein Jude sein; andere behaupteten, sein Vater sei ein echter Graf Arco, seine Mutter eine reiche Jüdin. Nach allen Berichten war er noch sehr jung, schmächtig und sehr wunderlich; nicht eben, wie man sich Harmodios und Aristogeiton vorstellt. [...]

»Es ist merkwürdig«, hörte ich ein junges Mädchen sagen, »bis jetzt hörte ich fast täglich seufzen: Ist denn keine Kugel für den Eisner gegossen? Und seit er erschossen ist, bejammert jeder seinen Tod und verflucht seinen Mörder.« So schwer ist es, über Zuneigung und Abneigung, das Fließendste, was es gibt, etwas Bestimmtes auszusagen. Eisner war durchaus nicht sehr bekannt im Volke gewesen, wie denn überhaupt die russische Richtung Spartazismus anfänglich gar keinen Boden im Volke fand. Auch unter den Arbeitern waren viele, die etwas zurückgelegt hatten oder etwas zurückzulegen wünschten, in denen der menschliche Instinkt, Familie zu gründen und Nachkommen zu versorgen, lebendig war. Könnte die menschliche Gesellschaft bestehen, wenn die Mehrzahl ihrer Mitglieder nicht von diesem Trieb angespornt wäre? Nach allen Verlusten und Störungen des Krieges wollten sie, oder doch sehr viele, sich wieder einrichten und wieder arbeiten. Sie verstanden Eisner nicht, sowenig wie er sie verstand. Wie sollten sie auch? Es war kein Tröpfchen und Körnchen königlich-bayrischer Gemütlichkeit, Roheit, Schlamperei und Gutmütigkeit in ihm; er war ein abstrakter Moralist, soll recht gute Theaterkritiken geschrieben haben und machte sicherlich schlechte Gedichte. Kritik und Theorie aber machen ebensowenig den Regenten wie den Künstler; man muß es eben können. [...]

Auch die Eisnersche Todesstelle, ein Ausdruck, nebenbei gesagt, den Wustmann mit Recht scharf tadeln würde, wurde fotografiert und auf Ansichtskarten verkauft, so daß man das Bild nebst bewachenden Soldaten sehen konnte, ohne sich einem Tellenschicksal auszusetzen. [...] Der Anblick dieser jungen Soldaten mit ihren traurigen Gesichtern wendet mir plötzlich das Herz um: Für sie war der Ermordete vielleicht ein Heiliger gewesen, und sie betrachteten ihn ehrlich als einen väterlichen Beschützer und Helden. Was gilt demgegenüber, was er wirklich war? Und war nicht vielleicht ein Funken echter Liebe zu den Armen und Enterbten in ihm? Ja, es ließe sich denken, daß der Morgen für eine neue Schicht Menschen angebrochen wäre, die dankbar zu einem Kurt Eisner aufblickten, der sein Leben für sie eingesetzt und sie erlöst habe. Die Weltgeschichte ist das Weltgericht; die Träger lebendiger Ideen leben weiter, wie sie weiter wirken.

Aber so einfach ist es doch nicht; Unsinn und Irrtum wirken und verbreiten sich ebenso mächtig wie die Wahrheit. Kämpfe jeder für seinen Glauben; ich will mich durch mein Mitgefühl für die Armen nicht in meinem Gefühle irren lassen, das sich durchaus gegen Eisner wendet, selbst wenn er es wirklich gut gemeint haben sollte. Auch seine Liebe für das Theater finde ich verdächtig – er liebte Komödiantentum und Schaustellung der Person. Daß er die Schauspieler zwang, seine kläglichen Reimereien über Menschheitsbeglückung aufzusagen, war nicht zartfühlend. Einmal, als die Wogen des Kampfes gerade sehr hoch gingen, sagte er in einer Rede, um ein Bild von dem Übermaß seiner Leiden und Anstrengungen für die gute Sache zu geben, er habe an diesem Tage noch nicht gefrühstückt. Schallendes Gelächter antwortete ihm. Vielleicht fehlte ihm in allen Dingen und auch sich selbst gegenüber das Maß, wie bei dieser kleinen Gelegenheit.

Das Proletariat wollte Eisners Begräbnis zu einem Trauer-Triumph gestalten. Der Ausgangspunkt des Zuges war die Theresienwiese, der Platz, wo in den Märchentagen der Vorkriegszeit das bacchantische Oktoberfest sich tummelte. Die Menschenansammlung soll ungeheuer gewesen sein; vor Tagesanbruch hingen sie schon an Bäumen und Dächer geklammert wie Maikäfer. Als die Spitze des Zuges am Ostfriedhof anlangte, hatten die letzten die Theresienwiese noch nicht verlassen. Den größten Eindruck machte, nach der Schilderung der Augenzeugen, die Blumenpracht. Kränze von Maiglöckchen in solcher Größe waren da, daß jeder von fünf bis sechs Mann getragen werden mußte, wobei zu bedenken ist, daß jedes einzelne Maiglöckchen 50 Pfennig kostet. Es gehört zu den Kennzeichen der Papierfetzenzeit, daß das Geld verschleudert wird. [...]

Übrigens wird die Stimmung immer unbehaglicher; die Luft, die schwer von beängstigenden Gerüchten ist, atmet sich nicht gut. Autos voll von Soldaten und Maschinengewehren durchdonnern die Stadt. Es heißt, die Bourgeoisie soll entwaffnet werden, damit sie keine Gegenrevolution versuchen kann; das wäre die geeignete Vorbereitung zu einer bequemen Bartholomäusnacht. Ich weiß nicht, ob ich bedauern oder mich freuen soll, daß ich keine Waffe besitze und mit keiner umzugehen weiß.

Die Befreiung Münchens von der Schreckensherrschaft im Frühjahr 1919

Josef Karl

Die vollständige Abschließung Münchens brachte es mit sich, daß man über die auswärtigen Truppenbewegungen nur unzuverlässig unterrichtet wurde; gerüchteweise verlautete, daß aus dem ganzen Reiche Truppen im Anmarsche seien, die Flugzettel der Regierungsflieger gaben darüber jedoch keine sichere Auskunft.

Durch den Aufmarsch der Truppen war der Ring um München am Morgen des 1. Mai vollständig geschlossen worden. Die Regierungstruppen standen in Linie Thalkirchen - Laim - Nymphenburg - Riesenfeld - Schwabing - Hirschau - Max-Weberplatz -

29 *Bewaffnete führen Rotgardisten ab*

Thalkirchen um die Stadt. Es war bekannt, daß die Soldaten der Roten Armee für Übergabe seien, die bewaffneten Arbeiter für Kampf, die Kommunisten für Kampf bis aufs äußerste.

In der Stadt wurde es am 1. Mai gegen 11 Uhr immer lebhafter. Es sammelten sich Leute vor dem Wittelsbacher Palast, der aber still und verlassen lag. Ein mit Blaustift geschriebenes Plakat kündete: »Das Wittelsbacher Palais steht auf neutralem Boden unter dem Schutze der Kriegsbeschädigten. Die Bureaus sind sämtlich geschlossen.«

Gegen 12 Uhr gingen auf der Residenz, die inzwischen von Zivilisten kampflos genommen worden war, zwei weiße und eine weiß-blaue Fahne hoch. Dem Beispiel folgten zahlreiche Privathäuser und Staatsgebäude, das Rathaus, die Universität, das Kriegsministerium und der Wittelsbacherpalast. An diesem, dem bisherigen Sitz der Räteregierung, wurden die Schilder abgenommen.

Um die gleiche Zeit überflogen Flieger München, die folgenden Aufruf abwarfen: »Bayerische Truppen, geführt von General Möhl, und Reichswehr, unter Führung von Generalleutnant von Oven, haben München umschlossen. Den Truppen ist die

Aufgabe gesetzt, München und seine von den Spartakusleuten bedrängte Umgebung vom Terror der Minderheit zu befreien. Arbeiter, Soldaten, Bürger und Bauern in München, hört die Stimme der Vernunft, laßt ab vom bewaffneten Widerstand, meidet die Straßen und Plätze, damit das Blut Unschuldiger nicht vergossen wird. Die Truppen der Regierung brechen schonungslos jeden bewaffneten Widerstand um der Not aller ein Ende zu machen. Lebensmittel, Kohlen und Rohstoffe stehen zur Einfuhr in München bereit. gez. Hoffmann.«

Um ¾ 1 Uhr zogen unter lebhaften Begrüßungskundgebungen die ersten Vortrupps der Regierungstruppen mit Tannenbrüchen, weißblauen Binden und Helmen durch die Maximilianstraße. Etwas später drangen die Regierungstruppen durch die äußere Leopold- und Angererstraße vor. Gegen ½ 3 Uhr marschierten in Schwabing durch die Hauptstraßen die ersten größeren Abteilungen ein, um mit den Truppen auf dem Odeonsplatz Fühlung zu nehmen. [...]

Bald war der Karlsplatz zum wütendsten Kampfplatz geworden. Unbegreiflicherweise fanden sich Leute, darunter auch Frauen und Kinder, die in den Geschoßhagel hineinsprangen um sich aus dem brennenden Laden heraus noch einige Wäschestükke oder Zigaretten zu retten. Drei so Waghalsige sind dabei verwundet worden.

Gegen Abend bekamen die Regierungstruppen Verstärkungen von der Herzog-Wilhelmstraße und dem Sendlingertorplatz her. Die Rotgardisten wurden über den Karlsplatz in den Justizpalast und gegen die Elisenstraße zu geworfen, von wo aus sie heftigen Widerstand leisteten. Das an der Deutschen Bank postiert gewesene Geschütz wurde infolgedessen bis zum Wittelsbacher Brunnen zurückgezogen und beschoß in den Nachmittagsstunden den Justizpalast, der an der gegen den Stachus zu gerichteten Seite zwei Treffer im dritten Stockwerk erhielt. Das Gebäude selbst ist von unzähligen Gewehrkugeln angeschlagen. Viele Spartakisten flüchteten in den Mathäser.

Gleichzeitig mit diesen Kämpfen, die mit ihrem ununterbrochenen Maschinengewehrgerassel und dem Geschützdonner in der ganzen Stadt zu hören waren, spielten sich starke Zusammenstöße in dem Viertel um den »Reichsadler« ab. In diesem hatte sich ein Trupp Spartakisten eingenistet, die andauernd aus den Fenstern schossen und das Vorgehen gegen den Karlsplatz erschwerten. Das Geschütz am Altheimereck, dessen Pferde von den Spartakisten abgeschossen wurden, – ihr Fleisch wurde an Ort und Stelle von hungernden Einwohnern sofort ausgeschnitten! – konnte später bis zur Herzog-Wilhelmstraße vorgeschoben werden und in die Kämpfe in der Sonnenstraße und auf dem Sendlingertorplatz erfolgreich eingreifen. Dieser war bereits gegen ½3 Uhr nachmittags von den Spartakisten besetzt worden. [...]

Der eigentliche Einmarsch der Truppen erfolgte am 2. Mai. Unter Musikklängen zogen die Regierungstruppen durch die Leopoldstraße ins Innere der Stadt. Vor dem Gebäude der Akademie der bildenden Künste, in dem bereits vom Donnerstag zum Freitag Truppen genächtigt hatten, kochten Truppen des Freikorps Lettow-Vorbeck ab. [...]

In Giesing war der Widerstand besonders hartnäckig. Die Roten hatten sich u. a. in der Lederfabrik und beim Bergbräu verschanzt; selbst auf dem Kirchturm war ein Maschinengewehr in Tätigkeit, desgleichen in der Kolumbusschule. Energischer Widerstand wurde auch bei der Eisenbahnüberfahrt geleistet; von da flüchteten die Roten schließlich gegen Obergiesing und auf den Nockherberg und setzten sich dort fest. Die Verluste waren auf beiden Seiten recht erheblich. Der Kirchturm erhielt einen Treffer. [...]

Recht übel sieht es auch in der Umgegend des Löwenbräukellers aus. In den Turm des Löwenbräukellers hat ein schweres Geschoß eingeschlagen. Am schwersten mitgenommen ist das Betriebsgebäude; die große Uhr an der Giebelwand ist einem Geschosse zum Opfer gefallen, desgleichen die Fenster ringsum; die Mauer zeigt eine Unzahl von Treffern kleinerer und größerer Geschosse. Nicht viel besser ist es den Häusern der anliegenden

Sandstraße ergangen, aus denen auf die vorüberziehenden Regierungstruppen geschossen wurde.

In der Stadt zeigt sich ein Bild von stark militärischem Einschlag. Die Truppenmassen, die die unglückliche bayerische Hauptstadt eingeschlossen hatten, kommen nach und nach vollständig in die Stadt. Am Samstag zogen neue Abteilungen ein, Kavallerie und Artillerie, Teile von Fußtruppen und am Sonntag wiederholte sich dieses Bild. Die Bevölkerung nimmt die Truppen mit großer Herzlichkeit auf. Seit Sonntag sieht man auch Bauern in Gebirglertracht bewaffnet im Straßenbild.

Das Leben geht weiter

Hermann Heimpel

Das Leben ging weiter, jetzt nach der Revolution wie damals nach der Konfirmation. Aber die Straßenreinigung funktionierte nicht mehr so recht, bei revolutionären Wellen hörte sie ganz auf. Sauberes München! Und auch deine Rasenflächen wurden betreten.

Die Regierung, die Regierungen schlugen Plakate an. Meist wurden ›Zuwiderhandelnde erschossen‹. Plakatfetzen lagen in den Gossen, fegten mit dem Wind über die Straßen. Am schmutzigsten war die Bahnhofsgegend, die Bayerstraße zwischen dem Matthäser und dem Imperialkino, die Schützenstraße, wo beim ›Steyrer‹ und in der ›Bayerischen Krone‹ ein zähes Kommen und Gehen war von Männern, die ganz oder halb uniformiert waren, mit Matrosenkappen, Feldmützen, Gamsbarthüten; da war Markt, besonders in Militärschuhen. Die Bürger, und so der Vater, waren geneigt, sich bei Noske, Ebert und Scheidemann zu beruhigen: sie schienen die Männer der Ordnung zu sein. Papa und die Bürger bereiteten sich auf die Nationalversammlung vor und akzeptierten somit die Republik. Von König Ludwig sprach man nicht viel, und Hindenburg machte den Rückzug. Die

Buben waren nicht für die Monarchie, der Kaiser war über die Grenze gegangen, mit einem Eisenbahnzug. Vielleicht gab es Gründe, Blutvergießen wurde vermieden. Aber Jünglinge wollen kein Blutvergießen vermeiden. Der Kaiser war nicht aus dem Graben gestürzt. Albrecht sprach viel von den Stufen der Throne und den Degen, die auf denselben hätten in Tätigkeit treten sollen. Später, als sich Mitglieder der königlichen Familie wieder in den Münchener Straßen zeigten, ehrte er die unbekanntesten Prinzessinnen durch Frontmachen, was Erhard übertrieben, wenn auch nobel fand. Ehrenbezeigungen waren im übrigen abgeschafft. Auf bayerisch hieß das: ›Die Zeiten sind vorbei.‹

Überhaupt machte die Revolution auch wieder einen bayerischen Eindruck. Von den Mützen verschwand die schwarz-weiß-rote obere Kokarde, die untere weiß-blaue blieb. Sogar der Eisner, der Zeitungsschreiber, den alle haßten, und vielleicht sogar die Unabhängigen, auch der Kurt Eisner tat bayerisch.

Flucht und Verhaftung

Ernst Toller

In breiten Schwarmreihen ziehen die Weißen in Schwabing ein, die Bürger haben die Fenster geöffnet, sie jubeln, sie überschütten die Soldaten mit Geschenken. Eine Frau in ärmlicher Kleidung läuft auf einen Offizier zu und reicht ihm eine Rose.

Eine Gruppe Soldaten postiert sich vor der Kirche, unserem Haus gegenüber.

Der erste Mai.

Ich stehe am Fenster, die Freundin berührt meine Hand.

– Man beobachtet uns, als ich eben die Treppe hinaufging, wurde die Tür im dritten Stock geöffnet, irgend jemand muß Sie gesehen haben und für verdächtig halten.

– In der nächsten Straße wohnt Doktor Berut, mein Freund.

– Ich hole ihn.

Minuten später ist Doktor Berut bei mir.

– Du mußt fort, ein Mann wurde erschlagen, nur weil er eine vage Ähnlichkeit mit Dir hatte, die Menge weiß nicht, daß Du die Gefangenen retten wolltest, sie hält Dich für den Mörder.

– Wohin soll ich?

– Komm zu mir, hier darfst Du nicht bleiben, die Wohnung gehört einem Ausländer, sie wird bestimmt durchsucht.

Ich ziehe meinen Überzieher an und schlage den Kragen hoch, wir gehen die Treppe hinunter, im dritten Stock öffnet sich eine Tür.

– Weitergehen! ruft mir leise Berut zu.

Vor der Haustür stehen zwei Offiziere.

– Ich gehe voran, sagt Berut, Du folgst mir.

Einer der Offiziere blickt mich mißtrauisch an, ich gehe auf ihn zu:

– Sind Sie Preuße oder Bayer?

– Bayer natürlich, schnarrt er in preußischem Militärdeutsch.

Ich grüße, er grüßt, ich gehe weiter.

Über der Stadt kreisen Aeroplane und werfen Flugzettel herab, ich wage nicht, mich zu bücken und einen aufzuheben.

Berut erwartet mich am Eingang seines Hauses, neben ihm steht die Portierfrau und liest einen der Flugzettel.

– Da könnt ma ein schönes Stück Geld verdienen, wenn ma wissen tät, wo der Leviné und der Toller stecken.

– Möchten Sie das Geld verdienen?

– Brauchen könnt mas scho.

Ich gehe rasch die Treppe hinauf in die Wohnung von Berut.

Fern rollen dumpf Artillerieschüsse.

Es wird also doch gekämpft.

– Die Roten halten sich am Stachus, die Weißen haben den Platz umzingelt.

– Ich muß zum Stachus.

– Du kommst nicht durch. Du wirst erkannt und erschossen, wie willst Du den Truppenkordon passieren?

Berut geht fort, nach einer Weile kehrt er zurück, ein Unbekannter begleitet ihn.

– Ich bin nicht Ihr Genosse, sagt der Unbekannte, ich bin auch nicht Sozialist, man will Sie morden, darum helfe ich Ihnen, kommen Sie in meine Wohnung, dort bleiben Sie, bis Sie weiterkönnen.

– Warum sollte Ihre Wohnung nicht durchsucht werden?

Berut lächelt.

– Sein Vater ist bayerischer Fürst, er floh aus Angst vor uns. Wenn Du irgendwo sicher bist, dann dort.

Ich warte, bis der Abend dämmert, dann gehe ich in die Wohnung eines dieser namenlosen Menschen, die immer da sind, wo Hilfe nottut.

– Der Köchin werde ich sagen, Sie sind ein Freund aus Berlin, Sie sind krank, Sie können nicht abreisen.

Am nächsten Tag besucht mich Berut, er begrüßt mich mit breitem Lachen:

– Deine Leiche liegt im Schauhaus.

– Meine Leiche?

– Hier ist die Zeitung mit der amtlichen Meldung. Du wurdest erschossen aufgefunden und ins Schauhaus gebracht. Polizisten holten den Chauffeur, der Dich in Dachau gefahren hat, er erkannte Deine Leiche und schluchzte vor Rührung, für die nächsten Tage hast Du nichts zu fürchten, sie werden Dich nicht suchen.

Ich lese die Nachricht von meinem Tode und denke an meine alte Mutter. Auch sie hat die Nachricht gelesen, drei Tage kauerte sie auf einem Schemel, sie verhängte die Spiegel, sie trauerte um den Sohn, am vierten Tag erfuhr sie, daß ich noch lebe.

Der einzige Mensch, der mich in meinem Versteck besucht, ist Berut. Auch die Polizei hat inzwischen erfahren, daß ich noch lebe. Eines Tages bleibt Berut aus, er ist verhaftet. Im Polizeipräsidium setzt ein Kriminalbeamter ihm den Revolver an die Stirn und droht, er werde erschossen, wenn er nicht sofort mein

Versteck angäbe. Berut führt den Kriminalbeamten in eine fremde Wohnung. Er habe sich geirrt, sagt er, er erinnere sich nicht mehr. Ein Offizier rettet ihn vor der Erschießung.
Auf meinen Kopf hat die Regierung einen Preis von 10 000 Mk. ausgesetzt, an den Litfaßsäulen klebt ein Plakat:

10 000 Mark Belohnung
wegen Hochverrats

nach § 81 Ziff. 2 des RStGB ist Haftbefehl erlassen gegen den hier abgebildeten Studenten der Rechte und der Philosophie Ernst Toller. Er ist geboren am 1. Dezember 1893 in Samotschin in Posen, Reg. Bez. Bromberg, Kreis Kolmar, Amtsger. Margonin, als Sohn der Kaufmannseheleute Max und Ida Toller geb. Kohn.

Toller ist von schmächtiger Statur, er ist etwa 1,65–1,68 m groß, hat mageres, blasses Gesicht, trägt keinen Bart, hat große braune Augen, scharfen Blick, schließt beim Nachdenken die Augen, hat dunkle, beinahe schwarze wellige Haare, spricht schriftdeutsch.

Für seine Ergreifung und für Mitteilungen, die zu seiner Ergreifung führen, ist eine Belohnung von

zehntausend Mark

ausgesetzt.

Sachdienliche Mitteilungen können an die Staatsanwaltschaft, die Polizeidirektion München oder an die Stadtkommandantur München-Fahndungsabteilung gerichtet werden. Um eifrigste Fahndung, Drahtnachricht bei Festnahme und weitmöglichste Verbreitung dieses Ausschreibens wird ersucht.

Bei Aufgreifung im Auslande wird Auslieferungsantrag gestellt.

München, den 13. Mai 1919.

Der Staatsanwalt bei dem standrechtlichen Gericht für München.

Das Bild ist schlecht, und ich habe mir inzwischen einen Schnurrbart wachsen lassen, aber der Köchin ist nicht zu trauen, vielleicht erkennt sie mich, ich muß eine andere Wohnung suchen.

Niemand will mich aufnehmen, die Intellektuellen sind verängstet, die Wohnungen der Arbeiter werden täglich durchsucht.

Eines Morgens weckt mich der hallende Schritt einer marschierenden Kolonne, ich springe ans Fenster, ein Zug Soldaten hält vorm Haus.

Jetzt ist es soweit, denke ich.

Mein Gastfreund ist ratlos. ›Wir werden beide erschossen.‹

Er zeigt auf die Querstangen der Gardinen: ›Die hohlen Stangen sind vollgepfropft mit Munition, meine Eltern haben sie versteckt, damals, als die Roten die Bürger Münchens aufforderten, Waffen und Munition abzuliefern.‹

Er hat die Brille aufgesetzt, er nimmt die Brille ab, er putzt sie, er sieht mich mit blinden Augen verlegen an.

– Irgend etwas müssen wir versuchen, sage ich, haben Sie einen eleganten Anzug?

– Ja, einen Cutaway.

– Ziehen Sie ihn an.

– Besitzen Sie ein Monokel?

Er zieht die Schublade auf: ›Hier von meinem Vater eine Sammlung.‹

– Klemmen Sie den Glasscherben ein.

Mit dummem, offenem Mund blickt er mich verständnislos an.

– Vielleicht helfen uns diese Requisiten, vor Cut und Monokel knickt jeder Offizier zusammen.

Mein Einfall war närrisch, was soll es helfen, wenn ein Herr um sechs Uhr früh in Cut und Monokel die Tür öffnet, in diesem Augenblick erscheint er mir als Rettung, ich helfe meinem Freund beim Anziehen, ich suche ihm die rechte Krawatte, großartig sieht er aus, würdig und unverdächtig.

Inzwischen durchsuchen die Soldaten das Haus, oben im

Atelier beginnen sie, dort wohnt ein Maler, ein bekannter Nationalist. Bevor er seine Gesinnung bekennen kann, hageln die Ohrfeigen:

– Maler? ruft der Feldwebel. Ein Schlawiner!

Über uns tappen schwere Schritte, die Wohnung der ersten Etage wird durchsucht, gleich werden die Soldaten an unsere Tür klopfen.

Vom Hof tönt Geschrei, die Frau des Pförtners weint und jammert, die Soldaten haben ihren Mann verhaftet, sie stoßen ihn auf die Straße.

Wir warten, wir reden gleichgültige Worte, wir starren nach der Tür, wir hören klingeln, wir gehen in den Korridor, nicht an unserer Tür wurde geklingelt, Spannung sitzt uns in den Kniekehlen, keiner spricht mehr ein Wort, jetzt müssen sie kommen, wären sie nur erst da, unerträglich dehnen sich die Sekunden.

Ich höre Kommandorufe, ich gehe zum Fenster, ich traue meinen Augen nicht, ich sehe, wie die Soldaten sich formieren und, den verhafteten Pförtner, wankend mit erhobenen Händen in der Mitte, abmarschieren.

Sind sie unserer so sicher? Stehen Posten vor der Tür?

Niemand kommt.

Später hören wir, daß der Offizier, als er den hohen adligen Namen am Türschild las, den Soldaten abwinkte.

Die deutsche Revolution weiß, wen sie zu respektieren hat.

Das Schicksal hat mich wieder verschont, aber jetzt ist keine Zeit zu verlieren, ich muß das Haus verlassen.

Wohin soll ich?

Erschießungen, Mißhandlungen, Verhaftungen haben die Mutigsten eingeschüchtert, endlich, am Abend, ist eine junge Frau bereit, mich für eine Nacht in der Wohnung ihrer Eltern zu beherbergen.

Vor dem Haus, in dem sie wohnt, stehen Soldaten, sie flirten mit den Hausmädchen, ich zögere, ich kann nicht mehr zurück, unerkannt drücke ich mich an ihnen vorbei ins Haus.

Der Vater der jungen Frau ist Arzt, er wohnt auf der einen Seite des Stockwerks, auf der andern liegen die ärztlichen Sprechzimmer und die Zimmer der Tochter. Er darf nichts merken, er würde mich verraten.

Müde von den Erregungen dieses Tages, lege ich mich auf das Sofa des kleinen Wohnzimmers, immer, wenn ich eingeschlafen bin, höre ich die Stimme der jungen Frau:

– Eben wird die Tür aufgeschlossen.

– Jetzt hat man geklopft.

– Da kommen Menschen.

Ich lausche. Nichts.

Ich sehe nach der Uhr. Es ist halb sechs.

Die junge Frau steht in meinem Zimmer.

– Gleich wird das Hausmädchen das Wohnzimmer reinigen, verstecken Sie sich.

Ich kauere auf dem Boden des Schlafzimmers, über mir Wäsche und Decken, ich kann kaum atmen, das Mädchen räumt nebenan auf, ich darf mich nicht bewegen, im Spiegel des Wohnzimmers kann sie das Schlafzimmer überblicken.

Das Mädchen ist gegangen.

– Gleich wird mein Vater mir Guten Morgen sagen. Gehen Sie ins Badezimmer. Hocken Sie sich in die Badewanne. Werfen Sie das Badelaken über sich.

Ich sitze in der kalten Badewanne und horche, ich höre Schritte, höre die Tür sich öffnen, ich warte, höre wieder Schritte, die sich entfernen, ich schleiche rasch ins Wohnzimmer.

– Mein Vater hat nichts gemerkt, aber noch eine Nacht können Sie nicht bleiben.

– Wissen Sie jemand?

– Vielleicht nimmt Rainer Maria Rilke Sie auf. Ich werde ihn fragen.

Am Nachmittag kommt Rilke.

Immer wenn ich ihn sehe, denke ich an ein Bild, das ich in irgendeinem Buch fand, es zeigt einen Tataren, der, beutebeladen, auf kleinem Steppenpferd müde durch die gelbbrennende

Sonderblatt.

№ 53. München, 15. Mai 1919.

Bayerisches Polizeiblatt.

Herausgegeben von der Polizeidirektion München.

10000 Mark Belohnung.

Wegen Hochverrats

nach § 81 Ziff. 2 des RStGB. ist Haftbefehl erlassen gegen den hier abgebildeten Studenten der Rechte und der Philosophie

Ernst Toller.

Er ist geboren am 1. Dezember 1893 in Samotschin in Posen, Reg.-Bez. Bromberg, Kreis Kolmar, Amtsger. Margonin, als Sohn der Kaufmannseheleute Max u. Ida Toller, geb. Kohn.

Toller ist von schmächtiger Statur und lungenkrank; er ist etwa 1,65—1,68 m groß, hat mageres, blasses Gesicht, trägt keinen Bart, hat große braune Augen, scharfen Blick, schließt beim Nachdenken die Augen, hat dunkle, beinahe schwarze wellige Haare, spricht schriftdeutsch.

Für seine Ergreifung und für Mitteilungen, die zu seiner Ergreifung führen, ist eine Belohnung von

zehntausend Mark

ausgesetzt.

Wenden!

30 *Der Toller-Steckbrief vom 15. Mai 1919*

Wüste ritt. Der jungen Frau bringt er langstielige Maréchal Niel-Rosen, die er, man sieht es, sorgfältig gewählt hat, sie sind nicht mehr Knospen und noch nicht zur Blüte geöffnet, sie stehen in jener süßen Schwebe, wo sie nicht wissen, ob sie sich schließen oder entfalten sollen.

Mattgraue Augen unter schweren Lidern sehen mich traurig und behutsam an, dann senken sich Blick und die Spitzen des hängenden Schnurrbarts auf seine Hände.

– Ich bin sehr betrübt, bei mir sind Sie nicht sicher, zweimal schon wurde mein Haus durchsucht. Sie hatten meine Wohnung unter den Schutz der Räterepublik gestellt, ich vergaß, den Anschlag zu entfernen, das wurde mir zum Verhängnis. Vor zwei Tagen war die Polizei wieder da. Detektive haben beim Photographen eine Mappe gefunden, in der Ihr Bild neben meinem lag. Dieser Zufall war der Anlaß zu neuer Verfolgung.

Rilke geht, bald danach wird er aus München ausgewiesen. Die Kämpfe der Politik berührten ihn nie, daß er ein Dichter war, machte ihn der Polizei verdächtig.

Endlich ist ein Mensch bereit mich aufzunehmen, der Maler Lech. Ich darf nicht länger zögern, aber wie komme ich zu ihm, mein Steckbrief hängt an allen Litfaßsäulen, mein Gesicht ist allzuvielen bekannt. Ich verkleide mich. Der Schauspieler Werin hilft mir. Ich ziehe einen Gehrock an, Haar und Augenbrauen werden weiß gepudert und geschminkt, einige Minuten später verläßt ein soignierter alter Herr, sichtlich Rückenmärker, mit leichtem Knickschritt das Haus.

Der Maler Lech wohnt in einem Gartenhaus Schwabings. Drei Wochen bleibe ich dort verborgen. Tagsüber schleiche ich gebückt durch die Zimmer, damit niemand mich am Fenster erblickt, abends wage ich mich für Minuten in den Garten und atme die Luft des Frühlings. Lech und seine Frau haben nicht viel zu essen, das Wenige teilen sie mit mir. Leer verrinnen die Tage. Ich lese in den Zeitungen, daß die Polizei nach mir fahndet, kaum eine Stadt, in der man mich nicht gesehen haben will. Eisenbahnzüge werden angehalten, Dörfer umzingelt. Einmal sucht man mich in Österreich, Soldaten dringen in das Schloß Ottensheim an der Donau, wo Verwandte wohnen. Die Schweizer Grenzbehörden verhaften einen Arzt, er habe mich heimlich über die Grenze geschafft. Man bedroht meinen Bruder, der in Ostdeutschland wohnt.

Man verhaftet meinen Vetter, obschon er als Leutnant der weißen Garde im Freikorps Epp dient und geschworen hat, er werde mich erbarmungslos niederknallen, wenn er mich träfe.

Mein Steckbrief ist selbst in den kleinsten Weilern Deutschlands plakatiert. Arbeiter und Arbeiterinnen versuchen mir zu helfen, sie zerstören mein Bild im Steckbrief.

Man sucht mich im Atelier des Malers Sohn-Rethel, dem Enkel des Totentanzzeichners. Rethel muß mit erhobenen Händen der Haussuchung folgen, da man mich nicht findet, wird er geohrfeigt und mißhandelt.

Polizisten, Soldaten, Denunzianten wollen den Kopfpreis von zehntausend Mark verdienen.

In eine Wohnung der Römerstraße dringen zwei Kriminalbeamte. Während sie die Zimmer durchsuchen, schrillt die Klingel, vorsichtig öffnet der Kriminalbeamte Gradl die Tür, draußen stehen Soldaten der Regierung Hoffmann.

– Das ist Toller, ruft der Führer.

Revolver knallen, der Kriminalbeamte sinkt tot zu Boden.

Ich lese den Zeitungsbericht, ich weiß, was mich erwartet, ich will die Stadt trotzdem nicht verlassen. Aber ich muß mich schützen. Mit Wasserstoffsuperoxyd entfärbe ich mein Haar, nach einigen Waschungen wird es rötlich, wie ich mich im Spiegel sehe, erkenne ich mich selbst kaum.

Vom Atelier führt eine Tapetentür in die Kammer eines vorgebauten Erkers. Wir verhängen die Tür mit Bildern, die Nagelköpfe auf einer Seite sind abgefeilt, niemand weiß von meinem Versteck außer einem Freund.

Eines Abends besucht mich eine Frau, sie sagt, sie sei seit Jahren Mitglied der Partei, sie wolle mich aus München herausführen, sie habe auch anderen bei der Flucht geholfen, sie läßt sich die Wohnung zeigen, das Atelier, die Kammer hinter der Tapetentür.

Am nächsten Morgen um vier Uhr schlagen Fäuste an die Wohnung. Die Polizei! Ich springe aus meinem Bett, laufe ans Fenster, das Haus ist von Soldaten umstellt.

– Sie sind da! rufe ich meinen Freunden zu, die im anderen Raum schlafen, ›einer von Euch muß rasch in mein Bett.‹

Meine Kleider hatte ich, wie immer, abends in die kleine Kammer gelegt, im Hemd laufe ich in mein Versteck, packe von innen die Türklinke und warte.

Schritte nähern sich, ich höre Stimmen, ich höre, wie man die Zimmerwände abklopft, das Klopfen kommt näher und näher, noch eine Sekunde, noch eine Sekunde, jetzt klopfen sie gegen meine Tür, jetzt müssen sie mich finden, ich halte den Atem an, wieder wird geklopft, wieder, das Klopfen entfernt sich, ich höre Schritte, nach einer Weile ist es still.

Sie haben mich nicht gefunden, merkwürdig, ich bin nicht froh, ich weiß, sie werden mich finden, wenn sie mich nur nicht quälen, wie Landauer, wie Eglhofer, wie die andern.

Von draußen ruft Lech mir leise zu:

– Bleiben, sie sind noch im Haus!

Wieder nähern sich Menschen, ich höre eine gequetschte Stimme:

– Wo ist die Tapetentür, die wir in der gleichen Wohnung im ersten Stockwerk gesehen haben?

Eine andere Stimme schreit:

– Dort!

Bilder werden abgenommen, durch die Türritzen dringt Licht. Ich stoße die Tür auf, ich sehe Kriminalkommissare und Soldaten.

– Sie suchen Toller, ich bin's.

– Hände hoch! schreit ein Soldat.

Die Kriminalkommissare schauen mich scharf an, sie erkennen mich nicht. Ein Soldat fällt auf die Knie, richtet mit quellenden Augäpfeln das Gewehr auf mich, entsichert und hält die zitternden Finger am Abzug.

– Sie sind ...?

– Ja, ich bin Toller. Ich werde nicht fliehen. Wenn ich jetzt erschossen werde, wurde ich nicht auf der Flucht erschossen. Sie alle sind meine Zeugen.

Die Kriminalbeamten stürzen sich auf mich und fesseln meine Hände mit Handschellen.

– Meine Herren, soll ich im Hemd mit Ihnen zur Polizei gehen?

Man löst meine Fesseln, ich darf mich anziehen.

Wie ich an meinen Gastfreunden vorbeigeführt werde, sage ich, um sie vor Verhaftung zu schützen:

– Diese Menschen wußten nicht, wer ich bin.

Es half Lech nichts, er wurde zu vielen Monaten Festung verurteilt.

Wir gehen durch die morgenleeren, dämmrigen Straßen, voran marschieren drei Soldaten, an den Eisen der Handgelenke halten mich die beiden Kommissare, drei Soldaten mit schußfertigem Gewehr folgen.

In der Luitpoldstraße schlägt die Uhr fünf, eine alte Frau trippelt zur Morgenmesse, an der Kirchentür wendet sie sich um und erblickt mich.

– Habt Ihr ihn? schreit sie, sie senkt den Blick zu Boden, läßt betend den Rosenkranz durch die Finger gleiten, dann, an der geöffneten Kirchentür, kreischt der zerknitterte Mund:

– Totschlagen!

Exekution

Alfred Andersch

War […] ein dunkler, schmutziger Frühlingstag, an dem sie Menschen in langen Reihen die Leonrodstraße in München entlangführten, in Richtung auf das Oberwiesenfeld zu, um sie in den weiten Höfen, vor den Garagenwänden des ›Kraftverkehr Bayern‹ zu erschießen. Die erschossen werden sollten, hatten die Hände über den Kopf erhoben, vor Müdigkeit lagen die Hände lose gekrümmt auf den Köpfen, oder die eine Hand umschloß die andere am Gelenk. Lange Kolonnen, in unregelmäßigen Trupps, immer wieder kamen welche. Die anderen, die auf sie schießen würden, hatten die Gewehre im Anschlag. Sah das vom Balkon unserer Wohnung in einer Seitenstraße aus, aber verstand es damals noch nicht. »Das Gesindel«, hörte ich meinen Vater hinter mir sagen, denn die Räterepublik war zu Ende, aber dann zog er mich doch weg, vielleicht, weil ein Grausen ihn überfiel oder weil ein Wichtigtuer unten auf der Straße gerufen hatte: »Fenster zu! Es wird geschossen!« Sah damals mit meinem fünfjährigen Kindergesicht über die Brüstung des Balkons hinweg auf sie hinab, aber wußte noch nicht, daß sie zum Erschießen geführt wurden, daß ich keinen von ihnen jemals kennenlernen würde.

Rainer Maria Rilke

Oskar Maria Graf

»Rilke…!« Alle Studentinnen und Kunstgewerblerinnen, die blonden baltischen Baronessen und die angealterten, meist sehr reichen Literaturdamen im München von 1917 bis 1920 hauchten diesen Namen jedesmal schwärmerisch aus sich heraus, so, als handle es sich dabei um etwas Kultisches. Nur im Stefan George-Kreis durfte er nie genannt werden. Auf den wilden

Schwabinger Atelierfesten aber, wenn die tanzerschöpften Liebespaare sich in dunkle Ecken zurückzogen, fing oft plötzlich ein stehengelassener Jüngling an, den »Cornet« zu zitieren, und wenn er zu der Stelle »der Brief und das Rosenblatt einer fremden Frau« kam, dann seufzte es von irgendwoher, und es kam sonderbarerweise über die ganze alkoholisierte, lebenstolle Gesellschaft etwas wie eine ernüchternde Empfindsamkeit, eine undefinierbare Mischung von Sentimentalität und wirrer Sehnsucht nach Loslösung von allem, nach Hingabe an wer weiß was. In meiner Erinnerung will eine wüste Trinkernacht mit sehr heftigen Diskussionen nicht verblassen. Ein blonder, eckiger, junger Mensch sprach ganz unvermittelt, laut und fast wie betend in die langsam sich ausbreitende Stille hinein:

»Was wirst du tun, Gott, wenn ich sterbe?
Ich bin dein Krug (wenn ich zerscherbe?)
Ich bin dein Trank (wenn ich verderbe?)
Bin dein Gewand und dein Gewerbe,
mit mir verlierst du deinen Sinn.«

Eines von jenen überheblichen revolutionären Mädchen jedoch, die man damals überall antraf, rief aufreizend-schnippisch dazwischen: »P–ha, was wird schon sein, wenn Herr Rilke stirbt? Fades Gottgewinsel!« Das Wort brach jäh ab, denn schon war der junge Mann aufgeschnellt. Wutblaß, brüllend warf er den runden flaschen- und gläserbestandenen Tisch um. »Das ist Hurerei!«, schrie er, »ein Sakrileg ist das!« Blind schlug er um sich und wollte auf das Mädchen los, das entsetzt mit den anderen Frauen die Flucht ergriff. Erst nach einem wilden Geraufe konnte der Tobende überwältigt werden. Erschöpft und demoliert lag er in gestreckter Länge auf dem besudelten Atelierboden. Auf einmal sprang er auf und lief heulend davon. Wir sahen ihn in unseren Kreisen nicht mehr. [...]

Wegen seiner Bekanntschaft mit Toller und anderen Revolutionsmännern fing die Münchner Polizei an, den Dichter zu beschnüffeln. Daß er nebenbei noch »Landfremder«, tschechischer Staatsbürger war, schien besonders verdächtig. Niemand erhob Einspruch. Das verekelte Rilke die Stadt völlig, von der er einmal bezeugte, er habe sich »nie gut aufgehoben« in ihr gefühlt. Ohne Wort und Klage reiste er 1919 in die Schweiz, und es wurde fast so etwas wie eine freiwillige Emigration, denn er betrat – soviel mir bekannt ist – nie wieder deutschen Boden. München nahm keine Notiz davon. Das damalige Deutschland vermißte ihn nicht. [...]

In jenen bewegten Wochen der Münchner Eisner-Revolution ging Rilke oft in laute, turbulente Volksversammlungen. Niemand kannte ihn, und das war ihm am liebsten. Er drängte sich nie nach vorne, an die Rednertribüne; er blieb unauffällig inmitten der staunenden Menge und verschwand ebenso unauffällig wieder. Einmal stieß ich unverhofft beim nächtlichen Heimgang aus einer solchen Versammlung auf ihn und begleitete ihn bis vor seine Haustüre.

»Ich weiß nicht«, sagte ich während des Gesprächs einmal, »durch diese Revolution geht ein Riß. Gemacht wird sie eigentlich nur von den Arbeitern und den meuternden Soldaten. Das Volk auf dem Land bleibt gleichgültig und macht nicht mit. [...] Die Bauern draußen sind sogar ausgesprochen revolutionsfeindlich. Sie halten alles nur für einen unsinnigen Spektakel. ›Den machen bloß die Leute, die nicht arbeiten wollen‹, sagen sie. Das ist gefährlich. Solange nicht alle mitmachen, die vom Land und die in der Stadt, das ganze Volk, solang wird nichts richtiges draus.«

»Ja«, stimmte er nachdenklich zu, »das möchte jeder Gutwillige hoffen. Etwas Neues sieht und fühlt noch niemand, aber man muß Geduld haben. Dem Volk als Ganzem zählt sich unsereins doch zu, dem Volk ohne Einschränkung und Zutat. Das ist uns aufgegeben.« [...]

Äußerlich blieb Rilke stets ausgeglichen. Auch scheute er vor jeder Auffälligkeit in der Kleidung zurück. Nie kam ihm auch nur in den Sinn, die Öffentlichkeit damit herauszufordern, wie beispielsweise Stefan George, der in hohem Zylinder, mit enganliegendem grauen Mantel und roten Aufschlägen majestätisch daherging und ein exzentrisch lächerliches Bild machte, das zu vielen Witzblatt-Karikaturen Anlaß gab. An warmen Tagen ging Rilke meist in feinstem Grau, weltmännisch-lässig und natürlich-geschmackvoll. Winterkleidung machte ihn sehr plump und unbeholfen. Auffällig waren seine kleinen Füße und die frauenhaft kurzen Schritte. Wenn ich mit ihm ging, kam ich stets in Verlegenheit dadurch. Ich machte meine gewohnten großen Schritte und geriet ungewollt stets etwas voraus, trotz meiner Bemühungen, mit ihm Schritt zu halten. Schließlich blieb ich stehen und stotterte irgendeine Entschuldigung heraus. »Es liegt an mir«, sagte Rilke ebenso hilflos und lächelte. Es war ein absonderliches, maskenhaftes Lächeln, scheu, fremd, ja fast genant, denn es paßte absolut nicht in dieses immer abwesende, scheinbar teilnahmslose Gesicht, an das man sich gleichsam jedesmal von neuem gewöhnen mußte.

Rilke ging meistens in die Staatsbibliothek oder in die Buchhandlung von Schmidt-Bertsch in der Ludwigstraße, wo man ihn – um lästige Autogrammjäger und Enthusiasten abzuhalten –, diskret grüßte und sogleich in einen separaten Raum führte, damit er in Ruhe die guten Drucke und Neuerscheinungen ansehen konnte.

Ansichten eines Edeljünglings

Klaus Mann

Jugend ist erschreckend egoistisch. Der Vierzehnjährige hat, wie das Tier und das Genie, eine bemerkenswerte Fähigkeit, alle Probleme und Phänomene von sich fernzuhalten, die nicht unmittelbar auf seine Triebe wirken. Nie zuvor oder nachher in meinem Leben war ich derart abgespalten und ich-besessen wie während dieser Periode von meinem dreizehnten bis zu meinem siebzehnten Jahr. Das ästhetisch-literarische Interesse nahm mich so durchaus in Anspruch, daß mir für soziale Fragen jeder Sinn, jedes Verständnis fehlte.

Nach dem Zusammenbruch der bayerischen Räterepublik und der sich anschließenden Etablierung einer reaktionären Militärdiktatur schwand mein politisches Interesse. Ich las fast keine Zeitung mehr oder beschränkte mich doch auf das Feuilleton. Selbst ein so dramatisches Ereignis wie die Ermordung des Außenministers Walther Rathenau, im Jahre 1922, ließ mich ziemlich kalt. Wieviel stärker hatte, drei Jahre zuvor, die Nachricht vom Tode Eisners auf mich gewirkt! Und doch war Rathenau unvergleichlich bedeutender als der ermordete bayerische Ministerpräsident, nicht nur als Staatsmann, sondern auch als literarische Figur. Das elende Verbrechen, das von fanatisierter Jugend an ihm begangen wurde, kennzeichnet eines der beunruhigendsten Entwicklungsmomente der Weimarer Republik. Ich spürte den Irrsinn, die Abscheulichkeit der Tat, und war angewidert; aber nicht angewidert genug. Ich war zu stolz auf meine Distanziertheit, meine aristokratische Skepsis. Der Pöbel war grausam und dumm; er beklatschte die Mörder, die ihrerseits Pöbel waren. Durfte man sich darüber wundern? Lohnte es sich, dagegen zu protestieren? Dem Edeljüngling, der alles zu wissen, alles zu durchschauen glaubte, war eher danach zumut, sich naserümpfend in die Einsamkeit zurückzuziehen.

Ich hielt München für die dümmste, langweiligste und provinziellste Stadt der Welt, wahrscheinlich, weil es die einzige war, die ich kannte. Außerdem hatte die bayerische Kapitale zu jener Zeit in liberalen Kreisen eine schlechte Presse. München galt als die Hochburg der Reaktion, das Zentrum antidemokratischer Strömungen und Intrigen. Der Herausgeber einer Berliner linken Wochenschrift präsentierte alle Nachrichten aus der Isarstadt unter der Schlagzeile: »Aus dem feindlichen Ausland«. Die Münchener ihrerseits waren davon überzeugt, daß Berlin von einer Bande jüdischer Schieber und bolschewistischer Agitatoren regiert werde.

31 *Thomas und Katia Mann mit den Kindern Klaus, Elisabeth, Michael und Erika, Poschingerstraße 1, heute Thomas-Mann-Allee 10*

Professoren

Margret Boveri

Es gab ja auch die Universität. Ganz pflichtvergessen war ich am Anfang noch nicht, wenngleich gelangweilt. Der größte Andrang war damals bei Heinrich Wölfflin, bei Kutscher – Theaterwissenschaft, bei Fritz Strich – Literaturgeschichte. Einen hohen Ruf hatte bei den ernsthafteren Studenten Paul Joachimsen, der Verfasser eines bewunderten und gefürchteten Buches ›Geschichtswiederholungsfragen‹. Er kam aus dem Lehrfach, wurde nicht Ordinarius. Man nannte ihn einen »preußischen Juden«, das sollte heißen, daß er streng und patriotisch war. Die Strenge kam zum Ausdruck darin, daß in seinem Seminar wirklich gearbeitet wurde. Er nahm nur zwölf, höchstens vierzehn Leute auf, man mußte sich in seiner Wohnung vorstellen. Ich war weit unter seinem Standard, und er hat mich wohl nur genommen, weil ich bei seinen Fragen einen Namen wußte, der damals noch wenig bekannt war: Erich Rothacker (bei dem hat später Habermas promoviert). Für den Doktor entschloß ich mich, zu Hermann Oncken zu gehen. Er war vorher in Heidelberg gewesen, hatte von dort den Ruf, links zu sein, fast rot.

In München hieß »links« damals schon: für die Weimarer Republik eintreten. 1925 war übrigens auch das Jahr des Dolchstoßprozesses gegen Nikolaus Cossmann, den Herausgeber der ›Süddeutschen Monatshefte‹; das habe ich aber nur schattenhaft wahrgenommen. Dagegen fühlte ich mich betroffen von den Vorgängen auf der Universität. Ausgerechnet in diesem Jahr war Karl Vossler Rektor, der Romanist. Er hat als erster Rektor nach 1919 den Mut gehabt, für die Universitätsfeier die schwarz-rot-goldene Fahne aufziehen zu lassen und zu verfügen, daß die paritätischen Korporationen – so hießen, glaube ich, die, die Juden aufnahmen – im Festzug mitmarschieren durften. Das war ein ungeheurer Skandal; man redete lange davon. Der Vossler wurde mit seinen Maßnahmen boykottiert. Einerseits von den Studenten, den Korporationen, die marschierten einfach nicht mit, so war es nur ein klägliches Häuflein. Aber auch von den Professoren. Die Aula war sonst bei den Feiern doch ein großer Eindruck: der Zug der Professoren in ihren verschiedenfarbigen Talaren, die Aufstellung der schlagenden Korporationen mit ihren Fahnen und bunten Schärpen. Zur Festrede von Vossler war die Aula fast leer.

Professor Kutscher

Manfred Hausmann

In der Universität ließ ich mich nur noch in den Vorlesungen und Übungen blicken, die ein gewisser Professor Kutscher hielt. Besonders angetan hatten es mir seine Übungen über Werke zeitgenössischer Schriftsteller, die er jeden Freitag von achtzehn bis zwanzig Uhr veranstaltete.

Dieser Professor Kutscher, Artur mit Vornamen, ein gebürtiger Hannoveraner, war an der Münchener Universität ein Außenseiter. Er hatte nämlich behauptet, es gebe so etwas wie eine Theaterwissenschaft, was in den Augen der Germanisten und Literaturgeschichtler einfach eine Frechheit bedeutete. Und als er sich dann gar noch als ein Spezialist für das Werk des verruchten Frank Wedekind entpuppte und sogar Übungen über ihn und seinesgleichen abhielt, da stand es für die Etablierten fest, daß er ein Pseudowissenschaftler, wenn nicht überhaupt ein Scharlatan war. Weder das Theater noch die moderne Literatur konnte ihrer Meinung nach ein Gegenstand für die Wissenschaft sein. Dementsprechend wurde Kutscher von ihnen behandelt. Und zwar sein Leben lang. Es ist ihm bis zu seinem Ende nicht gelungen, eine ordentliche Professur zu erlangen. Auch dann nicht, als die Theaterwissenschaft anderswo längst Anerkennung gefunden hatte. Aber die Jugend strömte in seine Vorlesungen und vor allem in die Freitags-Übungen. Und nicht nur die Jugend, sondern auch literarisch interessierte Erwachsene aus den verschiedensten Kreisen Münchens. »Man« traf sich bei Kutscher.

Münchens Ende als Kunststadt

Der Zwiebelfisch

Ein idyllisches Krähwinkel, besiedelt und betreut von rüstigem Bauernschlag, dessen goldenes Fettherz im Grunde allen Menschen wohlwill. Niemand bestreitet Krähwinkels Gemütlichkeit; wenn Kegelbrüder, Couleurstudenten oder politische Parteien Stiftungsfeste feiern wollen, werden sie keinen günstigeren Boden finden.

Freilich hat auch Krähwinkel einmal seine Revolution gehabt.

Aber das ist schon lange her. Die Demokraten, ehemals Fortschrittler genannt, haben sich reumütig dem Rückschritt unterworfen und ihre schwarzrotgoldenen Bändchen wieder aus dem Knopfloch entfernt. Trotzdem herrscht in Bayern nicht, wie behauptet wurde, der weiße Schrecken sondern nur der schwarze Stumpfsinn, und der ist bekanntlich immer urgemütlich.

Wer sich davor hütet, die Bevölkerung mit norddeutschen oder gar europäischen Ansichten zu reizen, wer orientalischen Typus nicht herausfordernd zur Schau trägt, wird geduldet, so landfremd er sich auch sonst gebärde. Schußwaffen und griffeste Messer richten sich nur gegen vermutliche Feinde oberbayerischer Kernigkeit.

Drängt sich ein Jude mit wissenschaftlichem Vortrag auf, so wird er nur ausnahmsweise einmal verprügelt. Sollte es Professor Einstein gelüsten, in München über seine verdächtige Relativitäts-Theorie zu reden, so sei er immerhin gewarnt.

Es gab eine Zeit, wo unser gutes Krähwinkel wirklich so etwas wie eine Kunststadt war. Drei Könige aus dem Geschlecht der Wittelsbacher haben im 19. Jahrhundert ihre Münchner musisch zu beeinflussen versucht. Mit Unterstützung der schon damals wenig beliebten landfremden Elemente – Kainz, Wagner, Heyse und Konsorten – gelang es ihnen, dem Namen ihrer Residenz in aller Welt Glanz zu verleihen. Daß dieser Glanz nur Firniß war, der dem Adel wenig, dem Bürgertum aber gar nichts anhaben konnte, erwies sich schon unter der Regierung des Prinz-Regenten Luitpold, mehr noch unter Ludwig III.; die Bürokratie Kahr aber kratzte die letzten Spuren dieser dünnen Schicht entschlossen ab, und das Ur-Bajuvarentum kam wieder zum Vorschein.

Nun grollen und stöhnen also die armen Münchner unter dem Joche republikanischer Freiheit, mit der sie so gar nichts anzufangen wissen, und werden den Argwohn nicht los, daß zwischen der Kunst und der verfluchten Freiheit irgendein teuflischer Zusammenhang besteht. In der unüberwindlichen Abneigung gegen beide wissen sie sich eines Sinnes mit ihrer republikanischen Staatsgewalt. [...]

Den Künstlern selbst ist, solange sie sich ruhig verhalten, der Aufenthalt in München vorläufig noch gestattet. Von der Bevölkerung werden sie kurzweg als »Schlawiner« bezeichnet, was auf hochdeutsch so viel heißt wie »ihr seid anders als wir, wir verstehen euch nicht; deshalb ist uns eure Anwesenheit unerwünscht«. Schwabing, das Nordviertel der Stadt, steht in dem üblen Geruche, das schlawinische Hauptquartier zu sein.

In einem Kolleg des vorigen Semesters wählte Herr Dr. Wilhelm Kisch, ordentlicher Professor für Bürgerliches Recht an der Universität München, als Beispiel offenbarer Unzurechnungsfähigkeit den Geisteszustand der Schwabinger Maler, was seine Studenten mit beifälliger Heiterkeit begrüßten. Woraus zu entnehmen ist, daß sich die Münchner Kunst auch in akademischen Kreisen keiner Beliebtheit erfreut. Diese unzurechnungsfähigen Schwabinger Maler, zu denen Männer wie Heinrich von Zügel, Emil Preetorius, Angelo Jank, Julius Diez, Heinrich Kley und eine ganze Anzahl gefährlich begabter, scharfäugiger Karikaturisten gehören, könnten das Kompliment des Herrn Kisch damit erwidern, daß sie von den amusischen Professoren und Studenten sprechend ähnliche Konterfeis veröffentlichen. Aber sie sollen sich, wie gesagt, lieber ruhig verhalten; sonst könnte leicht kurzer Prozeß mit ihnen gemacht werden, und sie mögen sich nicht einbilden, die bürgerliche Presse würde auch nur einen Finger für sie rühren.

Münchens gutgesinnte Tagespresse dient, teils aus naiver Beschränktheit teils aus bauernschlauem Geschäftsgeist, auch im Feuilleton einem dickköpfigen Partikularismus und ungepflegten Provinzgeschmack, der mit den saftigsten Ausdrücken gegen alles hetzt, was nicht »bodenständig« ist: Kirchturms-Politik auch in künstlerischen Fragen. Berlin ist das rote Tuch, und was aus dem übrigen Norddeutschland kommt, zum mindesten schwer verdächtig.

In dem an Format umfangreichsten Käseblättchen der bayerischen Hauptstadt erklärte der zum Literatur-Referenten bestellte Gymnasiallehrer Hofmiller, daß das Papier zu schade sei für die Besprechung moderner Dichtkunst. Der Jubiläen von Gevatter Schneider und Handschuhmacher wird regelmäßig gedacht, und der brave journalistische Mitarbeiter Herr v. Ostini erhält zu seinem 60. Geburtstage von seinem Verlagsdirektor Trefz gleich einen fünf Spalten langen Liebesbrief, der die Leser zweifellos mehr interessiert, als wenn sie durch einen Artikel über den fünfzig Jahre alt gewordenen Dichter Heinrich Mann unterrichtet worden wären. Was das Feuilleton an Romanen verzapft, geht auf keine Kuhhaut, oder vielmehr, es paßt darauf wie angegossen.

Die Theater stehen sowohl im Spielplan wie mit ihren Kräften hinter großen norddeutschen Städten weit zurück. Die Münchner Staatsoper ist von der Berliner und der Dresdner längst überflügelt. Die Schauspielhäuser entschließen sich nur noch selten zu einer Uraufführung. Dem Intendanten des Nationaltheaters sind von seiner vorgesetzten Behörde die Hände gebunden. Mit dieser gleichen Sinnes, verhindern große, einflußreiche Gruppen seines Publikums die Aufnahme unvorschriftsmäßiger Gesinnung in das Repertoire.

[...]

Hundert Jahre lang ist München Kunststadt gewesen. Nun hat eine bürokratische Regierung und der engherzige Partikularismus seiner Pfahlbürger jede Entwicklung aufwärts und in die Weite abgebrochen. Was übrig bleibt, ist ein hübsches, altertümliches Stadtbild mit Türmen, Brücken und Straßenprospekten, deren Linien dem Auge wohltun, der historisch gewordene Niederschlag vom Kunstsinn weniger Mäzene in schönen, reichhaltigen Sammlungen, die der Landfremde bis auf weiteres noch besuchen darf, und eine schüchterne Hoffnung der Idealisten, daß Böotiens Bodenständigkeit doch vielleicht noch einmal vom Geist eines deutschen Hellas überwunden werde.

Bert Brecht

Carl Zuckmayer

Mein Kieler Freund insistierte: »Zuck, sing den Seidelbast.«

Brecht stand auf und hielt mir mit angewidertem Gesicht die Laute hin. [...]

Ich zupfte erst ein wenig auf der Laute herum, um mich sicherer zu machen und mich an die Griffweite zu gewöhnen, dann sang ich es halt, so gut und unverhemmt wie ich konnte. Es war mehr ein Aufsagen der Verse zur Melodie.

Als ich geendet hatte, kam Brecht zu mir hin und musterte mich mit einem merkwürdigen Blick aus halb zugekniffenen Augen. Man wußte nicht, ob sein Blick mißtrauisch, kühl oder freundlich war.

»Hörren Sie«, sagte er mit seinem harten augsburgischen *R*, »das ist ja garr nicht schlecht.«

Im Lauf der Nacht wurde noch mehr gesungen, von ihm, von mir, wir nahmen uns gegenseitig die Laute aus der Hand, als hätten wir das schon immer so gemacht. Zwischendurch tanzten wir auch, ich beobachtete, daß er exakt und ungeheuer musikalisch tanzte, sehr still, mit versunkenem Gesicht, die Knie etwas eingeknickt, ganz an die Bewegung verloren. Als die Gesellschaft sich auflöste, fragte er mich, wo ich wohne. Ich sagte es. Er meinte, da könnten wir ein Stück zusammen gehen.

Wir gingen allein. Ich sehe ihn noch, wie er mit der losen Lederjacke, unter der er damals gern sehr schöne, weiße Hemden trug, mit der in ein Tuch geschlagenen Laute im Arm, die Ledermütze in die Stirn geschoben, die Schultern gerundet und vornübergeneigt, so daß er kleiner wirkte, als er war, durch die leeren Straßen neben mir hertrabte.

[...]

Wir hatten billige schwarze Zigarrenstummel im Mund und kamen in ein so lebhaftes Gespräch, daß wir plötzlich statt vor meiner vor seiner Wohnung standen. Die lag im Parterre, in einem Eckhaus am Ende der Ludwigstraße bei der Universität, die meine am Ende der Maximilianstraße, fast an der Isar. Wir gingen den Weg bis zu mir und dann noch einmal bis zu ihm hin und her. Es war eine schöne Nacht, sternenklar, Mitte Oktober, es roch nach fallendem Laub.

»Dieser Herrbscht 1923«, sagte Brecht, »ist ein überaus wohlgelungener Herrbscht.«

Das war seine Art, sich über die Natur auszulassen. Es dämmerte schon, und er sagte, eine Flasche Bier sei bei ihm zu Hause und ein Schnapsrest, vielleicht werde seine Frau uns einen Kaffee kochen, wir könnten noch etwas musizieren.

Sein Arbeitszimmer ging auf die Straße hinaus, wir glaubten sehr leise zu sein, aber nach einiger Zeit kam seine Frau im Morgenrock herein und mahnte uns zur Ruhe, das Kind schlafe noch. Sie war die Schwester des Schriftstellers Otto Zoff, nach der Trennung von Brecht wurde sie die Frau des Schauspielers Theo Lingen.

Das Kind, eine Tochter, lag im Hinterzimmer noch in der Wiege, sie sah schon damals ihrem Vater unglaubhaft ähnlich. Wenn ich sie heut auf der Bühne sehe – sie ist die Schauspielerin Hanne Hiob –, erschrecke ich immer wieder, weil mir ist, der junge Brecht stehe da droben, als Frau verkleidet.

Es kam eine Zeit, in der wir sehr viel beisammen waren, auch oft miteinander spazierengingen, im Englischen Garten oder im Isarwald, manchmal mit seinem Freund Caspar Neher gemeinsam, mit dem er alle seine Arbeitspläne besprach. Brecht brauchte Zuhörer, auch solche, die mitredeten oder die er fragte, wenn er am Werk war. Er verarbeitete dann sofort, was er von dem Gesagten nutzen konnte, auf seine Weise. Mir war diese Gemeinschaftsarbeit ganz fremd – ich konnte und kann auch heute nur etwas zustande bringen, wenn ich allein bin –, aber das Dabeisein faszinierte mich und erschloß mir alle möglichen neuen Aspekte. Einmal nahm er mich und Erich Engel zu Lion Feuchtwanger mit, mit dem er damals begonnen hatte, im Auftrag der

›Kammerspiele‹ das ›Leben Eduards des Zweiten‹ von Christopher Marlowe zu bearbeiten.

[...]

Mit Feuchtwanger, der sehr viel vom Theater verstand und ein enormes literarisches Wissen hatte, besprach er die Möglichkeiten, die Hintergründe, die Konstruktion, die Szenenfolge, die geistige Grundlinie. Da ließ er sich gern beraten, sogar führen. Alles andere, die Formung, die sprachliche Gestalt, das Atmosphärische, die Dialoge kamen von ihm, und da war er absoluter Souverän. Seine poetischen und szenischen Einfälle waren unerschöpflich, und er produzierte sie mit derselben Leichtigkeit, mit der er sie wieder verwarf. Ich erinnere mich an eine bestimmte Szene, von der Engel und Feuchtwanger meinten, hier müsse ein Monolog hinein. In fünf Minuten, während drei Leute rauchend und kaffeetrinkend um ihn herum saßen, hatte er den geschrieben und las ihn vor: man erfuhr in zwanzig Verszeilen den Einblick in ein halbverwestes, lurchenhaftes, algenverstricktes Totenreich tief unter den Erdgewässern, in dem ein Mensch die Unentrinnbarkeit seines Schicksals voraussieht. Wir fanden das großartig und ganz im Sinne der dramatischen Gestalt, aber Brecht steckte das Blatt in die Tasche, sagte, das sei fürs Theater viel zu lyrisch, er werde das für ein Gedicht verwenden, und schrieb einen neuen Text. Nie habe ich eine solch wuchernde, aus allen Wurzeln aufschießende und zugleich kritisch beherrschte Produktivität erlebt.

Karl Valentin

Hermann Hesse

Weil das Lachen mir eine gute und sehr begehrenswerte Sache schien, darum fragte ich meinen Freund, ob es zur Zeit nicht in München wieder einen echten, klassischen Komiker gebe, so wie ich früher hier den einen und andern schon erlebt hatte.

32 *Bert Brecht, Karl Valentin und Liesl Karlstadt auf dem Oktoberfest*

Jawohl, mein Freund wußte mir einen, er hieß Valentin, und wir suchten die Zeitungen durch und fanden, daß er nachts in den Kammerspielen sein Stück Die Raubritter vor München spiele. Da gingen wir eines Abends hin. Bis zehn Uhr hatten sie in dem kleinen Theater Strindberg gespielt, dann kam Valentin an die Reihe. Er spielte mit einer kleinen Truppe Die Raubritter vor München, ein wunderbares Stück, eine außerordentliche Viecherei.

Der Zweck des Stückes war der, dem Valentin Gelegenheit zu geben, als Schildwache mit einem langen Säbel auf und ab zu gehen und komische Sachen zu tun oder zu sagen. Manchmal war es auch zum Schluchzen traurig, zum Beispiel wie er in der kühlen Dämmerung an der Stadtmauer saß, die Ziehharmonika spielte und an sein junges Leben, an den Krieg und den Tod denken mußte. Oder wenn er lange Zeit nachdenklich von einem Traum erzählte, in dem er eine Ente gewesen war und beinah einen langen Wurm gefressen hätte.

An dieser Stelle war, in simpelster Form, die Unzulänglichkeit des menschlichen Erkenntnisvermögens ergreifend zur Darstellung gebracht.

Auch diese tragische Stelle wurde, ebenso wie jene mit der Harmonika, mit brausenden Lachsalven begrüßt, nie habe ich ein vergnügteres Haus gesehen. Wie gern doch alle Menschen lachen! Weit von den Vorstädten laufen sie in der Kälte herein, zahlen Geld, warten lang, kommen erst um Mitternacht nach Hause, um nur eine Weile lachen zu können. Auch ich lachte sehr, meinetwegen hätte das Stück bis zum Morgen dauern mögen. Weiß Gott, wann man wieder zum Lachen kommt. Und je größer der Komiker ist, je schauerlicher und hilfloser er unsere Dummheit und unser dummes, banges Menschenlos auf die komische Formel bringt, desto mehr muß man lachen! Hinter mir unter den Zuschauern saß eine junge Frau, die legte mir beide Ellbogen auf die Schultern. Ich drehte mich um, weil ich glaubte, sie habe sich vielleicht in mich verliebt, aber es war nur das Lachen, sie wurde davon gestoßen wie eine Besessene vom Dämon. Die Erinnerung an Valentin gehört zu den Kostbarkeiten dieser Reise.

Die Erhabenheit des Tragischen

Wilhelm Hausenstein

Der Münchener Komiker Karl Valentin ist nicht einfach ein »Münchner G'wachs« gewesen. Wohl wurde er am 4. Juni 1882 im Hause Entenbachstraße 63 der Münchner Vorstadt Au geboren, aber die Eltern waren, eben von Hessen und Sachsen her, nach München erst eingewandert. Man wird diesen Sachverhalt, wie gesagt, nicht unterschätzen dürfen.

Doch wiederum: war Valentin nicht von Generationen her ein Münchner Kind, so wäre er gleichwohl in keiner anderen Stadt möglich geworden: als der Künstler, der er im ganzen gewesen ist, und namentlich von der Sprache her, in welcher seine Kunst auf so besondere Weise verankert war. Er sprach das Münchnerisch der Au, die, ob auch in die Stadt München eingekörpert, doch ein ganzes leibhaftiges Dorf innerhalb Münchens geblieben war, bis auch sie, die Au, vom zweiten Kriege getroffen wurde. Der Schauspieler Valentin trug, zum Beispiel in dem großartigen Sketch »An Bord«, in welchem er den Typ des »Lucki« unheimlich traf, auch gerne die Manieren der Münchner Vorstadt zur Schau, und es ist wahrscheinlich, daß er je und je nur von München her, von seinem München aus ganz begriffen wurde. Man hat gelesen, daß Berlin ihm applaudierte, aber es ist nicht möglich, daß es ihn durchaus verstanden hat; dafür war das Lokale an Valentin zu mächtig – ein Lokales, das allerdings den Namen eines »genius loci« wahrhaft verdient hat. [...]

Die soziologischen Typen, die Valentin auf der Bühne geprägt hat, waren zum größten Teil überaus münchnerischen Wesens, und zwar meistens in kleinbürgerlichem Stil, da das eigentlich Proletarische in München ja längst nicht dermaßen zu Hause war wie in den Industriegebieten. Da handelte es sich um den dürftigen Münchner Schreinermeister Breminger, um die Frau »Magistratsfunktionär«, um die Münchner Hausmeisterin, die Äpfelfrau von 1905 oder 1910 mit ihrem Karren auf der Straße; die weiblichen Typen waren für Liesl Karlstadt konzipiert. Das Ameublement bis zum Kanarikäfig, bis zum Aquarium mit dem Goldfisch war von der allerkleinbürgerlichsten Vollkommenheit, in der ein unteres München sich haarscharf spiegelte.

Es war aber vom Tragikomischen die Rede, und bisher beinahe vom Tragischen, worin die normalen Ordnungen des Lebens gestört sind, als vom Komischen, mit dem es zwar eine ähnliche Bewandtnis hat. Doch wo in Valentin hatte nun dieses, das Komische, seine Quelle?

Vorab soviel:

Es entsprang aus der vollendeten Souveränität Valentins über die eigene Erscheinung, über ihre nicht auszudenkende Ungeheuerlichkeit. Indem er die »traurige Gestalt« bis zum äußersten bloßstellte und preisgab, befreite er sich von ihrem Druck, befreite er sich von sich selbst. Ein auf änigmatische Weise zugleich extremes und diskretes Überdrehen der »traurigen Gestalt« – und siehe da: das Traurige war überwunden: in dieses Wortes buchstäblichster, aber auch moralischer Bedeutung. Das Traurige war hinaufgeschraubt – in des Komischen überlegene Höhe. Und nicht wahr: die Metapher »Schraube« paßte auf Valentin? Derart (aber auch nur derart) in der Luft der Freiheit angekommen, spielte er nun also recht in seiner eigensten Situation: an einer der subtilsten Grenzen, unter einer der rätselhaftesten Halbdämmerungen – dort, wo man fast schon versucht war, zu fragen, ob das Komische nicht eine überlegenere Form des menschlichen Fiaskos, der menschlichen Unvollkommenheit, der menschlichen Mangelhaftigkeit ausmache als die leidende Erhabenheit des Tragischen?

Mussolinchen in Blau-Weiß

Carl Christian Bry

München, 22. November 1922

Mussolini, wenn er bloß könnte wie er wollte, möchte Deutsch-Österreich bis nach Kufstein verschlingen. Wunderliche Wirkung auf Bayern: nicht etwa, daß es den italienischen Gernegroß bekämpft, sondern daß man für Bayern und für das Reich dringend einen ebenso schneidigen Mann erwünscht. Ja, man glaubt ihn schon in Vorrat zu haben. Sein Name ist Adolf Hitler. [...]

Anton Drexler, seines Zeichens Werkzeugschlosser in der Eisenbahnwerkstatt von München. Zweiundsechzig »Genossen«, meist Arbeitskollegen, bildeten die erste »nationalsozialistische deutsche Arbeiterpartei«. Wie weit bei Gründung der Münchner Gruppe die ähnliche Bewegung in der Tschechei Einfluß geübt hat, ob Böhmen oder Bayern die Wiege des Gedankens war und vor allem, ob seine Anwendung in Bayern oder in Böhmen die richtige ist, darüber streiten sich heute die Parteigelehrten hitzig.

Anton Drexler selbst ist, trotzdem eine ganz auf die »Tat« sich berufende Bewegung von ihm ausgeht, das Urbild eines deutschen Träumers. Er ist auch, das mag auch gleich hinzugefügt sein, eines der vielleicht nicht eben zahlreichen Parteimitglieder, die reinen Herzens und reiner Hände ausschließlich der Sache dienen möchten. Drexler, von Hause aus ein Durchschnittssozialist wie viele andere, »erwachte« zu der Erkenntnis, daß der Marxismus eine große Täuschung sei und daß die Internationale des Proletariats nicht gehalten habe, was sie versprach. Er hat dieses Erwachen in einer Schrift geschildert.

Nun ist ja gar nicht zu leugnen, daß für den Sozialismus gerade außerhalb des starren Marxistischen Rahmens allerlei zu tun ist. Es ist tatsächlich die Schwäche unseres Sozialismus, den der Genosse Shaw einmal die schustermäßige Art des Sozialismus genannt hat, daß unsere deutschen Sozialisten sich heute noch in zum Teil schon überlebter Abwehrarbeit erschöpfen; im übrigen aber für die Durchführung ihres Gesamtprogramms auf das Wunder von Welteinheit warten, die ihnen den »Vollsozialismus« mühelos bescheren soll. Einzelsozialisierung von Betrieben, die dazu reif sind, vor allem aber Gildensozialismus, der nicht nur in England, sondern auch in Deutsch-Österreich immerhin Erfolge aufzuweisen hat, liegen dem überwiegend doktrinären Denken des deutschen Durchschnittssozialisten ferner. [...]

Im Februar 1920 hatte die Partei ihre erste Veranstaltung. Schon kurze Zeit darauf fand sich Drexler mit Hitler zusammen.

Hitler, von Herkunft Deutsch-Österreicher, war Bauschüler gewesen, und hatte den Krieg in der bayrischen Armee mitgemacht. Er war beruflos; und wie so viele Beruflose wurde er politischer Demagog und Agitator. Wobei gesagt werden muß, daß er auf Münchner Boden seine Konkurrenten um zwei Haupteslängen überragt.

Für ihn war natürlich der Antisemitismus Drexlers, und des

Häufleins um ihn, gerade das, was er gesucht hatte. Eine bessere demagogische Möglichkeit gab es gar nicht. Alle schüchternen Ansätze eines wirklich nationalen und sozialen Gedankens, die Drexler noch gehabt haben mochte, waren von nun an streng verbannt. Denn Hitler selbst hatte nicht nur keinen Gedanken; nein, er brauchte auch keinen. Für ihn genügte die Rednerbühne. Von ihr aus erschüttert er mit kratzender Rachenstimme die Weiblein. Denn auch seine männliche Gefolgschaft besteht, so gewalttätig sie auch auftreten kann, aus Individuen, die persönlich gebannt sind, wie Frauen, nein, die sogar wundergläubig sind. Unter den »Politikern« von heute ist Hitler allerdings eine einzigartige Erscheinung. Denn er gehört mehr in die Reihe der Steiner, Häuser, und anderer Wundertäter. Wenn nicht er selbst, seine Gefolgschaft sieht ihn sicherlich so an. Alle bewundern sein »Temperament« – wobei allerdings das Wort eine wohlklingende Umschilderung für hektische Hysterie ist; auch das ein Zug, den Hitler mit berühmteren Wundertätern teilt. Aber das mag äußerlich sein. Tatsache ist, daß eine Rede Hitlers auch kritischere Menschen zunächst umwerfen kann. Sie sind gewöhnlich überzeugt, daß da oben, wenn nichts Bedeutenderes, so doch ein außerordentlich wirkungsvoller Agitator stehe, wahrscheinlich mehr. Aber diese Wirkung tritt nur bei der ersten Rede ein. Jede folgende schwächt sie. Nur die Gebannten laufen für den Führer durchs Feuer. [...]

Eine politische Partei, geführt von einer Primadonna, wird trotz äußerer Erfolge innerlich stets so wirkungslos bleiben, wie es die irische Fraktion unter Parnell war, dem natürlich Hitler, mit der Binde des Antisemitismus vor den Augen, weder an Wissen, noch an Übersicht, noch an gesellschaftlicher Stellung verglichen werden darf. Nur in einem ist der kleine Münchner Gernegroß dem Iren tatsächlich gleich. Auch Hitler sucht in der Politik, wie alle Rechtsstehenden kein gegenständliches, außerhalb liegendes Ziel. Er kennt überhaupt keine Politik, sondern nur die Tribüne. Auf ihr sucht er und findet er das, was ihn und seine Anhänger bei Leben hält: den Rausch der eigenen »Persön-

33 *Der Münchner:*
Mei' Ruah möcht' i hamm und a Revalution,
A Ordnung muaß sei' und a Judenpogrom,
A Diktator g'hört hera und glei' davo'g'haut:
Mir zoagen's Enk scho', wia ma Deutschland aufbaut!
Karikatur von Karl Arnold im »Simplicissimus«, 1923

lichkeit«, die Trunkenheit an den eigenen Vorzügen und der eingebildeten Machtstellung. Mit Politik hat unser Mussolinchen nur in so fern zu tun, als er zu den vielen Störungen jeder vernünftigen Staatskunst noch eine neue hinzubringt.

Die Unordnungszelle Bayern

Wilhelm Hoegner

Den politischen Kampf gegen den Nationalsozialismus führten wir seit seinen ersten Anfängen. Zuerst glaubte Auer, die Bewegung durch einen Gewaltstreich unterdrücken zu können. Aber die Sache ging schief. Die in die Hitlerversammlung vom 24. Februar 1920 eingeschleusten Sendlinger Arbeiter wurden bei dem Versuch, die Versammlung durch Zwischenrufe und Lärm zu sprengen, von bewaffneten Nationalsozialisten mit Totschlägern, Gummiknütteln und Reitpeitschen jämmerlich zusammengeschlagen. Es fielen sogar Pistolenschüsse.

Ein guter Freund Auers, ein Sendlinger Schreinermeister, wurde durch einen Brustschuß verletzt. Die Folge war, daß in unseren Versammlungen nationalsozialistische Störtrupps auftraten, bis auch wir einen eigenen Ordnungsdienst einrichteten. Wir stifteten ihm eine eigene Fahne mit der Aufschrift: »Keine Gewalt der Willkür, alle Gewalt dem Recht, alles Recht dem Volke«.

[...]

In München stellte das Kleinbürgertum den Großteil der Anhänger dieser Partei. Das erklärt sich daraus, daß der Mittelstand glaubte, in der Novemberrevolution von 1918 zu kurz gekommen zu sein. Diese Revolution brachte den politischen und wirtschaftlichen Aufstieg der Industriearbeiter, der Gewerkschaften, der Konsumvereine, den Handel der Betriebsräte mit Verbrauchsgegenständen in den Betrieben. Durch die steigende Inflation wurden Betriebskapital und Ersparnisse der kleinen

Leute vernichtet. In dem in ruhigen Zeiten bequemen Kleinbürger schlummert aber, sobald er sich in seiner Existenz bedroht fühlt, ein gefährlicher Radikalismus. [...]

Dieses Kleinbürgertum war durch die Räterepublik aus seiner politischen Gleichgültigkeit aufgescheucht worden. Die Führer der Räterepublik hatten es gewagt, Bankguthaben zu beschlagnahmen, und sogar Plünderungen privater Keller nicht verhindern können. Die Bürger sahen sich in ihren heiligsten Gütern bedroht. Nun suchten sie ihr politisches Heil zunächst bei der Bayerischen Volkspartei und bei den Deutschnationalen. Die Demokraten, denen die allgemeine Linksentwicklung des Jahres 1919 anfänglich zugute gekommen war, verloren bei den Wahlen des Jahres 1920 die Hälfte ihrer Stimmen und sanken immer mehr ab. Auch der Bayerische Bauernbund ging nach einem kurzen Auftrieb durch die Revolution langsam zurück. In der nunmehr größten Partei des Landes, der Bayerischen Volkspartei, kamen die Rechtskreise immer stärker zum Zug. Sie sogen immer neue Nahrung aus den Ausschreitungen der Räterepublik, besonders den abscheulichen Geiselmorden. Wider besseres Wissen wurden dabei die Sozialdemokraten für die Bürgerkriege des Jahres 1919 verantwortlich gemacht. Man gewöhnte sich in Bayern daran, die Sozialdemokraten nur noch als Marxisten zu bezeichnen und sie mehr oder minder den Kommunisten gleichzustellen.

[...]

Als wir die Treppe herabgingen, hörten wir das Geräusch einer marschierenden Truppe. Auer löschte sofort die Treppenbeleuchtung, wir gingen im Dunkel in den Hof, der gegen die Straße mit einem hohen Eisengitter abgeschlossen war. Da sahen wir SA, zum Teil bewaffnet und mit Stahlhelm im geschlossenen Zuge vorbeimarschieren. Wir waren froh, den Nationalsozialisten nicht gerade in die Hände gelaufen zu sein, fanden aber an dem Vorgang nichts Ungewöhnliches. Im Jahre 1923 wurde ständig »marschiert«. Wir begaben uns dann zum Bahnhof, speisten dort und brachten Unterleitner gegen 9 Uhr noch an den

Berliner Zug. Zwar war es uns aufgefallen, daß die Bedienung in der Bahnhofsgaststätte uns seit einiger Zeit etwas merkwürdig betrachtet hatte, aber von den Ereignissen dieses Abends hatten wir noch keine Ahnung. Erst auf dem Nachhauseweg sah ich beim Wittelsbacher Palais wieder marschierende Trupps und erfuhr von anderen Fußgängern, daß die Hitlerrevolution ausgebrochen sei. Ich kehrte um und begab mich zur Wohnung Auers in der Nußbaumstraße, um ihn zu warnen. Von seinen Angehörigen erfuhr ich aber, daß er von den Vorgängen im Bürgerbräukeller bereits unterrichtet war und die Nacht bei einem Parteifreund zubringen würde.

Die Morgenzeitungen brachten eine Darstellung über die Vorgänge vom vorangegangenen Abend im Bürgerbräukeller. Danach hatte Hitler die Versammlung, in der Kahr eben eine Abhandlung gegen den Marxismus und für eine nationale Diktatur verlas, mit 600 Bewaffneten überfallen, eine Pistolenkugel in die Saaldecke gejagt, die nationale Revolution ausgerufen und die bayerische Regierung, die Reichsregierung und den Reichspräsidenten für abgesetzt erklärt. Ludendorff sollte die Leitung einer deutschen Nationalarmee übernehmen und den Vormarsch nach Berlin antreten. Die in der Versammlung anwesenden bayerischen Minister waren verhaftet worden. Kahr, Lossow und Seisser hatten sich in einer Rütliszene vor der Versammlung mit Hitler geeinigt.

In meinem Amtszimmer kam es an diesem Morgen des 9. November zu keiner richtigen Arbeit. Mein Vorgesetzter, Oberstaatsanwalt Appelmann, äußerte gegenüber einem Kollegen Besorgnis wegen meines Schicksals und erklärte in Bezug auf mich, der Mann wäre zu den höchsten Staatsämtern berufen, wenn er nicht die leidige Politik betriebe. Wie ich später erfuhr, hätten an diesem Vormittag der himmellange Staatsanwalt Panzer, der wegen seiner Kriegserlebnisse Pazifist war, und ich von einem Gerichtsdiener, einem ehemaligen Feldwebelleutnant, festgenommen werden sollen. Der Oberstaatsanwalt hatte uns aber schon gegen Mittag nach Hause gehen lassen. Am Sendlingertorplatz las ich auf einer Plakattafel den Aufruf des Kultusministers Dr. Matt gegen den »Preußen Ludendorff«. Der Aufruf troff von bayerischen Kraftausdrücken. Später las ich auch noch einen Aufruf Kahrs über »Trug und Wortbruch ehrgeiziger Gesellen«. In Haufen standen Menschen davor und schimpften. Am frühen Nachmittag begab ich mich in das mir inzwischen bekannt gewordene Versteck Auers, bei dem sich nach und nach die Mitglieder des Vorstandes unserer Münchner Partei einfanden. Wir tauschten Nachrichten aus, kamen aber zu keinem Beschluß, sondern wollten die weitere Entwicklung abwarten.

Im Laufe des Spätnachmittags erfuhren wir Einzelheiten über die Vorfälle an der Feldherrnhalle. Auer begab sich nun wieder in seine Wohnung. Dort hörten wir, daß sie am Abend vorher von den Nationalsozialisten durchsucht und dabei seine Frau von den rohen Gesellen mißhandelt worden war. Auch das Gebäude der »Münchner Post« war von den Putschisten geplündert worden. An der Durchsuchung der Räume hatten sich Polizeibeamte mit Hakenkreuzbinden beteiligt und Lastkraftwagen voll Akten in den Bürgerbräukeller, das Hauptquartier Hitlers, geschafft. Später schilderte uns der Stadtrat Rechtsanwalt Nußbaum seine Erlebnisse. Die sozialdemokratischen Stadträte Münchens waren mit dem Bürgermeister Eduard Schmid am Vormittag als Geiseln verhaftet worden. Hauptmann Göring wollte sie in den großen Propagandazug einstellen und bei einem Angriff der Reichswehr oder Landespolizei sofort erschießen oder mit Gewehrkolben totschlagen lassen. Auf Anordnung Ludendorffs waren die Stadträte aus dem Zug wieder herausgenommen und von schwer bewaffneten Nationalsozialisten in die Wälder östlich Münchens verschleppt worden. Als sie eben zur Erschießung aufgestellt waren und bereits ihre Jacken hatten ausziehen müssen, kam ein städtischer Amtmann im Kraftwagen nach und rettete sie durch die List, daß ohne die Unterschrift des Bürgermeisters die Arbeitslosenunterstützungen nicht ausbezahlt werden könnten.

Der heulende Derwisch

Carl Zuckmayer

An den Bräuhaus- und Bierhallen-Versammlungen Adolf Hitlers habe ich in dieser Zeit öfters teilgenommen. Ich wollte Bescheid wissen.

Einmal gelang es mir, so nah an der Rednertribüne zu sitzen, daß ich den Speichel unter seinem Nasenschnauz vorspritzen sah. Für unsereinen war der Mann ein heulender Derwisch. Aber er verstand es, jene dumpf im Virginia- und Würstl-Dunst zusammengedrängten Mengen aufzuputschen und mitzureißen: nicht durch Argumente, die bei Hetzreden ja nie kontrollierbar sind, sondern durch den Fanatismus seines Auftretens, das Brüllen und Kreischen, mit biedermännischen Brusttönen gepaart, vor allem aber: durch das betäubende Hämmern der Wiederholungen, in einem bestimmten, ansteckenden Rhythmus. Das war gelernt und gekonnt und hatte eine furchterregende, barbarisch-primitive Wirksamkeit.

Wenn er, nach einer in immer mehr gesteigertem Crescendo vorgetragenen Anprangerung von Mißständen, existierenden und fiktiven, plötzlich die rhetorische Frage in den Saal schrie: »Und wer ist schuld daran?« – um sofort mit der scharf skandierten Antwort nachzuschnappen:

»Daa-rann/sind die/Juu-denn schuld!« –

dann schmetterten bald die Maßkrüge im Takt auf die Holztische, und Tausende von Stimmen, Weibergeschrill, Bierbässe, wiederholten viertelstundenlang den imbezilen Vers. Die Wut darüber, daß ein Krügl Helles vierhundert Millionen kostete, schmetterte mit.

Doch es war mehr als das: es gelang ihm, die Menschen in eine Trance zu versetzen wie der Medizinmann eines wilden Völkerstamms.

Dabei waren diese Leute keine Wilden, sondern verstörte Kleinbürger, denen der Zerfall der gewohnten Werte den Halt geraubt hatte. Hier fand erst eine Probe statt für das, was man mit Menschen machen kann. Die Aufführung wurde um zehn Jahre verschoben. Die Statisten verliefen sich wieder, wenn sie sich ausgetobt hatten, und alles schien am nächsten Tage nicht ganz ernst.

Als Hitler am neunten November 1923 mit seiner Sturmtruppe, unter Beteiligung des Generals Ludendorff, zum Putsch aufmarschierte, nachdem er in der Nacht vorher die Absetzung der Reichsregierung proklamiert hatte, war ich unter den Leuten auf der Straße. Ich hörte die Schüsse knattern, mit denen die Truppen der bayerischen Regierung auf die Putschisten feuerten. Der Herr von Kahr, der sie vorher begünstigte, hatte sich im letzten Moment besonnen. In zehn Minuten waren die braunen Bataillone entwaffnet oder zerstreut. Das Volk auf der Straße war mehr von Neugier als von revolutionärer Stimmung beseelt. Man hörte schimpfen, aber niemand wußte genau, über was oder gegen wen: im Zweifelsfall auf die Preußen. Die Mehrheit der Bayern stand in jedem Fall hinter ihrer Regierung. Das Ganze wuchs sich im Lauf dieses regnerischen Tages, trotz der Blutlachen am Preysing-Palais, in eine ›Hetz‹ und ein ›Gaudi‹ aus. Alles ging auf die Straße, nicht um zu demonstrieren oder Partei zu nehmen, sondern um dabeizusein, wenn was los ist. Am Nachmittag, als die Polizei die Absperrung am Odeonsplatz aufhob, strömten Tausende von allen Seiten dort zusammen, ich strömte mit. Vor der Feldherrnhalle waren ein paar Maschinengewehre aufgebaut. Die Wachmannschaft stand mit geschultertem Gewehr auf den Stufen, hinderte aber einige, offenbar lizenzierte, Redner nicht an dem Versuch, zu ihrem Volk zu sprechen.

Roaring Twenties

Klaus Mann

Zwar gab es in München kein »Tü-Tü«, auch keine Tauentzienstraße und kein »Eldorado«; trotzdem fehlte es nicht an Betrieb, dank unserer entschlossenen Unternehmungslust.

Da die Schwabinger Kneipen und Ateliers uns nicht attraktiv erschienen, bildeten wir unsere eigene kleine Bohème, einen flotten, wenngleich etwas kindlichen Zirkel. Ein junger Mann namens Theo finanzierte unsere Eskapaden; er war es, der uns in die teuren Restaurants und Dancings einführte, die wir bis dahin nur von außen sehnsüchtig betrachtet hatten: das Odeon-Kasino, die Regina-Bar, den Pavillon-Gruß, wo es im Fasching so munter zuging, die berühmte Gaststätte des Herrn Walterspiel, wo man so vorzüglich speiste. Theo bestellte Champagner und Gänseleberpastete, wofür er, ohne mit der Wimper zu zucken, sieben Milliarden, fünf Millionen und vierhunderttausend deutsche Reichsmark auf den Tisch legte.

Er hatte träumerisch blaue Augen und die Unschuldsmiene eines Parsifal unter der schön gewellten blonden Frisur. Sein Aussehen ließ auf ein empfindsames Gemüt und ein romantisches Gefühlsleben schließen, was ihn aber nicht daran hinderte, mit Wagemut und Geschick an der Börse zu spekulieren. Er war naiv und gerieben, zynisch und sentimental, korrupt und generös – ein typischer Repräsentant der deutschen Nachkriegsgeneration.

Theo arrangierte Maskenbälle, nächtliche Schlittenfahrten, luxuriöse Weekends in Garmisch oder am Tegernsee. Wenn einem von uns nach einem festlichen Abendessen im Hotel Vier Jahreszeiten zumute war oder wenn man eine neue Inszenierung in den Kammerspielen sehen wollte, gleich wurde Theo angerufen. Manchmal gebrauchte er Ausflüchte: »Heute nicht. Warten wir bis nächste Woche. Ich muß erst disponieren ...« Es klang vage und geheimnisvoll. Meistens aber ging er freudig auf den

Vorschlag ein: »Gewiß doch! Man trifft sich um sieben in der Lucullus-Bar.«

Es waren reizende Stunden, die wir mit Theo verbrachten. Er selbst hatte die kindlichste Freude an seinen kostspieligen Gastereien. Zuweilen geschah es wohl, daß er zwischen Vorspeise und Braten triumphierend um sich blickte und mit feierlichem Nachdruck konstatierte: »Es ist wieder einmal ganz herrlich. Wir amüsieren uns. Die Musik, der Wein, die Stimmung – alles wunderbar! Ja, dieses Beisammensein wird einmal eine schöne Erinnerung werden.«

Man tauschte genierte Blicke. Glaubte Theo, den Genuß des Augenblicks intensivieren zu können, indem er die zukünftige Erinnerung an gegenwärtiges Vergnügen vorwegnahm und sich schon jetzt daran labte? Während die Konversation verstummte, pries er mit hektischer Begeisterung unseren »kleinen Nachkriegskreis«. »Vielleicht sind wir frivol«, rief er aus, wobei sein Blick aggressiv zum Nachbartisch hinüberblitzte. »Ja, vielleicht sind wir exzentrisch, lasterhaft! Aber wir haben Schmiß und Tempo, darauf kommt es an! Das Tempo unserer Zeit! Prost, Eri, kleiner Satan du! Prost, Goldstück! Willi, dein Glas ist leer...«

Der junge Studiosus und angehende Literat W. E. Süskind, den Theo mit so forscher Vertraulichkeit »Willi« nannte, gehörte zu den Säulen unseres schmissigen Nachkriegskreises. Das Mädchen »Goldstück« hieß eigentlich Ella; sie kam aus Oslo und beschäftigte sich mit Kunstgewerbe. Ella jubelte und schalt mit hinreißendem Zwitscherstimmchen. Wir liebten ihren norwegischen Akzent und fanden es gar zu charmant, wenn sie kleine Fehler im Deutschen machte. Sie war reizend verschlampt, von überschwenglicher Gefallsucht und Vitalität. Manchmal bekam sie plötzlich versonnene Augen und hörte zu lachen auf; dann hatte sie Heimweh. »Ach, ihr habt nicht Vorstellung davon, wie wunderbar es ist bei uns!« klagte das Mädchen aus dem hohen Norden. »Da tanze ich nun in diesem Ort mit dem vielen Rauch, und daheim ist der Schnee, all der Schnee daheim! Und ich dummes Person muß hier Foxtrott tanzen!« [...]

Ja, es war eine recht buntgemischte Clique, für deren Amüsement Theo mit träumerischer Nonchalance seine Milliarden springen ließ. Aber dem kleinen Nachkriegskreis fehlte doch das dynamische Zentrum, bis Pamela Wedekind, die Tochter des großen Dichters, zu uns kam.

Wir lernten sie bei unserem Onkel Heinrich kennen; Tante Mimi, Heinrich Manns üppig-muntere tschechische Gemahlin, hatte uns mit der Witwe Wedekind, Frau Tilly, und Tochter Pamela zu einem ihrer opulenten Tees gebeten. Tilly, ihr berühmtes Temperament mit fast asketischer Diskretion versteckend, wirkte nur sanft und schön – ein schläfriger Engel mit verhangenem graublauem Blick und sensationellen Beinen. Als Achtzehnjährige war sie von dem großen Dramatiker, ihrem späteren Gatten, entdeckt worden. Damals spielte sie den Pagen im zweiten Akt der »Büchse der Pandora«, eine unbedeutende Rolle, aber besonders geeignet, die außerordentliche Figur einer jungen Actrice zur Geltung zu bringen. Später war sie in dem gleichen Stück die Hauptperson, als Partnerin ihres unheimlich inspirierten Gemahls.

Zehn Jahre Kunstpest

Eine kunstmedizinische Betrachtung

Völkischer Beobachter

Seit 10 Jahren wütet eine eigenartige Geistesseuche in unserer Stadt, neue Kunst, Expressionismus, von uns Kunstpest genannt. Sie beruht auf einer Krankheit, die seit Jahrhunderten unseren Volkskörper befallen hat, und die begleitet war von dem Einbringen eines Bazillus: des Juden. Er verursachte anfangs kleinere lokale Entzündungen, die von dem damals noch kräftigen Organismus unseres Volkes leicht behoben wurden. Schließlich aber, als es durch Strapazen aller Art und Unterernährung stark geschwächt war, brach er, furchtbar sich vermehrend, mit aller

Macht in die ganzen Blutbahnen ein und drang bis in die Nervenbahnen und ins Gehirn vor, d. h. in unser ganzes Geistesleben. Dabei fand er in diesem eine gute Brutstätte, weil es sittlich entwurzelt und in Selbstherrlichkeit entartet war.

Der Jude als Bazillus des organischen Aufbaus, also der Erzeugung geistiger Werte (und somit auch der Kunst) unfähig, wohl aber fähig zu ihrer Zerstörung, nutzte den Mangel an geistigen Inhalten zur Vortäuschung geistiger Werte aus. Die Reflektion überwucherte das Kunstschaffen. So schossen in dem Maße, wie die Kunst verschwand, die wilden Wucherungen der Kunstrichtungen üppig empor, in allen teils offen, teils versteckt als Erreger der Jude. Auf den Impressionismus Max Liebermanns folgte der Expressionismus mit einer Anzahl von Ablegern. Damit drang die bis dahin verborgene Zersetzung an die Oberfläche. Die ganze Verworfenheit eines entarteten und verfaulten Geistes trat jetzt offen zutage und führte zu Erscheinungen, die wir als Kunstpest bezeichnen.

Dabei ist erfreulich, daß diese Pest nicht zu einer allgemeinen septischen Verseuchung führte, sondern sich in Abzessen sammelte, die man nur aufzuschneiden braucht. So ein Abzeß ist die Kunsthandlung »Goltz«. Herr Goltz feiert gegenwärtig das zehnjährige Jubiläum der Kunstpest durch eine Ausstellung. Sie zeigt an Werten der bildenden Kunst die ganze pestilentische Entzündung, phosphoreszierende Fäulnis und den starren Todeskampf des verlogenen, von der Natur abgeirrten Geistes in allen Varianten – von der ungehemmtesten Tollwut bis zur hohlen Idiotie –, von der schamlosesten Gemeinheit bis zum religiösen Wahnsinn. Dazwischen lallt Kubin in ekligen Fieberträumen, wühlt G. Grosz mit dem eifrigen Behagen einer Made in verwesenden literarischen Gedanken, sitzt Davringhausen wie ein Pilz wohlig im Faulen. Sein Selbstbildnis zeigt den Juden mit seinem urbösen Natternblick, seinem giftigen, polypenhaft leuchtenden Glotzaugen.

Daß die Pest trotz dieser untrüglichen Krankheitsbilder nicht allgemein als solche erkannt wurde (besonders in den Kreisen der Künstler und der Intelligenz) erklärt sich einerseits aus der allgemeinen Geistesentartung, anderseits aus der systematischen Irreführung der öffentlichen Meinung. Bestimmte Kreise stellten von jeher diese Pest als einen Segen hin. Der Direktor einer hiesigen Kunstschule (eine maßgebende Persönlichkeit in Dingen der Kunsterziehung) z. B. preist heute noch öffentlich den Pesthauch des Expressionismus als Frühlingsahnen, und Goltz feiert sein Jubiläum, stolz darauf, daß gerade seine Bemühungen ihm zu so weiter Verbreitung und Anerkennung in unserer Stadt verholfen haben (zu seinem und einiger »Künstler« großem »Verdienste«). Die Kritik faselt von künstlerischen Problemen, teils aus Blindheit, teils zur bewußten Täuschung und stellt immer und immer wieder die im Expressionismus stehenden Talente als Rechtfertigung für den Expressionismus hin – ja nennt sie geradezu seine Früchte. Das ist eine infame Entstellung und hier muß einmal mit aller Entschiedenheit hineingehauen werden.

Depression

Alfred Andersch

Er ging zum Rotkreuzplatz und nahm die Linie 1. Die Tage unterschieden sich nun nicht mehr voneinander; sie blieben eintönig grau, zwar durchsichtig, aber lichtlos. Der Dezember wartete auf den Schnee. Die Trambahn fuhr eine lange Zeit durch die Nymphenburger Straße und erreichte in der Dachauer Straße die Innenstadt. Als sie auf dem Bahnhofsplatz hielt, blickte Franz Kien auf die Stelle vor dem Eingang des Hauptbahnhofs, an der er sich mit Rudi Melzer und Otto Raab um drei Uhr treffen sollte. Es war jetzt zwei vorbei. Franz stieg am Marienplatz aus. Er konnte den Platz mit seinem flach verschrobenen Rathaus nicht leiden und verließ ihn hastig. Erst vor den Schaufenstern der Buchhandlungen und der Feinkostgeschäfte in der Theatinerstraße blieb er stehen. Er begann damals gerade, die Literatur und die Speisenkarten zu entdecken. Weniger Autos als heute fuhren durch die Straßen, und die vornehmen Läden dekorierten sich als zurückhaltende Wappenschilder ins Grau der Krise, als noble Erinnerungen an eine Tradition der Wollust und des Glücks. Die Preise waren billig, aber Franz konnte sich nichts kaufen. Die Arbeitslosen hielten sich von der Theatinerstraße und dem Odeonsplatz fern oder mischten sich so vorsichtig unter die Passanten, daß sie nicht zu erkennen waren. Um sich zu tarnen, legten sie in der Theatinerstraße ihre freie und ungebundene Haltung ab und gaben ihren Gesichtern jenen Ausdruck von Sorge, mit dem das gute Publikum die feinen, preiswerten Waren betrachtete, die es gern gekauft hätte. Franz gehörte noch nicht zu den Arbeitslosen, aber auch nicht zu der Gesellschaft, die sich schämte, nicht mehr wohlhabend zu sein, und sich in die Theatiner Straße drängte wie in einen verstaubten Salon. Das Preysing-Palais zeichnete ein paar schwarze Kurven auf Umbra in den verwitternden Tag. Der Odeonsplatz gab den Blick auf die kahlen Baumkronen über den Hofgarten-Arkaden und auf die Ludwigstraße frei. Paläste staffelten sich in die durchsichtige Isabellenfarbe des Winters. Franz spürte wieder, wie jedesmal, wenn er in der Mitte der Stadt herumlief, wie gänzlich er in ihr der Peripherie entrückt war: die Straßenperspektiven wiesen auf nichts hinaus, sondern waren ausschließlich dazu bestimmt, Veduten zu stellen. Aufs neue nahm er sich vor, die Geheimnisse von München zu ergründen, wenn er arbeitslos sein würde. Er wußte, daß München, wie jede Stadt, Geheimnisse besaß, die noch nicht ergründet waren, und daß sie nur in der Innenstadt verborgen lagen.

Osteria Bavaria

Hans Brandenburg

Seit meinen frühesten Jugendtagen war ich der Osteria Bavaria in der Schellingstraße, Ecke Schraudolphstraße, treugeblieben. Die Winkel und Wände mit dem Bismarckbild, mit der Böcklinfotografie oder mit der venezianischen oder der niederländischen Kopie, das italienische Zimmer und im Sommer das Höfchen waren und blieben die Schauplätze vieler beschwingter Stunden. [...]

In München vertrugen sich bekanntlich Künstler und Kleinbürger vortrefflich, was schon die Namen vieler Straßen in Verbindung mit der Art ihrer Anwohner ausdrückten, und in der Osteria saßen neben den Malern und Bildhauern, Schauspielern, Musikern und Schriftstellern biedere Handwerksmeister, kleine Beamte und Geschäftsleute dieses Schraudolph-Viertels. Auch Juden und Ausländer verkehrten hier regelmäßig, nach Rasse und Politik wurde ebensowenig gefragt wie nach Stand und Ansehen. [...]

Daher kam es, daß unversehens eines Tages auch Adolf Hitler seinen Stammtisch in die Osteria Bavaria verlegte. Die Zeiten waren vorüber, wo er sich mit seinen Getreuen in obskuren Lokalen wie dem Sterneckerbräu traf, und die Zeiten noch nicht gekommen, wo er in der mondänen Carlton-Teestube eine Sensation bildete. Der Cafétier Heck hatte ihn freundlich gebeten, seinen regelmäßigen Tisch bei ihm aufzugeben, denn er dürfe aus Geschäftsgründen den Ruf des Hauses als politisch neutral nicht gefährden. Nun, dieses hochbürgerliche und allenfalls noch akademische Café Heck war fast offiziell und lag im Zentrum der Stadt, noch dazu am Odeonsplatz, welcher der unglückliche Schauplatz von Hitlers blutigen Anfängen gewesen war, und da konnte auf einen solchen Gast und noch mehr auf den Wirt allerdings sehr leicht mit Fingern gezeigt werden. Anders lagen die Dinge in der Osteria. Hier herrschte neben der

Kleinbürgerlichkeit denn doch die Bohème und damit eine gewisse Narrenfreiheit, die den »Schlawiner« nicht ausschloß und auch ihm eine sichere Höhle gewährte, ohne daß dies den gemütlichen Bürger oder selbst den Gegner irritierte, und dieser Hitler war doch ein »Schlawiner«. Das zeigte sich schon in seiner rührenden Vorliebe für eine Künstlerkneipe. Für ihn hatte sie noch den Vorzug, in der Nähe des Völkischen Beobachters zu liegen, der Druckerei von M. Müller & Sohn, die immer vor dem Verkrachen gestanden und die mir schon mein Verleger Georg Müller – keineswegs verwandt mit ihr – auch für kleinste Aufträge, wie Besuchskarten, ans Herz gelegt hatte.

Die Schellingstraße, die Hermann Bahr so liebte, wurde mehr und mehr die zweite und eigentliche Geburtsstätte der sogenannten »Bewegung«. Hier legten die kleinen Papiergeschäfte hartnäckig, auch in Zeiten des Verbotes, den Völkischen Beobachter, die nationalsozialistischen Kampfschriften und die Postkarten mit den Bildnissen der Parteigrößen aus. Hier erschien jenes ominöse Blättchen und wuchs zur Riesenzeitung, hier wurde das Haus jener schwindsüchtigen Firma zum stattlichen Neubau und zum Sitz des allmächtigen Parteiverlages. Und hier war und blieb denn also auch das Stammlokal des Führers, nur war und blieb es so klein und bescheiden, wie es immer gewesen war.

Auch sonst änderte sich nichts in der Osteria. Sogar die jüdischen Gäste blieben, solange ihnen überhaupt noch eine öffentliche Gaststätte zugebilligt war, und blieben unbehelligt und wohlbedient. Die Hausbälle im Fasching hatten ihr altes, gemischtes Publikum, sie quirlten die Tanzenden derart an den engen Wänden hin wie eine Masse, die in einem Kochtopf umgerührt wird, und der gewaltige Richard Billinger, als Bavaria mit Kränzen aus Weißwürsten und Miniaturmaßkrügen geschmückt, walzte mit dem schmächtigen, schüchternen und sich sträubenden Wirt, bis er ihn im Gedränge zu Falle brachte. [...]

Und so kam es, daß ich zehn Jahre lang im selben Lokal, meistens Tisch neben Tisch, mit Hitler saß, zwar nicht regelmäßig, denn ich war niemals im Leben ein Stammtischler, aber immer wieder. Hätte ich nicht gewußt, wer der Mann ist, und hätte man mich gefragt, für was ich ihn hielte, so würde ich zweifellos geantwortet haben: Für einen kleinen finsteren Handwerksmeister, der von einer fixen Idee besessen ist. Immer wieder hat mir Dora nahegelegt, ihn doch einmal anzureden, etwa mit den Worten, ich verstünde nichts von Politik oder sie wie alles andere höchstens vom Menschlichen, darum wolle ich mich einmal mit ihm unterhalten. Aber gerade diese Entscheidung vom Menschlichen aus war für mich längst getroffen, getroffen vom bloßen Anblick her, und ich erwiderte, es gebe für mich doch wahrlich keine Hemmung, mich einem Menschen vorzustellen und mich zu ihm hinzusetzen, aber gerade diesen Mann möchte ich nicht kennenlernen, mit ihm möchte und könnte ich nicht sprechen, zwischen ihm und mir sei jede Verständigung, ja, jeder kleinste Kontakt unmöglich.

Hitlers Auftreten in seinem neuen Stammlokal war zunächst unauffällig und bescheiden. Er schien froh zu sein, eine unbehelligte Zuflucht gefunden zu haben, und er und seine Genossen vermieden hier sogar die braune Uniform, das Anlegen des Hakenkreuzes und den sogenannten deutschen Gruß.

Aber dieses private Verhalten wurde an einem Abend plötzlich durchbrochen. Wir hatten uns mit dem Geheimrat Escherich in die Osteria verabredet und bildeten dort eine kleine lustige Tafelrunde. Die Tische rings waren leer, vielleicht sogar leer gehalten, also reserviert, denn zu vorgerückter Stunde wurden sie bis auf den letzten Platz besetzt. Das war nichts Ungewöhnliches: Theater-, Vortrags- und Konzertschluß brachten oft einen solchen späten Gästeandrang, besonders wenn dann etwa noch ein Künstler oder Redner von seinen Getreuen ein wenig gefeiert werden sollte. Aber mit einemmal erhob man sich an allen Tischen rundum geschlossen wie Ein Mann mit grüßend hochgereckter Hand. Hitler trat ein, von einer Protestversammlung kommend, die er im Zirkus Krone gegen das kürzlich erlassene Uniformverbot veranstaltet hatte. Und er trat nicht nur ein, sondern diesmal trat er auch auf, durchaus als der große

34 *Sein Kampf, Karikatur von Erich Schilling im »Simplicissimus«, 1924*

Parteiführer, und noch dazu der gereizte. Er warf Hut, Mantel und Hundepeitsche von sich, und sie wurden von seinem Gefolge wie von geübten Jongleuren aufgefangen. Dann dankte er stehend jenem Gruß mit der gleichen starren Geste. Nur wir waren sitzen geblieben und befanden uns wie auf dem Grunde eines Kraters. Aber das war wohl bemerkt worden, denn wie wir aufbrachen und uns eng an Hitlers Tisch vorbeidrücken mußten, fühlten wir uns von ihm von oben bis unten gemustert.

Kampf um München als Kulturzentrum

Thomas Mann

Was in der Luft liegt, ist etwas wie geistige Revolte, wie eine Erhebung, ein Aufstand. Es gärt in München. Ein Joch will abgeschüttelt sein, das auf der Stadt liegt, das sie niederhält, herunterbringt, ihren Namen, diesen einst guten, gastlichen, freien und frohen Namen, geschädigt hat bei Deutschen und Fremden. Seien wir offen, meine geehrten Zuhörer! Es hat Jahre gegeben, wo uns Wahlmünchnern – und ich denke, nicht nur uns – bei Erörterung des Zustandes, der seelischen und geistigen Verfassung der Stadt nicht wohl sein konnte, wo wir die Augen niederschlagen mußten, ja, uns fragten, ob hier eigentlich schicklicherweise noch länger zu leben sei. Erinnern wir uns, wie es in München war vor Zeiten, an seine Atmosphäre, die sich von der Berlins so charakteristisch unterschied! Es war eine Atmosphäre der Menschlichkeit, des duldsamen Individualismus, der Maskenfreiheit sozusagen; eine Atmosphäre von heiterer Sinnlichkeit, von Künstlertum; eine Stimmung von Lebensfreundlichkeit, Jugend, Volkstümlichkeit, jener Volkstümlichkeit, auf deren gesunder derber Krume das Eigentümlichste, Zarteste, Kühnste, exotische Pflanzen manchmal, unter wahrhaft gutmütigen Umständen gedeihen konnte. Der unsterbliche, mehr oder weniger humoristisch gepflegte Gegensatz zum Norden, zu

Berlin, hatte ganz anderen Sinn als heute. Hier war man künstlerisch und dort politisch-wirtschaftlich. Hier war man demokratisch und dort feudal-militaristisch. Hier genoß man einer heiteren Humanität, während die harte Luft der Weltstadt im Norden einer gewissen Menschenfeindlichkeit nicht entbehrte.

Was mußte geschehen, damit dies ganze Verhältnis sich beinahe umkehre? Wir wollen über diese Umkehrung nicht peinlich ausführlich sein; wir wissen alle zu gut darüber Bescheid. Wir haben uns des renitenten Pessimismus geschämt, der von München aus der politischen Einsicht Berlins, der politischen Sehnsucht einer ganzen Welt entgegengesetzt wurde; wir haben mit Kummer sein gesundes und heiteres Blut vergiftet gesehen durch antisemitischen Nationalismus und Gott weiß welche finsteren Torheiten. Wir mußten es erleben, daß München in Deutschland und darüber hinaus als Hort der Reaktion, als Sitz aller Verstocktheit und Widerspenstigkeit gegen den Willen der Zeit verschrien war, mußten hören, daß man es eine dumme, die eigentlich dumme Stadt nannte.

[...]

Leider ist es beinahe an dem, daß, wer in Deutschland Spuren von Gescheitheit an den Tag legt, sogleich für einen Juden gehalten wird und damit dann also erledigt ist. Und doch war Geringschätzung der Gescheitheit selten weniger am Platze, als heute. Die Werte haben ihre Stunde, meine geehrten Zuhörer, sie sind nicht immer gleich viel wert. Gescheitheit, was die Irrationalisten und Mystiker auch sagen mögen, ist heute ein Lebenswert ersten Ranges.

Gemüt und »Mir san g'sund« – damit allein wird München seine Stellung in der Welt nicht halten oder nicht zurückgewinnen, auch als Kunststadt nicht.

Die Schicksalsfrage

Paul Renner

Wie war es möglich, daß gerade die Kunststadt München den Anschluß an die neue Kunst verloren hat? Daran ist zu allermeist der falsche Kunstbegriff schuld, der sich schon im Worte Kunststadt selbst äußert. Kunst ist in dieser Wortverbindung etwas Besonderes, eine Art Bindestrich-Kunst, die sich zur Gestaltung verhält wie eine zur Orthodoxie erstarrte Kirche zu lebendiger Religiosität. Kunst bedeutet hier eine bestimmte, die Zunft verpflichtende Kunstform, neben der jede andere zur Nicht-Kunst, zur Ketzerei wird. Sie bedeutet eine festliche, keineswegs alltägliche, eine immer äußerlicher werdende Angelegenheit für Sonn- und Feiertage. Dieser falsche Kunstbegriff ist mit unausrottbarem Historismus verknüpft, dessen Kampfgeschrei heißt: Tradition und alte Kultur. Dieser falsche Kunstbegriff macht aus der Kunst eine Sache der bürgerlichen Repräsentation, der Künstlerfeste, der Fremdenattraktion, der Festzüge, der Malerfürsten und Akademieritter, kurz und gut jeder Maskerade und Gaudi. [...]

Die Gleichsetzung von Kunst und Dekoration hat das Münchner Kunstgewerbe in die Nähe der Wiener Werkstätten gebracht. Sie hat zu Zeiten Lenbachs, zur Zeit der Scholle und auch heute noch die echte Münchner Maltradition gefährdet. Leibl, Corinth, Slevogt und so viele Jüngere aus dieser echten Tradition Hervorgegangene konnten hier nicht die Resonanz finden, wie anderswo. Dekoratives, formelhaftes Zeichnen, wie es in der Gebrauchsgraphik sehr wohl am Platze ist, hat auch die Tradition zeichnerischen Könnens eines Oberländer, eines Steub vernichtet. Wir haben noch Thomas Theodor Heine; aber man kann sich nicht denken, daß der Orlikschüler George Groß aus einer Münchner Schule hervorgegangen sein könnte. Wieviel Bildhaftigkeit hat München damit eingebüßt. War es nicht früher, zur Blütezeit der Fliegenden Blätter, der Münchner Bilderbogen, des

Simplizissimus und der Jugend, die Stadt, die jeder Deutsche auch beim ersten Verlassen des Hauptbahnhofes schon kannte? Die Stadt, in der die gesteigerte Sichtbarkeit jeder Gestalt, jeder Physiognomie mit dem strahlenden Äther des klaren Himmels zu einem unvergleichlichen Erlebnis verschmolz. [...]

Wir sollten den abgeklärtesten der modernen Architekten, etwa den Rotterdamer Stadtbaumeister Oud, hierher rufen und ihm die Vollmachten geben, die der Frankfurter Stadtbaurat May hat. Für alle Reparaturen und Ergänzungen in unserem lieben alten Stadtbild haben wir erprobte Meister genug. Es gilt das neue München aufzubauen. Köln hat in den nächsten beiden Jahren 96 Millionen Mark für die Stadterweiterung ausgesetzt und schon heute Münchens Einwohnerzahl überholt. Bei den neuen Automobilstraßen, die ja sicher nicht durch den Verkehrszirkus des Marienplatzes führen können, muß die neue Stadt erstehen. Auch die Ludwigstraße ist seinerzeit in die Äcker und Wiesen hineingebaut worden.

35 *»Bei dem Wetter schlag' i Pinakothek oder Löwenbräu vor! San S' für die Pinakothek, so erwart' ich Sie derweil im Löwenbräu.« Karikatur von Karl Arnold im »Simplicissimus«, 1926*

Die Berufung Ouds, das wäre, wie einst die Berufung Van der Veldes nach Weimar, oder die der Darmstädter Künstlerkolonie eine wahrhaft königliche Maßnahme. Aber es wäre verhängnisvoll für München, wenn es auf den König, auf den Diktator warten wollte. Die deutsche Republik steht auf festen Füßen.

[...]

München ist noch die schöne Stadt, die einen besonders geistigen, einen besonders menschlichen Typ des Deutschen immer wieder hierher zieht. Sie kommen nicht wegen der paar landschaftlichen Reize des Isartales und des Starnberger Sees. Sie lieben die Stadt selbst; ihren hohen Himmel, die herbe Gebirgsluft, in der sich so ausdauernd und intensiv arbeiten läßt, den Waldgebirgsquell in der Wasserleitung. Sie lieben aber vor allen Dingen diesen gaskognerhaft glücklichen, unbefangenen südlichen Menschenschlag. Hier ist offenes Leben. Man kennt nicht die gesellschaftliche Abgeschlossenheit des Nordens. Auch der einfachste Mann hat das ausgeglichene Selbstbewußtsein und die Höflichkeit einer nicht deklassierten Schicht. Was mit politischem Ressentiment eine reaktionäre Presse an dieser heiteren, lebensfreudigen Stadt verderben konnte, hat sie getan. [...]

Die Schicksalsfrage, die an München gerichtet wird, heißt: Will es endlich seinen starren Blick von der Vergangenheit ablösen und hinwenden auf dieses uns allen gemeinsame Ziel. Denn Kultur heißt nicht träges Beharren in irgendeiner ehrwürdigen historischen Form, sondern ewige Erneuerung unter der Hierarchie der Werte.

Bei Licht betrachtet

Peter Scher und Hermann Sinsheimer

Der schwärzeste Mann in München ist beiläufig der Ministerpräsident Held, der blondeste bestimmt der Generalmusikdirektor Knappertsbusch. So schwarz wie jener und so blond wie dieser sind aber nicht viele Münchner. Die meisten befleißigen sich eines Aussehens und einer Haltung der Mitte. Extreme sind nur zeit- und fallweise erlaubt. Auch Hitler ist, nein *war* (denn er »ist« kaum noch!) eine Saisonerscheinung. Man ließ ihn reden, man ließ ihn putschen – aus! Das Stadtbild von München, das er von Fremdstämmigen reinigen wollte, hat ihn verschluckt und verdaut. Er ist nur noch ein historisches Exkrement.

Held hält länger. Er ist von weiter her als Hitler. Der ist ein Innviertler, Held aber ein Hesse. Von je weiter einer nämlich herkommt, desto mehr paßt er nach München. Es ist ein Fremdenziel – ein Ziel fürs Leben. Es ist eine Menschenfalle. Da kommt einer aus Ostpreußen, um im Gebirge vierzehn Tage Ski zu fahren – fünfzig Jahre später wird er in »unserm« Waldfriedhof als Münchner begraben. Er ist an den Frauentürmen kleben geblieben. Trotzdem er vielleicht Abstinenzler war. Denn es ist ein Irrtum zu glauben, man müßte in München Bier trinken. Freilich: bierkundig muß man sein, sonst blamiert man sich bei gelegentlichen, aber unausweichlichen Unterhaltungen mit Trambahnschaffnern. Über Bier kann man nicht so leicht und so von ungefähr sprechen wie über Kunst. Da muß man in Treue und Ausdauer bei sachverständigen Leuten aus dem Volke in die Lehre gegangen sein. Für den Kunstschmus braucht man lediglich einige Schlagwörter zu beherrschen und die Zeitungspolemiken der letzten Woche gelesen zu haben. Kunst ist nämlich, worüber man sich streitet. Worüber man einig zu sein hat, das ist Bier.

Zwischen Kunst und Bier ist München, wie ein Dorf zwischen zwei Hängen, hingelagert. Im Tal findet all das statt, was man Großstadtleben nennt. Da steht, gewichtig und unwichtig zugleich, der Verkehrsschutzmann, da bemühen sich die Autos pferdekräftig Verkehrsprobleme zu entrollen, da repräsentieren mit größerem Erfolg als jene gemütliche Radfahrer das Zeitalter und den Geist biedermeierlicher Technik, und da ist endlich der Fußgänger als der eigentliche Herr und Triumphator der Straße. München ist nämlich eine der wenigen Großstädte Europas, wo der Mensch, der sich auf zwei Beinen fortbewegt, noch die Blicke auf sich lenkt und die Aufmerksamkeit der Mitmenschen sowohl erregt als auch verdient. Es ist ja für den Fußgänger Raum genug da, und der viele Raum wird ausgefüllt durch »Atmosphäre«, und diese »Atmosphäre« um den einheimischen Bürger ist es, was an der Fremdenbörse als Münchner Gemütlichkeit sehr hoch im Kurs steht.

Ja, die Münchner Straße ist ein europäisches monstrum unicum, aber eines, das von der Natur (Himmel, Luft und Sonne) gesegnet und verklärt ist. Sie ist entweder zu breit (für die wenigen Fußgänger) oder zu schmal (für die vielen Autos). In der Ludwigstraße ist man versucht, ein Zeißglas zu nehmen und zwischen den stolzen Steinfronten der Häuser und den Denk- oder Mahnmälern auf der glänzenden Asphaltfläche die dünn verstreuten Phänomene der species Mensch mit bewaffnetem Auge zusammenzusuchen. Das Resultat der optischen Addition ist weit entfernt von »Masse Mensch«. Ein Fähnlein mehr oder minder Aufrechter ist die fast liebliche Staffage für die, wie sogar die Kunsthistoriker sagen, großartige Kulisse dieser Straße. (Der Münchner ist Schlachtenbummler zwischen mehr oder minder klassischen [Häuser-]Fronten.)

Dahingegen in der engen Theatinerstraße wimmelt es von Menschen, Autos, Verkehrsstockungen und heftigen Unterhaltungen zwischen Schutzleuten, Chauffeuren, Radfahrern und Fußgängern. Hier schlägt das beengte Herz Münchens heftig und laut zu einem schmalen Streifen des Münchner Himmels hinauf, während es in der weiten, breiten, hohen, langen Ludwigstraße unter einem Minus von Blutdruck leidet.

Ludwig- und Theatinerstraße – das ist das wahre München, das ist die Stadt mit ihrem Widerspruch von traditioneller Schönheit und heutiger oder zukünftiger Raumökonomie. München ist eine raumverschwenderische Stadt. Aber so muß es sein, wenn von den Alpen der Schneeatem und vom Englischen Garten, dem grünen Bruder der Stadt, Baum- und Heuduft voll genossen werden soll. Hier gilt ein schönes Wort Meyrincks: es ist eine Lüge, daß München ein Dorf sei, es ist eine »erweiterte Sennhütte«.

Der Stachel dieses Wortes gräbt sich gar nicht unangenehm ins Münchner Gemüt. Eine Dreiviertel Million alpin orientierter Menschen bewegt sich bald über breite Passagen, bald durch enge Kamine. Auch durch München zu wandern ist ein Abenteuer. Man gefährdet die Autos, reißt einen Radfahrer um, rempelt einen *noch* langsamer Gehenden an, und man geht selbst sicher und glücklich wie über Abrahams Schoß. Soll uns das eine andere große Stadt, eine andere Großstadt nachmachen!

Freilich – man gleitet leicht aus. Denn – wenn es sich noch nicht herumgesprochen haben sollte, mag es hier verraten werden – in München regnet der Regen jeglichen Tag – wochenlang! Das ist eine himmelstrübe Tatsache, mit der sich der rührige Münchner Fremdenverkehrsverein nicht gern befaßt. Der Niedergang von Wolken über München übertrifft den der Kunst in München um ein ganz Erkleckliches. Wobei sogar fast die Hälfte des Jahres die Wolken kurz über der Spitze der Frauentürme noch nicht recht wissen, ob sie Schnee oder Regen werden sollen. *Auch* recht abenteuerlich, nicht wahr?

Dafür haben wir aber auch den andern Teil des Jahres einen garantiert und patentiert südlich-blauen Himmel. Wann er hereinbricht, weiß nicht einmal die Wetterwarte auf der Zugspitze. Aber geschieht es, dann ist München eine wahrhaft südliche Stadt, und manchmal ist das schon im Februar der Fall, wodurch ein Äquivalent dafür geschaffen ist, daß es später im April oder Mai schneit. Man muß ja schließlich auch dafür, daß man als Großstadt fünfhundert Meter über dem Meeresspiegel liegt, Opfer bringen.

Oktoberfest-Besuch

Thomas Wolfe

Donnerstag, den 4. Oktober 1928

Liebe Aline,

[...] Ich ging am Montag ins Krankenhaus und wurde heute nachmittag wieder entlassen. Ich hatte eine leichte Gehirnerschütterung, vier Kopfwunden und eine gebrochene Nase. Mein Kopf ist wunderbar verheilt, und meine Nase erholt sich schnell.

[...] Ich bin kahlgeschoren wie ein Priester – das heißt mit den Narben am Kopf und den schwarzen Haarstoppeln, die bereits zu sprießen anfangen, sehe ich eher wie ein verlotterter Priester aus.

Ich bin noch zu benommen, um Dir heute abend alles zu erzählen, was passiert ist. Aber ich fange jetzt mit der Geschichte an und werde versuchen, sie morgen fertig zu erzählen. Vor drei Wochen bin ich in München angekommen und habe seitdem ein nüchternes und arbeitsames Leben geführt, wie die ganze Zeit, seit ich im Ausland bin. Hier in München ist jetzt die Zeit des Oktoberfestes. Was das Oktoberfest eigentlich ist, das wußte ich nicht, bis es dann vor ein oder zwei Wochen anfing. Jeder hatte mir davon erzählt. Ich stellte mir vor, es sei ein Fest, auf dem sich die ganze bayerische Landbevölkerung trifft und alte Volkstänze tanzt, ihre Waren feilbietet und so weiter. Aber als ich das erste Mal hinging, fand ich zu meiner Enttäuschung nur eine Art Coney Island vor – Karusselle, allerlei billigen Kram, unzählige Würstel-Buden, Lokale, in denen ganze Ochsen am Spieß gebraten werden und riesige Bierzelte. Aber warum sollte in München – wo es tausend Lokale gibt, in denen man Bier trinken kann – ein besonderes Bierfest veranstaltet werden? Ich fand es bald heraus. Das Oktoberfestbier ist doppelt so stark wie das gewöhnliche Bier – es hat dreizehn Prozent Alkohol – und zwei Wochen lang kommen Bauern in die Stadt, um dieses Bier zu trinken.

Das Fest findet auf der Theresienwiese statt, die am Stadtrand liegt, kurz vor dem Ausstellungspark. [...] Ich ging zwei- oder dreimal hin, mir das Spektakel anzusehen. Die Bierzelte sind riesengroß und unheimlich – vier- bis fünftausend Leute auf einmal haben in einem dieser Zelte Platz – und man kann kaum atmen oder sich rühren. Eine vierzigköpfige bayerische Blaskapelle macht einen schrecklichen Lärm, und die ganze Zeit schieben sich Hunderte von Leuten, die keinen Platz finden können, in den Gängen hin und her und im Kreis herum. Der Lärm ist einfach überwältigend, die Luft ist zum Schneiden – und in diesen Lokalen kann man das Herz Deutschlands kennenlernen, nicht das Herz seiner Dichter und Denker, sondern sein wahres Herz, das ein einziger riesiger Bauch ist. Sie essen, trinken und schnaufen sich in einen Zustand bestialischen Stumpfsinns hinein – das ganze Lokal wird zu einer heulenden und brüllenden Bestie, und wenn die Kapelle eines ihrer Trinklieder spielt, stehen sie überall an den Tischen auf, stellen sich auf die Stühle und schaukeln mit untergehakten Armen hin und her. Die Wirkung dieser schwerfälligen lebendigen Kreise in dieser großen verrauchten Bierhölle ist unheimlich – sie hat etwas Übernatürliches an sich. Man hat das Gefühl, daß in diesen Kreisen irgendwie das Geheimnis, das innerste Wesen dieser Rasse verborgen liegt, die Natur dieses wilden Tieres, die es so anders macht als die anderen wilden Tiere jenseits der Grenze, ein paar Kilometer von hier. [...]

In München gibt es eine amerikanische Kirche. Es ist nicht wirklich eine Kirche, es sind zwei oder drei Räume in einem großen Gebäude am Salvator-Platz. [...] Dort traf ich einen jungen Amerikaner mit seiner Frau und deren Freundin. [...] Es gefiel mir, mich mit diesen Leuten zu unterhalten. Sie fragten mich nach Zimmern, interessierten sich für das Leben in München, die Galerien und so weiter. Ich erzählte ihnen vom Oktoberfest und schlug ihnen vor, am Nachmittag mit mir dorthin zu gehen, da die interessanten Museen geschlossen waren. Also gingen wir zusammen hin. Das Wetter war schlecht, es fing an zu regnen. Es waren eine Menge Leute auf der Festwiese – Bauern in ihren wunderbaren Trachten, die all die Maschinen und den billigen Kram bestaunten. Wir gingen durch mehrere Bierzelte, konnten aber keinen Platz finden. Schließlich, nachdem es aufgehört hatte zu regnen, gelang es uns, einen Tisch zu ergattern, den einige Leute gerade verließen. Wir bestellten Bier und Schweinswürste [...] und ich fing an, dieser Leute überdrüssig zu werden, die voller Zitate aus dem »American Mercury« waren. [...] Sie ekelten mich an, ich wollte allein sein. Ich glaube, sie merkten es; sie schlugen vor, daß wir alle heimgehen und zusammen essen sollten. Ich lehnte ab und sagte, ich würde auf dem Oktoberfest bleiben. Sie zahlten ihren Anteil und gingen weg aus all dem Gebrüll und Getümmel.

Als sie gegangen waren, trank ich noch zwei Liter des dunklen Oktoberfestbieres und sang und schunkelte mit den Leuten am Tisch. Dann stand ich auf und ging in ein anderes Zelt, wo ich noch einen Liter trank, und kurz bevor zugemacht wurde – auf dem Oktoberfest schließen sie um halb elf, weil das Bier so stark ist und die Bauern sich betrinken und überhaupt nicht mehr gehen würden – kurz bevor zugemacht wurde, ging ich in ein anderes großes Zelt und trank ein letztes Bier. Das Lokal sollte schon geschlossen werden – überall brachen die Leute auf – hier und da sah man leere Tische, die bayerische Kapelle packte ihre Instrumente ein und ging.

Ich unterhielt mich mit den Leuten an meinem Tisch, trank mein Bier aus und stand auf um zu gehen. Ich hatte sieben oder acht Liter Bier getrunken – also fast einen Liter Alkohol – und war ziemlich betrunken. Ich ging durch einen der Gänge zu einem Seitenausgang. Dort stieß ich auf mehrere Männer und wahrscheinlich eine Frau, die ich allerdings erst später bemerkte. Sie standen an ihrem Tisch im Gang und sangen vielleicht eines ihrer Trinklieder vor dem Nachhausegehen. Sie sprachen mich an – ich war zu betrunken, um zu verstehen was sie sagten, aber es war sicher freundlich gemeint. Was dann passierte, werde ich so genau beschreiben, wie ich es in Erinnerung habe, aber da sind einige Risse und Lücken in meiner Erinnerung. Es scheint mir, daß einer von ihnen mich am Arm packte; ich versuchte, mich freizumachen, aber er ließ nicht los und, obwohl ich nicht verärgert, sondern eher in überschwenglicher Stimmung war, versetzte ich ihm einen Stoß, daß er über einen der Tische flog. Dann verließ ich triumphierend das Lokal wie ein Kind, das mit einem Stein ein Fenster eingeworfen hat.

Unglücklicherweise konnte ich nicht schnell laufen – ich hatte zu viel getrunken und trug einen Mantel. Draußen regnete es stark; ich befand mich auf einem eingezäunten Platz hinter einigen der Festbuden – ich war aus einem Seitenausgang gekommen. Hinter mir hörte ich Rufen und Schreien, und als ich mich umdrehte, sah ich mehrere Männer auf mich zulaufen. Einer von ihnen trug einen der Klappstühle aus dem Bierzelt – sie sind aus Eisen und Holz. Ich sah, daß er mich damit schlagen wollte, und ich erinnere mich, daß mich das wütend machte. Ich blieb stehn, drehte mich um und hatte mit den Leuten einen blutigen Kampf in diesem schrecklichen, schlüpfrigen Schlammloch. Ich erinnere mich jetzt mit Entsetzen daran, an diese Hölle aus schlüpfrigem Schlamm, Blut und Dunkelheit; und der Regen fiel auf uns Wahnsinnige, die wir versuchten, einander umzubringen. Damals war ich zu wütend, zu sehr außer mir, als daß ich Angst gehabt hätte, aber mir schien, als ertränke ich im Schlamm. In Wirklichkeit war es das Blut, das mir vom Kopf in die Augen floß. [...] Ich fühlte die schweren Körper auf mir, die knurrend und grunzend auf mein Gesicht und meinen Rücken einschlugen. [...] Die kleinere Gestalt – der kleinere Mann – stürzte sich auf mich, und ich schlug dieses Etwas mit der Faust. Es tauchte im Schlamm unter. Ich erstickte im Blut und wollte die Sache irgendwie, koste es was es wolle, beenden; dieses Etwas töten oder von ihm getötet werden. Also warf ich es mit aller Kraft zu Boden. Ich konnte nichts sehen, aber ich krallte mich in seinen Augen und seinem Gesicht fest – es würgte mich, ließ aber nach kurzer Zeit locker. Ich wollte weitermachen bis ich im Schlamm unter mir kein Leben mehr fühlen würde. Die Frau war jetzt auf meinem Rücken, kreischend schlug sie mich auf den Kopf, verkrallte sich in mein Gesicht und meine Augen. Sie schrie: »Lassen Sie meinen Mann stehn!« Einige Leute kamen und zerrten mich von ihm weg – der Mann und die Frau schrien und geiferten mich an, aber ich konnte nicht verstehen, was sie sagten, außer dem Ausruf der Frau »Lassen Sie meinen Mann stehn«, der mich, wie ich mich erinnere, tief berührte. [...]

München hat mich fast umgebracht... – aber in fünf Wochen hat es mir mehr menschliche Erfahrung geschenkt, als den meisten Menschen in fünf Jahren vergönnt ist.

[...]

Weg ins Exil

Klaus Mann

Das Exil begann in München. Preußen und andere Teile des Reichs standen schon unter dem Nazi-Terror; aber Bayern trotzte noch, freilich nicht mehr lange. [...] Immerhin, es bleibt bemerkenswert, daß der süddeutsche Katholizismus die totale »Gleichschaltung« ein wenig verzögerte. Im Februar 1933 – kurz vor dem Reichstagsbrand und besonders nach diesem Ereignis – gab es manchen politisch oder rassisch Kompromittierten, der vorsichtshalber seinen Wohnsitz von den Ufern der Spree nach der Isarstadt verlegte. Leute, die man in Berlin schon eingesperrt und mißhandelt hätte, erfreuten sich in München noch vollkommener Freiheit: Sie durften im Englischen Garten spazierengehen oder sich auf Maskenbällen amüsieren, ja, es blieb ihnen sogar unbenommen, den nazifeindlichen Scherzen der »Pfeffermühle« Beifall zu klatschen.

Die »Pfeffermühle« war Erikas Gründung, ein literarisches Kabarettprogramm mit stark politischem Einschlag; ein anmutig spielerischer, dabei aber bitterernster, leidenschaftlicher Protest gegen die braune Schmach. Die Texte der meisten Nummern – Chansons, Rezitationen, Sketche – waren von Erika (einige auch von mir); Erika war Conférencier, Direktor, Organisator; Erika sang, agierte, engagierte, inspirierte, kurz, war die Seele des Ganzen.

Nein, die »Pfeffermühle« hatte eine Doppelseele; die andere Hälfte hieß Therese Giehse. Sie gehörte dazu, von Anfang an, und mit welcher Intensität, welch unbedingtem Einsatz! Der gefeierte Star der Münchener Kammerspiele – eine schauspielerische Persönlichkeit von starker Vitalität und großem Können – stellte dem noch unbewährten und übrigens politisch bedenklichen Tingeltangel die ganze Fülle ihrer Erfahrung und ihres Talents zur Verfügung. Ohne sie wäre die »Pfeffermühle« nicht das geworden, was sie jahrelang war: das erfolgreichste und wirkungsvollste theatralische Unternehmen der deutschen Emigration.

Aber wir sind noch in München. Die »Pfeffermühle« hatte ihre erste Vorstellung am 1. Januar 1933 in einem sehr intimen, sehr hübschen kleinen Theater, welches passenderweise »Bonbonnière« hieß. Das Abenteuer (denn ein Abenteuer war es, im Deutschland von 1933 ein solches Kabarett zu eröffnen!) stand unter einem glücklichen Stern. Die Truppe, die sich um Erika und Therese zusammengefunden hatte, bestand fast ausschließlich aus jungen Menschen, sehr begabten darunter. Dem Komponisten und Pianisten Magnus Henning waren Melodien eingefallen, deren Anmut selbst aggressiven Texten die Bitterkeit, das Provokante nahm. Das Publikum war charmiert; sogar die Presse verhielt sich relativ wohlwollend. Die »Pfeffermühle« zog! Die »Pfeffermühle« ging! Man freute sich an ihrer gewagten Schärfe, ihrem kompromißlosen Witz. Das kleine Theater am »Platzl« war jeden Abend ausverkauft.

[...] Diese letzten Münchener Wochen scheinen in meiner Erinnerung voll einer gewissen verzweifelten Lustigkeit. Man genoß den Fasching oder tat doch so. Man war noch einmal so recht gemütlich beisammen, der alte Kreis, die vertraute Clique: Otto Falckenberg von den Kammerspielen, der bald danach all seine »nicht-arischen« Schauspieler entlassen mußte; unser

Freund Fritz Strich, der bedeutende Germanist und Kulturkritiker, der damals schon einen Ruf in die Schweiz angenommen hatte; Bruno Frank mit seiner Frau, unserer lieben Liesl; der baltische Zeichner Rolf von Hörschelmann, ein kleiner, aber munterer Herr von bemerkenswerter geistiger Lebendigkeit; die schöne, wenn auch schon etwas üppige, gastlich-gesprächige, zerstreut-talentierte Christa Hatvany-Winsloe; W. E. Süskind und Bert Fischel, unsere Jugendgespielen; das traf sich alles, nicht ohne beklemmende Vorgefühle, närrisch kostümiert und in animierter Stimmung.

Unvergeßlich bleibt mir der Pfeffermühlenball in unserem Hause, Poschingerstraße 1, eine der letzten karnevalistischen Veranstaltungen, weshalb es denn auch besonders hoch herging. Einige der feinsten Gäste erschienen freilich mit erheblicher Verspätung; man verzieh es ihnen, erstens, weil immer noch Fasching war, zweitens, weil sie eine gute Entschuldigung vorzubringen wußten. Die Herren kamen soeben von einer ausführlichen Konferenz mit dem Prinzen Rupprecht von Wittelsbach, den eine monarchistisch-separatistische Gruppe damals auf den bayerischen Thron zu bringen hoffte. Es wäre ein famoser Streich gewesen, peinlich für Hitler, ergötzlich fürs Bayernvolk. Aber Königliche Hoheit hatten keine Lust zu solchem Wagnis, wie die verspäteten Verschwörer uns auf dem Maskenball zuraunten. In Pfeffermühlenkreisen hörte man es mit Bedauern.

Zwischen einem Tango und einem Walzer erzählte man sich die neuesten Schreckensnachrichten aus Berlin. Wir tanzten im Regina-Palast-Hotel, während in der Hauptstadt das Reichstagsgebäude in Flammen stand. Wir tanzten im Hotel Vier Jahreszeiten, während die Brandstifter Unschuldige des Verbrechens bezichtigten, das sie begangen hatten. Das war am 28. Februar – Faschingsdienstag –, und tags darauf war Aschermittwoch. Als der Anarchist Erich Mühsam, der Pazifist Carl von Ossietzky und der Kommunist Ernst Thälmann von der Gestapo verhaftet wurden, kehrte man in München Luftschlangen und

Konfetti von den Straßen. Man war verkatert. Der Fasching war vorüber.

[...]

Was war los in Deutschland? Hatten die »Eingeweihten«, die »Realisten« uns nicht immer wieder versichert, daß Kanzler Hitler nicht eigentlich »an der Macht sei«, sondern vielmehr von Schwerindustrie und Generalstab dirigiert werde? Sie irren sich oft, diese »Realisten«, was sie aber nicht hindert, ihre Ansichten mit imposanter Bestimmtheit vorzutragen. »Immer mit der Ruhe!« rieten sie uns und fügten wohl hinzu, es werde nicht so heiß gegessen wie gekocht. Schicklgruber sei nicht ernst zu nehmen, ein Strohmann, eine Puppe. Ernst zu nehmen seien vielmehr die I. G. Farben, das Haus Krupp, das Haus Thyssen, Geheimrat Hugenberg, Männer und Institutionen, die für Ruhe und Ordnung sorgen würden. Antisemitische Exzesse (besonders, wenn sie auch reiche Juden betrafen), SA-Terror, Brechung der Zinsknechtschaft, Massenhysterie, all dies war gar nicht im Sinn der Industriellen; auch von Papen mochte es im Grund nicht, und so würde es unterbleiben. Schließlich gab es ja auch immer noch den »alten Herrn«! Wenn den »Realisten« sonst gar nichts mehr einfiel, beriefen sie sich auf Hindenburg. »Eine Diktatur? Ausgeschlossen! Der alte Herr würde Hitler nie berufen haben, wenn er nicht gewisse Garantien hätte...«

Hans, der Familien-Chauffeur, erwartete uns wie gewöhnlich am Bahnhofsplatz mit dem Familien-Buick. Aber seine Haltung, sein Ausdruck war sonderbar verändert. Er sah blaß und verstört aus, ein großer, starker Bursche, und nun zitterte er! Ja, es war eine ganz auffallend zittrige Hand, mit der er uns den Wagenschlag öffnete; auch seine Stimme bebte. »Seien's vorsichtig!« flüsterte er bewegt. »Alle zwei, aber besonders Sie, Fräulein Erika! Sie sind hinter Ihnen her, vom Braunen Haus die, Sie wissen schon! Gehen's nicht auf die Straße, Fräulein Erika! Lassen Sie's keinen wissen, daß Sie in der Stadt sind, Herr Klaus! Wenn die Sie erwischen...« Seine Gebärde ließ keinen Zweifel darüber, was uns in diesem Fall geschehen würde.

Erst später sollten wir erfahren, warum unser treuer Hans an jenem Tag so nervös war und woher er soviel wußte. Er war ein doppelter Verräter mit doppelt schlechtem Gewissen, der stämmige Biedermann mit seinem blonden Schopf und dem sinnigen blauen Blick. Seit mehreren Jahren schon arbeitete er als Spitzel für das Braune Haus, wo er über alles, was bei uns geschah, regelmäßig Bericht erstattete. Diesmal aber, im entscheidenden Augenblick, hatte er seine Pflicht vergessen und uns gewarnt, aus Gründen der Menschlichkeit, wie anzunehmen ist. Wir taten ihm wohl leid. Er wußte ja, was »die« uns antun würden, wenn sie uns erwischten...

Es waren Stunden voll von Bangigkeit und hektischem Betrieb, diese letzten Stunden in der Poschingerstraße, in München, in Deutschland. Eingedenk der Warnung des schurkischen, aber doch auch wieder barmherzigen Chauffeurs, hielten wir uns in unseren Zimmern versteckt, nicht einmal die Köchin und das Stubenmädchen sollten von unserer Ankunft erfahren. Aber das Telephon funktionierte, und so meldeten wir zunächst einmal ein Ferngespräch nach Arosa an, wo der Zauberer und Mielein sich von den Anstrengungen einer Vortragstournée erholten. In Brüssel, Amsterdam, Paris und anderen Städten hatte der Vater sich über »Leiden und Größe Richard Wagners« hören lassen, woran sich programmgemäß der Ferienaufenthalt in den Schweizer Bergen schloß. Nun wollte er, wiederum programmgemäß, nach Hause kommen; wir hielten es für geraten, ihn von diesem Vorsatz abzubringen.

Hierbei empfahl sich eine diskrete Ausdrucksweise: Es war möglich oder sogar wahrscheinlich, daß unsere Telephongespräche abgehört wurden. Wir hüteten uns also, auf die politische Lage direkt anzuspielen, sondern sprachen vom Wetter. Dieses sei miserabel in München und Umgebung, behaupteten wir; die Eltern würden klug daran tun, noch eine Weile fernzubleiben. Leider zeigte unser Vater sich abgeneigt, auf diese Art der Argumentation einzugehen. So schlimm werde es wohl nicht sein mit den Frühlingsstürmen, meinte er, und übrigens sähe es auch in Arosa nach Regen aus. Ein Hinweis auf die Zustände in unserem Hause (»Es wird gestöbert! Scheußliches Durcheinander!«) schien ebensowenig Eindruck auf ihn zu machen. Er blieb störrisch, wollte nicht verstehen: »Die Unordnung stört mich nicht. Ich will nach Haus. Wir reisen übermorgen.« – »Es geht nicht, du darfst nicht kommen.« Schließlich sprachen wir es aus, mit verzweifelter Direktheit. »Bleibe in der Schweiz! Du wärst hier nicht sicher.« Da hatte er verstanden.

Einige unserer Freunde waren schon verhaftet, wie man uns in vorsichtig gewählten Ausdrücken wissen ließ; andere hatten sich aus dem Staube gemacht. Auch wir fühlten uns kaum geneigt, einen Zusammenstoß mit den neuen Herren zu riskieren. Lange würde der Spuk ja wohl nicht dauern, so versicherten wir einander ohne rechte Überzeugung. Ein paar Wochen, ein paar Monate vielleicht, dann mußten die Deutschen zur Besinnung kommen und sich des schmachvollen Regimes entledigen. Aber bis dahin und für den Augenblick war man wohl im Ausland besser aufgehoben. »Ich nehme nur einen Handkoffer mit«, entschied Erika. Auch ich packte nur das Nötigste, zwei Anzüge, etwas Wäsche, ein paar Bücher und Manuskripte.

Erika reiste noch am Abend unseres Ankunftstages in die Schweiz zurück, wo sie sich mit den erschreckten Eltern treffen wollte. Ich fuhr vierundzwanzig Stunden später, nach Paris.

Vierundzwanzig Stunden allein im leeren Haus, allein in der schon fremd, schon feindlich gewordenen Stadt! Ich war sehr traurig, viel trauriger, meinte ich damals, als es dem Anlaß entsprach. Das Haus – unser »Kinderhaus« – wurde mir beängstigend, bedrückend. Was hatte ich hier noch zu suchen? Jeden Augenblick konnten die Häscher kommen. Wäre es nur endlich Zeit zur Abfahrt! Aber die Minuten schlichen, die Stunden wollten kein Ende nehmen. Rastlos wanderte ich durch die öden Stuben. Wie still es war! So still hatte ich das Haus nie gekannt. Die vertrauten Dinge, Bilder, Schränke, lange Bücherreihen, der blinde Homer, die Lübecker Kandelaber, starrten mich schweigend an.

Die Einsamkeit wurde unerträglich, ich rief nach dem Chauffeur; zusammen tranken wir mehrere Gläser von Zauberers bestem französischen Cognac. Desgleichen war noch nie vorgekommen; aber sowohl Hans als auch ich fanden, daß es nicht mehr drauf ankam. Wir stießen an, wobei sein Blick feucht wurde; auch das Zittern der Hand ließ sich wieder bemerken. Mit bebender, dabei markiger Stimme wünschte er mir gute Reise und »eine glückliche Zukunft im Ausland«. Es gab wiederholtes Händeschütteln, erst im Hause, dann auf dem Bahnhofsplatz, schließlich durch das offene Fenster meines Schlafwagenabteils. Ich fühlte mich nicht mehr so traurig, weil eine Stimme da war, die zu mir sprach, und eine Hand, die ich schütteln durfte.

Der letzte Mensch, den ich in der Heimat sah, der letzte, der mich tröstete, war ein gutmütiger Lump und blauäugiger Doppelverräter.

Ich verließ Deutschland am 13. März 1933.

36 *Olaf Gulbransson im Kreise seiner Schüler an der Akademie der Bildenden Künste*

Protest der Richard-Wagner-Stadt München

Nachdem die nationale Erhebung Deutschlands festes Gefüge angenommen hat, kann es nicht mehr als Ablenkung empfunden werden, wenn wir uns an die Öffentlichkeit wenden, um das Andenken an den großen deutschen Meister Richard Wagner vor Verunglimpfung zu schützen. Wir empfinden Wagner als musikalisch-dramatischen Ausdruck tiefsten deutschen Gefühls, das wir nicht durch ästhetisierenden Snobismus beleidigen lassen wollen, wie das mit so überheblicher Geschwollenheit in Richard-Wagner-Gedenkreden von Herrn Thomas Mann geschieht.

Herr Mann, der das Unglück erlitten hat, seine früher nationale Gesinnung bei der Errichtung der Republik einzubüßen und mit einer kosmopolitisch-demokratischen Auffassung zu vertauschen, hat daraus nicht die Nutzanwendung einer schamhaften Zurückhaltung gezogen, sondern macht im Ausland als Vertreter des deutschen Geistes von sich reden. Er hat in Brüssel und Amsterdam und an anderen Orten Wagners Gestalten als »eine Fundgrube für die Freudsche Psycho-Analyse« und sein Werk als einen »mit höchster Willenskraft ins Monumentale getriebenen Dilettantismus« bezeichnet. Seine Musik sei ebensowenig Musik im reinen Sinn, wie seine Operntexte reine Literatur seien. Es sei die »Musik einer beladenen Seele ohne tänzerischen Schwung«. Im Kern hafte ihm etwas Amusisches an.

Ist das in einer Festrede schon eine verständnislose Anmaßung, so wird diese Kritik noch zur Unerträglichkeit gesteigert durch das fade und süffisante Lob, das der Wagnerschen Musik wegen ihrer »Weltgerechtheit, Weltgenießbarkeit« und wegen dem Zugleich von »Deutschheit und Modernität« erteilt wird.

Wir lassen uns eine solche Herabsetzung unseres großen deutschen Musikgenies von keinem Menschen gefallen, ganz sicher aber nicht von Herrn Thomas Mann, der sich selbst am besten dadurch kritisiert und offenbart hat, daß er die »Gedanken eines Unpolitischen« nach seiner Bekehrung zum republikanischen System umgearbeitet und an den wichtigsten Stellen in ihr Gegenteil verkehrt hat. Wer sich selbst als dermaßen unzuverlässig und unsachverständig in seinen Werken offenbart, hat kein Recht auf Kritik wertbeständiger deutscher Geistesriesen.

Amann Max, Verlagsdirektor, M. d. R.; *Bauckner* Arthur, Dr., Staatstheaterdirektor; *Bauer* Hermann, Professor, Präsident der Vereinigten Vaterländischen Verbände Bayerns; *Berrsche* Alexander, Dr., Musikschriftsteller; *Bestelmeyer* German, Geheimrat, Professor, Dr., Präsident der Akademie der bildenden Künste; *Bleeker* Bernhard, Professor, Bildhauer; *Boehm* Gottfried, Professor, Dr.; *Demoll* Reinhard, Geheimrat, Professor, Dr.; *Doerner* Max, o. Akademieprofessor; *Dörnhöffer* Friedrich, Geheimrat, Professor, Dr., Generaldirektor der Bayerischen Staatsgemäldesammlung a. D.; *Feeser* Friedrichfranz, Generalmajor a. D.; *Fiehler* Karl, Oberbürgermeister; *v. Franckenstein* Clemens, Generalintendant der Bayerischen Staatstheater; *Gerlach* Walther, Professor, Dr.; *Groeber* Hermann, o. Akademieprofessor; *Gulbransson* Olaf, o. Akademieprofessor; *Hahn* Hermann, Geheimrat, o. Akademieprofessor; *v. Hausegger* Siegmund, Geheimrat, Professor, Dr., Präsident der Akademie der Tonkunst; *Heß* Julius, o. Akademieprofessor; *Hoeflmayr* Ludwig, Geheimer Sanitätsrat, Dr.; *Jank* Angelo, Geheimrat, o. Akademieprofessor; *Klemmer* Franz, o. Akademieprofessor; *Knappertsbusch* Hans, Professor, Bayerischer Staatsoperndirektor; *Küfner* Hans, Geheimrat, Dr., rechtsk. Bürgermeister; *Langenfaß* Friedrich, Dekan; *Leupold* Wilhelm, Verlagsdirektor der Münchener Zeitung; *v. Marr* Carl, Geheimrat, Akademiedirektor a. D., Kunstmaler; *Matthes* Wilhelm, Musikschriftsteller; *Miller* Karl, o. Akademieprofessor; *Musikalische Akademie:* der Vorstand: Eduard Niedermayr, Michael Uffinger, Hermann Tuckermann, Emil Wagner; *Ottow* Fred, Chefredakteur der München-Augsburger-Abendzeitung; *Pschorr* Josef, Geh. Kommerzienrat, Präsident der Industrie-

und Handelskammer; *Pfitzner* Hans, Professor, Dr., Generalmusikdirektor; *Röschlein* Christoph, 1. Präsident der Handwerkskammer von Oberbayern; *Schemm* Hans, bayerischer Staatsminister; *Schiedt* Adolf, Chefredakteur der Münchener Zeitung; *Schinnerer* Adolf, o. Akademieprofessor; *Schmelzle* Hans, Dr., Staatsrat, Präsident des Bayerischen Verwaltungsgerichtshofes; *Sittmann* Georg, Geheimrat, Dr., Professor; *Strauß* Richard, Dr., Generalmusikdirektor; *Wagner* Adolf, bayerischer Staatsminister; *Westermann* Fritz, 1. Vorsitzender des Bayreuther Bundes.

Brauner Terror

Wilhelm Hoegner

Der neu ernannte Bayerische Landtag wurde für den 29. April 1933 einberufen. Der zum Landtagspräsidenten ausersehene nationalsozialistische Minister Hermann Esser wollte die Eröffnung des Parlaments zu einer großen nationalsozialistischen Siegesfeier ausgestalten. Zu diesem Zwecke wurden jene sozialdemokratischen Abgeordneten, die sich in Schutzhaft befanden, zur Teilnahme an der Landtagssitzung in Freiheit gesetzt. Obwohl ich wußte, daß mich die Politische Polizei suchte, beschloß ich, in den Landtag zu gehen.

In der Fraktionssitzung, die vor der Eröffnung der Landtagssitzung stattfand, bekamen wir zum erstenmal ein anschauliches Bild, wie es in den Konzentrationslagern des Dritten Reiches zuging. Der sozialdemokratische Abgeordnete Poeschke aus Erlangen, der eben aus Dachau entlassen worden war, humpelte mühsam, zerbeult und zerschlagen ins Zimmer. Wir zogen ihm das blutige Hemd vom Leib. Vom Nacken bis zu den Oberschenkeln und Ellenbogen war die ganze Haut blauschwarz gefärbt, an vielen Stellen geplatzt, das rohe Fleisch mit Blutgerinnsel verklebt. Der Mann war völlig zerstört, er zitterte an allen Gliedern und weinte immer wieder während seiner Erzählung:

Man hatte ihn schon im März in Schutzhaft genommen, aber erst vor zwei Tagen noch nach Dachau gebracht, als bereits der Befehl, Abgeordnete freizulassen, veröffentlicht war. In Dachau hatte man ihn zuerst in eine Zelle gesteckt und ihn, Gesicht gegen die Wand, ungefähr eine Stunde stehen lassen. Hinter ihm, unter der offenen Zellentür stand ein SS-Mann, der von Zeit zu Zeit das Schloß seines Gewehres knacken ließ. Er drohte, bei der geringsten Bewegung zu schießen. Dann wurde der Gefangene in einen abgelegenen Raum des Lagers geführt. Dort warteten bereits SS-Kerle, die lange, derbe Stecken in der Hand hatten. Die Stöcke waren an der Spitze gespalten und mit Geigenharz bestaubt. Zitternde Gefangene standen in eine Ecke gedrängt. Dann ging es los. Man riß den Opfern die Hosen und Hemden herunter. Ein Gefangener nach dem anderen wurde auf den Boden gelegt und vor den Augen seiner Leidensgefährten ausgepeitscht. Je mehr einer schrie, je wilder sich sein zuckender Leib aufbäumte, um so wütender schlugen die Henkersknechte zu.

[...]

Der Zustand Poeschkes war so bedenklich, daß wir uns entschlossen, ihn sofort in ein Krankenhaus zu überführen. Wir brachten ihn schließlich im Städtischen Schwabinger Krankenhaus unter. In der gleichen Abteilung lag auch Gustav Schiefer, der Vorsitzende der Münchner Gewerkschaften, der sich nach der Besetzung des Gewerkschaftshauses durch SA über die Aufsprengung einer Geldkassette beschwert hatte und dann von einem Haufen Nationalsozialisten jämmerlich zusammengeschlagen worden war.

Bei der Landtagseröffnung ließen die Nationalsozialisten, Meister der Regie, alle ihre Künste spielen. Unter dem Bilde des ersten bayerischen Königs Max Joseph, des Schöpfers der bayerischen Verfassung von 1818, thronte der neue Landtagspräsident, Minister Hermann Esser, der »Jüngling Hitlers«, der mit seinem Meister durch dick und dünn gegangen war und jetzt seine Gunst in reichem Maße genoß. Ich dachte daran, wie er mir vor einigen Jahren bei einer Besichtigung des Landtags im

Münchener Ausstellungspark ein Bündnis gegen die »Schwarzen«, die Bayerische Volkspartei, angetragen hatte. Damals hatte ich ihn lachend an Hitlers grundsätzlichen Kampf gegen den »Marxismus« erinnert. Jetzt saß ein »Schwarzer«, der Graf Quadt, neben den Nationalsozialisten auf der Ministerbank. Mit Stolz konnte Esser in seiner feierlichen Ansprache darauf hinweisen, daß heute die Vertreter des ganzen bayerischen Volkes sich unter das Hakenkreuz beugten. Bei dem Worte »ganz« beschrieb er mit der rechten Hand einen Halbkreis. Er reichte von den in brauner SA-Uniform erschienenen Nationalsozialisten und Bauernbündlern, die auf den Rat ihres ehemaligen Reichsministers Fehr mit wenigen Ausnahmen zu den Nationalsozialisten übergetreten waren, über die geduckt dasitzenden Vertreter der Bayerischen Volkspartei bis zu uns Sozialdemokraten auf der äußersten Linken. [...]

Die Erklärung der sozialdemokratischen Fraktion wurde von unserem alten Parlamentarier Roßhaupter mit fester, fast herausfordernder Stimme verlesen. Ich hatte sie im Auftrag der Fraktion verfaßt, einige Stellen waren auf Wunsch Auers gemildert worden. Ihr Schluß lautete: »Die Regierung verfügt im Landtag über eine ausreichende Mehrheit: Wir Sozialdemokraten halten deshalb ein bayerisches Ermächtigungsgesetz für überflüssig und können ihm auch aus unserer grundsätzlichen Einstellung heraus nicht zustimmen ...«

Bekennende Kirche

Georg Lanzenstiel

Höhepunkt des geschlossenen Widerstandes in München war zweifellos 1934 der Einbruch des berüchtigten Rechtswalters Jäger, der den Landesbischof und den gesamten Landeskirchenrat absetzte, die Angestellten, soweit sie sich nicht unterwarfen, entließ und das Gebäude der Kirchenleitung mit Hilfe der SS besetzte. Zuvor hatte Landesbischof D. Meiser noch in der überfüllten St. Matthäuskirche am Sendlinger-Tor-Platz den Bekenntnisgottesdienst gehalten mit dem Text Hebr. 10,39: »Wir aber sind nicht von denen, die da weichen und verdammt werden, sondern von denen, die da glauben und die Seele erretten.« Wir Vikare mit unseren Gruppen der Gemeindejugend, die sich nicht hatte auflösen und eingliedern lassen, begleiteten den Landesbischof, sein Auto umringend, bis zur Arcisstraße und blieben dort, die alten Choräle singend, bis wir von ihm dringend gebeten wurden, nach Hause zu gehen. Stadtvikar Kleinknecht wurde dabei – als erstes Opfer des Kirchenkampfes – verhaftet und auf die Polizei gebracht, aber nachts auf Einspruch und Drängen von Frauen der Gemeinde wieder freigelassen. Beim Landesbischof, der in Schutzhaft genommen worden war und seine Wohnung nicht verlassen durfte, rissen in den nächsten Tagen die Besuche der Jugend, der allein solche erlaubt wurden, nicht ab. Manche Münchner haben noch ihr Gesangbuch, ihre Bibel oder ihr Neues Testament, in das Landesbischof D. Meiser anlaßlich dieser protestierenden Besuche einen Vers oder ein Wort Gottes schrieb. Die plötzliche Zitierung der führenden Männer der Bekennenden Kirche, Niemöller, Meiser, Wurm, Marahrens, zu Hitler machte diesem Spuk ein Ende. Gleichzeitig aber war von den Vikaren des Predigerseminars in der Arcisstraße im Alleingang von innen her das Gebäude der Kirchenleitung wieder in Besitz genommen worden. Als die deutsch-christlichen Machthaber nach einem Mittagessen zurückkehrten, fanden sie verschlossene Türen, und da die Polizei nicht mehr eingriff, konnte sich die rechtmäßige Kirchenleitung wieder etablieren und hatte in der Folgezeit nicht jene schweren, bis zum Kriegsende dauernden Kämpfe um die Rechtmäßigkeit zu führen wie in den vielen sogenannten zerstörten Kirchengebieten. [...]

Die Prediger wurden laufend überwacht, und man kannte bald auch die Spitzel, die in jedem Vortrag saßen, und gewöhnte sich daran, daß man in die Ettstraße oder ins »Rote Palais« in der

37 Die Matthäuskirche in der Sonnenstraße, 1833 als erste protestantische Kirche Münchens erbaut. »Ein klassizistischer Kirchenbau von hohem Rang, der zwar nie volkstümlich wurde, aber … einfach, edel, schön und unverwechselbar gewesen ist. Er wurde 1938 zerstört auf Befehl des betrunkenen Gauleiters Adolf Wagner, der München auch schöner und seinem Führer eine Freude machen und außerdem mit den Münchner Kirchen aufräumen wollte.« (Erwin Schleich)

Briennerstraße zitiert und dort verhört oder vorübergehend auch verhaftet wurde und seine Verwarnungen bekam oder daß bei Hausdurchsuchungen das illegale kirchliche Material beschlagnahmt und mitgenommen wurde. Es darf aber auch nicht verschwiegen werden, wie mutig und treu die Gemeindeglieder Münchens zu Bischof, Kirchenleitung und jedem ihrer Gemeindepfarrer gestanden sind, weil sie wußten, es geht nicht um Menschen, nicht um den Einfluß und die Macht der Kirche, sondern um das Wort Gottes selbst, um die Freiheit des Evangeliums, um die Herrschaft Jesu Christi. [...]

Das spektakuläre, freilich nur scheinbare Ende des Kirchenkampfes in München war die Zerstörung der Mutterkirche aller evangelischen Christen in München, der buchstäblich und im geistigen Sinne im Wege stehenden St. Matthäuskirche in der Sonnenstraße zwischen Stachus und Sendlinger-Tor-Platz. Zur Jahrhundertfeier 1933 war sie durch Geheimrat Bestelmeyer zu neuem Glanz restauriert worden als ein unvergeßliches Zeichen der leuchtenden Toleranz des Hauses Wittelsbach und als die hohe Gabe der ersten evangelischen Königin in Bayern; 1937 mußte sie weichen, um für die bauliche Neugestaltung der Stadt, vor allem aber, um Tänzen zum Tag der Einweihung des »Hauses der deutschen Kunst« Platz zu machen.

München baut auf

Das Versprechen

Am 30. März 1933 findet der Kampf der nationalsozialistischen Bewegung durch die Berufung Adolf Hitlers als Reichskanzler einen ersten Abschluß.

Am 9. März hissen die Parteigenossen Weber und Amann die Hakenkreuzfahne auf dem Münchener Rathaus. Am 20. März wird Parteigenosse Karl Fiehler zum kommissarischen Ersten Bürgermeister der Stadt München ernannt. Die alten Parteien müssen verschwinden, damit unter geschlossener Führung an Deutschlands Neuaufbau gegangen werden kann. Auch im Münchener Stadtrat erfolgt eine Säuberung im nationalsozialistischen Sinne. Am 30. März beruft Parteigenosse Karl Fiehler die neuen kommissarischen Stadträte.

Am 25. Juli feiert der neue Stadtrat die Übernahme der alleinigen Verantwortung.

Im festlich geschmückten Rathaussaal umreißt Oberbürgermeister Karl Fiehler in knappen Worten die Aufgaben, die sich die neue Stadtverwaltung für die nächsten Jahre stellt:

»Mit dem heutigen Tag hat in der Geschichte der Stadt München ein unfähiges System seinen Abschluß gefunden. Die Zeit der Zersplitterung und des Kampfes, des erfolglosen Verhandelns und der Verfolgung einseitiger Interessen ist vorbei. Die bisherigen Parteien sind verschwunden. Dafür sind heute 17 alte Kämpfer der nationalsozialistischen Bewegung neu ins Rathaus eingezogen. Auch der Nationalsozialismus hat als Partei und als Teil des Ganzen seinen Kampf beginnen müssen. Doch er wollte nicht nur einen Anteil erhalten an den Regierungs- und Verwaltungsgeschäften, er will die ganze Verantwortung tragen. So bedeutet die Überwindung der Parteien die erste Voraussetzung für die Wiedergesundung unseres Volkes und den Wiederaufbau an Staat und Gemeinden. Die Verpflichtung der neuen Stadtratsmitglieder hat einen tieferen Sinn. In München hat der Kampf der Bewegung begonnen. München ist die Heimat des Führers geworden und damit das Herz der nationalsozialistischen Bewegung. Das Wort des Führers: ›Wir haben das Land im Kampfe erobert, in Frieden wollen wir es jetzt bestellen‹, verpflichtet den neuen Münchener Stadtrat in besonderem Maße. Die Aufbauarbeit kann beginnen. Sie erfordert ausdauernden Fleiß und ernste Arbeit. Sie soll den Beweis erbringen, daß die Idee, für die wir kämpften, die einzige Voraussetzung darstellt für das Wiederaufblühen der Städte, des ganzen deutschen Vaterlandes. Alles, was wir zu betreuen haben, kulturelles und wirtschaftliches Gut, ist das Gut der Allgemeinheit. Es muß ziel- und planvoll bewirtschaftet werden, nicht zum Vorteil einzelner, sondern zum Wohle der Gesamtheit. Dieser oberste Grundsatz der Bewegung muß in der Zelle des neuen Staates, der Gemeinde, verwirklicht werden. Die Aufbauarbeit erfordert viele Opfer. Auch von der Bevölkerung werden solche verlangt. Aber die Volksgenossen, deren Mitarbeit unseren Aufstieg erleichtert, müssen die Gewißheit haben, daß diese Opfer durch sparsamste Verwendung und bei höchstmöglicher Auswertung nur dem Gemeinwohl zugute kommen. Das kann nur erreicht werden, wenn der geschlossene Wille der Stadtverwaltung hierzu eingesetzt wird. Alle Beamten, Angestellten und Arbeiter der Stadt müssen gewillt sein, in Sauberkeit und treuester Pflichterfüllung sich diesem Gedanken einzufügen und so in Wahrheit Dienst am Volke zu erfüllen. So schwer die vor uns liegende Arbeit erscheinen mag, sie wird von uns bewältigt werden. Es ist unsere Aufgabe und Pflicht, den Tiefstand unserer Wirtschaft, Not und Arbeitslosigkeit zu überwinden und die Auswirkungen der Vergangenheit zu beseitigen. Wir wollen aus München wieder eine wahrhaft deutsche Stadt machen, in der deutsche Kunst und deutscher Geist, deutsche Sitte und deutsche Art, deutsches Gemüt und deutscher Frohsinn wieder einen Platz haben. Wir werden einst Rechenschaft vor der Geschichte unserer Stadt, vor Volk und Führer zu geben haben.«

Die Neuordnung des Stadtrates

Seit Übernahme der alleinigen Macht stehen dem Oberbürgermeister 48 berufsmäßige und ehrenamtliche Stadträte bzw. Ratsherren zur Seite. Von ihnen sind 40 Altparteigenossen, von denen wieder 24 Inhaber des Goldenen Ehrenzeichens der NSDAP. sind, 17 besitzen den Blutorden vom 9. November 1933. Gleicher Geist, gleiches Kämpfertum und gleiche Verantwortlichkeit sind die tragenden Grundsätze der neuen Stadtverwaltung. Der seit Einführung der Deutschen Gemeindeordnung den ehrenamtlichen Stadträten zustehende Titel Ratsherr ist kein Ehrentitel allein. Er bindet sie an dieses wesentliche nationalsozialistische Gesetz, »das die Gemeinden in enger Zusammenarbeit mit Partei und Staat zu höchsten Leistungen befähigen und sie damit instand setzen will, im wahren Geiste des Schöpfers gemeindlicher Selbstverwaltung, des Reichsfreiherrn vom Stein, mitzuwirken an der Erreichung des Staatszieles, in einem einheitlichen, von nationalem Willen durchdrungenen Volke die Gemeinschaft wieder vor das Einzelschicksal zu stellen, Gemeinnutz vor Eigennutz zu setzen und unter Führung der Besten des Volkes die wahre Volksgemeinschaft zu schaffen, in der auch der letzte willige Volksgenosse das Gefühl der Zusammengehörigkeit findet«.

Die Neugestaltung des städtischen Personals

Eine besonders wichtige, für das gesamte Personal bedeutungsvolle Maßnahme war die bereits im Jahre 1933 durchgeführte Zusammenlegung der früher getrennten Personalreferate für Beamte und Arbeiter. Mit einheitlichen Richtlinien betreut und führt das Personalreferat in seiner seit 1936 endgültig bestehenden organisatorischen Form das gesamte Stadtpersonal. Der Vollzug des Gesetzes zur Wiederherstellung des Berufsbeamtentums sicherte die Einheitlichkeit und Zuverlässigkeit des gesamten Personals im Sinne des nationalsozialistischen Staatsgedankens. Die Wiederbelebung der Wirtschaft verursachte fast schlagartig eine solche Arbeitsmehrung, daß wesentliche Neueinstellungen erfolgen konnten. Während am 1. März 1933 die Stadt 14946 Beamte, Angestellte und Arbeiter beschäftigte, stieg die Zahl bis zum 31. März 1937 auf 16305. Kriegsbeschädigte und Kriegerwaisen sowie alte Kämpfer der Bewegung dabei besonders zu berücksichtigen, empfand die Stadtverwaltung als Ehrenpflicht. [...] Die Rückkehr von der 42-Stunden-Woche zur 48-Stunden-Woche brachte den städtischen Arbeitern eine nicht unerhebliche Verbesserung der Lohnverhältnisse. Die Gewährung einer Treueprämie und einer Weihnachtsspende wurde eingeführt. Die Kinder der städtischen Arbeiter bedachte man in der Weihnachtszeit mit Geschenken und gewährte im übrigen den Arbeitern wie den Beamten und Angestellten der unteren Besoldungsgruppen reichliche Zuschüsse für KdF.-Fahrten, Betriebsgemeinschaftsfahrten und Sonderveranstaltungen. [...]

Reichs-, Staats- und Parteibauten

Als erster hat der Führer selbst München ein neues Gesicht gegeben. Er schuf das Mahnmal an der Feldherrnhalle, das Haus der Deutschen Kunst; er ließ den Königsplatz neu gestalten, die Ehrentempel, den gewaltigen Führerbau und das Verwaltungsgebäude der Partei, die Reichszeugmeisterei und den Reichsautobahnhof erstehen. Er gab Auftrag zum Bau des Hauses des Deutschen Rechts, der deutschen Ärzteschaft, des Reichsnährstandes und zur Erneuerung der Häuserflucht an der Karlstraße, in der die Reichsleitung der NSDAP. untergebracht ist. Auf seinen Wunsch entstand an Stelle des unschönen Platzes beim alten Glaspalast das Restaurationsgebäude, der Ausstellungspavillon und davor der herrliche Park mit dem Neptunbrunnen. Am Kleinhesseloher See wurde wie ein Schlößchen inmitten von Grün und Bäumen das neue Restaurant errichtet. Mit dem Umbau des Prinz-Karl-Palais erhielt die Prinzregentenstraße und die Umgebung des Hauses der Deutschen Kunst den wirkungsvollen Abschluß. Das vom Alter stark mitgenommene Maximilianeum bekrönt heute erneuert das rechte Isarufer. Nach dem fast vollendeten Umbau des Gärtnerplatztheaters wird München wieder eine ständige Operettenbühne besitzen.

Die neuen Bahnsteiganlagen am Ostbahnhof in ihrem Zusammenklang von Schönheit und Zweckmäßigkeit werden der Bedeutung dieses Bahnhofs endlich gerecht. Von den zahlreichen Um- und Neubauten, die das Stadtbild wesentlich beeinflussen, seien noch das Landesfinanzamt und das Franz-Josef-Stift erwähnt.

Die Stadtverwaltung hat zu einem Teil dieser großen Bauten,

so zum Haus der Deutschen Kunst, zur Ausgestaltung des Königsplatzes, zu den neuen Anlagen beim früheren Glaspalast und zum Haus des Deutschen Rechts wesentliche Beträge beigesteuert.

Hitler als Bauherr

Albert Speer

Alle zwei bis drei Wochen fuhr Hitler nach München; immer öfter nahm er mich auf diese Reisen mit. Nach der Ankunft begab er sich meist direkt vom Bahnhof ins Atelier von Professor Troost. Schon unterwegs im Zug pflegte er sich lebhaft darüber zu äußern, was der »Professor« an Zeichnungen fertiggestellt haben werde: »Den Erdgeschoß-Grundriß vom ›Haus der Kunst‹ wird er wohl geändert haben. Es waren da einige Verbesserungen zu machen... Ob die Details zum Speisesaal schon entworfen sind? Und dann werden wir vielleicht die Skizzen für die Skulpturen von Wackerle zu sehen bekommen.«

Das Atelier lag in einem verwahrlosten Hinterhof der Theresienstraße, unweit der Technischen Hochschule. In einem kahlen Treppenhaus, das seit Jahren nicht gestrichen war, ging es zwei Treppen hoch; Troost, seines Standes bewußt, kam Hitler nie auf der Treppe entgegen, geleitete ihn auch nie die Treppe hinunter. Hitler begrüßte ihn im Vorraum: »Ich kann es gar nicht abwarten, Herr Professor! Zeigen Sie, was gibt es Neues.« Und schon waren wir, Hitler und ich, im Arbeitsraum, wo Troost ihm, selbstsicher und zurückhaltend wie immer, seine Pläne und Ideenskizzen zeigte. Es ging dem ersten Architekten Hitlers jedoch nicht besser als später mir: Hitler ließ sich seine Begeisterung selten anmerken.

Danach wurden von der »Frau Professor« Farbmuster von Stoffen und Wandtönen für die Räume des Münchner »Führerbaus« vorgeführt, dezent und raffiniert aufeinander abgestimmt, eigentlich viel zu zurückhaltend für Hitlers auf Effekte gerichteten Geschmack. Aber es gefiel ihm. Die bürgerlich ausgewogene Atmosphäre, die damals in der reichen Gesellschaft Mode war, sprach ihn in ihrem dezenten Luxus sichtlich an. Es vergingen stets zwei oder mehr Stunden; dann verabschiedete sich Hitler kurz, aber sehr herzlich, um dann erst in seine eigene Wohnung zu fahren. Zu mir noch schnell: »Aber zum Mittagessen in der Osteria.«

Zur üblichen Zeit, um etwa halb drei, fuhr ich zur »Osteria Bavaria«, einem kleinen Künstlerrestaurant, das zu einem unerwarteten Ruf kam, als es Hitlers Stammlokal wurde. Hier hätte man sich eine Künstlerrunde um Lenbach oder Stuck, mit langen Haartrachten und gewaltigen Bärten, eher vorstellen können, als Hitler mit seiner korrekt gekleideten oder uniformierten Umgebung. In der Osteria fühlte er sich wohl, als »verhinderter Künstler« gefiel ihm offensichtlich das von ihm einst angestrebte und nun endgültig zugleich verpaßte und überholte Milieu.

Nicht selten mußte der begrenzte Kreis der Eingeladenen stundenlang auf Hitler warten: ein Adjutant, der Gauleiter von Bayern, Wagner, falls er seinen Rausch ausgeschlafen hatte, natürlich sein ständiger Begleiter und Hoffotograf Hofmann, der um diese Zeit manchmal schon leicht alkoholisiert war, sehr oft die sympathische Lady Mitford, mitunter, wenn auch nur selten, ein Maler oder ein Bildhauer. Dann noch Dr. Dietrich, der Reichspressechef und stets Martin Bormann, der überaus unscheinbar wirkende Sekretär von Rudolf Hess. Auf der Straße warteten einige hundert Menschen, denen unsere Gegenwart genügte, um zu wissen, daß »er« komme.

Lauter Jubel draußen: Hitler steuerte auf unsere Stammecke zu, die nach einer Seite mit einer halbhohen Wand abgeschirmt war; bei gutem Wetter saßen wir in dem kleinen Hof mit der Andeutung einer Laube. Der Wirt und die beiden Serviererinnen wurden jovial begrüßt: »Was gibt's heute Gutes? Ravioli? Wenn sie nur nicht so gut schmecken täten. Es ist zu verführerisch!« Hitler schnalzte mit den Fingern: »Es wäre ja alles schön bei

38 *»Einmarsch der alten Kämpfer auf dem Königsplatz zum ›Letzten Appell‹ am 9. November 1935«*

Ihnen, Herr Deutelmoser, aber meine Linie! Sie vergessen, daß der Führer nicht essen kann, was er möchte.« Daraufhin studierte er lange die Speisekarte und wählte Ravioli.

Die Vernehmung

Josef Müller

In den Vormittagsstunden des 9. Februar 1934 läuteten an meiner Kanzlei am Amiraplatz zwei Herren. Es waren Beamte der Bayerischen Politischen Polizei, wie sie damals noch hieß. Sie forderten mich auf mitzukommen und brachten mich zu ihrem Hauptquartier, dem Wittelsbacher-Palais. In diesem Haus, dem früheren Sozialministerium, hatten die Nazis Gefängniszellen für »Politische« eingebaut, und bald sollte dieses Haus einen ähnlich schlimmen Ruf bekommen wie die Zentrale der Gestapo in Berlin, das Reichssicherheitshauptamt in der Prinz-Albrecht-Straße. Ich wurde in das Zimmer von Heinrich Müller gebracht. Er war schon vor 1933 Polizeibeamter gewesen, und zwar hatte er die spezielle Aufgabe gehabt, die NSDAP zu beobachten. Als dann Heinrich Himmler Chef der Polizei wurde, stellte er Heinrich Müller in seine Dienste; vielleicht weil ihm dessen Erfahrungen nützlich sein konnten, vielleicht auch, weil Heinrich Müller schon vor der »Machtergreifung« mit den Nazis konspirierte. Er spielte später im Reichssicherheitshauptamt eine führende Rolle und erhielt den bezeichnenden Namen »Gestapo-Müller«, seine Brutalität wurde ihm geradezu zur zweiten Natur.

»Sie sind angeklagt wegen eines hochverräterischen Komplotts«, begann er meine Vernehmung, »und sie wissen, daß bei uns darauf die Todesstrafe steht.«

Dann hielt er mir vor, daß ich Kardinal Faulhaber berate, doch ich sagte ihm, daß ich Faulhaber seit Jahren nicht mehr gesehen hätte. »Aber Sie duzen sich doch?« fragte Müller weiter.

Da erklärte ich ihm, daß Faulhaber und ich Kartellbrüder aus dem gleichen Studentenverband seien und daß mir der Erzbischof vor Jahren einmal das »Du« angeboten und daß ich dies als eine Ehre empfunden habe. Ob er es heute noch durchhalte, wisse ich nicht, schließlich hätte ich ihn seit einer Ewigkeit nicht mehr gesehen.

Heinrich Müller schaute mich mißtrauisch an. Ich rutschte auf meinem Stuhl hin und her, als ob ich unsicher würde. »Darf ich mich berichtigen?« fragte ich, »ich möchte ganz korrekt sein – ich habe den Kardinal doch gesehen!«

Natürlich wollte er sofort wissen, wo das gewesen sei. Mit todernster Miene sagte ich: »Beim Gottesdienst, in der Kirche! Aber gesprochen habe ich bestimmt nicht mit ihm.«

Er winkte verärgert ab und kam auf Domkapitular Neuhäusler zu sprechen, den politischen Referenten des Kardinals, mit dem ich mich nahezu jeden Tag treffen würde. Ich erklärte ihm, daß mich Neuhäusler abends häufig in meinem Büro abhole und daß wir dann gemeinsam durch den Englischen Garten nach Hause gingen.

Meine Vernehmung zog sich noch den ganzen Nachmittag über hin, aber ich merkte schon, daß der Ton etwas verbindlicher geworden war. Heinrich Müller und im Hintergrund Heinrich Himmler mußten erkannt haben, daß aus mir nichts herauszubringen war.

Ella

Herbert Achternbusch

Bloß in Ding da wo ich, das weiß ich jetzt nicht mehr, wo das gewesen ist in welchen Jahrgang das gewesen ist. Das ist ja wurscht welcher Jahrgang das gewesen ist. Das weiß ich noch wie ich von Zwiefalten zu der Lena kommen bin in den Hühnerstall da. Unten im Keller, das weiß ich nicht mehr. Ich habe unten geschlafen. Oben droben war so ein Mas ein

Mansardenzimmer im alten Haus. Der Lehrer Weiß hat immer gesagt: Mein ist sie so ein braves Mädchen. Ist sie die Bravste von der ganzen Ding, hat er immer gesagt, das war ein älterer Herr schon. Bin ich allweil durchgerutscht allweil durchgerutscht. Ich bin schon nicht sitzen blieben, aber trotzdem hat er gesagt, das soll man nicht machen, daß man das Kind so schlägt. Und warum wird die immer so geschlagen? Da war ich wie alt war ich denn da siebzehn oder achtzehn Jahr da hat er mich dermaßen geschlagen, daß ich direkt Striemen ganz wie fingerdick am Arsch und hinten da gehabt habe. Und ein blaues Auge. Da. Weil er mich nicht mögen hat. Erstens hat er mich nicht mögen und zweitens habe ich nicht abgespült gehabt. Weil ich, ich bin einfach stur geworden vor lauter Schlagen, weil ich habe einfach nicht mehr mögen, weil er mich einfach, wenn, ich hab mir eh denkt. Der hat schon eine Kraft gehabt mein Lieber. Das war im Wohnzimmer, das war im Wohnzimmer und da habe ich die Fenster aufgerissen verstehst, und bin von der Dachrinne nuntergerutscht zu derer Frau. Daß die Mutter und Ding die Frau hat gesagt: Um Gottes Willen! Was tust du denn was tust du denn, wie hat dich der zusammengerichtet! Die ist nachher hinauf und hat gesagt. Gell also Herr das geht fein nicht. Ich war ganz blau. Geschrien habe ich so viel und vor lauter Verzweiflung bin ich da hinunter. Das war ihm scheißwurscht. Der hat mich nicht mögen. Der hat mich. Wie ich auf die Welt kommen bin hat die Mutter gesagt, kruzifix, hat er gesagt, schon wieder ein Mädchen. Als wenn ich was dafürkönnte! Mein ganzes Leben. Du kannst dir denken. Mein ganzes Leben ist von Jugend auf schon verflucht. Nach sind wir zwei oder drei Mädchen gewesen da war der Krieg schon aus. Und da haben wir bei Feldafing oder wo das jetzt gewesen ist, sind da die Neger einquartiert gewesen und da haben wir uns rangemacht bloß wegem Fressen und da hat mir einer den Sifilis angehängt im dritten Grad, im höchsten Grad und geschlechtskrank war ich. Da bin ich zu der Lena und dann bin ich bei ihr gewesen und da hat sie gesagt ist immer größer geworden mein ganzes Gesicht also voll eitriger Batzen voll eitriger Plätzen voll eitriger Plätzen. Das ganze Gesicht das ganze Gesicht voll und da runter, ich glaube die Hände auch noch und dann bin ich hineingekommen in die Dietlindenstraß und da hat meine Schwester gesagt also die ist mit mir die Lena hat mich aufgenommen ist mit mir hat sie gesagt: Was hast du denn? was hast du denn, gehen wir gleich hinein. Die hat gleich gewußt, daß ich da das habe. Die ist mit mir in die Dietlindenstraß nein. Nach haben mich die Leute so angeschaut, nach hat sie zu den Leuten gesagt: Was schaut ihr so deppert, schaut nicht so. Hat sie gesagt: Schaug umi, daß dich die Leute nicht immer so anschaun können. Die haben mich immer angeschaut, weil ich voller Ding! Eins nach dem anderen voll Eiter und Zeug bis da aber. Bis daher und am Körper und die Hände voller also ich war schon im höchsten Grad war schon im höchsten Grad. Hat mich der Neger da angesteckt. Sind wir hingegangen und die haben uns immer was zum Essen geben. Nachher bin ich fort, weil ich mich so schlecht gefühlt habe. Und ich hab gesagt: Ich weiß es nicht ich weiß es nicht. Nach hat meine Schwester gesagt: Ja dann gehen wir halt da hinein in die Dietlindenstraße. Und von der Dietlindenstraß hat mich meine Schwester wieder aufgenommen. Dann bin ich auch wieder davon. Da kannst es nicht aushalten in dem Hühnerstall. Und da bin ich bei dem Mannsbild da gelandet da, der hat im Englischen Garten da drunten gearbeitet und der hat Meier geheißen, Alfons Meier hat der geheißen und der hat mir ein Kind angehängt die Barbara, nein, nein, das war nämlich so: Wie ich bei der Lena da war da hat mich doch der Michl hat mir doch das Kind angehängt, die Barbara. Das war vorher vor der Dietlindenstraß und entbunden habe ich in Ding, in der Maria-Ward-Straß, das ist visavis links von der Isar ist ein Krankenhaus gewesen da habe ich entbunden, das war unter der Kriegszeit noch. Da hat mich der SS-Mann der Stabsarzt, hat er gesagt, Mädchen hat er gesagt, du bist ja so nervös, dich schick ich in Erholung, da war ich in Bad Wiessee da war ich laaang draußen war ich und die Barbara war auch dabei da die Kleine habe ich noch im Wickelkissen gehabt.

39 *Olaf Gulbransson, Plakat zum Faschingsfest der Münchner Kunstakademien, 1936*

Tag der deutschen Kunst

Curt Hohoff

Ein riesiger Festzug zog unter dem Julihimmel Münchens an uns vorbei. Musikkapellen, Volksgruppen, Fahnenschwinger, Wagenbühnen mit Orgeln, Wappen, Stadttoren, Schreinen, getragene Embleme unter Baldachinen, Reiter und Ritter, die Idole unserer Geschichte von Hermann dem Befreier bis Adolf Hitler, die Länder Böhmen und Mähren, das Memelland, die Saar; ein Wagen, riesig aufgebaut, stellte die Stadt Prag dar, dann die Herrlichkeiten von Königsberg, Köln, Wien, Innsbruck, Uta von Naumburg, der Bamberger Reiter: Es war die Schau zum Tag der deutschen Kunst. Sie verstanden nämlich Feste zu arrangieren. Sie hatten den ersten Mai, den Tag der für ihre Feier nicht bezahlten Arbeiter, zum Tag bezahlter Volksgemeinschaft gemacht. Der erste Mai als Staatsfeiertag und der Tag der Kunst in München waren Volksfeste mit Opern, Balletten, Schauspiel, Konzerten und Künstlerfesten. [...]

An der Isar aufgestellt, bewegte sich der Zug mit Tausenden von prächtig gekleideten Fußgängern, Wagen und Reitern zum Odeonsplatz, wo der Führer, unter einem riesigroten Baldachin, neben dem Denkmal des Königs, den Zug erwarten sollte. Herolde, Musiker, Tänzer, Bläser, ein Trupp von Landsknechten aus den böhmischen Wäldern, Musikkapellen der Partei, des Heeres, der städtischen Straßenbahnen und der Feuerwehr, die Embleme der Länder und Städte, Symbolgestalten von kaum entzifferbarer Bedeutung, winkende Heroinnen auf Tragsesseln, die Ausdehnung des *Reiches* von Spanien bis zum Baltikum, von Dänemark bis Sizilien, aber auch Mozart und Richard Wagner: all das wurde unter den Klängen von militärischer und klassischer Musik vorgeführt und hielt einem Gewitter stand. Meine Nerven waren Vorführungen dieser Art nicht recht gewachsen. Ich ärgerte mich, daß die Welt, die ich liebte, die römische, germanisiert war und die christliche unterschlagen wurde. Die

Fahnen und Girlanden prostituierten das Hakenkreuz. Ich ging in den Hofgarten und las Stifters *Nachsommer,* wo die Leidenschaften gestillt sind.

Die festlichen Anlässe des Systems boten auch den Ungewillten und Widerwilligen ihre Aspekte dar. Warum sollte man sich nicht die *Arabella* im Nationaltheater oder den *Prinzen von Homburg* in den Kammerspielen ansehen? Der Englische Garten war für ein riesiges Fest freigegeben worden. Es begann auf einer hinter dem Haus der Deutschen Kunst errichteten Bühne und reichte über *Altmünchen* am Chinesischen Turm zu einem Fest auf dem Kleinhesseloher See unter dem Motto der *Geburt der Venus:* Ein Schiff trug, Botticelli nachgemacht, eine Muschel mit der Liebesgöttin. Andere Feste gab es in den Höfen der Residenz, auf dem Wittelsbacherplatz, dem Gärtnerplatz, Marienplatz und im Deutschen Museum: die Stadt als ein Lusthaus der Künste.

Entartete Kunst

Kieler Neueste Nachrichten

Der Präsident der Reichskammer der bildenden Künste, Prof. *Ziegler,* eröffnete am Montag in München die Ausstellung *»Entartete Kunst«,* die eine Sammlung kulturbolschewistischer Scheußlichkeiten enthält.

Mit Erschütterung konnten sich die Kunstschriftleiter der deutschen und ausländischen Presse, die vor der Eröffnung der Ausstellung an einer Vorbesichtigung teilnahmen, davon überzeugen, welche *verantwortungslose Vergeudung von Steuergroschen* arbeitender deutscher Volksgenossen mit dem Ankauf derartiger »Kunstwerke« getrieben wurde. Geradezu phantastische Schmierereien sind früher zu ungeheuren Preisen von staatlichen Museen angekauft worden.

Gläubige Christen sehen in der ersten Abteilung mit Abscheu, wie weit diese Frechheit ging, mit welcher stammelnden Primitivität unter der Herrschaft des Zentrums die *christlichen Symbole verhöhnt* werden konnten. Dem *Frontsoldaten* aber wird das Blut in Wallung geraten angesichts von Machwerken, die das deutsche Soldatentum und das Fronterlebnis dreist besudeln. In einer anderen Abteilung offenbaren sich die *jüdische Rassenseele* unverkennbar mit typischen Beispielen ebenso wie die Versuche, den Neger in Deutschland zum Rassenideal einer entarteten Kunst zu stempeln, oder die *deutsche Mutter als Dirne oder Urweib* darzustellen.

[...]

Im einzelnen sind zu sehen: Nolde, Heckel, Kirchner, Marc, Pechstein, Beckmann, Kokoschka, Kandinsky, Rohlfs, Schmidt-Rottluf, Adler, Schagall, Katz, Feininger, Otto Müller, Hofer, George Groß, Kampendonck, Paula Modersohn, Klee, Otto Dix und Molzahn.

Bei aller Erschütterung und bei allem Ekel, der die Besucher überkommt, wird man diese Schau aber auch verlassen mit einem Gefühl der Befreiung, das man bei der Anprangerung dieser Mißhandlung deutscher Kunst gewinnt. Man wird hinübergehen in das neue schöne Haus der deutschen Kunst und wird sich dort erfreuen an den Werken ehrlicher, anständiger deutscher Künstler.

Radikale Säuberung in deutschen Museen angekündigt

Adolf Ziegler

Wir alle stehen noch unter dem tiefen Eindruck der großen Feierlichkeiten in München, die mit der Einweihung des Hauses der Deutschen Kunst verbunden waren. Alles was Meister an Werten und Werken der bildenden Kunst geschaffen haben, ist nun in dieser einzigartigen Schau, in dem neuen herrlichen Tempel der deutschen Kunst dem Volke dargeboten.

Bevor wir aber, wir deutschen Künstler und Volksgenossen, nach diesen Tagen München wieder verlassen, haben wir noch eine traurige Pflicht zu erfüllen, nämlich, dem deutschen Volke auch vor Augen zu führen, daß bis noch vor nicht allzu langer Zeit Kräfte maßgeblichen Einfluß auf das Kunstschaffen nahmen, die in der Kunst nicht eine natürliche und klare Lebensäußerung sahen, sondern bewußt auf das Gesunde verzichteten und alles Kranke und Entartete pflegten und als höchste Offenbarung priesen.

Carl Orff

Rudolf Hartmann

Nach langen vorbereitenden Gesprächen und Verhandlungen entschloß sich Krauss zur Annahme eines neuen Werkes des Münchner Komponisten Carl Orff, der im Juni 1937 mit seinen ›Carmina burana‹ in Frankfurt Aufsehen erregt hatte. Die Begegnung mit ihm und die Arbeit am ›Mond‹ waren der Beginn unserer jahrzehntelangen persönlichen Verbindung. Ich erinnere mich noch genau meiner ersten Unterredung mit ihm, bei der er höchst phantasievoll seine Vorstellung vom Bild, vom szenischen Geschehen, entwickelte. Diese lebendige Beziehung zu allem, was die Bühne an Möglichkeiten, an bekannten und neu zu erfindenden, zu bieten hatte, verlor er auch später nie, und aus dieser Gestaltungskraft erklärt sich auch die faszinierende Wirkung, wenn er, selbst vorlesend, ein Werk interpretiert. Wer ihn einmal erlebt hat, etwa mit ›Astutuli‹ oder mit Szenen aus der ›Bernauerin‹, wird verstehen, daß ich ihn als einen Sonderfall unter den Autoren, denen ich begegnete, bezeichnen möchte. Er war nie mißtrauisch oder pedantisch hinsichtlich der Erfüllung seiner szenischen Vorschriften, immer aufnahmebereit; kameradschaftlich freute er sich über jede neue Anregung. Krauss leitete die Uraufführung mit großer Gewissenhaftigkeit, obwohl ihm diese Musik im Grunde wesensfremd war. Sievert, der schon in Frankfurt die ›Carmina burana‹ ausgestattet hatte, übernahm die Szene.

Das neue Werk wurde vom Publikum etwas verdutzt, zwar mit großem Beifall, aber auch vereinzeltem Widerspruch (ordinäre »Buh«-Schreier gab es noch nicht) aufgenommen. Für Orff war es ein Markstein in seiner weiteren Entwicklung; die Äußerungen einiger maßgeblicher Kritiker mögen dies erhärten. So schrieb Edwin van der Nüll in der ›BZ am Mittag‹, Berlin: »Orff, ein kühner Geist unserer Zeit, hat dieses Märchen in einer Weise bühnenfähig gemacht, die einfach bezaubert... ›Der Mond‹ ist keine Oper... Was es eigentlich ist? Wenn man will: musikalisches Theater... aus einem verwickelten geistesgeschichtlichen Prozeß, der Sage, Märchen, Tanz, Lied und Höchstleistung einzelner Geister umfaßt, springt ein Werk wie dieser ›Mond‹ heraus. So *fertig,* so *vollkommen,* wie nur ein Meisterstück sein kann...«

Karl Ude meinte in der ›Berliner Börsenzeitung‹: »... läßt sich auch nicht verschweigen, daß ›Der Mond‹ in manchem mehr Programm als geglückte Ausführung ist und daß die Stimmung des Münchner Premierenpublikums ein paarmal ins Verlachen umzuschlagen drohte, so ist doch zuzugeben, daß Carl Orff allein schon darum Beachtung und Förderung verdient, weil er so unerschrocken nach Neuland sucht und in einzelnem sogar schon zu den Findern zählt...«

K. H. Ruppel in der ›Kölnischen Zeitung‹ äußerte: »... nun ist auch die Münchner Staatsoper mit einer Uraufführung hervorgetreten, die der Erörterung über das Stilproblem der zeitgenössischen Oper neuen Auftrieb geben wird. Es ist stets zu begrüßen, daß gerade München mit auf den Plan tritt – München, dessen Opernpublikum sich nicht leicht für Neues gewinnen läßt und besonders dann nicht, wenn der, der es macht, selbst Münchner ist. (Diese Einstellung hat Strauss schon seinerzeit mit seiner an Anspielungen und Vexierereien reichen ›Feuersnot‹ quittiert.)... Carl Orff... hat mit seinem Einakter ›Der Mond‹ einen glänzenden Erfolg in seiner Vaterstadt errungen... Der Beifall setzte rauschend ein und steigerte sich zu Ovationen, als Carl Orff auf der Bühne erschien.«

Die völlig ungewohnten Formprobleme beschäftigten Krauss und mich sehr intensiv. Er meinte, ich müsse das viermalige Begräbnis in seiner doch makabren Wirkung stark abmindern und die zum Scheinleben erwachenden Toten in ihrer Erscheinung und ihrem Gehabe menschlich belassen, nicht zu abschrekkend gestalten. Er hatte für die damalige Zeit, in der der Krieg vor der Tür stand, völlig recht. Ich befolgte seinen Rat, und daher mag es kommen, daß Ruppel noch »opernhafte« Züge entdeckte, die ihm im Widerspruch zu Orffs Konzept zu stehen schienen. Sicherlich lassen sich die Schaurigkeiten des »Unter-der-Erde-Seins«, das Grausige und Beängstigende, in schonungsloser Vision gestalten. Mir war die wohl hintergründig gezeichnete, aber mit einem gütigen Verstehen für alles Menschliche gestaltete Figur des Petrus und ihre musikalische Formung maßgeblich. Das altbayrische Element, das so viel versöhnliche und tröstliche Philosophie enthält, die naiv-kindliche Vorstellung, daß auch das Jenseits sich in den vertrauten menschlichen Gewohnheiten abspielen wird, daß der Tod nur ein längerer Schlaf zum Ausruhen ist, sollte betont bleiben in nachbarlicher Beziehung zu den klassischen Altbayern Alois Hingerl (Ludwig Thoma), dem Brandner-Kaspar, der ins Paradies schaut (von Josef Maria Lutz nach Kobell), und anderen liebenswerten Figuren der weißblau gerauteten Volksdichtung. Petrus wurde von Paul Bender, einem Idol meiner Opernjugendzeit, verkörpert. Die Arbeit mit ihm, der stets eine großartige Disziplin bewies, war eine geheime Freude für mich.

München grüßt den Schöpfer Großdeutschlands

Jubel und Dank

E. Hr.

Heute wäre Festtag in München, auch wenn die Stadt nicht beflaggt wäre und geschmückt, denn der Führer kommt, nachdem er von Ost nach West, von Nord nach Süd das Reich durchzogen hat, überall mit jubelndem Dank empfangen, in Königsberg, in Berlin, Hamburg, Köln, Frankfurt, Stuttgart, und bevor er den Boden seiner österreichischen Heimat am Sonntag betritt, um in der Grenzmarkstadt Graz zu sprechen, macht er Halt, in der treuen Hauptstadt der Bewegung will er sein Volk sehen, das auf allen Straßen und Gassen eilt, ihn zu grüßen. Der Gauleiter hat mit herzlichen Worten Stadt und Land, München und Bayern aufgerufen, dem Führer heute heißen Dank zu sagen in einer feierlichen Kundgebung der Schönheit, die würdig ist der Stadt der deutschen Kunst. Die Flaggen wehen von Giebeln und Toren, Häuser hüllten sich in Grün, auf der Theresienwiese flattern Fahnen und Wimpel, auf Säulen werden Feuer in die Nacht glühen, Scheinwerfer werden das Dunkel erhellen zum Tag, wie wir selbst aus der Finsternis stiegen zum Licht. Diesmal grüßen wir nicht nur den Führer der Nation, wir grüßen besonders den Mehrer und Schöpfer des Großen Deutschlands, der unser schönes, teures Nachbarland Österreich mit dem Reiche auf immer vereinigt hat.

Von unseren Bergen, in denen wir Münchner mit dem Führer wie zu Hause sind, mag er oft hinübergeschaut haben gen den Untersberg, nach dem Tennengebirge, zur Hohensalzburg, des Tages harrend, da er auch diesem deutschen Lande Freiheit, Glück und Größe bringen könnte. Es war unser Traum, es war sein Wille, sie sind erfüllt. Wir brauchen uns in München der Herzensrührung nicht zu schämen, wir haben den Pulsschlag der Ostmark am nächsten verspürt, die wir der Österreicher Nachbarn und Stammesgenossen sind. Einst hat das bayerische Herzogtum weit an der Donau sich gedehnt, noch steht in Tulln die alte Burg, ins Steirerland und nach Kärnten hinein; heute aber reicht die Grenze bis zur ungarischen Pußta, den Karawanken und Dolomiten, der königliche Großglockner hält Wacht in Schnee und Eis, über das heilige Landl wehen Hakenkreuzfahnen, und alle umspannt das mächtige Reich. Wir müssen in München jetzt lernen, daß unsere Stadt durch die Tat des Führers neuen Raum und Einfluß gewonnen hat, daß sie nun inmitten des Südens, an der Ostmark liegt, daß über sie die beherrschenden Straßen führen, die das Reich mit Europa verbinden, die Wasser der grünen Isar fließen im Schoße der blauen Donau geborgen bis ins Ungarland hinein, und unsere Gedanken fließen von München mit bis zur Schwesterstadt Wien. [...]

Wir haben in München das Werk des Führers im Ursprung kennengelernt, das neue München selbst ist ja sein Werk, in Friede und Fröhlichkeit aus unserer Natur geschaffen, der Führer ist besorgt, sein München zu verschönen und zu erhöhen, doch wir wollen nicht rechnen, was wir gewonnen haben in München, wir lassen unsere Herzen sprechen, es wird die rechte Sprache sein. Der Führer ist ein Österreicher, er hat seine Heimat nicht vergessen und seine Heimat nicht ihn, er ist aber auch ein Münchner, darauf sind wir stolz, er vergißt München nicht und die Münchner hängen an ihm, weil sie um seine Verbundenheit mit unserer Stadt wissen. Im edlen Wettstreit der Nation, der größten deutschen Städte, muß die Hauptstadt der Bewegung in vorderster Reihe stehen, es muß in München ein einziges, ein volles Ja sein, niemand darf fehlen, wer wollte zu Hause bleiben, wer zur Einigung Österreichs mit dem Reiche, zur endlichen Einigkeit der Deutschen, zu einer großen Freude nicht Ja sagen? Dieser Stimmzettel, dieses leichte Stück Papier, muß ein Beweisstück werden, so gültig und schwer, daß es jedes Zaudern, jeden Zweifel erdrückt, denn von einem Nein wird überhaupt nicht die Rede sein. Die Abstimmung wäre gewiß nicht nötig, sie ist schon vollzogen, wir aber wollen einmal der Welt beweisen, wie einig wir sind, und was wir dann wert sind. In München hat die Bewegung gekämpft, gesiegt, gearbeitet, die Früchte dieser Arbeit sind reif. Es mag sein, daß der Münchner eine neue Idee zunächst vorsichtig und bedächtig aufnimmt, aber wenn er darauf geschworen hat, dann kann man sich auf ihn verlassen. Die Idee der Bewegung hat er mit Begeisterung und mit Hingabe erwählt. Ein frecher Schreiberling hat München in der Systemzeit einmal die dümmste Stadt Europas genannt, es war damals eine hohe Ehre, aus solchem Maule beschimpft zu werden. München war aber die gescheiteste Stadt in jenen Tagen gewesen, hier wurde des Führers Größe, seiner Mannen Treue und Mut, die ganze Idee seiner Bewegung zuerst erkannt. Das wollen wir heute nicht als Vorzug betrachten, sondern als Verpflichtung. In dieser gescheiten Stadt wird gescheit abgestimmt! So viel Stimmen, so viel Wähler, so viele Ja! Und heute schon soll der Führer wissen, daß am Tage der Entscheidung die Stadt seiner Bewegung sich bewähren wird.

Münchner, Bayern, Männer, Frauen, Alt und Jung, hinaus zum Empfang, es ist ein Freudentag, die Sonne lacht! Den Führer empfängt die Hauptstadt der Bewegung, ein einziger Dank, ein Dank von Hunderttausenden heißt ihn jubelnd, überschäumend willkommen!

Das Münchner Abkommen

Curt Hohoff

Kurze Zeit, nachdem ich wieder nach München gekommen war, wurde die Stadt gereinigt und geschminkt. Sie prunkte im Festkleid. Die Prinzregentenstraße war auf beiden Seiten mit Fahnenmasten besteckt, und an ihnen wehten die englischen, französischen, italienischen und deutschen Farben. Am 29. September empfing der Führer den Duce von Italien und die Premierminister von England und Frankreich. Ich sah die Herren

Chamberlain und Daladier, den Engländer hochaufgerichtet mit seinem Regenschirm, den Franzosen grau und verschreckt, und hinter ihnen Mussolini in einer prächtigen breitschultrigen Uniform und Hitler in dem hellbraunen Sakko seiner Partei: Die starken Männer Europas hatten sich über den Untergang der Tschechoslowakei verständigt. Die Welt applaudierte.

Kaum waren die Flugzeuge mit den Gästen in der Luft, am nächsten Vormittag, besetzten die deutschen Truppen die sudetendeutschen Gebiete. Eine sonderbar gemischte Stimmung bemächtigte sich des Volkes, ein Gemisch von Begeisterung und Entsetzen. Hitler war der einzige Staatsmann in Europa, der zu handeln verstand.

Am Abend traf ich Britting. [...]

Das Radio lief und lief. Diese Tschechen! sagte Britting. Kein Schuß ist gefallen! Wenn sie doch wenigstens ein einziges Bataillon hätten kämpfen lassen! Symbolisch sozusagen, symbolisch oder aus Versehen, oder weil ein tapferer Major es befiehlt! – Britting schüttelte den Kopf und wiederholte: Kein einziger Schuß – ein Volk von Schustern und Schneidern. Geschieht ihnen grad recht.

Reichskristallnacht

Bruno E. Werner

Georg entschloß sich, noch etwas durch die Straßen zu laufen. Als er wieder am Künstlerhaus vorbeikam, fuhr ein großer offener Wagen vor, aus dem johlend und lachend fünf SA-Männer sprangen. Einer von ihnen trug eine lange Stange, an der eine Maske mit roter Hakennase und schwarzem Bart gebunden war, während oben eine runde Kappe hing, eine schwarze Samtkappe, wie sie alte Herren gelegentlich zu Hause zu tragen pflegen. »Das war eine Hetz, Karl«, rief der letzte, der sich aus dem Wagen schwang, und schlug seinem Vordermann auf den

Ein Schandfleck verschwindet

Aus verkehrstechnischen Gründen
muß die Synagoge in München abgebrochen werden

40 *»Der Stürmer«, Juni 1938*

Rücken, während die Türen des Künstlerhauses von innen geöffnet wurden, und die Schar den roten Velourläufer betrat. Im gleichen Augenblick sah sich Georg veranlaßt, vor einer zweiten, rasch vorfahrenden schwarzen Limousine zur Seite zu springen. Auf dem Trittbrett stand ein SS-Mann, der zweimal laut »Achtung« rief, worauf vom Vestibül her ein rot gallonierter Portier auf die Straße rannte, dem zwei Diener in den Uniformen der Wach- und Schließgesellschaft folgten. Der SS-Mann riß den Schlag auf. Ein kleiner Herr in einem gelben Trenchcoat sprang aus dem Wagen. Georg sah, wie er, den einen Fuß nachziehend, über den roten Läufer eilte, während im Hintergrund einige SA-Männer auftauchten. Mit dem Ruf »Der Doktor kommt« zogen sie aus einem Nebenraum den Kameraden mit der Stange, an der die Maske und das Käppchen befestigt waren, worauf dieser sich unter dem Kommando »Präsentiert das Gewehr« vor einer breit lachenden und durcheinanderrufenden Gesellschaft brauner Uniformen an das Ende des roten Läufers postierte. Der kleine Herr im Trenchcoat war der gleiche, den Georg mit Anette vor fünf Jahren aus dem Kaiserhof kommen sah, und dem er unterdessen des öfteren begegnet war. Der Mann mit dem hageren dunklen Gesicht, der fliehenden Stirn, dem fliehenden Kinn und den zwei senkrechten Falten auf den Backen. Der Reichsminister für Volksaufklärung und Propaganda. In diesem Augenblick wurden die beiden Flügeltüren von innen geschlossen. Die Straße lag wieder im milchigen Licht der Bogenlampen. Nur hinter dem großen Häuserblock fiel Georg eine flackernde Beleuchtung auf, die die Dächer in ein rotes Licht tauchte. Er hörte das Lärmen einer ausgelassenen Volksmenge. Vermutlich hatte man auf einem der Plätze anläßlich des Führerbesuchs ein Feuerwerk veranstaltet. Zuweilen knisterte und krachte es in der Ferne, und das bengalische Licht wurde von einem deutlichen Zischen begleitet. Das alles gehörte wohl zu München, wo sich jedes Ereignis, mochte es ein Ministerbesuch oder die Eröffnung der großen Kunstausstellung sein, in einen Faschingstrubel für eine schaulustige Menge verwandelte.

Georg war dann weiter durch die nächtlichen Straßen spaziert, deren menschenlose Stille die Worte des Portiers Lügen zu strafen schien. Die alten Gassen dämmerten im Laternenlicht, und die kompakten Türme der Frauenkirche mit den smaragdgrünen Zwiebeln ragten als behaglich vertraute Gebilde in den violetten Nachthimmel. Als Georg die Domfreiheit überschritten hatte, knirschte es unter seinen Füßen. Es war zerbrochenes Glas, das ihn veranlaßte, einen kleinen Bogen zu machen. Er kam an dem großen Schaufenster des Eckladens vorbei und erkannte überrascht, daß die ganze Scheibe fehlte. Sie lag zertrümmert auf dem Trottoir, wie in der Auslage selbst, wo sie in langen, degenartigen Splittern Konservenbüchsen, Flaschen, bedruckte Kartons, Tomatengläser und Attrappen eines Lebensmittelgeschäftes bedeckte. Anscheinend war ein Auto in zu raschem Tempo um die Kurve gefahren und dabei im Schaufenster gelandet. Der Laden lud dazu ein, hineinzusteigen und sich die Taschen vollzupacken. Georg beschloß, einen Schutzmann zu suchen. Ein paar Schritte weiter vernahm er aus der Hauptstraße von neuem lautes Rufen und das Klirren zerbrechender Scheiben. Am Ende der Gasse sah er eine Menschengruppe vor einem Laden stehen, während ein junger Bursche einen großen Stein in den Rest eines Schaufensters schleuderte, um sich dann raschen Schrittes mit zwei anderen Jungens nach dem Marienplatz hin zu entfernen.

»Was ist hier los?« fragte Georg einen alten Mann, der vor einer Haustür stand. Er hielt eine Pfeife mit Porzellankopf in der Hand und trug Filzschuhe. Anscheinend war er ein Hausmeister, den der Lärm auf die Straße gelockt hatte. »Das sehen Sie doch selber, Herr«, sagte der Mann und klopfte vorsichtig seine Pfeife am Mauervorsprung aus, um dann auf Georgs erstauntes Gesicht hin mit dem schwarzen Mundstück auf die Inschrift über dem zertrümmerten Schaufenster zu deuten. Dort stand in blanken Messingbuchstaben der Name »Wertheimer«. Es war ein Schuhgeschäft, und Georg wurde es jetzt klar, daß es hier wie bei dem Lebensmittelgeschäft um eine Demonstration ging. Vor dem Laden hatten sich unterdessen neue Passanten angesammelt. Das eine der beiden Schaufenster war zertrümmert, während das andere oben ein großes Loch zeigte. Eine Art Passage mit hohen gebogenen Spiegelscheiben führte zu einem zurückliegenden Eingang. Vor dem Fenster mit dem Loch stand ein Mann, der vergeblich versuchte, mit dem gebogenen Griff seines Stokkes das dicke Spiegelglas zu zerbrechen. Er gab, um in der Bewegung nicht behindert zu sein, einen über die Schultern hängenden Rucksack seinem Nebenmann, der die neuen Bemühungen seines Freundes durch laute Zurufe begleitete. »Totschlagen die Lumpen. Hin müssen sie werden!«, während der andere mit dem in beiden Händen hochgehobenen Stock solange gegen die Scheibe schlug, bis der Stock zerbrach. Eine Dame neben Georg preßte das Kinn gegen ihren Muff: »Das ist ja furchtbar, furchtbar.« Ihr Begleiter mit spitzem Hamburger Akzent bemerkte mit einem beifallsuchenden Blick zu Georg: »Heller Wahnsinn, nicht?!« Quer über den Fahrdamm kam ein junger Mensch, der einen Pflasterstein in der Hand trug. Er drängte die Passanten beiseite und stieß ihn aus guter Entfernung in die zerberstende Scheibe. Dann stieg er ins Schaufenster, warf eine große Vase, Schuhe und Reitstiefel vor die zurückweichenden Zuschauer und erschien wiederum mit seinem Pflasterstein. Hinter Georg stand eine dicke Frau, der die Tränen herabliefen. »Gibt es denn hier keine Polizei?« fragte Georg, worauf ein Mann neben ihm krampfhaft lachte: »Da können Sie heute bis Augsburg laufen!« »Die haben Befehl, nicht auf die Straße zu gehen«, meinte ein anderer leise. Die dicke weinende Frau hatte einen Kinderschuh aufgehoben und wendete ihn kopfschüttelnd unaufhörlich in der Hand hin und her: »Die Hallodri, die schönen Schuh, diese Hallodri.« Der Herr aus Hamburg hatte den Arm seiner Frau losgelassen und war einen Schritt vorgetreten: »Das ist ja Wahnsinn. Schließlich geht es um deutsches Volksvermögen.« Der Mann mit dem zerbrochenen Stock in der Hand machte kehrt und schritt, mit dem Ellbogen sich Platz schaffend, auf den Herrn zu: »Was, diese Blutsauger noch verteidigen, Sie Judenknecht«, brüllte er. »Erlauben Sie mal«, sagte der Herr mit seinem aufreizenden Tonfall, »das ist grober Unfug«, worauf einer aus der Menge rief: »Der Saupreuß soll sein Maul halten.«

[...]

»Das ist ja organisiert«, sagte Georg, ein Streichholz anzündend. »Danke«, nickte der Portier zwischen ein paar Rauchstößen. Er schleuderte das brennende Streichholz in der Luft aus, setzte einen Filzschuh darauf und stieß zwei Rauchwolken aus: »Glaubt der Herr vielleicht, das wäre die kochende Münchener Volksseele?« Georg erfuhr, daß die Fenster aller jüdischen Geschäfte in dieser Nacht eingeschlagen wurden. Aus der dunklen Haustür traten zwei Männer, von denen der eine mit dem Schlüsselbund in der Hand sichtlich im Haus wohnte und den anderen hinausgeleitete. Sie unterhielten sich mit dem Portier. Der eine war, wie Georg am hochgeschlossenen schwarzen Rock erkannte, ein Geistlicher mit schmalem, rot angelaufenem Gesicht und einer randlosen Brille mit goldenen Bügeln. »Ich habe Gotteshäuser brennen sehen!« rief er, beide Arme vor Erregung in die Luft werfend, »sie zünden die Synagogen an!« »Das in unserem München«, brummte der Portier und blies den Rauch seiner Pfeife wütend vor sich hin. »Kommen Sie gut heim, Hochwürden«, sagte der Mann mit dem Schlüsselbund in der Hand, während der Geistliche an Georg vorbeischritt und vor sich hin murmelte: »Gotteshäuser brennen.«

»Der Herr Pfarrer hat den Schlesinger untergebracht«, erklärte der Hausbewohner dem Portier, und Georg erfuhr aus der Unterhaltung, daß Herr Schlesinger Inhaber eines jüdischen Restaurants sei, das allwöchentlich einmal die Münchener Waisenkinder umsonst gespeist habe. Er vernahm, daß man auch die jüdischen Wohnungen in dieser Nacht stürme und alle Möbel des Herrn Schlesinger auf die Straße geworfen hatte.

[...]

Der Wagen bog in die Giselastraße ein. Georg ließ halten und ging die paar Schritte zum Haus. Das Haus lag schwarz und still wie die ganze Straße. Georg klingelte. Nach einiger Zeit öffnete sich oben ein Fenster, aus dem das Mädchen fragte, wer unten sei. »Ach, Sie sind's, Herr Doktor, ich komme gleich.« Sie erschien wenige Minuten später und schloß die Haustür auf.

»Wie geht's?« fragte Georg unsicher.

»Danke, gut«, sagte das Mädchen erstaunt, »aber die Frau Baronin schläft bereits.«

»So, so, dann will ich nicht stören.«

»Ja, um Gotteswillen, ist denn etwas geschehen? Wollen Sie nicht wenigstens heraufkommen?« fragte Anna unruhig.

»Nein, nein, ich hatte eine Sitzung in der Nähe und habe mich in der Zeit getäuscht. Ich komme morgen. Bestellen Sie herzliche Grüße, und entschuldigen Sie die Nachtstörung.«

Hauptstadt der Bewegung

Robert Krötz

Fast immer sind es Landschaften, Städte, Kristallisationen der Kultur, der Rasse und der Geschichte, aus deren Boden neue, echte Bewegungen hineinwachsen in das Dasein der Lebensgemeinschaften und Völker. Diese Beobachtung bestätigt sich unter unseren Augen an dem Beispiel Münchens, dessen Mauern wie schützende Schalen das Werk Adolf Hitlers bargen, so lange, bis die nationalsozialistische Idee allmächtig geworden war und wie ein Naturereignis über das ganze Reich hinwegging und alle Deutschen entzündete.

Wir sehen heute aus der Höhe der Erfüllung hinab auf die geheiligten Erinnerungen. Vor uns liegt München, angeordnet um die Altäre der Bewegung, wie eine glückliche Insel im Strome der Zeit, die längst vorübergezogen ist an jenen ersten Stationen der deutschen Auferstehung. Die innigen Feiern an den Gedenktagen der Partei, der jährliche Marsch zur Feldherrnhalle und die Versammlungen der Ältesten im Bürgerbräukeller und im Festsaal des alten Hofbräuhauses sind umwittert vom Geheimnis des deutschen Wunders, das vor 20 Jahren in München begann. Der Zauber des Kultischen erfüllt den inneren Sinn dieser traditionellen Begängnisse. Und es ist, als kehre der Führer immer wieder symbolisch zurück an die Schwelle seines Weges, der inzwischen weit über München, die Wiege der neuen Zeit hinausgeführt hat.

[...]

In München stießen die ersten Soldaten des großen Krieges zu Adolf Hitler und traten an gegen den verlorenen Frieden. Es sind nicht die glänzenden Viertel der alten Residenz, in denen die ersten Kapitel dieses neuen Lebens sich abspielten. In Schwabing regieren die Kunstjuden, die satten Bürger. Die bessere Stadt träumt gute, alte Träume. Aber das kleine, heimlich-verwinkelte München hat Raum für seinen großen Sohn. Im Hofbräuhauskeller, im Eberlbräu, im Gasthof »Deutsches Reich« treffen sich die Pioniere der Deutschen Arbeiterpartei und schmieden ihre Pläne. Hitler hat sich längst an die Spitze der Gruppe gestellt. Sein Geist ist es, der München zu bewegen beginnt.

Wir anderen, die wir früher oder später in uns das Echo der jungen Bewegung vernahmen, sahen von Berlin, von Hamburg, von den Städten des Ruhrgebietes aus sehnsüchtig und voller Glauben nach München. Diese Stadt wurde die Mitte all unserer Wünsche und Kämpfe. München und der Führer waren uns eines.

[...]

Dann kam der Sieg. Für das deutsche München war er nur eine Konsequenz am Wege seines Bürgers Adolf Hitler. München ist die Hauptstadt der Bewegung geworden und die alte Liebe, die der Führer seiner Stadt bewahrt, ist nur noch inniger. In München fühlt sich der Führer Großdeutschlands daheim. Man muß ihn einmal gesehen haben, wenn er nach schweren Staatsgeschäften in der »Osteria Bavaria« als stiller Bürger seine Mahlzeit nimmt. Er geht in die Oper, sieht die Operette, verbringt eine freie Stunde im Künstlerhaus, das sein Baugeschmack neu gestaltet hat. Und dann spricht er mit den Architekten und

Baumeistern über das größere München, das über die Ideen der Wittelsbacher hinaus sich erfüllen soll, dessen Prachtstraße das Werk krönen wird und dessen Vororte, verbunden durch ein Netz der U-Bahn, verebben werden an den lachenden Ufern des Starnberger Sees.

[...]

So liegt München nach wie vor an der großen Straße deutschen Lebens. Sein Dasein ist überglänzt von der hohen Tradition, die diese deutsche und nationalsozialistische Stadt trägt. Seine lebendigen, tätigen Impulse für das gesamtdeutsche Leben aber strömen unversiegbar aus der Liebe des Führers, der München in schwerster Zeit zu seiner Wahlheimat erkoren hat. Und Heimat des Menschen, Künstlers und Politikers und Feldherrn Adolf Hitler zu sein, das ist eine Auszeichnung, deren sich nur eine Stadt, München, rühmen kann. Bald wird diese Auszeichnung, dieser innere Vorzug sich verwirklichen in steinerner Geltung, wird München hinauswachsen über seinen heutigen Bereich und die Umwelt wird nicht nur fühlen, sondern mit den Händen greifen können, daß die nationalsozialistische Revolution in München geboren wurde und weiterwächst.

Richard Strauss

Rudolf Hartmann

Richard Strauss kam in diesen Monaten häufig nach München, manchmal begleitet von seiner Gattin. Es geschah öfter, daß uns zu Hause ein Anruf erreichte: »Was haben Sie heute abend vor? Kommen Sie doch mit Ihrer Frau ins Hotel Vier Jahreszeiten. Wir essen zusammen und können uns ein wenig unterhalten.« Diesen Einladungen folgten wir gerne, denn jedes Zusammensein mit dem verehrten Meister bedeutete angeregte Stunden und großen Gewinn für mich. Wenn Frau Pauline dabei war, verlief unser Treffen stets amüsant und manchmal nicht ohne Aufregung.

Einmal betraten wir das Restaurant Walterspiel, ich an ihrer Seite. Mit einem Blick hatte sie den Raum überflogen, sah in einer Ecke eine Gruppe Uniformierter, und schon kam ihre ziemlich laute, ungenierte Äußerung: »Da schau'n S' hin, seh'n S' die braunen Affen!« Ich führte sie rasch weiter, ehe noch mehr kommen konnte. Ein andermal, nach einem guten Essen, plauderte Strauss gemütlich und kam auf sein ›Intermezzo‹ zu sprechen. Fast möchte ich meinen, daß er es mit Absicht tat, denn sein Vergnügen bei den wie auf ein Stichwort einsetzenden abfälligen Bemerkungen seiner Frau war ungeheuer. Sie erklärte kategorisch, daß sie ihr ganzes Leben lang eifersüchtig gewesen sei, »weil die Männer ja alle nichts taugen«, und daß sie heute noch, in hohem Alter, jeder Frau, die Richard zu nahe käme, die Augen auskratzen würde. Aber über so eine Affäre brauche man doch kein Theaterstück und gar eine Oper zu schreiben. Darüber habe sie sich immer geärgert und die Anna, ihre langjährige Hilfe, auch. Strauss amüsierte sich königlich über ihren empörten Eifer und glättete dann die Wogen: »Aber ich habe doch ein schönes Versöhnungsduett am Schluß geschrieben!« Da hielt sie inne, lächelte – sie konnte hinreißend charmant sein – und sagte ganz lieb und madchenhaft: »Ja, das schon.« Und mit einem Blick war das gute Einvernehmen wiederhergestellt.

Ein Tag in München 1943

Hans Carossa

Wer geraden Weges aus Rom oder Florenz kommt, wird immer geneigt sein, in der ersten deutschen Stadt, die ihn aufnimmt, das Italienische zu suchen, es womöglich in sie hineinzusehen. Als ich aber nun in München eintraf, drängten sich wieder die Kriegserscheinungen vor. Während meines kurzen römischen Aufenthalts war nicht viel zu bemerken gewesen: Trauer und Not verbargen sich dort unter Blumen ohne Zahl, unter einer

Scheinfülle der Auslagen, unter Singsang und Geplauder des lichtgesegneten Volkes, und wo die alten Ruinen so herrlich sind, hätte man sich am Ende damit abgefunden, wenn ein paar neue hinzugekommen wären. Rom, das große, verwandelbare, fühlt sich als ewiges Wachstum, ewige Gegenwart; sein Alter ist es, das es jung erhält, jedem Kinde merkt man es an.

Übernächtigt, dennoch erfrischt, stieg ich aus dem Zuge und bezog im »Deutschen Kaiser« das bestellte Zimmer. Mit meinem Sohn gewann ich telephonische Verbindung, erfuhr, sein kleines Atelier an der Augustenstraße habe den Angriff überdauert, und versprach meinen Besuch für den späten Nachmittag. Auf dem Tisch des Hotelzimmers lag ein Paket, aus dem ein runder Wecken Brot zum Vorschein kam, und gleich duftete der ganze Raum nach Niederbayerns friedlichen Roggenfeldern.

[...]

Ich erwachte nach einer Stunde und fuhr mit der Straßenbahn zum Marienplatz, um von dort aus ins Theresienviertel zu gehen und später ins Hotel zurückzukehren.

Seit Kriegsbeginn bestanden die Fensterscheiben der Straßenbahnwagen aus bläulichem Verdunkelungsglas, in welchem ein mäßig breiter Streifen farblos gelassen war. Im Innern des Wagens aber hatte der Zufall ein unentstelltes München zusammengetragen. Nach wochenlangem Leben unter Südländern sah ich mit Vergnügen in manches eckige, treuherzig verschmitzte Gesicht und stellte wohl auch einmal irgendeine Frage, nur um die behaglich derbe Mundart wieder zu hören, die mir zeitlebens die vertrauteste bleibt.

Vom Marienplatz ging ich zur Frauenkirche. Die Uhr an dem nördlichen Turm war durch die ungeheure Erschütterung stehen geblieben; sie zeigte noch die Stunde des Angriffs. Heute klang der gotische Ziegelsteinbau von Musik; ein Requiem hatte begonnen, als ich eintrat. Altar und Priester waren mit Paramenten von Schwarz und Silber angetan, und diese Todesfarbe trug auch die Prunkdecke, die den hohen Katafalk verhüllte. Er war mit Kränzen und Sträußen umlegt; oben brannten Kerzen auf silbernen Leuchtern. Zwischen diesen lag, mit Lorbeer geziert, ein Sturmhelm; der Trauergottesdienst galt also einem gefallenen Soldaten. Die Kirche füllte sich; bald war ich dicht von dunkelgekleideten Andächtigen umgeben. [...]

Ich verneigte mich vor einer schwarzgekleideten Dame, wohl die Mutter des Gefallenen, fühlte den Druck meiner Hand kräftig erwidern und erfuhr das gleiche beim Vater, einem ergrauten Offizier mit Achselgeflechten und Orden, der unbeweglich dastand und mir mit kühlen blauen Augen ruhig ins Gesicht sah.

Mein Ziel war die Theresienstraße, wo ich im Café Stephanie einkehren wollte. Zuerst machte mir auf dem Weg ein Mangel an Abgehärtetsein zu schaffen. Schon die leeren Postamente, von denen die metallenen Standbilder herabgenommen waren, um in Geschütze verwandelt zu werden, boten ein trauriges Bild. Straßen und Plätze waren von Ziegelmehl wie von rotem Flugsand gestreift. Aus einem Gebäude hängt ein ganzes Stockwerk heraus, da fühlte man, wie jede Wohnung eine Welt mit eigener Unterwelt ist, und nicht nur der Anblick der Zerstörung fällt uns aufs Herz, wir glauben auch die Gedanken der entflohenen Bewohner zu spüren, die sich um sie sammeln.

An der Ecke von Theresien- und Amalienstraße ließ mich die zum Teil erhaltene Fassade zunächst übersehen, daß das freundliche Lokal, dem die Münchner den Spitznamen »Café Größenwahn« angehängt haben, nicht mehr bestand. Hinter der Mauerruine war aus Asche, Schlacken, Scherben und verkohlten Balken ein Haufe geschichtet, aus dem Eisenschienen ragten, erwärmten Kerzen gleich verbogen. In Brand und Einsturz des Hauses hatte sich ein kleiner Teil der Decke des Cafés erhalten; von diesem hing unbeschädigt ein Kronleuchter herab, dessen unterste Kristalle den Schutthügel berührten. Von den hohen Fenstern aber, den roten Plüschbänken, den Tischen, den Billards, den wandgroßen Spiegeln sah man nur noch Fetzen und Splitter. Um so bereitwilliger sprang jetzt Erinnerung ein: der wienerisch gehaltene Versammlungsort vieler Schriftsteller und

Künstler, die Geburtsstätte unzähliger, geistreich witziger Einfälle, stieg mit aller Lebensklarheit im Gedächtnis auf: dort, unter dem Lüster, hatte oftmals in seinem fahrbaren Krankenstuhl der gelähmte, langsam erblindende Graf Eduard Keyserling, der seelenkundige Erzähler aus Kurland, mit seinen Freunden den Tee genommen, bequem und elegant angezogen, der Adamsapfel stark vorspringend über der seidenen Halsbinde, das immer mehr eingehende Gesicht stark beteiligt seinem Gegenüber zugewandt und über den eigenen Zustand hinweglächelnd.

In der Mitte des Raums erhob sich zuweilen das kühne, dunkellockige Haupt eines bleichen, seherisch redenden Mannes, der im Ausdruck dem zürnenden Moses des Michelangelo nicht unähnlich war, bis er auf einmal eine schwarzumrandete Brille aufsetzte, dann war es der damals noch vollbärtige Karl Wolfskehl.

An einem der großen Fenster, wie in einer Auslage, waren oft junge Maler zusammengekommen, und wenige Gegenstände der Einrichtung fehlten mir jetzt so sehr wie die runden Marmorplatten ihrer Tische, die sie mit reizenden Blei- und Kreidestiftzeichnungen bedeckt hatten. Die kleinen Scherze auf den weißen Marmorscheiben der Kaffeehaustische waren Eingebungen des Augenblicks gewesen; aber obgleich keiner seinen Namen dazusetzte, erriet man doch so bestimmt, als wär's ein Fingerabdruck, von jedem Bildchen die Herkunft. Da hatte man ein Farbenspiel gesehen, das nur von Paul Klee stammen konnte: kleine Felder von Gelb, Rot und Hyazinthenblau, vergleichbar einem sichtbaren Spektrum, das für ein unsichtbares zeugt, Gruß aus unbekannter, doch unverkennbarer Welt. Max Unold hatte eine feine, sehr ausdrucksvolle Hand gezeichnet, die auf der leeren Seite eines aufgeschlagenen Buches eben selbst zu zeichnen beginnt; darüber war von Rolf von Hoerschelmann mit wenigen Schilf- und Binsenstrichen eine verborgene Bucht seines geliebten Starnberger Sees angedeutet. Alfred Kubin, der manchmal als Gast aus dem Innviertel herüberkam, hatte seine Dämonie unter einer

Maske von Gemütlichkeit versteckt und sich selbst als fröhlichen Gast entworfen, der eine angebissene Brezel in der Hand hält, aber dabei seltsam geisterhaft auf einen Jemand blickt, den man nicht sieht. Etwas abseits war ein einziges kleines Bild in verhaltenen Farben zu sehen gewesen: von Dunkel umgeben ein Ornament aus Fichtengezweig mit vertraulich eingeschmiegten Rehen, das Ganze durchspielt von weihnachtlichem Winterwaldlicht, ein zarter Traum der Dora Brandenburg.

[...]

Ich hörte auf, nach Erinnerungsgold zu graben, und kehrte in die Bahnhofgegend zurück. In der Barer Straße sprach mich eine alte Dame an, in der ich erst nach und nach eine meiner früheren Patientinnen erkannte, eine Lehrerin aus Haidhausen. Sie war sehr verändert, ging mit gesenktem Kopf und zwinkerte mit den Augenlidern. Umständlich streifte sie den Handschuh von ihrer rechten Hand, ehe sie die meinige ergriff. Manchmal überschlug sich ihre Stimme, und nach jedem Sätzchen kicherte sie: Hihihi. Sie erzählte, ihre zwei Schwestern seien bei dem großen Angriff verbrannt, dazu ihre ganze Einrichtung samt Büchern und Bildern, ihr Pudel aber wahnsinnig geworden und mitten in die Flammen gesprungen. Ich suchte nach tröstlichen Worten; sie aber schrie mit unerwarteter Wildheit: »Soll nur alles im Feuer vergehen, alles, alles; Feuer macht saubere Arbeit, nur nichts dem Menschenpack in die Hände fallen, nicht ein Putzlumpen, hihihi!« Sie trippelte weiter, kehrte aber gleich wieder zurück und sah ängstlich um, ob ihr niemand zuhöre: »Haben Sie die Residenz gesehen? Nein? Eine Ruine! Ganz in der Ordnung. Wozu Residenz ohne König? Hihihi.«

Eine Nachmittagsstunde beschloß ich am Kleinhesseloher See zu verbringen. Am chinesischen Turm und an der großen Esche vorüber, von der wenige wissen, daß sie als Bayerns herrlichste gilt, kam ich zum See. Am Ufer lagen die bunten Kähne mit nach oben gekehrten Böden aufgereiht; niemand machte von ihnen Gebrauch. Der sonst von rudernden Liebespaaren belebte See war leer; langsam näherte sich ein einziger Schwan auf der dunkelgrünen Flut, er zog seine Spur wie zwei verlängerte silberne Fittiche nach.

In der Wirtschaft am Ufer wurden zweierlei Getränke angeboten: Zitronenlimonade und Kaffee. Dieser freilich enthielt nicht ein Atom der brasilianischen Wunderbohne, jene kein Tröpfchen vom Safte der Limonenfrucht. Vom Nachbartisch blickte eine bürgerliche Familie voll Spannung herüber, als ich zwei Scheiben des heimatlichen Brotes auspackte, um zu den falschen Flüssigkeiten doch etwas Echtes zu genießen. Irgend ein Umstand schien sie zu belustigen, und jetzt brachen zwei junge Mädchen in lautes Lachen aus. Im gleichen Augenblick wurde mir das roggenduftende Stück, das ich eben zum Munde führen wollte, jäh aus der Hand gerissen. Der in aller Stille gelandete Schwan hatte meinen Schmaus erspäht und war hinter meinem Rücken herangeschlichen; jetzt packte er mit schlangenwild stoßendem Schnabel die seltene Beute. Im Glauben an sein gutes Recht kam er, nach mehr verlangend, immer dichter heran; aber so gern ich dem schönen mythischen Vogel ein reichliches Opfer gebracht hätte, angesichts der aufmerksamen Zuschauer, die sehr nach mangelhafter Ernährung aussahen, mußte ich ihn kurz halten und, da er maßlos zudringlich wurde, sogar verscheuchen.

Als ich nach der Stadt zurückkehrte, legte sich schon ein leichter Nebel über die Parkwiesen, der aber nicht in die Straßen hineindrang. In der Nähe der Technischen Hochschule ging eine junge Frau Arm in Arm mit einem etwa vierzehnjährigen Mädchen an mir vorüber, vermutlich Mutter und Tochter, beide von einer fremdartigen Schönheit. Sie hielten sich dicht an den Häusern, als wollten sie nicht bemerkt werden. Von weitem hatte es ausgesehen, als trüge jede eine gelbe Blume an ihrem dunklen Kleid; es war aber etwas anderes, ein Ding, von dem ich bisher nur sagen gehört, der gelbe Stern, den sich im Hitlerstaat alle jüdischen Personen anheften mußten; ich erkannte ihn erst in der Nähe. Die beiden bemühten sich, eine gewisse Hoffnungslosigkeit, die sich in ihren Gesichtern ausdrückte, durch lebhaft leises Reden voreinander zu verbergen. Ihr Gang, ihre Haltung waren stolz und frei; sie trugen das Zeichen der Schmach und der Todesdrohung wie einen Orden.

»Der Deutsche, gut und großmütig von Natur, will niemand gemißhandelt wissen.« So durfte Goethe noch schreiben, und sicherlich ist es einmal wahr gewesen.

Ende des alten »Simpl«

Theo Prosl

Im Juni 1944, als der Krieg schon in ein Stadium getreten war, wo auch der Blindeste seinen Ausgang unschwer voraussehen konnte, kam ich plötzlich auf die Idee, Betriebsferien zu machen. Diese Einrichtung des Tausendjährigen Reiches paßt so gar nicht für den »Simpl«, aber irgendeine Vorahnung hatte mich gepackt und ließ mich nicht mehr los.

Das letzte Programm, das ich im alten »Simpl« startete, hatte den Titel: »Einmal geht's noch«, und tatsächlich ist es nur einmal mehr gegangen.

Mein hellseherischer Blick ging sogar so weit, daß ich allen meinen Angestellten ihre Papiere zur persönlichen Aufbewahrung übergab.

Als am 30. Juni die Vorstellung vorbei war und ich auch schon Polizeistunde geboten hatte, setzte ich mich mit meinen nächsten »Simpl«-Angehörigen zusammen und opferte aus meinen kargen Beständen einige Flaschen Sekt. Wir plauderten noch einige Zeit, dann verabschiedeten wir uns. Ich übernahm alle Schlüssel und mußte daher das Lokal selbst absperren. Dann gaben wir uns die Hand zum Abschied, und da sagte ich die Worte, die jederzeit durch Zeugenschaft bestätigt werden können: »Kinder, schaut euch jetzt noch einmal den ›Simpl‹ genau an! Ihr werdet ihn nie mehr wiedersehen, denn im Juli kommen die Bomben.«

Am 13. Juli 1944 ging die Sprengbombe in den Bühnenraum und begrub das, was einmal »Simpl« geheißen hatte.

Die Weiße Rose

Inge Scholl

Noch kaum sechs Wochen war Sophie in München, da ereignete sich etwas Unglaubliches an der Universität. Flugblätter wurden von Hand zu Hand gereicht, Flugblätter, von einem Vervielfältigungsapparat abgezogen.

Eine merkwürdige Erregung entstand unter der Studentenschaft. Triumph und Begeisterung, Ablehnung und Wut wogten und schwelten durcheinander. Sophie jubelte heimlich, als sie davon hörte. Also doch, es lag in der Luft. Endlich hatte einer etwas gewagt. Begierig griff sie nach einem der Blätter und begann zu lesen. »Die Flugblätter der Weißen Rose«, stand darüber geschrieben. »Nichts ist eines Kulturvolkes unwürdiger, als sich ohne Widerstand von einer verantwortungslosen und dunklen Trieben ergebenen Herrscherclique regieren zu lassen...« Sophies Augen flogen weiter, »Wenn jeder wartet, bis der andere anfängt, werden die Boten der rächenden Nemesis unaufhaltsam näher und näher rücken, dann wird auch das letzte Opfer sinnlos in den Rachen des unersättlichen Dämons geworfen sein. Daher muß jeder Einzelne seiner Verantwortung als Mitglied der christlichen und abendländischen Kultur bewußt in dieser letzten Stunde sich wehren, so viel er kann, arbeiten wider die Geißel der Menschheit, wider den Faschismus und jedes ihm ähnliche System des absoluten Staates. Leistet passiven Widerstand – Widerstand –, wo immer ihr auch seid, verhindert das Weiterlaufen dieser atheistischen Kriegsmaschine, ehe es zu spät ist, ehe die letzten Städte ein Trümmerhaufen sind, gleich Köln, und ehe die letzte Jugend des Volkes irgendwo für die Hybris eines Untermenschen verblutet ist. Vergeßt nicht, daß ein jedes Volk diejenige Regierung verdient, die es erträgt...«

Als Sophie aus der Universität in die helle Sonne heraustrat, wich die Beklemmung von ihr. Wie hatte sie nur auf diesen wahnsinnigen Verdacht kommen können! In München brodelte es nun einmal an allen Ecken vor heimlicher Empörung.

Wenige Minuten später stand sie in Hans' Zimmer. Es roch nach Jasmin und Zigaretten. An den Wänden hingen, mit Stecknadeln angeheftet, einige Drucke neuerer französischer Malerei. Sophie hatte ihren Bruder heute noch nicht gesehen, wahrscheinlich war er in der Klinik. Sie wollte auf ihn hier warten. Das Flugblatt hatte sie vergessen. Sie blätterte ein wenig in den Büchern, die auf dem Tisch lagen. Da, hier war eine Stelle mit einem Lesezeichen versehen und mit einem feinen Bleistiftstrich am Rand. Ein altmodischer Klassikerband war es, von Schiller, und die aufgeschlagene Seite handelte über des Lykurgus und des Solon Gesetzgebung. Sie las: »Alles darf dem Besten des Staates zum Opfer gebracht werden, nur dasjenige nicht, dem der Staat selbst nur als Mittel dient. Der Staat selbst ist niemals Zweck, er ist nur wichtig als eine Bedingung, unter welcher der Zweck der Menschheit erfüllt werden kann, und dieser Zweck der Menschheit ist kein anderer, als Ausbildung aller Kräfte des Menschen, Fortschreitung. Hindert eine Staatsverfassung, daß alle Kräfte, die im Menschen liegen, sich entwikkeln, hindert sie die Fortschreitung des Geistes, so ist sie verwerflich und schädlich, sie mag übrigens noch so durchdacht und in ihrer Art noch so vollkommen sein ...« Wo hatte sie diese Worte gelesen, war es nicht erst heute gewesen? – Das Flugblatt! Dort standen diese Sätze. Einen langen, qualvollen Augenblick war es Sophie, als sei sie nimmer sie selbst. Eine erstickende Angst ergriff sie und ein einziger großer Vorwurf gegen Hans erhob sich in ihr. Warum gerade er? Dachte er nicht an den Vater, an die ohnehin schon gefährdeten Lieben daheim? Warum überließ er das nicht politischen Menschen, Leuten mit Erfahrung und Routine? Warum erhielt er sein Leben nicht für eine große Aufgabe, er, mit seinen ungewöhnlichen Begabungen? Das Schrecklichste aber war dies: nun war er vogelfrei. Er hatte sich aus der letzten Zone der Sicherheit herausbegeben. Nun stand er im Bereich des Wagnisses, am Rande des Daseins, in jenem ungeheuren Bezirk, in dem schrittweise neues Land für die Menschen erobert werden mußte, erkämpft, errungen, erlitten.

Sophie versuchte ihrer Angst Herr zu werden. Sie versuchte, nicht mehr an das Flugblatt zu denken, sie dachte nicht mehr an Widerstand. Sie dachte an ihren Bruder, den sie lieb hatte. Er trieb in einem Meer der Bedrohung. Durfte sie ihn jetzt allein lassen? Konnte sie hier dasitzen und zusehen, wie Hans ins Verderben lief? Mußte sie nicht gerade jetzt ihm beistehen?

[...] Endlich kam Hans.

»Weißt du, woher die Flugblätter kommen?« fragte Sophie.

»Man soll heute manches nicht wissen, um niemanden in Gefahr zu bringen.«

»Aber Hans. Allein schafft man so etwas nicht. Daß heute nur noch einer von einer solchen Sache wissen darf, zeigt doch, wie unheimlich diese Macht ist, die es fertigbringt, die engsten menschlichen Beziehungen zu zerfressen und uns zu isolieren. Allein kommst du gegen sie nicht an.«

In der darauffolgenden Zeit erschienen in kurzen Abständen drei weitere Blätter der Weißen Rose. Sie tauchten auch außerhalb der Universität auf, in ganz München flatterten sie da und dort in die Briefkästen. Und auch in anderen süddeutschen Städten wurden sie verbreitet.

Dann sah man nichts mehr von ihnen. [...]

An einem sonnigen Donnerstag, es war der 18. Februar 1943, war die Arbeit so weit gediehen, daß Hans und Sophie, ehe sie zur Universität gingen, noch einen Koffer mit Flugblättern füllen konnten. Sie waren beide vergnügt und guten Muts, als sie sich mit dem Koffer auf den Weg zur Universität machten, obwohl Sophie in der Nacht einen Traum gehabt hatte, den sie nicht aus sich verjagen konnte: Die Gestapo war erschienen und hatte sie beide verhaftet. – Kaum hatten die Geschwister die Wohnung verlassen, klingelte ein Freund an ihrer Tür, der ihnen eine dringende Warnung überbringen sollte. Da er aber nirgends erfahren konnte, wohin die beiden gegangen waren, wartete er. Von dieser Botschaft hing vielleicht alles ab.

Mittlerweile hatten die beiden die Universität erreicht. Und da in wenigen Minuten die Hörsäle sich öffnen sollten, legten sie rasch entschlossen die Flugblätter in den Gängen aus und leerten den Rest ihres Koffers vom obersten Stock in die Eingangshalle der Universität hinab. Aber zwei Augen hatten sie erspäht. Sie waren vom Herzen ihres Besitzers gelöst und zu automatischen Linsen der Diktatur geworden. Es waren die Augen des Hausmeisters. Alle Türen der Universität wurden sofort geschlossen. Damit war das Schicksal der beiden besiegelt.

Die rasch alarmierte Gestapo brachte meine Geschwister in ihr Gefängnis, das berüchtigte Wittelsbacher Palais. Und nun begannen die Verhöre. Tage und Nächte, Stunden um Stunden. Abgeschnitten von der Welt, ohne Verbindung mit den Freunden und im ungewissen, ob einer von ihnen ihr Schicksal teilte. Durch eine Mitgefangene erfuhr Sophie, daß Christl Probst etliche Stunden nach ihnen ebenfalls »eingeliefert« worden war.

München in der Feuerprobe

F. G.

Unsere einst so schöne Stadt steht seit drei Tagen in der vordersten Kampflinie eines Krieges, wie ihn grausamer und gnadenloser nur wenige deutsche Städte durchstehen mußten. In schlagartiger Wiederholung hat der Feind innerhalb von 48 Stunden dreimal seinen Terrorarm gegen München ausgestreckt und dreimal mit all der infernalischen Zerstörungsgewalt, die sich in Sprengbomben und Phosphorzylindern verbirgt, seine Mörderfaust auf die Wohnviertel und noch erhaltenen Kunstschätze unserer Stadt niedersausen lassen. Mit Berlin, Hamburg, Köln, Mannheim, Frankfurt, Essen und Kassel ist München in die erste Reihe jener tapferen Städte eingerückt, von denen die Geschichte einst sprechen wird wie von den ruhmreichsten Heldendivisionen an der Front des wahren Krieges, deren Solda-

41 *München brennt*

ten zerschunden und übermüdet gegen eine feindliche Übermacht stehen, mit brennenden Augen und hetzender Lunge, aber sie stehen und kämpfen und kämpfen und stehen. Wenn hundert ausfallen, tritt das nächste Hundert an ihre Stelle im gleichen Geist und in derselben einsamen Größe, still, ohne Aufhebens und ohne den Anspruch, dafür zum Heros erhoben zu werden.

Die Soldaten der Division München stellt die Bevölkerung, sind ihre Kinder, Frauen und Männer, Hunderttausende namenloser Helden, die während der drei Großangriffe und in den Stunden zwischen ihnen die Stadt verteidigt und gehalten haben gegen einen Feind, der mit der Serie seiner wütenden Schläge offenbar München überrennen und zu Boden werfen wollte. Nur wer selbst unter dieser Bevölkerung gestanden hat, als die Bomben herniederkrachten und das Rauschen der Brandbomben die Luft erfüllte, wer sie erlebt hat in ihrer selbstverständlichen Tapferkeit und ihrem Mut, mit dem sie gegen die Hölle anging, die der Feind zu entfesseln suchte, wer die Frauen gesehen hat, die mit übermenschlichen Kräften und unter schwersten Bedingungen mit den Elementen gerungen haben, die halbwüchsigen Kinder, die klaglos zugriffen, wo immer ihre Hilfe nützlich sein konnte, die rauchgeschwärzten Männer, die um die Erhaltung ihrer Arbeitsstätte kämpften, während ihr Besitz von lodernden Flammen gefressen wurde, nur wer dieses Ringen des Menschen mit dem rings um ihn tobenden Aufruhr der Materie miterlebt und mitgerungen hat, weiß, was München in diesen 48 Stunden vollbracht hat.

Drei schwere Terrorangriffe in der Spanne von 48 Stunden bedeuten ein ungeheures Maß von körperlicher und moralischer Widerstandskraft, umschließen in ihrer schnellen Aufeinanderfolge, da ein Überfall in den anderen beinahe überging, eine zusätzliche Anspannung der organisatorischen Hilfsmittel und Erschwerungen, die nur wieder die Menschen selbst mit ihrer Einstellung zu den Ereignissen bezwingen und überwinden können. Für wahnsinnig und krankhaft wäre gehalten worden, wer vor zwei Jahren noch behauptet hätte, München wie überhaupt unsere großen Städte müßten einmal ertragen, was unsere Stadt in den letzten beiden Tagen ertragen und überstanden hat. Jede noch so klingende Phrase bleibt diesem Opferweg und der Kraft gegenüber, die ihm gegangen ist, hohl und falsch, sie wird zur billigen Redensart, die für Menschen in einer solchen Feuerprobe beinahe beleidigend ist.

Die bohrende Frage nach dem Warum, nach dem Sinn des sinnlosen Zerstörungswerkes, das die Amerikaner in der Kunststadt München angerichtet haben, hat sich die Bevölkerung Münchens selbst beantwortet mit ihrer Entschlossenheit, durch die sie den grimmigen Versuch des Feindes, das moralische Rückgrat der Stadt zu zerbrechen und damit eine vielleicht entscheidende Wirkung auf den Krieg herbeizuführen, bestanden und vereitelt hat.

München als ewiges Besitztum

Eugen Roth

Nach dem letzten Angriff des verflossenen Jahres habe ich in der durch eine Sprengbombe endgültig zerfetzten Wohnung der Eltern, an der Isar, Schriftgut und Hausrat zu bergen versucht, trotz schneidender Kälte, ebenso wie Tausende Volksgenossen, bescheiden-froh, aus der Fülle von gestern den kargen Besitz von heute zu retten. Wenn die Mühe oft in keinem Verhältnis mehr zu dem geringen Erfolg stehen wollte, habe ich, in ohnmächtigem Zorn, gedacht: »Wenn nur gleich alles, ohne Rest, aufgegangen wäre in Rauch und Asche, wie eine furchtbare Rechnung, die ja doch, scheint's, heute jeder mit dem Himmel zu machen hat!«

Nun, ich habe, wenige Tage später, auch das erproben sollen; denn beim ersten Angriff des neuen Jahres ist meine eigene Wohnung, die halbgetroffen, ein paar hundert Schritte flußabwärts unterm Dach hing, in lodernden Flammen und sprühenden Funken verbrannt, und ich bin wohl nie in grimmigerer Andacht vor einem Feuer gestanden, als vor diesem, das mir zugleich mit dem Grabe meiner Habe die Schändung der geliebten Stadt bedeuten mußte. Und es war unter dem, was da oben von der gleichmütig-gefräßigen Flamme verzehrt wurde, noch so manches wertvolle Stück, das ich, soeben erst, aus den Trümmern nebenan mühsam genug die fünf Treppen hinaufgeschleppt hatte.

Wir sind dann doch, aus der Erstarrung erwachend, in den Keller eingedrungen und haben, zwischen Feuer und Wasser, im Finstern tappend, einiges heraufgeholt, von dem wir freilich wiederum nicht wissen, wann wir es abermals verlieren werden.

Am Abend aber, nach diesem schrecklichen Tage, haben wir eine der wenigen geretteten Flaschen edlen Weins getrunken, wie nach altem Brauch die Lebenden es tun, zum Gedächtnis zugleich des Verlorenen, wie auch zum Zeichen, daß sie gewillt sind, wieder nach vorwärts zu blicken und den Kampf, so schwer und bitter er werden mag, noch einmal aufzunehmen. Die Münchner leben noch, sie lassen sich nicht aus den Trümmern der Stadt vertreiben, geschweige denn, daß sie den Geist Münchens verraten und preisgeben werden. Der ist mehr als ein flüchtiger Rauch, der mit dem Feuer dahingeht. Der zähe Kampf, in dem sich jedermann nicht nur für seine Habe einsetzt, sondern auch, mit der ganzen liebenden Kraft des Herzens, die Scherben der zerschlagenen Gefäße unserer Kultur zu halten und wenigstens seelisch zu bewahren sich bemüht, ist höchster Bewunderung wert: Wie innig ist auch der letzte Münchner mit seiner Stadt verbunden!

Um die Jahreswende also, die ja auch sonst zu manchem Nachdenken Anlaß gab, habe ich in den irdisch sichtbaren Zeugnissen dieses unsterblichen Münchens gegraben und geforscht, und es ist unendlich vieles an unvergeßlichen Erinnerungen durch meine Hände gegangen, während ringsum die Stadt selbst aus tausend Wunden blutete, die noch immer nicht seine letzten sein sollten. Auch mein achtzigjähriger Vater, Hermann Roth, ist aus seiner Verbannung gekommen – denn für welchen echten Münchner wäre es keine Verbannung, außerhalb der geliebten Mauern leben zu müssen!

München, München, München: Unter einem Strom von Schutt- und Mauerbrocken regnete ein buntes Gewirr von Faschingsorden herab, aus zerplatzten Schachteln barst eine Fülle von alten Lichtbildern, blätterte ein Wust von Einladungen, Theaterzetteln, Programmen heraus, künstlerisch wertvolle und historisch seltene Stücke darunter, alle schon für das Stadtmuseum oder Archiv bestimmt, Stätten, die seitdem selber in Trümmern liegen. Die Geschichte des Deutschen Museums, des Künstlerhauses, der großen Vereine und Gesellschaften, das Werden und Vergehen bedeutender Bauten, das Leben hervorragender Mitbürger, die großen Freuden und Kämpfe der Stadt, seit den siebziger Jahren, das ganze leuchtende München wurde lebendig in Bildern, Briefen, Berichten und Denkschriften, und manche fröhliche Gelegenheitszeichnung berühmter Künstler wehte als ein zerknitterter Fetzen noch einmal durch das Bewußtsein. [...]

Es wird trotzdem auch künftig eine Stadt geben, die nicht nur München heißt, sondern auch München ist, so, wie Rom heute und immer Rom ist. Das *alte* München wird es wohl nicht mehr sein, kann es, ja soll es nicht mehr werden. Denn wir haben in einer Stadt gelebt, die in Jahrhunderten gewachsen ist, wir möchten in keiner leben, die »beinah täuschend« so ausschaut, wie früher. Wie und was da noch erhalten, wieder aufgebaut werden kann, ist eine Frage, die vor dem Frieden nicht beantwortet werden kann. Manches wird überraschend schnell in erträgliche Bahnen gebracht werden.

Das was uns bleibt und das wir würdig wieder instandsetzen können, werden wir als köstlichstes Vermächtnis bewahren. Wir werden, ebenso wie in unseren eigenen Lebensbezirken, das Schöne mehr zu würdigen lernen, als wir es im Überfluß taten. Heute schon, auf einem Gang durch die verwüsteten Straßen, fällt uns manches erlesene Kunstwerk auf, das wir in langen Jahren kaum beachtet hatten. Aber Münchens Kraft ist größer, sein Vermächtnis ist reicher, viel reicher. Nicht immer wird der Gott der Zeit aus so düsteren Wolken auf uns blicken, die Gewalt des Bösen in der Welt wird wieder gebrochen werden und das sanftere Gesetz eines, wie wir zuversichtlich hoffen, glücklichen Friedens wird auch die Gemüter wieder heiterer werden lassen. Um die unzerstörten Keime wird, wie Kristalle, neues Leben schießen, dichter und dichter wird sich dieses Leben anflechten. Wenn all der Mut, all die Treue und Entschlossenheit, die wir Münchner jetzt aufgewendet haben, dann unter glückhafteren Sternen wirksam werden, dann wird einem *neuen* Geschlecht zwar kein Phönix aus der Asche steigen, wohl aber eine Stadt aufblühen, in der sich leben läßt und in der, unter gewandelten Bedingungen, sich auch das Münchnerische wieder durchsetzen wird. Eine beliebige Stadt oder Großstadt will und wird München niemals werden.

Wer aber die Höhe seines Lebens überschritten hat, der erwarte nicht, an solchem Glück noch restlosen Anteil zu haben. Unter der Erde schon ist seine Zeit – aber er sage nicht »wohl dem, der in der neuen nicht mehr braucht zu leben«. Er helfe aus allen Kräften der Erinnerung, er überliefere bestes Herkommen, er sei wie ein Gärtner nach dem Ungewitter: demütig unverzagt, ein Diener kommender Ernten.

Neues Leben aus Ruinen

Gedanken zum Wiederaufbau der Städte

Kurt Honolka

»Wie lange noch wollen wir dieses Bild der Zerstörung anstarren? Ist diese pittoreske Ruinenlandschaft um uns überhaupt noch München? Der Anblick vernichteter Wohngegenden, aufgerissener und dem Regen preisgegebener Krankenanstalten und Schulen, ausgebrannter Häuserfassaden ist schlimm genug. Er ruft immer wieder die Erinnerung an die Schrecken der Bombennächte und -tage, an all das unnennbare Menschenleid und Elend zurück, das jener eiskalt geplante Massenmord hinter sich ließ. Aber das Niederziehende, Trostlose, Unwiderrufliche der Luftbarbarei enthüllt in seinen letzten Folgerungen erst der Blick auf die geschändete Silhouette der Stadt, wie sie sich beispielsweise auf den Höhen des Gebsattelberges aus darbietet. Was ist von dem einzigartigen Idyll des Auer Mühlbachs noch viel übrig geblieben, wie trauert der große, jetzt so schweigende Platz um die gotische, von bösen Wunden aufgerissene Kirche, wie schiebt sich dahinter immer wieder neu eine andere Schicht des sinnlos Veränderten. Erinnerst Du Dich, wie wir das letzte Mal an dieser Stelle standen? Die Sonne war untergegangen und von dem in rosigen und gelben Tönen verschwimmenden Firmament hob sich der liebe und vertraute Schattenriß der Stadt in seiner Ausgeglichenheit und dem Filigran der Türme ab. Da ist jetzt die abgebrochene Spitze des Alten Petersturms, das aufgebrochene Hallenschiff der Frauenkirche, die zertrümmerte Michaelskirche, da ist eines nach dem anderen, was zu München gehörte, was das Bild dieser vielgeliebten Stadt an der Isar ausmachte. Und was wir von unserem Standort nicht sehen können, ist nicht minder beklagenswert, die Pinakotheken, die Bauten an der Ludwigstraße, die Oper, um nur einiges zu nennen. Ist das noch München, was wir vor uns sehen? Kann es jemals wieder München werden?« [...]

»Denk' an die Verödung Deutschlands nach dem Dreißigjährigen Krieg. Wieviele Städte wurden damals durch Feuersbrünste dem Erdboden gleichgemacht! Und doch verschwand keine einzige, auch wenn sie bis auf die Grundmauern niederbrannten.« [...]

»Aber werden wir auch für diese riesigen Bauvorhaben eine ähnliche stilbildende Kraft aufbringen wie die Barockmenschen?« – »Diese Frage kann niemand sicher beantworten als die Zukunft selbst. Die Ansätze, die wir in den letzten Friedensjahren beobachten konnten, sind jedenfalls hoffnungsvoll. Man hat in Deutschland gelernt, stoffgerechter, lichter und gesünder, mit

42 *Löwe vor dem ehemaligen Wittelsbacher Palais*

feinsinniger Anpassung an Landschaft und bodenständige Tradition zu bauen. Am bezeichnendsten scheint mir, auch wenn es nur ein Beispiel ist, wie man heute und wie man in der wilhelminischen Zeit Kasernen baute. Denke auch an Bauten wie die Jugendherbergen, die Rasthäuser der Reichsautobahnen – wie geschmackvoll und zweckmäßig zugleich sind sie in ihre Umgebung eingefügt. Sind das nicht Zeugen eines besseren, zukunftsweisenden Baugeschmacks? Ob unsere Generation nach dem Krieg freilich den Stil finden wird, der der Größe ihrer Bauaufgabe würdig ist, das ist ein Problem, das weit über technische und geschmackliche Fragen des Architektonischen hinausstößt. Es ist mit den Schicksalsfragen unseres zukünftigen Seins überhaupt verknüpft. Bleiben wir am Ende eine freie, ihr Schicksal selbst bestimmende, durch die blutige Schule des Krieges ihrer Kräfte wie ihrer Grenzen sich bewußt gewordene, einige Nation, so werden wir unseren deutschen Lebensstil zu finden wissen, und dann braucht uns auch um die Zukunft unserer Städte und ihres Baustils nicht bange zu sein.«

Jetzt is' aus mit dem damischen Krieg

Ernst Langendorf

Gegen drei Uhr kamen wir über die Landsberger Straße nach Pasing. Da stand vor der Ortseinfahrt noch das Ortsschild »München, Hauptstadt der Bewegung«. [...]

Pasing war von den Amerikanern besetzt. Es wimmelte nur so von ihnen. Wir fuhren aber ohne Halt durch. Die Landsberger Straße war gesperrt, aber die Friedenheimer Brücke über die Eisenbahngleise war intakt. Dort saß ein amerikanischer Soldat hinter einem Maschinengewehr; der ließ uns ruhig passieren. Wir ahnten nicht, daß dies der vorgeschobenste Posten am westlichen Stadtrand von München war. Die Arnulfstraße war vollkommen menschenleer. Totenstille. Keine Amerikaner, keine Fahrzeuge, keine Zivilisten, nichts. Das kam uns merkwürdig vor. Wir hatten schon viele eroberte Städte gesehen, aber so etwas noch nicht. Uns war das nicht ganz geheuer. München war doch angeblich seit 24 Stunden besetzt!

In langsamem Tempo fuhren wir die Arnulfstraße weiter stadteinwärts. Ich sprach einen Zivilisten an, der sich bei unserem Anblick vor Lachen kaum halten konnte: »I freu mi halt, weil's da seid's. Ihr seid die allerersten. Jetzt is aus mit dem damischen Krieg.«

Jetzt wurde mir klar, was die Stille bedeutete: Wir waren die ersten Amerikaner auf dem Weg in das noch unbesetzte Stadtzentrum. In einer Entfernung von etwa 100 Metern sah ich vor dem Gebäude der Reichspostdirektion eine Gruppe von Leuten in mir unbekannten Uniformen. Sie waren unbewaffnet und sahen friedlich aus. Ich nahm meinen Karabiner, für den ich allerdings die Munition vergessen hatte, und ging auf die Gruppe zu. Die Uniformierten hoben die Hände. Einer trat vor und sagte: »Hiermit übergeben wir die Reichspostdirektion. Alle Waffen sind eingesammelt und stehen zu Ihrer Verfügung.« Ich wollte aber viel lieber wissen, ob es ratsam sei, unseren Weg in die Stadt fortzusetzen. Schließlich waren wir keine Kampftruppe. Einer versicherte uns, daß in München kein deutsches Militär mehr sei. Nur in der Ludwigstraße sitze noch SS. Aber seit zwei Tagen sei kein Schuß mehr gefallen. Alles sei ruhig. Nach seinem Bericht waren die Amerikaner an verschiedenen Stellen nur bis an die äußeren östlichen Stadtteile vorgedrungen.

Wir fuhren weiter: am Bahnhof und am Justizpalast vorbei, über den Stachus, durch das Karlstor. Nirgendwo war ein Mensch zu sehen. Alles war verlassen. Mein persönliches »Kriegsziel« für diesen Tag war, an der Isar zu stehen. Ich wußte, daß ich nur nach dem Deutschen Museum fragen mußte, um dorthin zu gelangen. Bei der »Verfolgung« eines flüchtenden Polizisten, den wir allerdings nur nach dem Weg fragen wollten, gelangten wir auf den Domplatz. Vor dem Polizeipräsidium standen etwa 30 unbewaffnete Polizisten. Alle hoben die Hände. Ein Offizier trat vor und meldete, daß sich das Polizeipräsidium ergebe und alle Waffen eingesammelt seien.

Dann kamen wir zum Marienplatz, der auch völlig verlassen da lag. Die große, schwere Rathaustür war verschlossen. Plötzlich tauchten die ersten Menschen auf. Erst blieben sie in respektvoller Entfernung stehen. Aber in wenigen Minuten füllte sich der Platz mit Hunderten von Menschen. Unsere Wagen wurden fast gestürmt. Mädchen fielen uns um den Hals und das »Fraternisierungsverbot« wurde gründlich übertreten.

Beerdigung der Infantin

Konstantin von Bayern

Dabei erinnere ich mich an die Beerdigung meiner Großmutter, der Infantin.

Sie hatte den Frieden nach dem Krieg, das Chaos auf das Grauen, mit demselben Gleichmut ertragen. Ich kehrte noch einmal zurück nach Nymphenburg, um sie von dort auf ihrer letzten Fahrt in die Gruft der Wittelsbacher unter der Michaelskirche zu begleiten. Wegen der noch immer herrschenden Unsicherheit hatte die Polizei besondere Vorkehrungen getroffen. Man befürchtete Demonstrationen. Genaugenommen, zwei verschiedene Möglichkeiten von Demonstrationen. Die Verstorbene war die Schwester eines Königs noch von Gottes Gnaden und als solche ein monarchistisches Symbol. Ihre Beerdigung konnte also zu unerwünschten »reaktionären Gesten« Anlaß geben. Gleichzeitig wußte man aber, daß zahlreiche Spanier in der Stadt untergetaucht waren, nämlich die aus dem Konzentrationslager befreiten Anarchisten und Kommunisten. Sie hatten die Rückkehr nach Franco-Spanien verweigert. Sie könnten die Beerdigung zum Anlaß nehmen für Demonstrationen gegen eine Restauration der Monarchie von Francos Gnaden in Spanien.

Unser Einwand, die Infantin habe ihren Landsleuten im Exil nur Gutes getan, wurde auf dem Polizeipräsidium lediglich mit einem Achselzucken vermerkt. Ein Kommunist, hieß es, bleibt ein Kommunist. Die Polizei werde sich nicht davon abbringen lassen, den Sarg zu begleiten – sicherheitshalber.

Es war ein frostiger Dezembertag, als sich die Trauerprozession wie verloren zwischen den Ruinen in Marsch setzte. Voraus ein ältlicher Hofbeamter, dessen schwarzer Pelzkragen, nicht minder gealtert, sichtbar angenagt war von der Zeit und den Motten. Dahinter die königliche Last auf den Schultern der Männer vom städtischen Bestattungsamt. Man hatte im Schutt unter dem eingestürzten Gewölbe der Renaissancekirche erst eine Gasse freischaufeln müssen, um den Abstieg in die Gruft zu finden.

Als sich der Zug dem dunklen Schlund bis auf wenige Schritte genähert hatte, hüllte ein naßkalt einsetzender Nebel die Szene in noch tiefere Düsternis. Dabei geschah es dann:

Wild dreinblickende Männer durchbrachen den Polizeikordon. Sie stürmten katzenhaft lautlos von beiden Seiten auf den Sarg zu. Jede Reaktion der Polizisten kam dabei zu spät. Schon hatten sie die Sargträger beiseite gestoßen und die Tote auf ihre Schultern genommen. An ihrem dunklen Aussehen, der unordentlichen Kleidung, waren sie ohne weiteres als die gefürchteten spanischen Anarchisten und Kommunisten zu erkennen. Die Behendigkeit ihres Überfalls, die Tatsache, daß sie den Sarg dabei nicht ins Schwanken und den Zug nicht zum Stocken brachten, schien die Polizei vor Überraschung festzunageln. Die anwesenden Fotografen vergaßen, auf den Auslöser zu drücken. Stufe um Stufe tiefer hinabsteigend, holten die Roten die Infantin heim zur letzten Ruhe. Sie waren dabei von rührender Behutsamkeit. Sie weinten.

Der Polizei, die sich inzwischen aus ihrer Erstarrung gelöst hatte, gelang es noch, einen der wilden Männer zu fassen, der keinen Platz mehr im Gedränge neben dem Sarg gefunden hatte. Er schrie, sich wehrend: »Sie ist eine Spanierin! Sie gehört uns Spaniern!«

Nachträglich fragte mich ein Reporter: »Wie war der Name der toten Prinzessin?«

»Paz«, antwortete ich. »Paz wie Friede. Ihr Name war Friede.«

Notabene 45

Erich Kästner

›Da, eines Tages‹, lese ich in dem kurzen chronologischen Rückblick, ›hält ein wackliges Auto vor dem Bauernhaus. Man holt uns für ein paar Tage nach München. Einige Schauspieler wollen dort ein Kabarett eröffnen. Daraus wird, wie sich bald zeigt, nichts werden. Wenn sich alle Pläne dieser Wochen verwirklichten, gäbe es bald mehr Kabaretts und Theater als unzerstörte Häuser. Immerhin, wir sind endlich wieder in einer Großstadt. Schliersee sieht uns auf Jahre hinaus nicht wieder.‹

[...]

In der Renatastraße beschäftigte sich ein Amerikaner mit mir, der griechischer Abstammung ist und Typograph heißt. Er nahm zunächst, für irgendeine Kartothek, meine Personalien auf und drückte mir dann einen sechsseitigen Fragebogen in die Hand, den ich ausfüllen soll. Die ausgefüllten Formulare würden in Paris überprüft. In Paris? Jawohl. Die Angaben seien oft unvollständig und nachweislich unwahr. Das bringe Zeitverlust und Ärger mit sich. Wie ja überhaupt die kapitale Schwierigkeit beim kulturellen Wiederaufbau nicht im vorgefundenen Materialverlust bestehe, sondern in der irreparablen Einbuße an menschlicher Integrität. Zerstörte Theater, Bibliotheken, Laboratorien, Schulen und Justizpaläste ließen sich ersetzen, das sei nur eine Geldfrage. Wie aber könne man beschädigte Künstler, Lehrer, Forscher und Richter reparieren? Dafür gebe es kein Rezept. Die Zahl der Unbescholtenen und Blütenweißen sei, am Bedarf gemessen, minimal. Wickelkinder eigneten sich zwar dank ihrer politischen Konduite, sonst jedoch kaum. Also müsse man wohl oder übel mit denen zusammenarbeiten, die auch mit Hitler zusammengearbeitet hätten. Ein solideres Fundament existiere nicht. Herbeizaubern könne man keines. Ob das fatale Fundament den Neubau tragen könne und wolle, wisse niemand. Man müsse es riskieren. Denn die einzige Alternativlösung, die sich anbiete, lehne Amerika strikt ab. Wie die Alternative laute, fragte ich. »Gar nicht erst bauen!« sagte Mister Typograph. »Die Trümmer und das Fundament, morsch oder nicht, sich selber überlassen!«

Mr. Typograph ist gescheit und hat recht. Es gibt, außer in der Theorie, keine Alternative. Und es gibt kein solideres Fundament für den Bau. Er und ich werden auf dem Bauplatz zu finden sein. Er im Personalbüro, und ich beim Ziegeltragen oder an der Mörtelmaschine, man wird sehen. Das Haus wird gebaut werden, da gibt es keinen Zweifel. Ob das Fundament hält oder nicht, das werden wir erst viel später merken. Vielleicht stellt es sich als ›fundamentaler‹ Irrtum heraus.

Parteimitglieder, erklärt Mr. Typograph, werde das amerikanische Personalbüro beim Bau nicht zulassen. In diesem Punkt kenne man keinen Kompromiß. Auch Männer wie Gründgens und Furtwängler dürften die Baustelle nicht betreten. Sie hätten ihren guten Namen verwirkt. Talent sei kein Freibrief. Sie hätten Hitler geholfen, das Dritte Reich künstlerisch salonfähig zu machen. Er redete sich in Feuer. Als ich versuchte, das Verhalten gerade Furtwänglers zu entschuldigen, gab er eine Handbreit nach. Dann wechselte er das Thema.

In der Schellingstraße

Walter Kolbenhoff

Endlich stand ich vor dem Haus Schellingstraße Nummer 39. Es trug ebenfalls Wunden des Krieges. [...]

Das ganze Haus roch nach Druckerschwärze und Papier. Von irgendwoher tönte das rhythmische Gedröhn schwerer Maschinen. Auf der Treppe gingen lachende junge Mädchen an mir vorbei. So hübsch wie ich jahrelang keine gesehen hatte. Ich wagte nicht, sie zu fragen. Dann, in einem langen Gang fragte ich, und mir klopfte das Herz dabei, endlich eines der Mädchen. »Verzeihung, gibt es hier einen Herrn Andersch?« Sie lachte: »Sie stehen direkt vor seiner Tür, klopfen Sie doch an.« Das tat ich, ein anderes hübsches Fräulein öffnete, ich wurde mittlerweile ganz nervös, aber da stand schon Andersch hinter ihr, brüllte: »Shorty, endlich!«, und ich sah die Freude in seinem Gesicht leuchten: »Bist du endlich da?«

»Was hast du mit den Buchdruckern, Stereotypeuren...?« begann ich, aber er unterbrach mich.

»Die sind alle verrückt hier, ich habe verlangt, daß sich alle Journalisten, Redakteure, Feuilletonisten und so weiter bei mir melden sollen. Aber die Heinis können kein Deutsch, sie haben es falsch übersetzt. Ist auch egal, du bist ja gekommen!«

»Was soll ich denn hier?«

»Mensch!« sagte er, »kapierst du denn nicht? Wir brauchen

Leute: Antifaschisten, Demokraten, Leute eben mit der richtigen Gesinnung. Finde du mir die mal!«

»Und du hast das mit einem Zettel...?«

»Das ist der einzige Weg. Das lesen alle. Auch solche Landser wie du, die schon immer gegen die Nazis waren.«

»Und was ist das hier?«

»Du befindest dich in der Redaktion der *Neuen Zeitung*, einer amerikanischen Zeitung für die deutsche Bevölkerung. Hier!« Er nahm das großformatige Exemplar einer Zeitung. Dasselbe Format wie der *Völkische Beobachter*. »Erst haben die Alliierten versucht, die Zeitungsgebäude zu zerbomben, trafen aber daneben und haben die Arcisstraße und die Straßenzüge dahinter dem Erdboden gleichgemacht. Diese Gebäude hier haben kaum was abbekommen. Die Rotationsmaschinen blieben intakt. Jetzt haben die Amis alles, was sie brauchen, um eine Zeitung zu machen. Wann fängst du an?«

»Was soll ich denn anfangen?«

[...]

»Begreifst du denn nicht«, sagte er, »wir brauchen jeden, der eine demokratische Gesinnung hat. Du kannst sofort anfangen. Wir sind dabei, eine neue deutsche Republik aufzubauen, und wir wollen nicht dieselben Fehler machen, die sie damals in Weimar gemacht haben.«

Es war zu viel für mich.

»Ich bin erst so kurz hier«, sagte ich, »ich bin erst heute in diese Stadt gekommen.«

»Das bedeutet überhaupt nichts. Ich kenne dich. Du fängst sofort an. Einen Augenblick, ich bringe dich zum Feuilletonchef, zu Erich Kästner.«

Eine Buchhandlung in der Vorstadt

Wie Schwabing ein Begriff für eine bestimmte Geistigkeit und ein bestimmtes Künstlertum ist, so ist die Buchhandlung *Fritz Lehmkuhl* ein fest umrissener Begriff für die Schwabinger. »Die Kuhle«, wie sie bei den Freunden heißt, war seit 1903, als Georg C. Steinicke sie in der Leopoldstraße gründete, und war besonders unter Fritz Lehmkuhl (der 1911 aus Königsberg nach München kam und sie bis 1914 zusammen mit Steinicke führte) der Treffpunkt der Schwabinger. Rilke, Wolfskehl, Regina Ullmann gingen hier ein und aus, Ernst Bertram und Hans Carossa gehören heute zu ihren treuen Besuchern, um nur einige Namen von Klang zu nennen. Für Carossa, das ist besonders bemerkenswert, ist man hier schon eingetreten, als er noch am Anfang seiner Dichterlaufbahn stand und nur wenige ihn kannten – zeitweilig, besonders mit dem Rumänischen Tagebuch, hatte die Firma Lehmkuhl den größten Umsatz von allen deutschen Sortimenten! Die Kuhle war anders wie eine Buchhandlung drinnen in der Stadtmitte, schon rein äußerlich betrachtet. Ein Flügel machte sich unter einem Glasdach breit und zeitweise war ihm noch ein Spinett beigesellt. Man kaufte hier nicht wie anderswo kurz und bündig ein Buch, sondern man plauderte, diskutierte, schwärmte, schmökerte und wählte genießerisch und voll Sachkenntnis nach langem Prüfen. Hin und wieder konnte man hier am Abend schöne Musik hören, alte und neue, die unter dem Schutz von Oskar Lang, dem Bruckner und Armin Knab-Interpreten, stand.

Einen beträchtlichen Teil der großen Zeit der Kuhle hat *Erich Schumacher* als erster und einziger Gehilfe von Lehmkuhl mitgemacht. Wie so viele Schwabinger ist auch er ein Zugereister, ein Norddeutscher aus dem Hannoverschen. Bevor er nach München kam, hatte er sich an mehreren Universitäten umgesehen, Germanistik, Kunstgeschichte und Philosophie studiert,

43 *Lesehungrige vor dem Antiquariat Kitzinger, Schellingstraße 25, 1946*

den Ersten Weltkrieg mitgemacht und sich danach dem Buchhandel ergeben. Nach einem kurzen Berliner Lehrjahr trat er bei Lehmkuhl ein und – blieb für immer. Als sein Chef 1925 plötzlich aus dem Leben schied, führte die Witwe den Betrieb mit ihm weiter, seit 1934 ist er alleiniger Inhaber. Erich Schumacher hat es verstanden, einen persönlichen, menschlichen Kontakt mit den Kunden der Buchhandlung herzustellen, darin und in so vieler anderer Hinsicht hat er die schöne Tradition der Kuhle fortgesetzt. Auch heute, auch nachdem das alte Geschäftslokal im Juli 1944 ausgebrannt und ein viel primitiveres in der Feilitzschstraße bezogen werden mußte, ist die Kuhle Treffpunkt und Heimat für die Schwabinger Bücherfreunde. Vom Hausherrn wie Gäste bei einer gesellschaftlichen Veranstaltung empfangen, ist des Redens und Teilnehmens kein Ende.

Anrede

Johannes R. Becher

Daß ich dich, du mein über alles geliebtes München, noch einmal in meinem Leben wiedersehen und mit dir sprechen würde: von diesem überirdischen Glück habe ich in den zwölf Jahren der Verbannung aus meiner Heimat geträumt und geträumt, aber oftmals habe ich auch schon *nicht mehr* davon zu träumen gewagt.

München: du meine Geburtsstadt, in der mir noch heute die Mutter lebt, du Wiege und Spielplatz meiner legendären Kindheit, du Stadt des ersten Sturms und Drangs meiner Jugend – nur wer das bittere Los der Verbannung kennengelernt hat, wird verstehen, wie ich dich, München, in dieser Zeit der Heimatlosigkeit mit all meiner Liebe umgeben, mit aller Sehnsucht umfangen, wie ich dich, München, du Wallfahrtstadt meiner Sehnsucht, in meinen Träumen verklärt und erhöht habe.

Du, einst so schön gebaute Stadt, volkstümlich und klassisch-maßvoll zugleich; umlagert von Hochebene, Wäldern und Seen, du – in deinem herben Süden; du im Angesicht der Berge, auf deren Gipfeln mir das erste Erlebnis von Vergänglichkeit *und* Unsterblichkeit wurde; du, München, erhobst dich in mir in der Zeit der Verbannung zum Inbegriff alles dessen, was mir je hoch und teuer war, und ich flehte darum, daß du, in deinem naturhaften Trotz und deinem ursprünglichen Freiheitsgefühl, unter allen Städten Deutschlands die erste sein mögest, welche die Hitlerschmach von sich abschüttelt. Luisenschule, in der ich in die erste Schule meines Lebens ging; Stachus, wo der Zauberladen stand; Oktoberfest: du wahrer Volkshimmel auf Erden; Pinakothek, wo sich mir das erste Mal das Wunder der Kunst offenbarte; Sendlinger Kirche, wo mir das Bild vom Kochelschmied heroisches Freiheitsbegehren so eindringlich darstellte, und an der Michaelskirche war es das Ringen St. Michaels mit dem Drachen, worin sich mir der Kampf des Guten mit dem

Ungeheuer der Finsternis versinnbildlichte; Fronleichnamsprozession mit Hartschieren und knieenden Spalieren; Max-Gymnasium und Wilhelms-Gymnasium, ihr humanistischen Pflanzstätten, voll lieber Erinnerung, trotz aller Strafzettel und schlechten Noten; Gabelsberger Kirche, in der ich konfirmiert wurde und du, Basilika, in der ich, der Protestant, heimlich jedes Jahr die Weihnachtsmesse besuchte: zu euch allen, ihr Häuser, Straßen und Plätze, spreche ich, zu euch allen spreche ich, ihr meine lieben Münchner, wie zu einem großen, allumfassenden Wesen, das mich geboren hat und das wiederum aus meinem Wesen gewachsen ist.

München, die Glocken deiner Türme klangen mir ein unendliches Jahrzwölft lang aus dem Traum in den Tag nach, und wenn ich auch noch so schwer darniederlag, in Zweifeln und Anfechtungen, und mir der Glaube an ein werdendes neues Deutschland zu schwinden schien, da mahnte mich ihr dunkler, in seiner metallenen Tonfülle mich überwölbender Glockenklang: »Auferstehen! Ja Auferstehen!«

Somit werden Sie es verstehen, wenn ich, überwältigt und der Wirklichkeit entrückt von diesem überirdischen Glück der Heimkehr und des Wiedersehens, spreche wie im Traumwandel – traumumwoben, traumhaft.

MÜNCHEN!

Unermeßlichen Dank bin ich dir schuldig. Dir verdanke ich Geborensein, dir danke ich mein Leben. Du hast mich erzogen, und so danke ich dir auch mein zweites Leben: mein geistiges Aufleben. Diesen unermeßlichen Dank dir abzustatten, will ich bemüht sein in dem Sinn, daß mein Teil nicht gering sein soll, den ich zur Auferstehung unseres Vaterlandes beitrage.

Du, mein über alles geliebtes München, Dank dir!
Auf Wiedersehen!

Wiederbelebung der Oper

Werner Egk

Die Vorbereitungen zur Uraufführung des »Abraxas« in München begannen im Frühjahr 1948. Der unfruchtbare Morgenthau lag noch auf der Stadt und mit ihm Hunger und Not. Die Währungsreform war noch weit. Man litt unter der Kollektivschuld, kaum daß man der Sippenhaft entronnen war. Aus Erschöpfung streikten die Sänger. Man gab ihnen eine Sonderration von einem Pfund Brot und 100 g Käse, und sie versuchten wieder zu singen.

Die Trambahnfahrer streikten auch, sie beherrschten das einzige Massenverkehrsmittel. Was die Regierung ihnen bewilligen mußte, damit das Gras nicht zwischen den Schienen wuchs, weiß ich nicht. Jedenfalls mehr als den Sängern.

Für Theaterdekorationen gab es kein Material, für Kostüme keinen Stoff. An Seidentrikots für das Ballett war nicht zu denken. Schon über plumpe Baumwolltrikots mußte man in Jubel ausbrechen. Zunächst aber mußte man an die Besetzung denken. In Marcel Luipart hatten wir einen ausgezeichneten Choreographen und einen trefflichen Faust. Die schöne Nika Sanftleben war eine Margarete von unmittelbar lyrischer Ausstrahlung.

Wo aber war die »Erzbuhlin des Teufels«, der Super-Vamp? Eine, die imstande war, den betörten Faust dem Satanas so anziehend in die Krallen zu spielen, daß das ganze Parkett entflammte und sich nichts sehnlicher wünschte, als entweder Archiposa oder Faust zu sein?

Luipart und ich, wir redeten Nächte lang, bis ich sagte: »Ich hole die Archiposa aus Prag und die Bellastriga, coute que coute, aus Paris!«

»Ist doch zum Lachen, die Tschechen und die Franzosen werden jetzt gerade in der Laune sein, uns Geschenke anzubieten!«

Ich ließ mich auf nichts ein, sondern forschte nach, ob meine tschechische Archiposa Irina Kladivova nicht vielleicht in Deutschland war. Gegen Kriegsende hatte ich sie noch in der Leipziger Gsovsky-Inszenierung des »Zarissa« als Isabeau gesehen. Ich war felsenfest davon überzeugt, daß sie noch mehr Archiposa, Erzbuhlin des Teufels sein würde als Isabeau, Herzogin von Burgund.

Es war ein hartes Stück Arbeit, sie zu finden, aber ich ruhte nicht, bis ich entdeckte, daß sie doch in Deutschland geblieben war. Ich fand sie in einem Lager für *displaced persons* in Württemberg. Mit Freuden war sie bereit, nach München zu kommen und die ihr zugedachte Rolle zu übernehmen. Den Vamp hatten wir also auch. [...]

Wir probierten in der gewaltigen Ruine des Nationaltheaters. In einem ausgebombten, ausgebrannten Chaos. Man gelangte zu den wenigen für Ballettproben geeigneten und einigermaßen erhaltenen Räumen vom Gitterpförtner an der Marstallstraße aus. Hinter dem Gitter, das die Ruine abschloß, ging es über eine stehengebliebene Außentreppe zu einem schmalen, kaum gesicherten Holzsteg, der über dem grünen Tümpel der Bühnengrube mit dem Blick auf die zerklüfteten Schächte des Zuschauerraums und auf das wirre Durcheinander von Schutt, Eisenträgern und verbogenem Röhrenwerk zu einem halb zerstörten schmalen Gang führte. Bei dem schwindelnden Weg über den Steg stand über den Schluchten, dem Rost, Schlamm und Dreck der Ruine hohnvoll der offene Himmel. Der schmale Gang führte zu den erhaltenen Proberäumen.

Die Süddeutsche Zeitung

Immanuel Birnbaum

Die größte Zeitung der Bundesrepublik, die ich aus Wien bediente, war die in München erscheinende, nach dem Krieg neu gegründete *Süddeutsche Zeitung*. Sie wurde in dem alten Gebäu-

44 *Das Siegestor, 1947*

de der liberalen *Münchner Neuesten Nachrichten* aus der Vorkriegszeit hergestellt, die zuletzt dem nationalsozialistischen Parteiverlag gehört hatte, daher von den Amerikanern nach ihrem Einmarsch beschlagnahmt und dann nach der Wiederbegründung des bayerischen Staates, dessen Regierung übereignet wurde.

Unter den Herausgebern, die die Besatzungsmacht eingesetzt hatte, war auch ein alter sozialdemokratischer Kollege, Edmund Goldschagg, der sich den Nationalsozialisten niemals gleichgeschaltet hatte, sondern unter den braunen Machthabern lieber in den unpolitischen Beruf eines Setzers übergegangen war. Die übrigen Herausgeber kamen teils aus dem liberalen, teils aus dem katholischen Lager, hielten aber alle darauf, daß die *Süddeutsche Zeitung* kein Parteiblatt, sondern ein demokratisches Organ ohne Parteifarbe wurde.

Die kleine Freiheit

Erich Kästner

Der Titel des Programms – *Die kleine Freiheit* –
klingt eigentlich, als wüßten wir Bescheid.
Der Titel des Programms – *Die kleine Freiheit* –
stammt nicht von uns. Den Titel schrieb – die Zeit!

Die große Freiheit ist es nicht geworden.
Es hat beim besten Willen nicht gereicht.
Aus Traum und Sehnsucht ist Verzicht geworden.
Aus Sternenglanz ist Neonlicht geworden.
Die Angst ist erste Bürgerpflicht geworden.
Die große Freiheit ist es nicht geworden,
die kleine Freiheit – vielleicht!

Wir sind so frei! Das heißt: Soweit's erlaubt ist.
Wir sind so frei! (Soweit man's überhaupt ist.)
Wir dürfen wieder zittern, wenn wir frieren.
Wir dürfen staunend vor Geschäften stehn.
Wir dürfen atmen, lachen, vegetieren.
Wir dürfen schimpfen und den Kopf verlieren.
Wir dürfen, wenn's so weitergeht, marschieren.
Wir sind so frei. Wir werden ja sehn.

Der Titel des Programms – *Die kleine Freiheit* –
hat seinen Grund. Sie wissen nun Bescheid.
Der Titel des Programms – *Die kleine Freiheit* –
stammt nicht von uns. Der Autor heißt: DIE ZEIT!

»Der Titel des Programms ›Die Kleine Freiheit‹ stammt nicht von uns. Der Autor heißt: die Zeit!« Mit diesen Zeilen eröffneten wir im Januar 1951 unser zweites Kabarett in München. »Die Schaubude«, das erste und schon Ende 1945 gegründete, war an den Folgen einer unvermeidlichen »Die Währungsreform« genannten Operation unsanft entschlafen. Der 19. Juni 1948, ein regnerischer Sonntag, war der Sterbetag manchen Übels und einiger Hoffnungen gewesen. Zwanzig in England gedruckte Deutsche Mark hatte uns, gegen Ausweis und Quittung, der Staat in die Hand gedrückt. Und das war nun alles, was wir besaßen. Außer knurrenden Mägen, gewendeten Mänteln, Schuhen aus Edelpappe, grauer Gesichtsfarbe, fusligem Kartoffelschnaps und ein paar Zigarettenkippen.

Als dann tags darauf die bis dahin öden Schaufenster voller Hemden, Anzüge, Würste, Hüte, Schuhe, Socken und Konserven lagen, erlebten wir, leise mit den Zähnen knirschend, aus eigener Anschauung, was später unter dem bravourösen Stichworte »Deutsches Währungswunder« in die neuere Wirtschaftsgeschichte eingehen sollte.

Nachdem wir unsere ersten zwanzig Mark in den Geschäften gegen deren letzten Ramsch eingetauscht hatten, zeichnete sich sehr bald die nächste Nachkriegsetappe ab, und auch sie hat mit Recht einen wohlklingenden Namen erhalten. Er wurde im kopfschüttelnden Auslande geprägt. Wir litten damals, hieß es, an der »Großen Lethargie«. Unsere große Lethargie sah, bei Lichte betrachtet, folgendermaßen aus: Wir arbeiteten wie die Wilden, um uns wieder einmal sattzuessen. Wir arbeiteten wie die Besessenen, um uns einen Anzug zu kaufen, der nicht aus Holz gesponnen war. Wir arbeiteten wie die Berserker, um im Winter zehn Zentner Kohlen zu haben. Wir arbeiteten wie die Sklaven, um nicht länger unter Woilachs schlafen und auf Margarinekisten sitzen zu müssen.

Und als wir schließlich – wenn auch nicht alle, so doch viele – eines schönen Tages einigermaßen satt, in einem ziemlich warmen Zimmer, auf einem beinahe stuhlähnlichen Gegenstande sitzend, mit sauber gewaschenem Hals, denn auch Seife gab's ja wieder, aus unserer großen Lethargie erwachten und das eben erworbene Radio andrehten, staunten wir nicht schlecht. Wir waren in der Zwischenzeit an die Vergangenheit verkauft worden! Wir besaßen allerdings, bis auf Widerruf, die im Grundgesetz verbriefte »kleine Freiheit«, darüber zu murren und zu schimpfen. Und ein Kabarett gleichen Namens zu gründen. Das war nicht viel. Aber es war besser als gar nichts. [...]

Im ersten Programm der »Kleinen Freiheit« kam Bum Krüger, als Inspizient und Faktotum, auf die Bühne, kaute an einem Butterbrot und sagte: »Stört Sie's, wenn ich esse? Ich hab heute so'n komisches Gefühl. Und immer, wenn ich so'n komisches Gefühl habe, muß ich essen. Haben Sie 'ne Ahnung, wieviel ich in meinem Leben schon zusammengefressen habe! Ich bin sehr witterungsempfindlich. Ja. Wenn sich der Wind drehen will, merk ich das wie – wie ein blecherner Hahn auf dem Turm. Aber, und das ist das Fatale, ich kann mich nicht drehen! Ich bin wie ein Turmhahn, den ein paar Lausejungen heimlich festgebunden haben. Und jedesmal, wenn der Wind umschlägt, drehen sich alle Wetterfahnen in Stadt und Land – außer mir. Ich kann nicht! Und alle andern starren mich an und – na ja, daher kommt dann das eingangs erwähnte komische Gefühl. So wie heute ... Übrigens: Wenn sich Wetterfahnen nicht drehen, nennt man das ›Charakter‹. Drehen sie sich aber, nennt man's ›Entwicklung‹.« Damit ging unser Inspizient, kauend und leise in sich hineinlachend, wieder in die Kulisse.

Und die Wetterfahnen rotieren fleißig weiter. Sie entwickeln sich zusehends.

Das geliebte Haus

Rudolf Hartmann

Die für mich wichtigsten Jahre meines Lebens begannen 1952. Der Wiederaufbau der Münchner Oper war, in doppeltem Sinne, eine noch völlig ungelöste Frage. Sie ließ mich alles hintanstellen – Selbständigkeit, finanzielle Vorteile, Übersiedlung ins Ausland für dauernd – und bewog mich, dem ergangenen Ruf zu folgen.

[...] Zu Beginn meiner Tätigkeit, noch 1951, als ich die ersten Verträge abzuschließen und mir einen Mitarbeiterstab zu schaffen hatte, standen mir zwei Räume in der Maximilianstraße zur Verfügung. Dort befand sich die nachfolgend aufgelöste »Generaldirektion der Staatstheater«, hervorgegangen aus der »Obersten Theaterbehörde in Bayern« früherer Prägung, und geleitet von dem bayrisch-urbanen Juristen und Heimatschriftsteller Wilhelm Diess. Dieser liebenswürdige Mann, der mir an Weihnachten 1950 die erste telegrafische Anfrage nach Neapel gesandt hatte, brachte mir Vertrauen und Wohlwollen entgegen, und ich bedauerte sehr, daß durch sein Ausscheiden die gedachte Hilfe nur kurze Zeit währen konnte. Mein Vorgänger wohnte im gleichen Stockwerk in einigen bescheidenen Räumen, und in diese etwas ungewöhnliche Situation zog ich mit meinem ersten Büro ein. [...]

Am 27. August 1952 zog ich von der Maximilianstraße in die Ruine des Nationaltheaters um. Das hatte seinen guten Grund. Im Dschungel der »gesellschaftlichen« Gespräche tauchten Gedanken auf, zu geeigneter Zeit das Opernhaus an anderer Stelle zu bauen, die Ruine in der Maximilianstraße aber für neue Bebauungszwecke freizugeben. Man sprach von Banken, Versicherungen und ähnlichem.

Das war für mich ein bedrohliches Signal. Ich antwortete damit, daß ich die in den Umfassungsmauern noch erhaltenen Räume bezog, überhaupt möglichst viele Zweige der Oper im alten Gebäude beließ (u. a. auch das Ballett auf der anderen Seite, dem Hof zu) und damit sowohl die Verwendbarkeit als auch die Unentbehrlichkeit der Ruine nachwies. Den zerrissenen, unübersichtlichen Betrieb hat das natürlich noch mehr erschwert. Wir spielten und probten auf der Bühne des Prinzregententheaters; die Intendanz, die Verwaltung, das künstlerische Betriebsbüro, kleinere Probenräume, das Ballett, einige Werkstätten lagen an der alten Stelle, Orchester-Studierproben wurden behelfsmäßig in einem alten Chorsaal oder im Osten der Stadt, im Salesianum, abgehalten. Es war ein ständiges Hin und Her, das genaueste

Organisation und Kontrolle verlangte. An Fahrzeugen besaß die Bayerische Staatsoper nichts, was diesen täglichen Anforderungen entsprochen hätte. Ich hatte als Intendant zwar einen Fahrer, jedoch ein Auto, das mit einem zerfransten Leinwandverdeck und zerbrochenen Cellonscheiben in einem lächerlichen Zustand war. Im Transportwesen liefen die guten alten Elektro-Schlepper, die alten halb zerfetzten Kulissenwagen von früher.

Das Ganze konnte man nur als unwürdig bezeichnen. Es war kein gemachtes Bett, in das ich hineinkam. Ich konnte mir gut vorstellen, was mein Vorgänger in seinen vier Jahren zu leisten und zu leiden hatte, um überhaupt erst einmal das Chaos zu lichten. Mir blieb genug davon übrig; dazu zwei fehlende Theatergebäude (National- und Cuvilliéstheater) und die Aufgabe, im Prinzregententheater *und* im Gärtnerplatztheater jeden Abend zu spielen, natürlich immer »in höchster Qualität«, jede Aufführung »ein künstlerisches Ereignis«, und dazu ein »hochinteressanter, wechselvoller Spielplan«.

Die Festspiele

Rudolf Hartmann

Mit dieser alljährlichen sommerlichen Veranstaltung verband mich eine weit zurückreichende Vorliebe. [...]

Was ich vorfand, war wenig ermutigend. Zwar hatte man ab 1950 versucht, an die Vergangenheit anzuknüpfen, aber mit ziemlich negativem Ergebnis. Die Ursachen des Mißlingens sollen nicht erörtert werden. Tatsache ist, daß die Münchner Festspiele im Bewußtsein der musikinteressierten Welt nicht mehr existierten, daß ich ganz von Anfang an aufbauen mußte. Dazu gehörten vor allem geeignete Schauplätze. 1901 und später hatten drei Häuser zur Verfügung gestanden, 1953 war allein das Prinzregententheater übriggeblieben. In Kenntnis der von Richard Strauss gegebenen Anregungen bezog ich deshalb das Gärtnerplatztheater als »kleines Haus« mit ein.

Der Dreiklang Mozart-Wagner-Strauss sollte die Basis des Programms werden. Zwischen dem Wagnergebundenen Bayreuth und dem vielfarbigen Spielplan Salzburgs, das zudem den unschätzbaren Vorteil der kleinen, auf die sommerlichen Ereignisse konzentrierten »Festspielstadt« und den unbestrittenen ersten Platz im internationalen Tourismus hatte, mußte München eine charakteristische Note aufweisen können.

Die Spielplanübersichten geben darüber Aufschluß. Für den Beginn am 22. Juli 1953 inszenierte ich die in München noch unbekannte Spätoper *Die Liebe der Danae* von Richard Strauss. Die Premiere fand jedoch vorher, am 2. Juli 1953, anläßlich eines Gastspiels in Zürich, als »schweizerische Erstaufführung« statt. Ich wollte unter allen Umständen vermeiden, daß bei früherer Premiere in München die Aufführung bei den Festspielen nur als »Repertoire-Wiederholung« registriert werden würde. Außer Herbert v. Karajan standen am Pult: Hans Knappertsbusch, Rudolf Kempe, Werner Egk, Erich Kleiber, Robert Heger, Eugen Jochum und George Sebastian (Paris). Für *Antigonae* wurde auf Orffs Wunsch ein Spezialist, Gerhard Lenssen, eingeladen. *Trionfi* kam als Konzertwiedergabe im Neuen Herkulessaal in der Residenz unter Leitung von Eugen Jochum zur Aufführung.

Naturwissenschaften

Werner Heisenberg

Der uns heute etwas romantisch anmutende Fortschrittsglauben jener Epoche ergriff im ausgehenden 19. Jahrhundert das geistige Leben Münchens; aber unter der Wirkung der übrigen geistigen Strukturen unserer Stadt erhielt er auch eine besondere, für München charakteristische Färbung.

Den stärksten und bleibenden Ausdruck hat diese spezifisch

münchnerische Art des Fortschrittsglaubens im Deutschen Museum gefunden, dem Lebenswerk einer der kräftigsten Gestalten unserer Stadt, Oskar von Millers. Das Deutsche Museum verdankt seine Entstehung einer merkwürdigen Mischung von Bestrebungen recht verschiedener Art. Zunächst soll es wohl einfach das Interesse für den Fortschritt der Technik wecken, und diese Aufgabe hat es, besonders bei der heranwachsenden Jugend, mit dem größten Erfolg erfüllt. Welcher Junge hätte nicht mit Begeisterung einmal an den verschiedenen Maschinenmodellen gespielt – nicht immer zur Freude der Museumswärter. Dann will das Museum uns diesen Fortschritt verständlich machen, indem es die historische Entwicklung vorführt und den Beschauer ermuntert, sich selbst einmal mit den Apparaten abzugeben oder gar ihre Verbesserung zu versuchen. Schließlich aber greift es ein in die erst unserer Zeit ganz bewußte Auseinandersetzung zwischen dem Menschen und der von ihm geschaffenen Technik.

[...]

Wenn andere Universitäten etwa als Stätten des soliden Fachwissens oder als Ausgangspunkt neuer Entwicklungslinien in der Forschung berühmt wurden, so zeichnete sich die Wissenschaft in München vor allem durch eine menschliche Unmittelbarkeit und Lebendigkeit aus, die auf dem Nährboden einer sehr konservativen, im Katholizismus der heimischen Bevölkerung wurzelnden Geistigkeit erstaunlich gut gedeihen konnte. Die Sinnenfreude der bayrischen Barockkirchen hatte sozusagen ihr weltliches Gegenstück in der Freudigkeit, man kann fast sagen Heiterkeit der wissenschaftlichen Arbeit an den Hochschulen, und beide hingen in irgendeiner Weise zusammen mit dem Licht, das an Sonnentagen die Wiesen und Bergketten des südlichen Bayern überflutet.

Diese Verbundenheit mit dem Land und mit den Bergen wirkte sich bis in das Leben an den Instituten und Seminaren hinein aus. So etwa, wenn mein Lehrer Sommerfeld mit einigen seiner jungen Physiker auf die Institutshütte am Sudelfeld zog, um dort

45 *Das Deutsche Museum, Entwurf von Gabriel von Seidl, 1905*

Skilauf und wissenschaftliches Gespräch zu verbinden, oder wenn der oberste Raum im mächtigen Turm des physikalischen Instituts anläßlich einer Faschingsfeier zur Skihütte erklärt wurde und der Turm daher von den Alpinisten nur von außen bestiegen werden durfte.

Es ist mir zugleich aus der damaligen Zeit – dem Anfang der zwanziger Jahre – auch aufs deutlichste in Erinnerung, wie sehr sich das Leben der Universität und der oft aus dem Norden kommenden Professoren im Kontakt mit den Münchner Mitbürgern abspielte. So war es für Sommerfeld, der ebenso wie der Maler Corinth aus Ostpreußen stammte, längst zur Gewohnheit geworden, vor den physikalischen Kolloquien mit jüngeren oder älteren Physikern zusammen im Hofgarten zu sitzen und dort Kaffee zu trinken wie so viele andere Münchner. Dabei wurden die physikalischen und mathematischen Probleme diskutiert, die gerade im Mittelpunkt des Interesses standen, und gelegentlich bedeckte sich der Marmortisch, auf dem der Kaffee serviert worden war, mit langen mathematischen Formeln. Es wurde mir damals erzählt, einmal habe Sommerfeld seine Rechnungen auf dem Marmortisch mit einem komplizierten Integral abbrechen müssen, das nun nicht mehr ausgerechnet werden konnte, da nur noch wenige Minuten bis zum Beginn des Kolloquiums in der

Universität blieben. Als Sommerfeld einige Tage später mit seinen Schülern wieder dort Kaffee trank und zufällig an den gleichen Marmortisch geraten war, stand die Rechnung mit dem komplizierten Integral noch dort, aber die Lösung war in einigen Zeilen darunter geschrieben. Inzwischen hatte ein anderer Mathematiker der Münchner Universität – ich glaube, es soll Herglotz gewesen sein – am gleichen Tisch seinen Kaffee getrunken und sich die Zeit mit der Auflösung des Integrals vertrieben.

Als vor einigen Jahren der Atomreaktor der Technischen Hochschule bei Garching eingeweiht wurde, waren nicht etwa nur einige Würdenträger des Staates, der Stadt und der Hochschulen versammelt. Es war im Gegenteil ein Volksfest, an dem auch die Einwohnerschaft Garchings voll beteiligt war und an dem die bayerischen Nationalgerichte zu den Klängen einer Trachtenkapelle verzehrt wurden.

Oberbürgermeister

Hans-Jochen Vogel

Das Amtszimmer des Münchner Oberbürgermeisters am Marienplatz habe ich an einem sonnigen Spätherbsttag im Jahr 1955 zum ersten Mal betreten. Ich arbeitete damals – es war die Zeit der bayerischen Viererkoalition – unter Ministerpräsident Dr. Wilhelm Hoegner als junger Amtsgerichtsrat in der Bayerischen Staatskanzlei und sollte Thomas Wimmer eine Mitteilung Dr. Hoegners überbringen. Thomas Wimmer kannte mich von Parteiveranstaltungen her und empfing mich freundlich. Wie alle seine Besucher mußte ich nicht vor seinem Schreibtisch, sondern auf einem Stuhl neben ihm hinter dem Schreibtisch Platz nehmen. Als ich meinen Auftrag erledigt hatte, zog er aus seiner Gesäßtasche einige Blätter, die mit Zahlen dicht beschrieben waren, und hielt mir mit immer lauter werdender Stimme einen

Vortrag über die Finanzlage Münchens und über den Wiederaufbau. Während ich ihm zuhörte, schoß mir plötzlich der Gedanke durch den Kopf, es sei eigentlich eine großartige Sache, unmittelbar für eine Stadt wie München verantwortlich zu sein. [...]

Hans Demeter, Waldemar von Knoeringen, Wilhelm Hoegner, aber auch Hans Preißinger und Rolf Reventlow, der damalige Sekretär des Unterbezirks, legten mir in langen Gesprächen die Gründe dar, aus denen sie meine Kandidatur für nützlich, ja für notwendig hielten. Meine Einwände, ich sei einfach zu jung, es fehle mir an praktischer Erfahrung, ich sei der Öffentlichkeit völlig unbekannt und in vielen Punkten geradezu das Gegenstück zu Thomas Wimmer, ließen sie nicht gelten. Sie meinten, das könne ich durch Aktivität und Arbeitseifer alles ausgleichen. Schließlich stellte mich auch Erich Hartstein, der leitende Redakteur des »Münchner Stadtanzeigers«, mit dem Argument, daß ein Mann der jungen Generation einfach nicht nein sagen dürfe, wenn man ihm eine solche Aufgabe anvertrauen wolle. Das könne über München hinaus ein Zeichen setzen.

Das gab den Ausschlag. Ich hatte selbst oft genug kritisiert, daß die Jungen in der Bundesrepublik zu wenig Chancen hätten. Folgerichtig mußte ich nun in meinem Falle ja sagen. Das tat ich im Juni 1959. Im Juli nominierte mich zunächst der Unterbezirksvorstand und im Oktober nach zwei eindrucksvollen Reden von Wilhelm Hoegner und Waldemar von Knoeringen auch die Unterbezirkskonferenz. Alle 137 anwesenden Delegierten stimmten für meine Kandidatur.

Die Christlich-Soziale Union nahm das nicht sonderlich ernst. Ihr Kandidat war Dr. Joseph Müller, der »Ochsensepp«. Er vertraute auf seine 40jährige politische Praxis, und das Ergebnis einer Meinungsumfrage, nach der über 80 Prozent der Wähler Dr. Müller, aber nur knapp 30 Prozent den Dr. Vogel kannten. Mir war klar, daß dies für mich ein erhebliches Handikap bedeutete. Zudem versuchte Dr. Müller zunächst auch nicht ohne Geschick, sich als ein neuer Thomas Wimmer zu geben und dessen Popularität einfach auf sich überzuleiten.

Meine Freunde und ich führten deshalb von Anfang an einen offensiven Wahlkampf. Ein Programm »München von morgen« sagte klar und knapp, was die Sozialdemokraten in der nächsten Amtsperiode tun wollten. Es beschränkte sich auf Sachziele und hielt sich von den damals üblichen Leerformeln und Allerweltsversprechungen fern. [...]

Das Wahlergebnis vom 27. März 1960 übertraf alle Erwartungen. Die Stadtratsliste der SPD erhielt 53,4 Prozent, ich selbst 64,3 Prozent. Mein eigenes Gefühl in der Wahlnacht schwankte zwischen Genugtuung und einer dunklen Ahnung von den Sorgen, Problemen und Schwierigkeiten, die nun auf mich zukommen würden. [...]

Von den zahllosen Glückwünschen war einer für mich besonders bedeutsam: der von Thomas Wimmer. Er stand meiner Kandidatur recht skeptisch gegenüber und machte daraus auch gar kein Hehl. Noch auf der letzten Pressekonferenz erklärte er, ich sei nicht der Mann seiner Wahl, er hätte Anton Weiß den Vorzug gegeben. Weiß war damals 60 Jahre und seit 1946 berufsmäßiger Stadtrat. Ich war ihm einfach zu jung und auch nicht lang genug bei der Partei. Außerdem hatte er gegen Juristen eine grundsätzliche Abneigung. In der Wahlnacht änderte sich diese Einstellung von Grund auf. Er gratulierte mir aufrichtig und begegnete mir fortan bis zu seinem Tod mit freundschaftlicher Gesinnung. Obwohl er dazu vor allem zu Beginn meiner Amtszeit häufig Gelegenheit gehabt hätte, machte er mir nie Schwierigkeiten, er kritisierte seinen Nachfolger nicht in der Öffentlichkeit und mischte sich auch nicht in die Geschäfte ein.

Ich verteidigte ihn meinerseits mit Überzeugung gegen mancherlei Angriffe. Thomas Wimmer war und ist für mich einer der Großen in der Geschichte unserer Stadt. Gewiß, die Entwicklung begann ihn in den späten fünfziger Jahren zu überfordern. Er verstand sich auch selbst mehr als ein Volksbeauftragter denn als der Chef der Stadtverwaltung. Und manchmal spielte ihm auch sein Naturtalent als Volksschauspieler einen Streich; so wenn er über die herabgeschobene Brille zur Tribüne des Sitzungssaals hinaufsah und dann einer seiner unnachahmlichen absichtlichen Versprecher folgte (»Warum regen Sie sich auf, Herr Kollege, an Ihrer *Un*glaubwürdigkeit hat doch niemand gezweifelt«), die – und das wußte er ganz genau – seine Popularität enorm steigerten.

Aber das alles ändert gar nichts daran, daß sich München in den Notjahren nach dem Krieg und in der Zeit des Wiederaufbaues keinen besseren Bürgermeister wünschen konnte als ihn. Er besaß gesunden Menschenverstand, er gab den Münchnern nach dem Zusammenbruch mit seiner Holzaktion und dem berühmten »Ramadama«, der allgemeinen Schutträumung, wieder Zuversicht und Vertrauen. Er redete die Sprache des Volkes und war bereit, jedermann anzuhören und zu helfen.

Und wo er die Theorie nicht beherrschte, da leitete ihn ein sicherer Instinkt. So ist es sein Verdienst vor allem, daß die Münchner Altstadt im wesentlichen wieder so aufgebaut wurde, wie sie vor der Zerstörung war. Nicht weil er die künftige Entwicklung im einzelnen vorausgesehen hatte, sondern weil er ein Gespür für das Wesen der Stadt und ihre Tradition hatte. Und unvergeßlich ist mir, wie er mich einmal nach einer Sitzung an das Fenster führte, auf den von Autos verstopften Marienplatz zeigte und sagte: »Weißt du, da bau'n mir gar nichts, wenn s' nicht mehr fahren können dann bleiben die Stinkkarren halt stehen, und dann werden die Leut' endlich gescheiter.« Damals habe ich widersprochen.

Ostermarsch 1961

Ansprache auf dem Königsplatz in München

Erich Kästner

Das Kuratorium für den diesjährigen Ostermarsch hat mich gebeten, die süddeutsche Marschgruppe und die übrige Versammlung hier in München zu begrüßen, und ich habe ohne

Zögern zugesagt. Mit schlechtem Gewissen nur insofern, als ich mich, wie ich weiß und Sie bald gemerkt haben werden, zum Versammlungredner nicht eigne. Doch wenigstens in *einem* Punkte möchte ich hinter versierten Rednern nicht zurückstehen: Ich werde mit einem Goethe-Zitat beginnen, und zwar mit dem Zwiegespräch zweier selbstzufriedener Bürger in jener Szene aus dem »Faust«, die gemeinhin »Der Osterspaziergang« genannt wird. Da sagt der eine Bürger: »Nichts Bessers weiß ich mir an Sonn- und Feiertagen / Als ein Gespräch von Krieg und Kriegsgeschrei, / Wenn hinten, weit, in der Türkei, / Die Völker aufeinanderschlagen. / Man steht am Fenster, trinkt sein Gläschen aus / Und sieht den Fluß hinab die bunten Schiffe gleiten; / Dann kehrt man abends froh nach Haus / Und segnet Fried und Friedenszeiten.« Und der andre Bürger, dem das aus der Seele gesprochen ist, antwortet: »Herr Nachbar, ja! so laß ichs auch geschehn; / Sie mögen sich die Köpfe spalten, / Mag alles durcheinandergehn; / Doch nur zu Hause bleibs beim alten!«

Der Unterschied zwischen Osterspaziergängen, so beliebt sie noch immer sind, und den neumodischen Ostermärschen in England, in Dänemark, bei uns und anderswo mag groß sein. Doch der Unterschied zwischen dem gemütlichen Köpfespalten »hinten, weit, in der Türkei« und der Kernspaltung ist noch ein bißchen größer. Warum marschieren denn Sie, die das Marschieren verabscheuen? Warum wohl setzt sich Bertrand Russell, der Mathematiker, Nobelpreisträger und Philosoph, achtundachtzig Jahre alt, im Schneidersitz demonstrativ vors englische Verteidigungsministerium? Weil ihm und Ihnen und uns allen keine hübschere Art der »Freizeitgestaltung« einfiele? Wir bedienen uns der Demonstration als eines demokratischen Mittels, die Regierungen und Parlamente an ihre Pflicht zu erinnern. Was werfen wir den Wichtigtuern und Tüchtigtuern demonstrativ vor? Lassen wir die großen Vokabeln getrost aus dem Spiel! Reden wir nicht von »Verrat am Christentum« und ähnlich massiven Gegenständen. Wir sind ja keine pathetische Sekte, sondern nüchterne Leute. Deshalb werfen wir ihnen zweierlei

46 *Erich Kästner bei seiner Ostermarsch-Ansprache auf den Stufen der Propyläen am Königsplatz*

vor: Mangel an Phantasie und Mangel an gesundem Menschenverstand. Ihr Mut und ihre Vorstellungen stammen aus Großmutters Handkörbchen. Ost und West spielen einen Dauerskat mit Zahlenreizen, als ginge es um die Achtel. Aber es geht ums Ganze!

Ich versage es mir, mich über die zwei Mangelkrankheiten zu verbreiten, woran die einen leiden und an denen alle anderen sterben könnten. Ich möchte Ihnen stattdessen vorlesen, was ein berufener Mann geschrieben hat. Ein Mann mit Phantasie und gesundem Menschenverstand, der außerdem, im Gegensatz zu mir, ein Fachmann ist. Ich meine Carl Friedrich von Weizsäcker, den in Hamburg lebenden und lehrenden Atomphysiker und Philosophen. Er schreibt im Taschenbuch »Kernexplosionen und ihre Wirkungen«, dessen Vorwort am 18. März, also vor rund vierzehn Tagen, in der Zeitung »Die Welt« abgedruckt worden ist: »Entweder wird das technische Zeitalter den Krieg abschaffen, oder der Krieg wird das technische Zeitalter abschaffen ...«

Schwabinger Krawalle

Peter Schult

Dabei hat eigentlich alles in München begonnen, war München die heimliche Hauptstadt der Bewegung. Während die BRD im tiefen Schlaf der Restaurationszeit unter Adenauer dahindämmerte, wurde sie anfangs der 60er Jahre jählings durch die Schwabinger Krawalle aufgeschreckt. Drei Tage und drei Nächte lang lieferten sich Tausende und aber Tausende von Demonstranten, unter ihnen ein unbekannter junger Mann namens Andreas Baader, eine Straßenschlacht mit der Polizei, wie man sie auf deutschem Boden seit der Weimarer Republik nicht mehr gekannt hatte. Die Einrichtungen der Straßencafés gingen zu Bruch. Hunderte von Demonstranten wurden von der Polizei brutal zusammengeknüppelt, Hunderte wurden festgenommen, aber auch unzählige Polizeibeamte mußten ärztlich behandelt werden und durch brennende Zeitungen aufgeschreckte Polizeipferde gingen durch. Begonnen hatte alles mit drei Straßenmusikanten, die vor der Gaststätte Leopold auf dem Schwabinger Renommier-Boulevard zu mitternächtlicher Stunde ein Ständchen gaben. Als eine Polizeistreife aufkreuzte und die ›nächtlichen Ruhestörer‹ inmitten des Autolärms mitnehmen wollte, setzten sich Passanten zur Wehr und verhinderten die Festnahme.

Aus diesem harmlosen Zwischenspiel entwickelten sich bürgerkriegsähnliche Zustände, die ein Nachspiel auslösten. Der Polizeipräsident der Stadt mußte seinen Hut nehmen, einige Polizisten wurden verurteilt und der neue Chef der Polizei, Hermann Schreiber, SPD-Mitglied mit einem Gewerkschaftsausweis in der Tasche, gelobte Besserung. Er verkündete die ›Münchner Linie‹, eine Polizeitaktik der sanften Konfliktlösung und ließ die Münchner Polizisten Nachhilfeunterricht bei einem Psychologen nehmen.

Diese Taktik hat die Münchner Linken oftmals verzweifeln lassen, immer wieder gelang es der Polizei, Konfliktsituationen aufzulösen, so daß es selten zu militanten Zusammenstößen kam. Deswegen konnte sich in München auch nie richtig eine militante Linke entwickeln. Nicht von ungefähr tauchten die militanten Münchner unter und kamen im Berliner oder Frankfurter Untergrund wieder zum Vorschein, von Andreas Baader über Dieter Kunzelmann und Fritz Teufel bis zu Brigitte Mohnhaupt, Rolf Heißler, Irmgard Möller oder Christof Wackernagel.

Gegenmünchen

Paul Wühr

TREFFPUNKT: MARIENPLATZ

wo die Heideblumen
blühen im Frühling
vor Christus

führt
der
Urmensch
sein
Torfhund
Gassi
ums
Wurmeck
und

im Donisl
hebt as Biermadl
Filzl

im Rathaus
Punkt Elfi hammas
aussigworfa de Pest
wir die Glockenspielleut

daloabiter
Exodus

Richtung
Hollywood
oder

am einbalsamierten
Europa da hebt er
das Bein aber heit
kriagt der Lenin
zwoa nasse Händ an
der Mariensäule

wandert

aussi

nach

Osten

Leita
de
Himmi
zum
aufi

kimmt
koana
gsund

da Tod
rechts

müssen
mit
de Kapuzn
de Pest
wieder
bringa

wo Amerika stirbt
an der Wand
im **Peterhofkino**

wieda
hoam
ohne Onu-
phri

solang
da alte
Metzger lebt

stirbt

di Gemütlichkeit

auf de Fleichbänk

net aus

muß der Urmensch

fremdlt

Maria

Kühe

Wasser

lassen

im **Neumayr**

stelln sa
si auf
de junga
Glockenspiel-
leut

am Denkmal

für Milch

da

schleicht si

da oide

Onuphri

Zeitung lesen
von wem war
des Trinkgeld
oder warum
Torfhund
as Bein ghobn
wo trocknet
da Lenin
die Händ ave
Maria an Radi
bittschön zuvor
nacha aussterbn
alloa

Stadtrundgang durch das Brauchtum der Politik

Paul Wühr

In der Gegenstadt
geht ER geht SIE die Straßen wohin durch
viele andere München in Wörtern gehen sie heute

im Jahre 68 wo die Tische blank brauchmäßig die
klassenlose Gesellschaft beim Bier sitzt in der Staatskanzlei

diese ganze Stimmung im Verkehrsministerium im März
der Salvator wo ausnahmsweise wird vorgeführt Kollaps

was ER und SIE sehen Schulter an Schulter was sie wissen
daß die verschiedenen München ihre Eigenschaft heute

bei der Berührung sich vernichten um 4 Uhr früh
in diesem anderen München die Hallen wohlig kühl die Tische

blank brauchmäßig im Sudjahr 68 die Mälzerei
am Salvatorplatz 2 wo die Kulturgesellschaft sich

zuprostet es folgen die Ausstöße Informationen die
Katastrophen Veränderungen hier an diesem Punkt

in diesem anderen München WO ER mit IHR durch die
Schwemme geht im Finanzministerium hier in diesem

anderen München findet die Dult im Justizministerium statt
im Mai im Juli und im Oktober schauen sie hinein

nach München aber diese Stadt werden sie nie durchdringen
hier gut schmeckt Kronfleisch am Umschlagplatz für

Schlachtvieh   in der Winzererstraße 9   wo auf Schüsseln
sozial gearbeitet wird   mit Messer und Gabel   diese

ganze Stimmung   selber Geschlachtetes   und die Tische blank
brauchmäßig   als ER weggeht   die Straße wohin   4 Uhr früh
wo SIE weggeht   die Straße wohin
in ein anderes München

anti-theatergeschichte

Yaak Karsunke

Seit der Eröffnung des *action-theaters* sind zehn, seit seiner zwangsweisen Schließung fast elf Jahre vergangen, inzwischen hat sich herumgesprochen, daß dort – auf der Behelfsbühne eines pleitegegangenen action-Kinos in der Münchner Müllerstraße – *der* Fassbinder das Konzept *des* antiteaters entwickelt hat. [...]

Im *action* ging es – z. B. am 3. Oktober 1967 – so zu: an der Theke konnte man ein Bier (oder ein Glas Hauswein) erwerben, es mit an seinen Platz nehmen und rauchen (was der frühe Brecht gefordert und der späte nicht verwirklicht hat). Dann kam – durch den Publikumseingang – ein Haufen Hippies mit Blumen, die sie auf ihrem Zug durchs Parkett an die Zuschauer verteilten, anschließend kletterten sie auf ein Nudelbrett von Podest. Das war mit Reklamewänden einer großen Illustrierten umstellt: Farbfotos warben für eine Serie über das persische Kaiserpaar (vier Monate und einen Tag zuvor war bei einem Besuch eben dieses Paares in Westberlin ein Student von einem Polizisten erschossen worden). Hinter diesen Stellwänden verschwand das Ensemble bis auf einen untersetzten, sanft blickenden jungen Mann, der aus seinen Jeans ein Reclamheft fischte, sich bäuchlings auf den Boden legte, noch einmal kurz ins Publikum sah, dann sein Büchlein aufschlug und vorlas: »Leonce und Lena. Ein Lustspiel von Georg Büchner.«

Dieses Lustspiel wurde im folgenden mit *Lust gespielt,* wobei aktuelle Anspielungen nicht fehlten. Als der Schulmeister die zur Begrüßung abkommandierten Untertanen belehrte: »zeigt die gehörige Rührung, oder es werden rührende Mittel gebraucht werden« gab es Szenenbeifall – angesichts des Schahs aktualisierte sich der Text von allein. Zur Hochzeit zwischen Leonce und Lena hingegen hatte das *action* die Beatles gebeten, die aus dem Lautsprecher die berechtigte Frage stellten: »Will you still need me – will you still feed me – when I'm sixty-four?« Die Provinzkritiker reagierten – wenn überhaupt – philologisch-säuerlich. Den Leuten, die den fingerdicken Staatstheaterstaub auf klassischen Texten längst für deren authentische Oberfläche hielten, galt Pusten als Sakrileg, als Umgangsform mit Dichtung war ihnen *zelebrieren* geläufig. Die unbefangen-lebendige Art, mit einem überlieferten Text zu *spielen,* unterschied sich außerdem auch frappierend von dem, was andere Keller- oder Zimmertheater boten. Auf die Tatsache, daß sich die subventionierten großen Häuser per Werkraum, Werkstatt etc. selbst unter*kellert* hatten, reagierten die Mini-Bühnen nämlich weitgehend hilflos. Es gab Rückzüge in die Theatergeschichte, vornehmlich des Expressionismus, ein paar standardisierte Artaud-Zitate und immer mal wieder des seligen Jarry »Ubu«.

[...]

»Katzelmacher« hatte auf der Bühne eine Spieldauer von 40 Minuten, eine weitere (knappe) Viertelstunde dauerte Jean-Marie Straubs Version von Bruckners »Krankheit der Jugend« (eine skelettierte, aber intensive *szenische Rezension* der Bruckner'schen Problem-Kommerzialisierung, die Straub später in seinen Kurzfilm »Der Bräutigam, die Komödiantin und der Zuhälter« aufnahm). Offenbar Straubs wegen schickte die »Süddeutsche Zeitung« erstmals keinen Theater-, sondern einen Filmkritiker ins *action,* der auch für Fassbinders Arbeit mehr Verständnis aufbrachte. Das scheint die Ansicht zu bestätigen, die Fassbinder selbst im Februar 1974 interviewweise geäußert hat: »Anfangs war das ja ziemlich extrem bei mir. Ich habe im

Theater so inszeniert, als wäre es Film, und habe dann den Film so gedreht, als wär's Theater, das hab ich ziemlich stur gemacht.«

Offenbar bedeutet »stur« in Bayern etwas anderes als in Berlin: der (preußische) Betrachter von 1968 jedenfalls empfand gerade die genaue Reflexion auf jeweils gegebene räumliche und personelle Möglichkeiten als wohltuend – dadurch vermied das *action* den peinlichen »will und kann nicht«-Stil anderer Kleinstbühnen. Noch in der Buchausgabe des »Katzelmacher« findet sich der Vorspruch: »Eigentlich hätte dies ein Stück über ältere Leute werden müssen. Aber es sollte am ›antiteater‹ realisiert werden. Jetzt sind sie alle jung.«

Das ›antiteater‹ ist an dieser Stelle ein Anachronismus, der »Katzelmacher« wurde noch am *action* realisiert, ebenso wie der kollektiv erarbeitete »Axel Cäsar Haarmann«, mit dem das Ensemble Ende April 1968 auf das Attentat auf Rudi Dutschke reagierte. Der Programmzettel war ein auf Saugpost abgezogenes Blatt und erinnerte so an studentische Flugblätter – auch inhaltlich: »Es geht um *Springer*...! (und die angefaulte Demokratie, die ihn herrschen läßt)« heißt es da, ein Brecht-Zitat erläutert: »über, was herrschen ist, besteht eine verkehrte Meinung, bei einigen« und auf die beginnende staatliche Repression verweist die Mitteilung: *»Der Erlös der Vorstellungen fließt dem Rechtshilfefonds der SDS zu.«*

Formal aus studentischen Protestformen entwickelt – Demonstrationszug mit Tafeln und Transparenten, Sprechchöre, teach-in und sit-in-Abläufe –, dokumentierte der »Haarmann« die kurze Geschichte der Studentenbewegung (vornehmlich an Berliner Beispielen). Zum Schluß erschien Fassbinder mit einem Schlauch auf der Bühne, »die Theaterleitung« verkündete über Lautsprecher den Schluß der Vorstellung und forderte (naturgetreu *dreimal*) zur Räumung des Zuschauerraums auf. Charakteristisch für das *action* war ebenso, daß den Worten dann tatsächlich das Wasser folgte (und z. B. einem Vertreter der »ästhetischen Linken« das joviale Lächeln recht vollständig aus dem Gesicht schwemmte) wie der Entschluß, den »Haarmann« nach wenigen Vorstellungen trotz guten Besuchs wieder abzusetzen: als schnelle Reaktion improvisiert, erschien er dem Ensemble für eine längere Laufzeit zu unfertig – falls später mal jemand nach Belegen für eine tatsächlich *neue* Sensibiltiät suchen sollte: hier wäre einer.

Die damals geführte Debatte um den »Tod der Literatur« und die Funktionen von Kulturarbeit überhaupt, ausgehend von Marcuses kritischem Begriff der »affirmativen Kultur«, spiegelte sich im Spielplan des *action* in der Erarbeitung einer Agitationsszenenfolge (»Chung«), die nicht mehr im Theater, sondern als Straßentheater im Rahmen der Anti-Notstands-Kampagne gespielt werden sollte. In der Müllerstraße fand lediglich eine Voraufführung statt. In der »Süddeutschen Zeitung« vom 21. Mai 1968 erschien eine wohlwollende Besprechung (das waren noch Zeiten – vor sechs Jahren!) und eine kurze Zusatz-Notiz: »Die Wiederaufnahme des ›Katzelmacher‹ und Straubs Bruckner-Inszenierung ›Krankheit der Jugend‹ mußten auf unbestimmte Zeit verschoben werden, da der Autor und Mitakteur des ersten Stückes, Rainer Werner Fassbinder, in Paris festgenommen wurde. Ungeklärt ist, ob Fassbinder aktiv an Demonstrationen teilgenommen hat, oder als zuschauender Passant einem polizeilichen Stoßtrupp in die Hände fiel.«

Am selben Tag fertigte das Amt für öffentliche Ordnung der Landeshauptstadt München einen Bescheid aus, betreff: »Vollzug der Landesverordnung über technische Bühnenvorstände.« Prüfungen des Technischen Überwachungsvereins hatten Mängel an einigen elektrischen Leitungen ergeben – und obwohl die *action*-Leute diese Leitungen stillgelegt hatten und es eine Zusage eines Fachmannes für kostenlose Reparatur gab, wurde das *action* am 6. Juni geschlossen. Der Schließung gingen Verhandlungen voraus, bei denen ein Vertreter des Amtes tröstend erklärte, dem *action* wäre doch ohnehin bald die Konzession entzogen worden: den »Chung«-Rezensionen sei zu entnehmen gewesen, daß es sich wohl eher um politisches Kabarett gehandelt habe, die Theater-Konzession dagegen gestatte nur »vorwiegend künstlerische Auseinandersetzungen«. Ob diese Belehrung bei der Umtaufe des *action* Pate gestanden hat, ist nicht bekannt, im Juli jedenfalls gastierte das Ensemble mit dem Weiss'schen »Mockinpott« in der Akademie der bildenden Künste bereits unter neuem Namen : »antiteater = ensemble des action theaters, antiteater = sozialistisches theater, antiteater = information« verkündete der Programmzettel und forderte mit viel Leerzeilen zum Aufstellen weiterer Gleichungen auf.

[...]

Schließlich fand das Ensemble im Hinterzimmer einer Schwabinger Wirtschaft eine neue Bleibe. Als erste Premiere in der »Witwe Bolte« gab man am 25. Oktober 1968 »Iphigenie auf Tauris von Johann Wolfgang von Goethe«, bearbeitet und inszeniert von Rainer Werner Fassbinder. 1962 hatte ihm ein bayerischer Oberlehrer noch weiszumachen versucht, die »Iphigenie« sei »das Drama von der Großmut der Mächtigen« – innerhalb eines halben Jahres war allerlei geschehen, was Fassbinders Zweifel an dieser Sentenz aktualisiert und bestärkt hatte: die sogenannten »Osterunruhen« nach dem Attentat auf Dutschke, der Pariser Mai, die Verabschiedung der Notstandsgesetze und die Intervention der Warschauer-Pakt-Staaten in der CSSR hatten die Mächtigen wenig großmütig gezeigt. Fassbinder kümmerte sich auch nicht um jene pseudo-marxistische Rechtfertigungs-Philologie (à la Lukács etwa), die klassizistische Verlogenheit als humanistisches Erbe erschleichen möchte, sondern ging einfach von dem Gebrauch aus, den die bürgerliche Gesellschaft von der angeblich reinen Dichtung macht: Produktionsmittel falchen Bewußtseins und herrschaftsstabilisierende Propaganda.

Fassbinders Iphigenie saß in einem Hollywoodschaukel-Käfig aus Mannesmannrohren und Maschendraht – ein rothaariger Lockvogel, der die (von Peer Raben vertonten) affirmativen Arien Goethens sang und damit zwei junge Homosexuelle anlockte: Orest und Pylades. Deren Dialoge mit dem König

Thoas gingen ziemlich bald in jenen Wortwechsel über, den kurz zuvor Fritz Teufel und Rainer Langhans im Westberliner Kommuneprozeß mit dem Landgerichtsdirektor Schwerdtner geführt hatten; eine Liste mit mehrmonatigen Gefängnisstrafen aus den beginnenden politischen Prozessen gegen studentische Demonstranten folgte. Szenische Zitate aus *comic strip* oder *living theatre* waren ebenso funktional einmontiert wie Texte von Mao und Paul McCartney: die Aufführung fügte dem Stück all das zu, was es in seiner sonst üblichen Verwendung vergessen machen soll.

Das begriffen im Verlauf des Abends sogar einige Vertreter des »anarchistischen« Flügels des Münchner SDS, die anfangs die Vorstellung zu stören versucht hatten, weil ihnen – wenn überhaupt – Theater nur noch als Agitprop gerechtfertigt schien (und weil sie zahlenmäßig zu schwach waren, diese Ansicht in einem großen Theater artikulieren zu können).

[...]

Ironischerweise mit der »Anarchie in Bayern« betrat die Truppe dann erstmals subventionierten Boden, zur Woche der Werkraumtheater in das der Münchner Kammerspiele eingeladen. Fassbinder selbst hat das Stück nicht drucken lassen, der Rezensent hat aus Gründen privater Anarchie die Aufführung verpaßt und damit den Abschied des *antiteaters* von der Subkultur-Zeit. Seither läuft die Wette, ob der Kulturbetrieb Fassbinder und das Ensemble integrieren/korrumpieren wird oder nicht – »beteiligen Sie sich an den menschlichen Einsätzen, beurteilen Sie unparteiisch die Kampfform der Gegner und lenken Sie ihr Interesse auf das Finish« (Brecht).

Die Demonstration vor dem Buchgewerbehaus

Ein Zeuge der Rechtshilfe
der Außerparlamentarischen Opposition

Die Situation änderte sich schlagartig. Zwei Einsatzabteilungen der Polizei gingen plötzlich überfallartig gegen die in der Barerstraße in parallelen Reihen hintereinanderstehenden Demonstranten vor. Mit zwei langen Seilen versuchte die Polizei, die Demonstranten einzukreisen. Es gelang schnell, zwei Kessel zu bilden. Der eine Kessel wurde zur Ostseite, der andere zur Westseite der Barerstraße abgedrängt. Für die in den Kesseln zusammengepferchten Demonstranten war die Lage sehr gefährlich. Wer stürzte, lief Gefahr von den anderen zertreten zu werden, da in den Kesseln zu wenig Bewegungsfreiheit bestand, einem Gefallenen wieder aufzuhelfen. Andererseits waren aber die Kessel in Bewegung, da die Polizei versuchte, sie von der Fahrbahn der Barerstraße wegzudrängen. In den Kesseln bestand eine Panikstimmung, ein Zustand kollektiver Angst. Die Eingekesselten versuchten aus den Kesseln zu entkommen. Einzelnen gelang das auch. Sie flüchteten oder versuchten, den anderen, die noch eingekesselt waren, von außen zu Hilfe zu kommen. Diesen Versuch unternahmen auch andere, die der Einkesselung entgangen waren und die erkannten, wie gefährlich die Lage für die Eingekesselten war. Diese Leute wurden von einzelnen Polizeibeamten oder von mehreren zugleich angegriffen, teilweise mit harter Gewalt. So beobachtete ich wie ein Beamter mit einem Funkgerät auf einen Mann einschlug.

Erklärung

Humanistische Studenten Union

Die Anwendung aggressiver Gewalt bei den Münchner Demonstrationen gegen den Springer-Konzern hat zum Tode von Klaus Frings und Rüdiger Schreck geführt.

Die Humanistische *Studenten* Union verurteilt die Anwendung aggressiver Gewalt, weil diese nicht zur Lösung politischer Probleme beitragen kann. Gemeinsam mit den anderen Gruppen der außerparlamentarischen Opposition bedauern wir diese Todesfälle. Wir werden uns dafür einsetzen, daß sich ein solch sinnloses Sterben nicht wiederholen kann.

Wenn Winfried Martini und Marcel Hepp im Bayern Kurier vom 20. 4. 68 fordern, »... die Demokratie muß zurückschlagen...« und alle Demonstranten als »... innerpolitische Todfeinde der Demokratie...« hinstellen, so wenden sie sich nicht nur nicht gegen jede Gewaltanwendung, sondern diffamieren Staatsbürger, die sich für die Verwirklichung unserer demokratischen Verfassung einsetzen, als Todfeinde. Ja, sie rufen sogar die Bürger zu Gewaltanwendung gegen die Studenten auf.

Dadurch, daß die politisch Verantwortlichen nicht bereit sind, Demokratie in unserer Gesellschaft zu realisieren und sie bereits den passiven Widerstand gegen dieses verfassungsfeindliche Verhalten als Gesetzesverletzung hinstellen, können sie formal richtig die Polizei als Instrument zur Erhaltung ihrer Machtpositionen einsetzen. So erzeugen sie eine Gegnerschaft zwischen uns und der Polizei. Die Verteufelung des politischen Gegners verhindert die rationale Diskussion, erzeugt Wut, Angst und Verbitterung. Knüppelschläge und Steinwürfe sind das Ergebnis.

47 *Franziska Bilek, Herr Hirnbeiß*

Amon Düül

Ingeborg Schober

Die Amon Düül hatten sich in der vornehmen Wohngegend an der Prinzregentenstraße einquartiert. Die Musiker-Fraktion der Multi-Media-Gruppe, Chris Karrer, Peter und Uli Leopold und Rainer Bauer, übten ein paar Häuser weiter in einem Keller unter der Aral-Tankstelle.

Ihre Erfahrungen mit dem Kommuneleben beschrieben sie in einem Gespräch:

Shrat: »Da residierten wir in der Prinzregentenstraße, wo Ärzte und Rechtsanwälte wohnen. Es war die Zeit, wo man total ausflippte, die Haare immer länger wurden und man nur noch indische Gewänder trug. Wenn man unten die Straße entlangging, öffneten sich oben immer die Fenster, und die Leute schrien: ›Vergast gehört ihr!‹ Diese Tour lief da. Das war auch die Zeit, wo es mit den Ideologien losging. Alles flippte etwas ins Kommunegehabe. Alles gleich, alles für alle!«

Chris: »Da hat man nur Leute reingelassen, die irgendwas wie Kopfstand oder so konnten, eine bestimmte Begabung hatten. Man hat sich so echte Hausnarren gehalten.«

Shrat: »Z. B. kam da so ein Engländer und blieb 6 Wochen. Den kannte keiner. Weiß auch nicht mehr, wie der hieß. Der saß 6 Wochen lang immer im Eck und hat nur riesige Butterstullen mit Marmelade drauf gegessen, kochte Tee und sonst nichts! Rührte sich nicht und wurde von allen respektiert!«

Chris: »Ich weiß noch, eines Tages kamen Shrats Mutter und sein Bruder an und wollten ihn polizeilich abführen lassen. Da haben wir ihn versteckt.«

Shrat: »Ich bin ja offiziell nach München gekommen, um Soziologie zu studieren. Und niemand ahnte, was da mit meinem angesparten Geld passierte, daß ich meine und anderer Leute ›flips‹ damit finanzierte. Und nachdem das dann zu Hause durchsickerte ...«

Chris: »Das war eine ›straighte‹ Familie, Zementwerk und so...«

Shrat: »Damals also, von der Ideologie her, die man so als Obergerüst konstruiert hat, war noch alles möglich: Film, Fotografie, eben Multi Media! Und Helge immer als Oberpriester. Nie Geschirr abspülen, aber immer sehr erleuchtet! Freud, Nietzsche und Castaneda gelesen! Und dann wurden im 3. Stock die Trips eingeworfen und die ganze Nacht auf volle Lautstärke die erste Anlage, Solton, die ich angeschafft hatte, ausprobiert.«

[...]

Da war z.B. Peter Kaiser, der Theaterwissenschaft studierte und nebenher schon Assistenzen bei Filmemachern wie Peter Fleischmann (»Herbst der Gammler«) machte:

»Chris kannte ich aus dem Café Nest. Er war auf der Kunstakademie. Renate arbeitete im Büro und ich saß im ›Nest‹ und hab mit Thorwald Proll..., der später dann bei Baader landete, immer nur über das Sprengen geredet. Z.B. wollten wir gern das Siegestor sprengen. Wir fühlten uns als Anarchisten, aber nur verbal. Und dann sind wir mal in Chris' alter Ente zu einer Demonstration gefahren. Chris hat immer indische und asiatische Musik gehört, ist total drauf abgefahren. Ich hab damals überhaupt kein Verständnis für so etwas gehabt und gedacht: der spinnt! Wir sind in den Hofgarten gefahren, da war so eine amerikanische Geburtstagsfeier, und dort haben wir dann aus Protest mit Bonbons geworfen. Und dann haben sie uns verhaftet. Das war ein Spiel, das wußten wir ja. Da wurden dann die ›Bonbonschmeißer‹ abgeführt. Das war eine überlegte Aktion.« Aus Blumen und Bonbons wurden Bomben. Aus den Multi-Medias wurde Amon Düül.

»Ich war damals beim SDS. Ein unheimliches Erlebnis war für mich, als die Uni zum erstenmal besetzt wurde. Da war der erste Auftritt der Ur-Düül, das war ein wahnsinniges Erlebnis. Als wir die ganze Vorhalle besetzt hatten, waren die plötzlich da – mit den Kindern, der Uschi Obermaier, dem Helge, da sind sie zum erstenmal überhaupt als Kommune aufgetreten. Das war alles sehr friedlich, die durften sogar ihre Verstärker in der Vorhalle der Uni aufbauen. Und wir sind fast ausgeflippt. Das war plötzlich etwas ganz anderes als das, was man sonst gehört hat. Dieses Ereignis gab wohl den Ausschlag, daß Amon Düül sich immer ein wenig politisch verstanden hat oder von manchen als politisch hingestellt wurden. Weil sie bei diesem *riot,* diesem mini-kleinen Aufstand umsonst gespielt haben und damit als Kommune an die Öffentlichkeit getreten sind. Da fing man an, überall Kommunen zu bilden.« Später wurde Peter Kaiser dann auch für einige Zeit der Manager von Amon Düül. [...]

Der Name Amon Düül entstand aus einem ägyptischen und türkischen Wort für Sonnengott: »Düül, na ja, das ist ein Wort, das bisher nie dagewesen ist, mit zwei ü, weder im Deutschen, noch im Englischen oder Japanischen oder sonstwo«, so die Band 1969 in einem Interview mit *Underground.* Der damalige Architekturstudent, heute Filmverleiher und -produzent, Gerd Stein, bezeichnet den ersten Düül-Auftritt als Impuls für ein neues Leben. Er arbeitete damals nebenbei in einem Architektur-Büro: »Ich war auf der Akademie gewesen und konnte schöne Zeichnungen machen, deshalb hatten die mich eingestellt. Das sah so künstlerisch aus! Ich wurde als Hofnarr gehalten.« Irgendwann einmal flog er raus, kam in ein anderes Architektur-Büro: »Da sollte ich eines Tages eine sinnlose Korrektur an einer Zeichnung vornehmen, hatte die ganze Nacht dran gearbeitet, wollte am nächsten Tag nach Spanien. Da bin ich dann mit meiner Kündigung nach Spanien gefahren. Ich hatte immer nur das gemacht, was man von mir erwartete, hatte überhaupt keine Ahnung, was ich machen wollte. Parallel hab ich dann angefangen zu fotografieren. Ich hatte zwei Freunde, einen Jurastudenten und einen Profi, die mich stark beeinflußten. Und es war eine echte Donald-Duck-Situation: Studium – nicht mehr haltbar, Fotografieren – noch nicht professionell! Und dann kam ich in die Uni, und da stand dieser Typ und machte diese Bewegung!... die Düüls spielten abends in der Vorhalle, rechts vom Siegestor rein in den Haupteingang der Uni. Besonders erinnere ich mich an diesen Typen mit der Brille und den Locken, Rainer Bauer muß das gewesen sein. Der bewegte sich so wie Johnny Rotton von den Sex Pistols, nur dreimal schneller. Das war völlig abstrus und für mich völlig fremd. Und das hab ich aber sofort verstanden. Das hat mir einen unheimlich starken Impuls gegeben. Ich kann gar nicht erklären, warum. Und diese Musik, die ich völlig unwirklich und abartig fand, aber die mir so gut tat! Ich hörte zu der Zeit so was wie Herb Alpert *This guy's in love* und Quincy Jones. Rock'n Roll gab's weit und breit nicht, die Beatles und Stones waren nie so stark bei mir. Und rundherum eine völlig beschissene Situation – und dann kam das! Das war für mich die Befreiung.«

Die Olympia-Bauten

Hans-Jochen Vogel

Von Anfang an war allen Beteiligten klar: Mit der Vorbereitung der Olympischen Spiele würde eine gewaltige Bauaufgabe verbunden sein. Über das genaue Bauvolumen gab es noch keine exakten Vorstellungen. Aber daß in wenigen Jahren ein enormes Pensum bewältigt werden mußte, das wußte jedermann. [...]

Wenig Diskussion gab es über den Standort. Hier bot sich das Oberwiesenfeld ohne weiteres an. Nur vier Kilometer Luftlinie vom Stadtzentrum entfernt und mit einer Fläche von 300 Hektar, war es geradezu ein Glücksfall. Ein Glücksfall war aber auch, daß dieser ehemalige Flugplatz, auf dem 1938 der britische Premier Neville Chamberlain und der französische Ministerpräsident Edouard Daladier als Teilnehmer an den Verhandlungen über das sogenannte »Münchner Abkommen« gelandet waren, überhaupt noch zur Verfügung stand. [...]

Nach der Entscheidung von Rom begann alsbald eine kritische Diskussion über das Konzept. Man bemängelte, daß es zu sehr funktionalen Charakter habe und keine überzeugende

48 *Auf dem Olympiagelände*

Gesamtidee erkennen lasse. Weiter rügte man, es sei zu autofreundlich; den landschaftlich schönsten Teil am Fuße des Schuttbergs wolle es als Parkplatz in einen Blechsee verwandeln. Auch das Dorf wurde als fade und einfallslos gescholten. Schließlich forderten die Architekten und Massenmedien mit steigendem Nachdruck die Ausschreibung eines Wettbewerbs.

[...]

Die Beratungen des Preisgerichts waren ebenso an- wie aufregend. In einer ersten Sitzung, die vom 4. bis 8. September 1967 dauerte, wurden 23 Arbeiten in die engere Wahl gezogen. Über den Zeltdachentwurf der Architektengruppe Günter Behnisch gab es dabei schon lebhafte Auseinandersetzungen. Einige hielten ihn für technisch undurchführbar, ja geradezu für ein Hirngespinst. Andere waren zunächst mehr von der Einbettung der Bauten in die Landschaft als vom Dach beeindruckt. [...]

Eine Gesellschaft muß auch einmal die Kraft aufbringen, einen großen Geldbetrag für ein im engen Sinn zweckfreies Vorhaben, für ein architektonisches Kunstwerk aufzuwenden. Es muß Freiräume geben, die von den ökonomischen Prinzipien und den landläufigen Nützlichkeitserwägungen ausgenommen sind. Viele Bauten der Vergangenheit, die für uns zu unverzichtbaren Bestandteilen der menschlichen Kultur geworden sind, wären ohne solche Durchbrechungen des ökonomischen Prinzips und auch fiskalischer Gesichtspunkte nie und nimmer entstanden. Gerade die Baugeschichte der Wittelsbacher ist reich an derartigen Beispielen. Und den Vorwurf der Verschwendung hat es damals ebenso gegeben wie kleinkarierte, spießbürgerliche Kritik an großen Baumeistern. Das hat selbst ein Leo von Klenze in den dreißiger und vierziger Jahren des 19. Jahrhunderts erfahren müssen. Ich bin sicher, das Zeltdach wird schon bald in die Kategorie bedeutender Äußerungen des menschlichen Geistes eingereiht und als ein Stück genialer Architektur anerkannt werden. Und deshalb erfüllt es mich mit Genugtuung, daß ich neben vielen anderen zu seiner Verwirklichung einen Beitrag leisten konnte.

Bedrohtes Schwabing

Ursula von Kardorff

Vorschlag: Gehen Sie zu Fuß die Amalienstraße herauf und die Türkenstraße herunter, oder umgekehrt. Schauen Sie die zum Teil noch klassizistisch schönen Fassaden (zwischen glanz- und charmelosen Neubauten) an, die das Landesamt für Denkmalspflege gerne retten will, aber nicht kann; sehen Sie, wie die Fenster geschnitten, die Simse gesetzt, die Türen verziert sind.

Besichtigen Sie die zum Tode verurteilten Häuser mit ihren demnächst fortgejagten Insassen, die Werkstätten in den Höfen, die Schaufenster, die kleinen Läden, die Lokale wie etwa die »Witwe Bolte«. Stellen Sie sich die glatten, neuerbauten Büro-, Bank-, Universitäts- und Versicherungsfassaden statt dessen vor. Betonsilos, kahle Zweckbauten, ohne Seele. Nächtliche Leere. Anti-Bewohnbares ohne Struktur. Die Türkenstraße ist am Anfang zur Brienner Straße hin bereits verödet!

Heute hausen sie noch beieinander im selben Gebäude, die Handwerker, die Akademiker, die Arbeiter, die Studenten, die Künstler. Morgen sind sie an die Stadtrandbezirke, die Satelliten-Siedlungen verwiesen, verstreut, verunsichert.

Die Universität kauft hier, kauft dort. Es scheint alles ein wenig provisorisch zu sein, kein rechter Plan und keine Planung (der Quadratmeter kostet 3000 Mark). Zweckentfremdete Wohnhäuser, die eines Tages, wenn die Universität sie wieder verlassen hat, niemals mehr zu Wohnhäusern werden können. Bei den Mietpreisen! Denken Sie an das Rentnerpaar, das 35 Jahre in der Amalienstraße wohnte, heute 500 Mark im Monat zu verbrauchen hat und dem der Hausbesitzer eine neue Ersatzwohnung zum Preis von 380 Mark anbot. Unmenschlichkeiten!

[...] Der zweite Bedroher Schwabings ist der Verkehr. Falls es zur Ausführung eines Planes kommt, der vorläufig noch in der Schublade liegt (doch welche Schublade der Pandora wäre nicht geöffnet worden?), kann man nur sagen: Ade Luft, Lust, Liebe und gute Laune. Dann wird die Gabelsbergerstraße um das Vierfache erweitert. Wieviele Häuser müssen fallen, damit der Benzindrachen sich mitten durch die Stadt ungehindert auspuffen kann? Denn das Auto ist für den Menschen da und nicht umgekehrt. Es gibt immer noch viele, für die das Auto offenbar ein Statussymbol zu sein scheint, die zu »fein« sind, mit der Tram oder der wunderbaren Münchner U-Bahn zu fahren.

Lesen Sie in dem roten Büchlein der »edition suhrkamp« »Zur sozio-ökonomischen Bedeutung des Automobils« die Seite 313, dort werden Sie erfahren, wie man in München Verkehrszusammenbrüche hoffnungsvoll erwartet, damit endlich der Ruf nach »Verbesserungen« aus der Bevölkerung erschallt, um dann die glatte Nord-Süd- und Ost-West-Trasse mitten durch die Stadt hindurch aus der (nicht versiegelten) Schublade zu holen.

Föhn

Martin Gregor-Dellin

Seit Wochen herrschte ein starkes Hoch, das mit einem Fallwind aus Süden trockene Luft heranführte. Man litt tagsüber unter einer Schmutzglocke, die sich von den Randgebieten und Vororten aus deutlich über der Stadt beobachten ließ. Sie hatte morgens eine goldorangene Mitte, betäubend wie aus den Träumen eines verwirrten Königs. An den Rändern schillerte sie bläulich, so sahen Schlangenschuppen oder Giftfliegen aus. Gegen Mittag wechselte das Gebilde in ein Schwefelgelb hinüber und verdichtete sich nach außen hin zu einem grauen Polster. Dieses Kissen drückte der Fallwind der Stadt auf den Mund. Wer sich genau darunter befand, nahm es seltsamerweise nicht wahr: es löste sich auf in ein gläsernes Blau, die Täuschung war vollkommen.

Der Smog aus Staub, Ruß und Abgasen konnte nicht abziehen, denn nachts kühlte der Boden aus, und wenn sich am Tage die darüberliegenden Schichten erhitzten, verhinderten sie den Luftaustausch. So erklärten es die Experten, und ein Mitglied der Kommission für Umweltschutz des Ärztlichen Kreis- und Bezirksverbands fügte hinzu: die Stadt ersticke förmlich, ohne es zu merken; es sei wie ein leichter schöner Gastod, den man nicht spüre außer einem Schweben und ein paar Stichen hier und da, die Aderkrämpfe ankündigten und Verkehrszusammenbrüche aus menschlichem Versagen oder Anfälle von Hysterie und natürlich Depressionen; die Selbstmordrate sei bei solchem Wetter besonders hoch. Daher gebe es auch kein andres Schutzmittel als die Flucht aus der Stadt, hinaus aufs Land, wo die Luft noch klar und sauber sei, aber gerade jetzt dränge alles in die Stadt hinein, als stünden Feste bevor.

Ältere Leute erlitten auf der Straße Schwindelanfälle und kollabierten, eine Hotelangestellte hatte durch einen Selbstmordversuch eine Gasexplosion ausgelöst, ein Student war aus dem sechsten Stockwerk eines Versicherungsgebäudes in das noch in letzter Sekunde aufgespannte Sprungtuch der Feuerwehr gesprungen; die Ärzte operierten nur noch in dringenden Fällen, Herzattacken nahmen zu, und merkwürdig war, daß niemand sich schonte. Die trockene Luft erzeugte ein vorübergehendes, täuschendes Hochgefühl. Trotz der Glocke aus Staub schien der Himmel nach dem Horizont hin klar und blau, sogar von großer Weite, der Atem ging leicht, obwohl es an Sauerstoff fehlte, und der Hinweis, daß die Lage kritisch sei, wurde durch Licht, Blutdruck und Jahreszeit widerlegt.

Es war August, der siebente, Festspiel-Ende, verlängerter Schlußverkauf, Freitag. Morgenverkehr, irisierende Blendung auf den Dächern der schon in der Früh heißen Innenstadt. Die Kuppeln glänzten fiebrig in den Farben des Regenbogens, vom Kupfer neugedeckter Vorortkirchen bis zum Grün barocker Zwiebeltürme, dazwischen Himmelsschwerter wie der gezackte Alte Peter, und am Ende aller Zufahrtsstraßen, aus welcher Richtung man auch kam, in der Mitte der Stadt die je nach Tageszeit und Blickwinkel zwischen Hell und Dunkel spielenden Turmhauben der Frauenkirche. Geriet man in ihre Nähe, schnitten die Dächer der benachbarten Straßen die Türme unter den Hauben ab; man fuhr vorbei und im Kreis.

Nicht Babylon oder Ninive: ein Stück sauber gefegte, aufpolierte Altstadt mit begrenzter Stockwerkhöhe; mittelgroße Bürgerhäuser, Geschäfte und Banken, Schaufenster in Passagen und unter Arkaden, Plätze, als seien es erweiterte Innenhöfe, alles überschaubar: und da hinein wälzte sich die Blechlawine der Kraftfahrzeuge. Wagen der Müllabfuhr kippten sich in Nebenstraßen donnernd den Inhalt abgestellter Mülltonnen in den rückwärtigen Schlund, vom Salvatorplatz her knallten Preßlufthämmer, weiter westlich und südlich davon schoben sich Trambahnen kreischend durch scharfe Kurven. Der Morgenverkehr schüttete dieses Viertel zu und schloß es noch einmal ringsum ein – ausgenommen ganz im Süden, wo nur die Lieferwagen über die Fußgängerzone der Neuhauser- und Kaufingerstraße rollten, an den blauen Glasglocken der Kandelaber vorbei, die zu dieser Stunde besonders ausstellungshaft und künstlich wirkten. Erfrischung atmete man nur drüben im Westen vor den Brunnen am Karlsplatz und Lenbachplatz, unter dem Geglitzer von Wasserspeiern und überlaufenden Becken aus weißem Stein, von wo der Verkehr sich im Bogen nach Nordosten hinaufzog, über den Maximiliansplatz und die Brienner Straße bis hin zum Odeonsplatz. Von hier aus schnitt als östliche Begrenzung die Gerade der Theatiner- und Weinstraße das Viertel senkrecht ab und traf im Süden, am Marienplatz, rechtwinklig wieder auf die Kaufingerstraße.

Schlägt man auf der Innenstadtkarte vom Marienplatz aus mit dem Zirkel einen Kreis, vom Stachus im Westen bis zum Odeonsplatz im Norden, so entsteht ein Abschnitt von fast genau einem Kreisviertel, und dieses wird von West nach Ost noch einmal von drei Straßenzügen unterteilt. Es sind, sieht man von kleineren Gassen ab, die meist blind enden, der Promenadeplatz, der durch den Flaschenhals der Maffeistraße im Osten in die Theatinerstraße mündet; südlich, dem Frauendom am nächsten, liegt der aus Maxburg und Löwengrube gebildete Straßen-

49 Sommer im Englischen Garten

zug; zwischen diesen beiden aber und mit ihnen durch Gassen verbunden, verläuft parallel dazu die Amalfistraße, die sich in ihrer Mitte, ähnlich dem Promenadeplatz, wie der Bauch einer Schlange, die ein Kaninchen verschluckt hat, verbreitert und nach etwas über hundert Metern wieder verengt.

München wie es ist und bleibt

Helmut Qualtinger

Mitten in Bayern, dort wo grundlos die Autobahn aufhört, fängt München an. So wie der Krieg die Fortsetzung der Politik mit anderen Mitteln ist, so ist München die Fortsetzung des Autobahnverkehrs mit anderen Mitteln. Zu diesem Zweck verwenden seine Verkehrsstrategen spielautomatenartige Ampeln, die zu gleicher Zeit in den überraschendsten Kombinationen nach den verschiedensten Seiten aufleuchten und Fußgänger und Autofahrer gemeinsam auf den trügerischen Zebrastreifen locken. Deshalb werden die Fußgänger auch nicht einfach aufgefordert zu »gehen«, sondern »vorsichtig zu gehen«, weil die Verkehrsregler anscheinend ihrer eigenen Regelung nicht über den Weg trauen. Dessen ungeachtet brandet der Verkehr einer Weltstadt durch die ausgewaschenen Straßen und läßt den einfahrenden Fremdling hinter jeder Ecke so etwas wie den Anblick der Skyline von Manhattan erwarten. Statt dessen steht dort schließlich, wie es im Lied so schön heißt, ein Hofbräuhaus. München, einst die Hauptstadt der Bewegung, hat diese kritische Phase seiner Entwicklung erfolgreich überwunden. Heute ist es die Bewegung ohne Hauptstadt.

Die Bewegung ist imposant. In den Straßen drängt sich die Menge. In den Auslagen und Läden drängen sich die Waren. Und zwischen den Ladentischen drängen sich die Käufer. Es gibt von allem zuviel. Die Auswahl ist enorm. Die Preise sind nicht hoch. Die Leute sind alle auffallend gut angezogen. Elegant angezogen sind sie nicht. Der Trubel, besonders bei den großen Sommerausverkäufen, erreicht amerikanische Maße. Man könnte in Chikago sein und ist doch eigentlich in Oberammergau. In Oberammergau, wo das ganze Jahr Kirchweih ist. Aber – Oberammergau in Illinois.

Man muß es den Amerikanern lassen, sie haben München amerikanisiert. Sie haben die Konjunktur so lange angekurbelt, bis sie selbst hinter ihr zurückgeblieben sind. Amerikanische Soldaten finden heute in München ungefähr so viel Beachtung wie ihre Kollegen von der Wach- und Schließgesellschaft. Bedrückt und komplexbehaftet sieht man sie nachts in den Kneipen um den Bahnhof über die Auswirkungen ihrer Außenpolitik grübeln und fühlt sich versucht, ihnen eine Zigarette zu schenken. Wir begegneten einem Sergeant, der mit einer chinesischen Bardame das Formosaproblem zu lösen versuchte und jedesmal, wenn die Verhandlungen sich festgefahren hatten, apodiktisch erklärte: »I'm from California ...«

München ist das, was Schwechat zu sein vorgibt: eine Bierstadt. Wo in anderen Städten Restaurants sind, befinden sich in München »Bräus«. Bier gibt es hier in allen Graden, Schattierungen und Abarten. »Heller Bock«, »Salvator«, »Kulminator«. Thomas-, Spaten-, Löwen-, Pschorr-, Paulaner-, Franziskaner-, Augustinerbräu, in Tulpen, Zinnkrügen, Deckelgläsern, Stutzen und Maßkrügen aus Steingut, welche seit 800 Jahren von den Eingeborenen mit Vorliebe auch als Waffe verwendet werden. Maß für Maß, Zahn um Zahn. Es ist daher nicht ratsam, die Volksseele zu reizen. Wer trotzdem entschlossen ist, es zu tun, braucht nichts weiter als ein Glas Pilsner oder Dortmunder zu bestellen. Sonst kann er bestellen, was er will. Das Essen in diesen Restaurants spielt eine untergeordnete Rolle. Es ist eine Art Bierbeilage.

Man kann in München italienisch, jugoslawisch, spanisch, türkisch, indonesisch, chinesisch, man kann in einigen Lokalen sogar international essen; sonst kann man in München nicht essen. Zur Entschädigung dafür gibt es den Dallmayer – unseres Wissens wahrscheinlich das größte Delikatessen- und Spezialitätengeschäft Europas. Vom Reiswein bis zum Agavenschnaps, von chinesischen Wachteleiern bis zu afrikanischen Palmherzen gibt es dort alles, was sich das Wirtschaftswunder leisten kann. Und noch mehr. Wir hegen den Verdacht, daß man hier sogar Inzersdorfer Eiernudeln bekommt.

München besitzt aber auch eine Theaterkultur. Es hat auffallend viele Kabaretts. Sie gehen alle. Es hat auch viele Theater. Auch sie gehen alle. Sie brauchen deshalb gar nicht alle gut zu sein. Aber jedesmal, wenn man das Münchner Theaterleben kritisieren möchte, werfen die Ortsansässigen das Wort Burgtheatergastspiel ins Gespräch, und man verstummt.

Aber abgesehen von der Kultur ist München auch ein Zentrum der Filmindustrie. Die Filmbranche ist bekanntlich wie ein Eisberg: Nur ein Zehntel ist sichtbar. Das sind die Filme, die wirklich gedreht werden. Neun Zehntel bestehen aus der sinnlosen Aktivität, die diese Produktionstätigkeit begleitet, behindert, unterbinden soll, unterbindet und doch nicht ganz unterbinden kann. Diese neun Zehntel füllen den öden Landstrich zwischen Schwabing und Geiselgasteig. In den Weinstuben, in den Hotelhallen, in den Espressos wird disponiert, umdisponiert, besetzt, umbesetzt, wird um Kredite angesucht, werden Kredite verweigert, legen Produzenten die Geldgeber herein und die Geldgeber die Leute, welche die Bundesbürgschaft verteilen, man spricht vom künstlerischen Gewinn, den Eddie Constantine dem deutschen Film brachte, und vom Verlust, den Marischka dem Salzburger Kasino zugefügt hat.

[...]

Die Bevölkerung Münchens besteht, wie aus jedem Geographiebuch zu ersehen ist, zu neunundneunzig Prozent aus Bayern. Merkwürdigerweise aber trifft man im Wirtschafts- und Kulturleben immer wieder jenes eine Prozent, welches sich aus dem allseits abgelehnten preußischen Element zusammensetzen dürfte. So erscheint München, auch wenn es keine ist, wesentlich mehr als westdeutsche, denn als bayrische Hauptstadt. Von ihrer besten Seite zeigte sie sich anläßlich der 800-Jahr-Feier, wobei ihre Gebäude mit zahllosen blauweißen Fahnen geschmückt waren. Im übrigen nahm das Leben einen genauso normalen Verlauf wie bei uns in Wien während der Festwochen. Als wir nach längerem Suchen einen wirklichen Münchner zu Gesicht bekamen und ihn fragten, was die Münchner anläßlich der Festwochen unternähmen, antwortete er kurz, aber bündig: »Gar nix. Mir warten aufs Oktoberfest...«

Da Vabund

Helmut Eckl

Viere is. Freidig erregte Arbatnehma an da Haltestelle.

Do kimmts. Da Existenzkampf fangt o. DErlösung hoaßt Linie 18, erfüllt von da Vaheißung af schwitzade Weiba, fluachade Gfriesa, quenklade Kinda und vor Angst keifade Dakl. DErfüllung is a Plotz afn Trittbredl. Rippn kracha. A Rengschirm vageht in da Tüa. Sakradi!

»Haltestelle! Bittschön nach vorn durchgeh, da wolln no mehra mit. Bleibts draußn, do is koa Plotz mehr frei! Freile, du host dein fettn Bierbauch scho drinn, mia kanntn im Reng steh bleim.« Iatz lachas. Dazwischn as Lamentiern von einem oidn Quakelweib. »Iatz hod a ma meine Augnglasln zdruckt, der Hamme, der dreckige.«

Kuaz vorm Stachus bassierts. A Bierdischdakl beißt se in an hoorigen Haxn fest. Bloß weil dLeit so drängeln müaßn, fant da dritte Wöldkriag net o. Aussteign, Umsteign!

DLinie 18 vaschafft an enga Kontakt unta dö Fahrgäst. Gfühle kemma af. A kloana Griech vom hl. Berg Athos wird davo sakramentisch troffa. Mit kullade Augn preßt a se zura ächtn Dame. Scho patzts. Fünf Finga brenna in am Gsicht. »Do herrschn rauhe Sittn«, moant a Bierfahna und waht an da vakährtn Haltestelle ins Freie.

Da sittliche Vafall von dö Fahrgäst wird iatz offensichtle. A Langhoorada steht net af, wo doch oane mit Eikafsdaschn vollpacklte rodwangade Rademuada umbedingt an Sitzplotz brauchat. Ihre Blastikpackeln gefährden an Säugling. »Do muß wos gscheng«, »dö Bürschal solltn zFuaß geh müaßn«, grunzt a Wöldkriag zwoa Wteran, weil er a so, logisch, gwieß nach Stalingrad kemma is. Dazwischn nei, kriagt da Griech dö zwoate Watschn. I grins a Oide o. A trambahngeschädigts Gebiß grinst zruck. Endstation! I wart afn Bus. Meistens is a zvoll. A bedäubter Griech steht neba mia.

50 *In der Akademie der Bildenden Künste*

Zur Situation der bildenden Künste

Jürgen Kolbe und Arnim Zweite

Nach dem Krieg gab es zweifellos manche Bemühungen und Anstrengungen, Verlorenes wieder zu gewinnen. Sie wurden mehr oder minder fruchtbar. An die alte Rolle Münchens als einem Zentrum der Bildenden und der Angewandten Künste konnte nicht mehr angeknüpft werden.

In den 60er Jahren änderte sich wenig. Gruppen wie »Spur« und »Geflecht« blieben Randerscheinungen. Viele jüngere Künstler, häufig die besten, verließen München, andere resignierten unter dem Druck der ökonomischen Verhältnisse und gaben auf. Eine geistig stimulierende Atmosphäre hat es für bildende Künstler nur noch sporadisch bzw. überhaupt nicht mehr gegeben. Das meiste drang über gemütliche Stammtischrunden nicht hinaus. Man huldigte einem gemäßigten Modernismus, leicht verständlich, möglichst problemlos, in den Formen schal und abgestanden. Mittelmäßigkeit machte sich breit und bestimmt noch heute das Image von München als Stadt der Bildenden Künste. Während sich in anderen Großstädten wie in Düsseldorf, Berlin, Hamburg, Köln usw. allmählich neue Initiativen entfalten und in der einen oder anderen Form auch von offizieller Seite gestützt werden, bleibt in München trotz diverser Aktivitäten der etablierten Künstlervereinigungen mit ihren ehrenwerten und verdienstvollen Malern und Bildhauern zu vieles an die Kurzlebigkeit privaten Engagements gebunden.

Wenn es überhaupt noch eine Wirkung nach außen hin gibt, wenn München überhaupt noch in der Bundesrepublik, von Europa ohnehin ganz zu schweigen, als eine Stätte zeitgenössischer Kunst wahrgenommen wird, so ist das – zusammen mit wenigen engagierten Privatgalerien – einigen versprengten Individuen zu verdanken, deren materielle Existenz trotz des Renommees täglich von neuem in Frage gestellt ist. Künstler mit einer erstaunlichen Reputation nagen hier buchstäblich am Hungertuch. Wie erschreckend gering sich der Prozentsatz derjenigen Künstler bemißt, die von ihrer Arbeit leben können, muß hier deutlich angesprochen werden.

Panoptikum der Exoten

Peter Schult

Nicht allein der Besucher aus Berlin, Hamburg oder anderswoher steht der Münchner Scene oftmals ratlos und verwirrt gegenüber, auch manche Einheimische können vielen Kapriolen und Entwicklungen dieser Scene nicht mehr folgen und setzen sich ab.

Da gibt es den ältesten Verlag der Bewegung, den Trikont-Verlag, an dessen Wiege noch Che Guevara stand, Sprachrohr aller Etappen dieser Bewegung, vom Befreiungskampf der Drit-

51 *Sonntags am Monopteros*

ten Welt über die andere Arbeiterbewegung bis zum Frankfurter Häuserkampf, der Frauenemanzipation und den Stadtindianern, der kürzlich verlauten ließ: Wir sind konservativ geworden und trotzdem revolutionär geblieben, und nun unter dem Namen Dianus sich der Magie, der Mystik und dem Märchen verschrieben hat.

Da gibt es eine regionalistische Fraktion, die der Bayernpartei nachtrauert, Franz Josef Strauß in Haßliebe verfolgt, weil er für sie die wahren Interessen Bayerns verraten hat und die bei Bier und Weißwürsten von der Auferstehung Ludwigs II. träumt.

Da gab es den Pol-Pot von Haidhausen, der die Vision von der Zerstörung der Megapolis an die Wand malte und die Bundesrepublik in eine riesige Schrebergartenkolonie verwandeln wollte. Er wanderte schließlich aus und hütete zusammen mit anderen ehemaligen Theoretikern des Operaismus auf einer Schweizer Alm Kühe.

Die ersten Punker in München waren nicht etwa junge Arbeitslose aus den tristen Trabantenstädten rings um die Stadt, nein, die Mitt- und Endzwanziger, die Abend für Abend mit Bürstenschnitt oder einer grünen Strähne im Haar an der Theke des versnobten Cafés ›Größenwahn‹ herumhingen, waren Renegaten der Roten Zellen, Soziologen, die tagsüber an ihrer Doktorarbeit büffelten.

Von München ging die Diskussion über Pädophilie aus, entwickelte sich zu einer Bewegung, an der nicht nur Alice Schwarzer ausflippte, sondern auch fest im Marxismus verwurzelte *taz*-Redakteure.

Nicht einmal die Fußballfans der Münchner Scene sind sich einig. Während die letzten Proletarier aus dem Milbertshofener Zentrum jeden zweiten Samstag in der Südkurve des Olympiastadions, Bollwerk der FC-Bayern-Fans, die elitären Stars der Löwen anfeuern, sympathisieren die Intellektuellen heimlich mit dem proletarischen Club 1860 aus dem Arbeiterviertel Giesing. Ist es da ein Wunder, daß so viele Münchner nach Berlin auswandern, daß man dort bei jedem Schritt über sie stolpert, von der »Tageszeitung« zum Buchladen Prinz Eisenherz, vom Mehringhof zur Alternativen Liste, von Dieter Kunzelmann bis Gerhard Seyfried.

Weltstadt mit Herz

Biermösl Blos'n

Mei München, was is denn mit dir passiert
dei Körper und Gsundheit is arg ramponiert!
Deine Organe und Glieder san auf und auf gschundn,
voller Beulen und Narben dei Haut voller Wundn.
Dei Gsicht is gesteilt voll starrem Charme
in Schörghuber und Co's Betonbeautyfarm.
Dei Gsicht oa Fassadn a grausamer Scherz
oh du mein München, Weltstadt mit Herz.

Im Herzen von München ham's schwer operiert
Büros und Kaufhöf hineintransplantiert.
Aus Beton und aus Plastik und so werd's no z'letzt
oiwei mehra und mehr durch a Kunstherz ersetzt.
Auf'd Nacht san die Herzkammern ausgestorbn und leer
koa Münchener Bluad pulsiert drinna mehr.
Am Platzl spuins Munich Gaudi und Scherz
oh du mein München, Weltstadt mit Herz.

Mit Maschinen und Raupen dein Brustraum tranchiert
d'Innerein nach Taufkirchen und Perlach saniert
d'Maxvorstadt, d'Au, Sendling, Haidhausen
ausgnomma, ausgrammt, hergricht zum Grausen.
De allaschönsten Häuser im Kriag ned bombardiert
zammgrissn, niedergwalzt, wegoperiert.
S'Rezept hoaßt ma Sanierungs-Bauherrenmodell
oh du mein München, du leuchtest so hell.

52 *In der Fußgängerzone, die ehemalige Augustinerkirche (jetzt Jagdmuseum) und im Hintergrund die Türme der Frauenkirche*

Und Schwabing du Münchens Genitalbereich
exhibitioniert, prostituiert, geschlechtskrank aber reich
du Stadtteil der Münchner Künstler, der großen
statt'm Hirn bloß noch Gschäftssinn drin in da Hosn
O Münchner Norden, du Arsch der Weltstadt mit Herz
aus deim Bärloch da stinkt es himmelwärts
des geht an die Nieren und an's Leber rundrum
München du Weltstadt voll Cadmium.

Wer sans, de di würgen, zerstören und verwüsten
die Heimatverbrecher und Bauterroristen
ganz legal legns die Bomben, verspürst du koan Schmerz
Oh du mein München, Allaweltstadt mit Herz!

Nachwort

»Wir besitzen schon so manche Beschreibung von München, und es möchte fast überflüssig scheinen, die Zahl derselben noch vergrößern zu wollen, allein der Herausgeber will nicht mit den früheren topographisch-historischen Beschreibungen in die Schranken treten, sondern hiermit nur ein Taschenbuch liefern, [...]« schrieb bereits 1832 C. A. Baumann im Vorwort zu seinem Taschenbuch für Fremde und Einheimische »Die Haupt- und Residenzstadt München und ihre Umgebung«.

Obwohl seitdem noch mehrere tausend Bücher über München erschienen sind, wollen die Herausgeber dieses Bändchens mit ihm eine Lücke schließen. Die Geschichte und Kultur Münchens, besonders in den beiden letzten Jahrhunderten, soll in sehr dichten, meist zeitgenössischen Textausschnitten vor Augen geführt werden. Vergleichbare Anthologien, wie »Gastfreundliches...«, »Denk ich an...«, »Erinnerungen an...«, oder »Liebeserklärung an München«, haben andere Zielsetzungen.

Es gab im 19. und 20. Jahrhundert kaum eine bedeutende Persönlichkeit, die nicht in München war und sich nicht über die Stadt geäußert hat. Auch manche Einheimische habe ihre Lebenserinnerungen zu Papier gebracht.

Um dem Ziel gerecht zu werden, Geschichte und Kultur der Stadt, aber auch Lebensart und Gemüt der Menschen skizzenhaft zu dokumentieren, wurden in die vorliegende Auswahl möglichst viele unterschiedlich denkende Autoren aufgenommen.

Die Zeit vor 1800 und nach 1972 wurde, da ohnehin eine große Einschränkung notwendig war, nur sporadisch berücksichtigt. Die beigegebene Auswahlbibliographie enthält Titel, die diese Lücken füllen.

Großveranstaltungen, wie der Eucharistische Weltkongreß, die Internationale Gartenbauausstellung und Messen, sowie sportliche Ereignisse, wie die Olympischen Spiele 1972 oder die

Fußballweltmeisterschaft 1974, wurden nur am Rande oder gar nicht berücksichtigt, obwohl sie für die Stadt und ihre Weltgeltung von Bedeutung waren und sind.

Ebenso wurde die Rolle Münchens als Hauptstadt des Königreichs bzw. Freistaates Bayern weitgehend ausgeklammert.

Zur Ergänzung und zum besseren Verständnis der Texte seien hier kurz die wichtigsten Entwicklungslinien der Stadtgeschichte angerissen.

Im heutigen Gebiet der Stadt München sind seit der jüngeren Steinzeit (um 3000 v. Chr.) Siedlungsspuren belegt. Die Namen von Isar und Würm, den beiden Flüssen, die die Stadt berühren, stammen aus der alteuropäischen Sprachstufe. Sie beweisen die dauernde Anwesenheit indogermanischer Völker vor den Kelten in Oberbayern. Am Stadtrand (Aubing, Feldmoching, Grünwald) wurden spätkeltische Kultstätten (sog. Viereckschanzen aus der Zeit um 300 v. Chr.) nachgewiesen. Mehrere Römerstraßen, die bis ins Mittelalter hinein als Fernverkehrswege dienten, durchzogen das Stadtgebiet. Durch die Ortsnamen und Funde von »baiuvarischen Reihengräberfriedhöfen« ist zu erkennen, daß Dörfer wie Aubing, Feldmoching und Sendling seit dem 6. Jahrhundert bestehen.

Eine der jüngsten Siedlungen innerhalb des heutigen Stadtgebiets ist München selbst.

Die 1158 überlieferte Namenform Munichen ›Bei den Mönchen‹ läßt darauf schließen, daß am Petersbergl im 12. Jahrhundert eine Klosterniederlassung bestand. Auch das an die frühe Stadtmauer angrenzende Dorf Altheim (Straßenname »Altheimer Eck«) war wohl bereits vor 1150 vorhanden. Vermutungen, wie die, daß »Munichen« früher zu den Klöstern Schäftlarn oder Tegernsee gehört habe, sind nicht nachweisbar.[1]

Die Gründung einer Handelssiedlung durch Herzog Heinrich den Löwen ist durch eine auf den 14. 6. 1158 (»Stadtgründungs-

1 Zuletzt ausführlich hierzu: M. Schattenhofer, Die Anfänge Münchens. In: ders., Beiträge zur Geschichte Münchens (= Oberbayerisches Archiv 109, 1), München 1984, S. 9-24.

tag«) datierte Urkunde bezeugt, mit der Kaiser Friedrich Barbarossa auf dem Reichstag zu Augsburg (»Augsburger Schied«) einen Streit des Herzogs mit dem Bischof Otto I. von Freising schlichtete.[2] Die wohl 1157 durchgeführte gewaltsame Verlegung von Markt, Salzstraße und Isarbrücke von Oberföhring nach München sicherte dem Ort Handel und Wachstum. Daher erhielt der Bischof von Freising noch bis 1803 als Entschädigung ein Drittel der Einnahmen beim Brückenzoll.

Im Jahr 1214 wird München erstmals in einer Urkunde als Stadt bezeichnet. Nachdem vorübergehend die Freisinger Bischöfe ihre Macht zurückgewinnen konnten, sind die bayerischen Herzöge 1240 als Besitzer der Stadt nachgewiesen. Bereits 1255 wurde München dann Residenz des Teilherzogtums Oberbayern und entwickelte sich im 13. und 14. Jahrhundert zum ständigen Sitz der Herzöge aus dem Hause Wittelsbach.

Unter Kaiser Ludwig dem Bayern (deutscher König 1314 bis 1347) wurde es vorübergehend Zentrum des Heiligen Römischen Reiches und Aufbewahrungsort der Reichskleinodien (1324-1350). Die Reichsfarben Schwarz und Gold blieben seither die Farben Münchens. Die unter Ludwig erreichte Ausdehnung der Stadt bestand dann bis ins 19. Jahrhundert.

Der auf Fernhandel und Brückenzoll beruhende Wohlstand Münchens wurde zwar gelegentlich durch Aufstände, kriegerische Auseinandersetzungen und Seuchen beeinträchtigt, wuchs aber stetig. Die Blüte des Bürgertums der Stadt erlebte am Ende des 15. Jahrhunderts einen sichtbaren Höhepunkt, als die Frauenkirche und das Alte Rathaus durch Jörg von Halspach gen. Ganghofer errichtet wurden und Erasmus Grasser die Moriskentänzer für den Rathaussaal schnitzte.

Im 16. Jahrhundert zog dann der Herzogshof bedeutende Künstler nach München. Beim Ausbau der Residenz unter Herzog Albrecht V. (1550-1579) entstanden mit Kunstkammer

2 Bayerisches Hauptstaatsarchiv, Kaiserselekt Nr. 535. Gedruckt in: R. Schaffer, An der Wiege Münchens (Neue Schriftenreihe des Stadtarchivs München 2), München 1950, S. 72-75.

und Antiquarium die ersten Museen auf deutschem Boden. Herzog Wilhelm V. ließ durch Friedrich Sustris die Jesuitenkirche St. Michael mit Studienkolleg und der Alten Akademie bauen. Durch Künstler wie den Bildhauer Hubert Gerhard, den Maler Peter Candid und den Musiker Orlando di Lasso wurde München zu einem Kulturzentrum von europäischem Rang. Diese Bedeutung der Stadt blieb bis unter Maximilian I., der 1623 zum Kurfürsten erhoben wurde, erhalten.[3]

Unter ihm entwickelte sich München zur Hauptstadt der Gegenreformation. Das Bürgertum war entmachtet und die Jesuiten wurden die prägende Kraft in der Stadt. Der Dreißigjährige Krieg zerstörte dann zwar nicht die Bauten, aber die Wirtschaftskraft Münchens nachhaltig.

Eindrucksvolle, durch italienische Künstler geprägte Barockbauwerke wie das Cuvilliéstheater, die hauptsächlich von Enrico Zuccali gestaltete Theatinerkirche und das Schloß Nymphenburg spiegeln den Glanz des absolutistischen Hofes wieder. Am Ende des Alten Reiches zeichnete sich München durch die hohe Anzahl seiner Kirchen, Klöster und Geistlichen aus, so daß es als »das Rom Deutschlands« bezeichnet wurde.

Handel und Gewerbe konnten sich erst im 19. Jahrhundert wieder zur vollen Blüte entfalten. Nachdem Bayern 1806 Königreich geworden war, entwickelte sich München über die mittelalterlichen Mauern hinaus. Zwischen 1791 und 1826 wurden, da die Stadtmauern und Befestigungen nicht mehr gebraucht wurden, Wälle und Gräben eingeebnet und so Platz geschaffen. Der Sitz der Bayerischen Ständeversammlung (1818; 1849 in Landtag umbenannt), des Erzbistums München und Freising (1803) und einer Universität erhöhte die Zentralitätsfunktion der Stadt, deren Bevölkerungszahl dann ständig anstieg.

»Wissenschaft und Kunst uns hier erheitern,/ Wüsten machen sie zum Paradies,/ und das enge Leben sie erweitern,/ das die

3 vgl. A. Kraus, Geschichte Bayerns. Von den Anfängen bis zur Gegenwart, München 1983, S. 255 ff.

Blüthe ohne sie verließ.« So heißt es in Ludwigs I. Gedicht »In München«.[4] Damit wurde ein Ziel formuliert, das immerhin soweit erreicht wurde, daß Ludwig Schorn 1841 über München schrieb, »daß hier die Kunst, und zwar die lebende, eine Bedeutung erlangt hat, wie nirgend im übrigen Deutschland, ja vielleicht überhaupt in unserer Zeit nirgend.«[5] Hier klingt ein Motiv an, das sich fortsetzt bis in eines der beiden nationalsozialistischen Epitheta Münchens, die »Stadt der Deutschen Kunst« – »Hauptstadt der Bewegung« war das andere.

Am Beginn der Entwicklung Münchens zur Kunststadt steht Ludwig I. (König 1825–1848), der sich vorgenommen hatte, aus seiner Residenzstadt eine Stadt zu machen, »die Teutschland zur Ehre gereichen soll, daß keiner Teutschland kennt, wenn er nicht München kennt«.[6] In den Jahren seiner Regierung entfaltete er eine umfangreiche Bautätigkeit, die das Gesicht der Stadt bis heute prägt. Im Gegensatz zu seinem Enkel, Ludwig II., verschwendete Ludwig I. dabei öffentliche Gelder nicht. Den Bau der Glyptothek, in der seine Sammlung antiker Skulpturen Platz fand, finanzierte er aus seinem Privatvermögen. Entscheidend angeregt hatte ihn eine siebenmonatige Italienreise 1817/18, die ihn bis nach Sizilien geführt hatte.[7] Ludwig hielt sich dabei, wie später noch mehrfach, auch längere Zeit in Rom auf, dessen deutscher Künstlerkolonie er sich besonders verbunden fühlte,[8] was auch in mehreren Gedichten zum Ausdruck kommt. Viele dieser Künstler, wie Cornelius, Kaulbach, Klenze, Pocci, Schwanthaler und Stiglmaier, wirkten später auch in München. Kernstück des ludovicianischen München ist die Ludwigsstraße mit der westlich sich anschließenden Maxvorstadt. Die Ludwigsstraße wurde rein klassizistisch angelegt und führt von

4 Der Bayerische Schwan. Gedichte des Königs Ludwigs I. von Bayern, hg. v. L. Merkle, München 1979, III.

5 zit. Kunsturteile des 19. Jh. Zeugnisse – Manifeste – Kritiken zur Münchner Malerei, hg. v. H. Ebertshäuser, München 1983, S. 48.

6 zit. ebd.

7 K. Gallas, München, Köln [4]1983, S. 57.

8 vgl. Deutsche Künstler um Ludwig I. in Rom, München 1981.

der Feldherrnhalle zum Siegestor, die die florentinische Loggia dei Lanzi bzw. den Konstantinsbogen in Rom zum Vorbild haben.

Bereits im zweiten Jahr seiner Regentschaft holte Ludwig die Universität aus Landshut nach München und berief als Professoren unter anderem Franz von Baader, Joseph Görres, Franz von Kobell, Friedrich Wilhelm von Schelling, Johann Andreas Schmeller und Friedrich von Thiersch.

1848 zwang eine Liebesaffäre mit der Tänzerin Lola Montez Ludwig I. zum Rücktritt zu Gunsten seines Sohnes Maximilian II.. 264 Künstler und Bildhauer richteten eine Adresse an den abgedankten König, in der sie der Hoffnung Ausdruck verliehen, in ihm »auch fürder Schirm und Hort der teutschen Kunst und ihrer Vertreter erblicken zu dürfen«.[9] München beherrschte damals einen großen Teil des europäischen Kunsthandels.[10] 1851 wurde hier mit der ersten Weltausstellung »die Ära des modernen Ausstellungswesens eröffnet«.[11] Drei Jahre später erhielt München seinen Glaspalast. Hier gastierten Zirkusse, waren die neuesten Fortschritte der Industrie zu bewundern und anderes mehr. Vor allem aber diente er für Kunstausstellungen, so die Erste Allgemeine Deutsche Kunstausstellung 1858. Ein besonderer Erfolg war die Internationale Kunstausstellung 1869. 1931 brannte der Glaspalast ab und begrub viele Hauptwerke der deutschen Romantik unter sich.

Heute ist München, kraft eigener Entscheidung, die »Weltstadt mit Herz« oder – nach Meinung wohlmeinender Kritiker – das »Millionendorf«. Vielleicht aber ist München zur größten Überraschung seiner Bewohner einfach nur eine Großstadt wie viele andere, unterscheidet sich seine bourgeoise Mittelmäßigkeit nicht von der des als neureich verachteten Düsseldorf, sind die Skandale und Skandälchen ähnlich denen in Hamburg, haben die städtebaulichen Sünden viel mit denen in Frankfurt

9 Der Bayerische Schwan, op. cit., S. 99.
10 A. Lichtwark, Deutsche Königsstädte, Dresden 1898, S. 107.
11 ebd.

gemein, sind Polizei und Staatsanwaltschaft wie in Nürnberg und die Bodenspekulanten nicht anders als in Berlin.

Natürlich gibt es in München auch Dinge, die man sich nur hier vorstellen kann, wie die jährlich wiederkehrende Erregung um den Anstich einer Biersorte mit etwas höherem Alkoholgehalt im Frühjahr. Doch der vorliegende Band will nicht zur Folklore beitragen. Vielmehr wollen die Herausgeber einen historischen und geographischen Ort beschreiben, München, die willig-unwillige Hauptstadt Bayerns, desjenigen deutschen Bundeslandes, das auf die bei weitem längste Tradition territorialer Integrität zurückblickt. In dem nach erheblichen Auseinandersetzungen 1871 gegründeten Deutschen Reich nahm Preußen sowohl nach der Bevölkerung als auch nach der Grundfläche allein zwei Drittel ein. Auch verfassungsrechtlich war seine Vormachtstellung derart stark abgesichert, daß die von Bayern ertrotzten Sonderrechte, wie ein formaliter selbständiges Heer, eigene Eisenbahn und Post oder die Besteuerung von Bier und Branntwein nicht wirklich ins Gewicht fielen. Das Bayerische Außenministerium blieb zwar noch bis 1920 bestehen, hatte aber in Wahrheit keine Funktion mehr. In jenen Jahren nach 1871 begann der bayerische Sonderweg ins mosernde Abseits. Anders als in Württemberg und Baden oder auch Hessen, wo der antipreußische Liberalismus (Deutsche Volkspartei, Frankfurter Zeitung, Stuttgarter Beobachter) immer ein lebenskräftiges Element war, das selbst vor Kontakten mit der Sozialdemokratie nicht zurückscheute, verharrte das agrarisch-katholische Bayern in einer Position aggressiver Weltabgewandtheit. Das sich rasch industrialisierende München war in diesem Land ein mißtrauisch beobachteter Fremdkörper. Nach dem zweiten Weltkrieg nannten CSU-Politiker die Hauptstadt mit ihren notorischen SPD-Mehrheiten bei Kommunalwahlen einen »roten Pfahl im Fleisch«.

Hatte München im Jahr der Reichsgründung noch 170000 Einwohner gehabt, war zur Jahrhundertwende die halbe Million erreicht und bei Kriegsausbruch die Zahl 640000. Die süddeutsche Gegenspielerin von Berlin, der Hauptstadt Preußen-Deutschlands, hatte eine ungeheure Anziehungskraft, verlor aber darüber ihre sogenannte Gemütlichkeit, womit in Wirklichkeit die »in ganz Deutschland bekannte Ungastlichkeit«[12] gemeint war. 1898 wurde gar die erste Bar in München eröffnet, im Keller des Hotels Vier Jahreszeiten. Ein Hauch von großstädtischer Lasterhaftigkeit zog in München ein. Nichtmünchner wie Ludwig Thoma haben die ganze Gründerzeit als Schwindel angesehen. Sein Roman »Münchnerinnen« hat den skandalumwitterten Bau des Deutschen Theaters 1895/96 zum Hintergrund, das gewaltig geplant war und ein gewaltiges Pleiteunternehmen wurde.[13] Für Frank Wedekind war dies Anlaß zu seinen »Münchner Szenen«, die im ersten Jahrgang der »Insel« abgedruckt wurden. In jener Zeit kam das Wort vom »Niedergang Münchens als Kunststadt« auf, 1902 erschien das gleichnamige Buch von Eduard Engels. Der reaktionären Haltung der »Münchner Sezession« entsprach die Provinzialität der Münchner Presse.[14]

Dennoch bot die Stadt, bis 1914 bzw. 1918 jedenfalls, einen entscheidenden Freiraum für bedeutende Persönlichkeiten und weitreichende Entwicklungen. 1895 wurde Georg Kerschensteiner Stadtschulrat. Rudolf Diesel wirkte hier und Oskar von Miller, der 1903 das Deutsche Museum gründete. Carl Sternheim und Frank Wedekind, die zu den meistzensierten Dramatikern des wilhelminischen Zeitalters gehörten, lebten in München, ebenso Heinrich und Thomas Mann, Stefan George und Rilke. 1895 kam Kandinsky und blieb bis zum Ausbruch des Krieges. Auch Jawlensky, Werefkin, Klee und Marc lebten in und um München. 1912 erschien der epochemachende Künstleralmanach »Blauer Reiter«. 1896 wurde der »Simplizissimus« gegrün-

12 H. Uhde-Bernays, Im Lichte der Freiheit. Erinnerungen aus den Jahren 1880 bis 1914, o.O. 1947, S. 14.

13 B. Gajek, Nachwort, in: L. Thoma, Münchnerinnen, Textrevision und Nachwort von B. Gajek, München 1984, S. 194ff.

14 Vgl. W. Riezler, Berlin und München, in: Süddeutsche Monatshefte, Bd. 1, 1913/14, S. 108-116.

det, der bald zur bedeutendsten satirischen Zeitschrift des Deutschen Reiches wurde. Im selben Jahr begann auch die »Jugend« zu erscheinen, nach der eine ganze Stilrichtung benannt wurde. 1895 war der »Pan« in München gegründet worden, 1899 die »Insel«, 1908 »Hyperion«, 1909 der »Zwiebelfisch« und 1911 »Kain«, Erich Mühsams »Zeitschrift für Menschlichkeit«.

Das Jahr 1918 brachte dann den großen Einschnitt, es bedeutete in gewisser Weise das Ende der alten Welt. Der 1914 begonnene Krieg endete mit der Niederlage des Deutschen Reiches und seiner Verbündeten. Die österreichische Regierung hatte bereits am 22. Oktober 1918 ein Waffenstillstandsgesuch an die Entente gerichtet, so daß an eine Weiterführung des Krieges nicht zu denken war. Am Tag darauf meuterte die Besatzung der Deutschen Hochseeflotte, am 3. November begann der Matrosenaufstand in Kiel. In Bayern hatte sich im Laufe des Krieges eine sehr starke antipreußische Stimmung entwickelt, da man »Berlin« die Schuld an der Entwicklung gab; diese Stimmung richtete sich auch gegen das Wittelsbachische Königshaus. Man glaubte, Ludwig III. sei mit den verhaßten Preußen im Bunde, am 7. November begann die Revolution in München, zwei Tage später dann auch in Berlin, so daß die Regierung den Rücktritt Wilhelms II. bekanntgab, der sich daraufhin veranlaßt sah, ebenso wie Ludwig III. die Flucht zu ergreifen. Am 8. November 1918 wurde von den Revolutionären der »Freistaat Bayern« ausgerufen. Die Wittelsbacher sind seither pro forma Privatleute, die aber bis heute über einen erheblichen Besitz und glänzende Beziehungen in Politik und Wirtschaft verfügen. (Beim Wiederaufbau des Nationaltheaters nach dem zweiten Weltkrieg wurde auch die Königsloge wieder in ihre alten Rechte eingesetzt.)

War München in der wilhelminischen Ära ein Hort der liberalen Kräfte, so geriet es nun in eine entgegengesetzte Oppositionsrolle. Die antidemokratisch-antirepublikanisch-reaktionäre Haltung des Bürgertums, wie sie für die Weimarer Zeit charakteristisch war, ist großartig in dem Roman »Der Erfolg« von Lion Feuchtwanger dargestellt worden. Nach der Niederschlagung der Revolution durch Reichstruppen wurde Bayern zu einem »Eldorado all derer..., die das Patent auf Vaterlandsliebe, nationales Ehrgefühl und ›richtige‹ Politik zu haben meinten«.[15] Das Wort von der »Ordnungszelle Bayern« kam auf, allenthalben wurden Einwohnerwehren gegründet. Die NSDAP, die »Reichskriegsflagge« und der Bund Oberland gründeten 1923 den »Deutschen Kampfbund«. Der gescheiterte Hitlerputsch brachte nur einen vorübergehenden Rückschlag. Die NSDAP wurde zwar verboten, aber der von ihr beherrschte Völkische Block erreichte bei den Landtagswahlen vom April 1924 in München 50% der Stimmen[16]! Wenige Monate später wurde Hitlers Haftstrafe zur Bewährung ausgesetzt.

1933 wurde Adolf Hitler Reichskanzler, zwei Jahre später verlieh er München den Titel »Hauptstadt der Bewegung«. Hitler, dem das jüdisch-marxistisch-großstädtische Berlin immer unheimlich geblieben war, hatte hier, im »Braunen Haus«, seinen Amtssitz als Parteiführer. Er begann bald mit der Umgestaltung der Stadt in seinem Sinne. Die protestantische Matthäuskirche wurde ebenso abgebrochen wie die Synagoge in der Herzog-Max-Straße. Das klassizistische Herzog-Max-Palais fiel der Spitzhacke ebenso zum Opfer wie Münchens bedeutendste Jugendstilfassade (Studio Elvira). Besonders stark wurde der Charakter der Ludwigsstraße beeinträchtigt, z. B. hat man an die Stelle von vier Gebäuden, die florentinischen Palästen nachgebaut waren, das »Zentralministerium« gesetzt, einen der »hypertrophen und doch so spießbürgerlich ängstlichen Klötze«.[17] Von dem, was Hitler Neues plante, wurde erfreulicherweise nur weniges fertig, unter anderem das Haus der Deutschen Kunst. Hatte man die Kunst erfolgreich unterdrückt, Künstler ins Exil

15 A. Schwarz, Die Zeit von 1918 bis 1933, in: Handbuch der Bayerischen Geschichte, Bd. IV: Das Neue Bayern von 1800-1970, hg. v. M. Spindler, München ND 1979, S. 458ff.

16 Ebd., S. 484f.

17 E. Schleich, Die zweite Zerstörung Münchens, Stuttgart ²1981, S. 21.

oder in den Selbstmord getrieben, die Museen »gesäubert«, so lag es nahe, dem, was übriggeblieben war, ein eigenes Haus zu weihen. Hier wurden zum Wohlgefallen des Postkartenmalers Hitler großformatige Banalitäten gezeigt. (Schon in der Weimarer Zeit war der endgültige Niedergang der Kunststadt München Gegenstand lebhaftester Kontroversen gewesen). Dafür blühte der Fasching. Die Organisation »Kraft durch Freude« organisierte gewaltige Faschingsfeste, und 1937 fand der erste Internationale Karnevalskongreß in München statt; fünf Monate später folgte die Ausstellung »Entartete Kunst«.

Die von Hitler begonnene und durch den von ihm ausgelösten Krieg ins Ungeheuerliche gesteigerte Zerstörungsarbeit fand nach 1945 in der »zweiten Zerstörung Münchens«, die Erwin Schleich in seinem gleichnamigen Buch eindrucksvoll dokumentiert hat, ihre Fortsetzung. Während einige der Nazibauten, die Schäden erlitten hatten, »sehr bald nach dem Krieg liebevoll rekonstruiert wurden«,[18] verfuhr man in vielen anderen Fällen weit weniger schonend. Die Stadtplanung, die, wie in vielen Großstädten, eine ganze Zeit lang von der Wahnidee der »autogerechten Stadt« beeinflußt war, riß weitere furchtbare Lücken in die Bausubstanz. Man wollte modern sein. Für das Abschlagen der Stuckfassaden wurden von der Stadt noch in den 50er Jahren Prämien bezahlt. Nun gibt es Fassadenpreise, wenn die Schmuckelemente wieder aufgepappt werden.

Heute ist München die unbestrittene »Hauptstadt der Halbseidenen«.[19] Instinktloser Reichtum, intellektuelle Leere und ein von stiernackiger Selbstsicherheit geprägtes Salonbayerntum sind eine ganz eigenartige Verbindung eingegangen. Für belangloseste Bilder der sogenannten Münchner Schule werden auf Auktionen 50000 bis 100000 Mark bezahlt. Die Avantgarde wurde dagegen von den öffentlichen Sammlungen weitgehend übergangen. In dem offenen Brief eines Galeristen an den Generaldirektor der Bayerischen Staatsgemäldesammlungen

18 ebd.
19 FAZ-Magazin vom 5.10. 1984, S. 10ff.

heißt es: »Ein solcher von höchster Stelle zur Schau gestellter Dilettantismus in der Bundesrepublik Deutschland, ja in Europa, ist einmalig; man muß sich schon in die Kunststadt München begeben, um mit diesem traurigen Exempel aufwendiger Ahnungslosigkeit und doch nicht harmloser Kunstgeschichtsverfälschung konfrontiert zu werden.«[20] Die Vertreibung der Sammlung Buchheim aus dem Haus der Kunst durch den vorerwähnten Generaldirektor fügt sich in dieses Bild.

Aber – »München ist in«, mehr denn je – jeder weiß das. Eine repräsentative Umfrage hat ergeben, daß heute 42% der Bundesbürger nach München ziehen würden, wenn sie die Gelegenheit dazu hätten. Allerdings ist München nicht wegen seiner freundlichen Atmosphäre so ungemein beliebt, sondern vor allem wegen seines kulturellen Angebots und seiner Freizeitmöglichkeiten. Die Seen, die Alpen und die Nähe zu Österreich und Italien sind heute das, was viele an München besonders anzieht. Die hohen Mieten werden aber zu einer ständigen Verringerung der Stadtbevölkerung beitragen.

Der Dank der Herausgeber gilt vielen Freunden, die Hinweise gegeben haben, sowie den Autoren und Verlagen, die Abdruckgenehmigungen erteilt haben. Besonders hat sich Frau Eva Maria Volland, die in der Schlußphase am Entstehen des Buches mit Rat und Tat beteiligt war, verdient gemacht.

20 Süddeutsche Zeitung vom 1.3.1984.

Literaturhinweise

Carl Amery und Marina Bohlmann: München (dtv-Merian-Reiseführer) München 1982

Hanns Arens: Unsterbliches München. Streifzüge durch 200 Jahre literarisches Leben der Stadt, 3 Bde. München 1976

Josef Biller und Hans-Peter Rasp: München. Kunst- & Kulturlexikon. Stadtführer und Handbuch, München 1972

Klaus Gallas: München. Von der welfischen Gründung Heinrichs des Löwen bis zur Gegenwart: Kunst, Kultur, Geschichte, Köln [4]1983

Monika Goedl (Hg.): Museen in München, München 1983

Ludwig Hollweck: Unser München. Ein Lesebuch zur Geschichte der Stadt im 20. Jahrhundert, München 1980

derselbe: Was war wann in München. Von der Besiedlung der Münchner Gegend bis 1980, München [3]1982

Volker D. Laturell und Georg Mooseder: Moosach. Die Entstehungs- und Entwicklungsgeschichte eines Münchner Stadtteils, 2 Bde. München 1980 und 1985

Norbert Lieb: München. Die Geschichte seiner Kunst, München 1971

Michael Linkersdörfer und Wolfgang Vichtl: Das Münchner Stadt-Zeitungs-Buch, München 1984

Fritz Lutz: Land um die Großstadt. Von der Naturlandschaft zum modernen Wirtschaftsraum, München 1962

Max Megele: Baugeschichtlicher Atlas der Landeshauptstadt München (= Neue Schriftenreihe des Stadtarchives München 3) München 1951

München im Buch. Auswahl-Katalog der Stadtbibliothek München-Monacensia-Abteilung, München 1958, und Fortsetzungen

München und seine Bauten. Hg. v. Bayerischen Architekten- und Ingenieur-Verband e. V. München 1912

München und seine Bauten nach 1912. Hg. v. demselben, München 1984

Fred Oberhauser und Gabriele Oberhauser: Literarischer Führer durch Deutschland, Frankfurt 1983, S. 515-536

Marie-Louise Plessen (Hg.): Die Isar. Ein Lebenslauf (Ausstellungskatalog des Münchner Stadtmuseums) München 1984

Kurt Preis: München unterm Hakenkreuz. Die Hauptstadt der Bewegung zwischen Pracht und Trümmern, München 1980

Friedrich Prinz (Hg.): Trümmerzeit in München. Kultur und Gesellschaft einer deutschen Großstadt im Aufbruch 1945-1949, München 1984
Rudolf Reiser: Alte Häuser – Große Namen, München 1978
Michael Schattenhofer: Beiträge zur Geschichte der Stadt München (= Oberbayerisches Archiv 109, Heft 1) München 1983
Fridolin Solleder: München im Mittelalter, München und Berlin 1938
Ludwig Schrott: Münchner Alltag in acht Jahrhunderten, München o. J.
Christoph Stölzl (Hg.): Die Zwanziger Jahre in München. (= Schriften des Münchner Stadtmuseums 8) München 1979
Friedrich Wagner: Denkmäler und Fundstätten der Vorzeit Münchens, Kallmünz 1958
Brigitte Zander-Spohn und Hannelore Schütz-Doinet: Richtig reisen. München, Köln 1981

Textnachweise

Georg Kaspar Nagler: Acht Tage in München. Eine kurzgefaßte Beschreibung der in ds. Hauptstadt befindlichen Sehenswürdigkeiten, München ^{10}1863, Zweite Abteilung, S. 3-4

Carl von Spruner: Charakterbilder aus der bayerischen Geschichte, München 1878

Sigmund Riezler: Geschichte Baierns, Gotha 1878-1914, Bd. V, S. 413-416

Wolfgang Amadeus Mozart. In: München im Gedicht, herausgeg. von Hermann Gerstner, München 1966, S. 11

Christian Friedrich Daniel Schubart. In: Dokumente seines Lebens, herausgeg. von Hermann Hesse und Karl Isenberg, Berlin 1921, S. 65-67

Lorenz Westenrieder: Beschreibung der Haupt- und Residenzstadt München, München 1782, S. 328-332

Johann Pezzl: Reise durch den baierischen Kreis, Salzburg und Leipzig ^{2}1784, S. 109-110, 126-127

Johann Wolfgang Goethe: Italienische Reise. Mit einem Anhang: Reisetagebuch für Frau v. Stein, herausgeg. von Theodor Friedrich, Leipzig o. J., S. 196-197

Carl von Spruner: op. cit.

Ernst von Destouches: Säkularchronik des Münchner Oktoberfestes 1810-1910, J. Lindauer Verlag, München 1910

Josefine von Kaulbach zit. Josefa Dürck-Kaulbach: Erinnerungen an Wilhelm von Kaulbach und sein Haus, München ^{3}1921, S. 24-26

Max Spindler: König Ludwig I. Als Bauherr, München 1958, S. 42-44

Wilhelm Hausenstein: Das ludovicianische München, Münchner Neueste Nachrichten vom 27. 2. 1918

Moritz Hauptmann: Briefe an Franz Hauser, herausgeg. von A. Schöne, Leipzig 1871

Heinrich Heine: Reisebilder, Sämtliche Werke, herausgeg. von Hans Kaufmann, Carl Hanser Verlag, München 1964, Bd. 5, S. 175, 176, 180-181

Johann Andreas Schmeller: Tagebücher 1801-1852, herausgeg. von Paul Ruf (= Schriftenreihe zur bayerischen Landesgeschichte 48), Bd. 2, München 1956, S. 120-121

Friedrich Wasmann: Ein deutsches Künstlerleben, herausgeg. von Bernt Grönvold, Leipzig o. J., S. 84
Ludwig Fernau: München Hundert und Eins, München 1840, S. 141, 25-32
Gottfried Keller: Briefe an die Mutter. In: Der junge Gottfried Keller, zusammengestellt und mit einer Einführung versehen von Franz Hammer, Weimar o. J., S. 35, 39
Johann Andreas Schmeller: op. cit., S. 359-361
Maximiliane von Arnim. In: Maxe von Arnim. Tochter Bettinas/Gräfin Oriola 1818-1894. Ein Lebens- und Zeitbild aus alten Quellen geschöpft von Johannes Werner, Leipzig 1937
Ferdinand Feldigl: Ein deutscher Meister. Zeit- und Lebensbild, München 1913
Louise von Kobell: Unter den vier ersten Königen Bayerns, München o. J., S. 162
Der Bayerische Schwan. Gedichte des Königs Ludwig I. von Bayern, herausgeg. von L. Merkle, München 1979, S. 51
Ferdinand Feldigl: op. cit.,
Adolf Friedrich Graf von Schack: Ein halbes Jahrhundert. Erinnerungen und Aufzeichnungen, bearbeitet von G. Prochnow, 1. Buch: Erinnerungen, Berlin o. J., S. 259, 271-273
Hans Christian Andersen: Das Märchen meines Lebens. Eine Skizze, Leipzig o. J.
Paul Heyse: Jugenderinnerungen und Bekenntnisse, Stuttgart 1912
Richard Wagner. In: König Ludwig II. und Richard Wagner. Briefwechsel, bearbeitet von Otto Strobel, 5 Bde., Karlsruhe 1936-1939, Bd. 1, S. 83
Friedrich von Ziegler: Aufzeichnungen des Kabinettssekretärs vom 5. 6. 1886, Geheimes Hausarchiv München. In: Ludwig II. von Bayern in Augenzeugenberichten, herausgeg. und eingeleitet von Rupert Hakker, München 1972, S. 280-281
Max Halbe: Jahrhundertwende. Geschichte meines Lebens 1893-1914, Danzig [2]1942, S. 140f.
Gustave Courbet: München 1869-1958. Aufbruch zur modernen Kunst, München 1958, S. 29
Max Planck in Selbstzeugnissen und Bilddokumenten, dargestellt von Armin Hermann, Reinbek bei Hamburg 1973
Jacob Burckhardt: Briefe an einen Architekten, München 1913

Ludwig Ganghofer: Lebenslauf eines Optimisten, Stuttgart 1925, S. 883-887
Karl Raupp: Die Photographie in der modernen Kunst. In: Die Kunst für Alle, herausgeg. von Friedrich Pecht, München 1889, S. 325
Lena Christ: Erinnerungen einer Überflüssigen, (1912) München 1970, S. 41-43
Otto Julius Bierbaum: Irrgarten der Liebe, Leipzig 1908, S. 200-201
Thomas Theodor Heine: Ich warte auf Wunder, S. Fischer Verlag, Frankfurt am Main 1980, S. 52-53, 48-49
Max Halbe: op. cit., S. 298-300
Hermann Uhde-Bernays: Im Lichte der Freiheit, o.O. 1947, S. 107-109
Jakob Wassermann: Lebensdienst, Georg Müller Verlag, Berlin 1928
Reinhard Piper: Erste Begegnung mit München. Aus meinen Erinnerungen. Münchner Neueste Nachrichten vom 30. 10. 1944
Viktor Mann: Wir waren fünf, Südverlag, Konstanz 1949, S. 71-75
Franziska Gräfin zu Reventlow: Tagebücher 1895-1910, herausgeg. von Else Reventlow, S. Fischer Verlag, Frankfurt 1981, S. 80
Alfred Lichtwark: Deutsche Königsstädte, Dresden 1898, S. 104-105
Alfred Kubin: Aus meinem Leben, Ellermann Verlag, München 1974, S. 21-23
Katia Mann: Meine ungeschriebenen Memoiren, herausgeg. von Elisabeth Plessen und Michael Mann, S. Fischer Verlag, Frankfurt 1974, S. 13-16
Rudolf Alexander Schröder: Aus den Münchner Anfängen des Insel-Verlages. In: R. A. Schröder, Die Aufsätze und Reden, Bd. 2, Berlin und Frankfurt 1952 (= Gesammelte Werke, Bd. 3), S. 953-955, 978-979
Hans Purrmann: Hans Purrmann 1880-1966, München 1976, S. 15-17
Ernst Hoferichter: Jahrmarkt meines Lebens, München. Basel. Wien o. J., S. 13-14
Jules Huret: Bayern und Sachsen (In Deutschland. Vierter Teil), übersetzt von Nina Knoblich, Albert Langen Verlag, München o. J., S. 42-44
Nadeshda K. Krupskaja: Erinnerungen an Lenin, Wien. Berlin 1929, S. 60-61, 71, 73
Erich Mühsam: Namen und Menschen. Unpolitische Erinnerungen, Verlag Klaus Guhl, Berlin 1977, S. 111-113
Franziska Gräfin zu Reventlow: Herrn Dames Aufzeichnungen oder Begebenheiten aus einem merkwürdigen Stadtteil. In: F. R., Romane,

herausgeg. von Else Reventlow, Langen-Müller Verlag, München 1976, S. 124-125, 128-129
Stefan George, Werke, Bd. 1, Düsseldorf und München (Rechte: Klett-Cotta Verlagsgemeinschaft, Stuttgart) [3]1976, S. 336
Erich Mühsam, op. cit., S. 166-169
Hans Gumppenberg: Lebenserinnerungen. Aus dem Nachlaß des Dichters, Berlin und Zürich 1929, S. 280-283
Thomas Mann: Gladius Dei (1903). In: Sämtliche Erzählungen, S. Fischer Verlag, Frankfurt 1971, S. 155-157
Josef Ruederer: München, München 1907, S. 131-133
Leonhard Frank: Links wo das Herz ist, Nymphenburger Verlagshandlung, München [4]1984, S. 18-20
Johannes von Guenther: Zwischen Petersburg und München, C.H. Beck'sche Verlagsbuchhandlung, München 1969, S. 80-82
Rolf von Hoerschelmann: Leben ohne Alltag, Berlin 1947, S. 136-137
Joachim Ringelnatz: Mein Leben bis zum Kriege, Henssel Verlag, Berlin 1931, S. 245-250
Joachim Ringelnatz: Simplicissimus-Lied. In: 30 Jahre Simpl, München 1932
Franz Blei: Erzählungen eines Lebens, Leipzig 1950
Ludwig Thoma: Eröffnungshymne. In: Gesammelte Werke Bd. 6, Piper Verlag, München 1968, S. 676-677
Oskar Panizza: Über die Stadt München. In: Das Liebeskonzil und andere Schriften, Matthes & Seitz Verlag, Neuwied und Berlin 1964
Klabund: Marietta. In: Erzählungen und Grotesken, Wien 1930
Johannes R. Becher: München in meinem Gedicht, Starnberg 1946, S. 27 (Rechte: Aufbau Verlag, Berlin)
Ludwig Thoma: Torggelstube. In: Gesammelte Werke Bd. 1, Piper Verlag, München 1968, S. 262-264
Oskar Maria Graf: Gelächter von außen. Aus meinem Leben 1918-1933, Süddeutscher Verlag, München 1983, S. 50-53
Franz Marc: Geistige Güter. In: Der blaue Reiter, herausgeg. von Wassily Kandinsky und Franz Marc, (1912) Piper Verlag, München [3]1976, S. 22-24
Otto Falckenberg, zit. W. Petzet: Otto Falckenberg. Mein Leben – Mein Theater, München 1944, S. 285-286
Erich Mühsam: op. cit., S. 208-209
Otto Flake: Es wird Abend. Bericht aus einem langen Leben, mit einem

Vorwort von Peter de Mendelssohn, S. Fischer Verlag, Frankfurt 1980, S. 212
Josef Hofmiller: Revolutionstagebuch 1918/19. Aus den Tagen der Münchner Revolution, Leipzig [3]1939, S. 25-28
Julie Meyer-Frank: Erinnerungen an meine Studentenzeit. In: Vergangene Tage. Jüdische Kultur in München, herausgeg. von Hans Lamm, Langen-Müller Verlag, München, NA 1982, S. 212-215
Rainer Maria Rilke: Briefe, Insel Verlag, Leipzig o. J.
Kurt Eisner: Die Neue Zeit, München 1919, S. 5-7
Marta Feuchtwanger: Nur eine Frau, Jahre, Tage, Stunden, Langen-Müller Verlag, München und Wien 1983, S. 115-116
Reinhard Piper: Brief an Alfred Eisenlohr und Adolf Hammelmann vom 12. 11. 1918, Archiv des Piper Verlages, München
Michael Schröder: Toni Pfülf 1877-1933, herausgeg. vom Bayerischen Seminar für Politik, München 1983 1984, S. 4–8
Oskar Maria Graf: Wir sind Gefangene. Ein Bekenntnis, Wien u. a. 1965, (Rechte: Süddeutscher Verlag, München) S. 432-435
Ricarda Huch: Kurt Eisners Todestag. Eine Münchner Erinnerung. In: Erinnerungen an das eigene Leben, Verlag Kiepenheuer & Witsch, Köln 1980, S. 435-441
Josef Karl: Die Schreckensherrschaft in München, München 1919
Hermann Heimpel: Die halbe Violine. Eine Jugend in der Haupt- und Residenzstadt München, München und Hamburg 1965, S. 278-279
Ernst Toller: Eine Jugend in Deutschland, Carl Hanser Verlag, München 1978 (= Gesammelte Werke Bd. 4), S. 161-171
Alfred Andersch: Der unsichtbare Kurs. In: Die Kirschen der Freiheit. Ein Bericht, Diogenes Verlag, Zürich 1968, S. 9-10
Oskar Maria Graf: Über Rainer Maria Rilke. In: Frankfurter Hefte, Heft 12, 1951, S. 896, 903-905 (Rechte: Süddeutscher Verlag, München)
Klaus Mann: Der Wendepunkt, Ellermann Verlag, München 1969, S. 81-82
Margret Boveri: Verzweigungen, Eine Autobiographie, herausgeg. und mit einem Nachwort versehen von Uwe Johnson, Piper Verlag, München und Zürich 1977, S. 151
Manfred Hausmann: Im Spiegel der Erinnerung, Neukirchener Verlag, Neukirchen-Vluyn 1974, S. 16-17
Münchens Ende als Kunststadt. In: Der Zwiebelfisch. Zeitschrift über

Bücher und andere Dinge, herausgeg. von Hans von Weber, XIII. Jahrgang Heft 1-3, November 1921, S. 1-6

Carl Zuckmayer: Als wär's ein Stück von mir. Horen der Freundschaft, S. Fischer Verlag, Frankfurt 1969, S. 318-320

Hermann Hesse: Ein Abend in den Kammerspielen. In: Das große Karl Valentin Buch, herausgeg. von Michael Schulte, München und Zürich [4]1980, S. 136 (Rechte: Suhrkamp Verlag, Frankfurt am Main)

Wilhelm Hausenstein: Die Masken des Komikers Karl Valentin, Freiburg i. B. 1958, S. 14-17 (Rechte: Süddeutscher Verlag, München)

Carl Christian Bry: Mussolinchen in Blau-Weiß. In: Argentinisches Wochenblatt vom 24. 12. 1922 (Rechte: Martin Gregor-Dellin)

Wilhelm Hoegner: Der schwierige Außenseiter. Erinnerungen eines Abgeordneten, Emigranten und Ministerpräsidenten, Oberfränkische Verlagsanstalt, Hof [2]1975, S. 18-20, 30-31

Carl Zuckmayer: op. cit., S. 325-326

Zehn Jahre Kunstpest in München. Eine Kunstmedizinische Betrachtung, Völkischer Beobachter vom 29. 3. 1923

Klaus Mann: op. cit., S. 129-133

Alfred Andersch: Franz Kien. 5 autobiographische Geschichten. Alte Peripherie. In: Das Alfred Andersch Lesebuch, herausgeg. von Gerd Haffmanns, Diogenes Verlag, Zürich 1979, S. 32-33

Hans Brandenburg: Im Feuer unserer Liebe. Erlebtes Schicksal einer Stadt, München 1956, S. 342-345

Thomas Mann: Vortrag vom 30. 11. 1926. In: Kampf um München als Kulturzentrum. Sechs Vorträge von Thomas Mann, Heinrich Mann, Leo Weismantel, Willi Geiger, Walter Courvoisier und Paul Renner, mit einem Vorwort von Thomas Mann, München o. J., S. 8-9, 11

Paul Renner: Vortrag vom 30. 11. 1926. In: Kampf um München, op. cit., S. 50, 52-54, 56

Peter Scher/Hermann Sinsheimer: Das Buch von München, Piper Verlag, München 1928, S. 1-5

Thomas Wolfe: Letter to Aline Bernstein (Oct. 4, 1928). In: The Letters of Thomas Wolfe, collected and edited by Elizabeth Nowell, Charles Scribner's Sons, New York 1956, S. 142-147 (Übersetzt von Eva Maria Volland)

Klaus Mann: op. cit., S. 280-285

Protest der Richard-Wagner-Stadt München, Münchner Neueste Nachrichten vom 16. 4. 1933

Wilhelm Hoegner: op. cit., S. 101-103

Georg Lanzenstiel: Dem Regime im Wege. In: Denk ich an München. Ein Buch der Erinnerungen, herausgeg. von Hermann Proebst und Karl Ude, München 1966, S. 212-215

München baut auf, herausgeg. von Karl Fiehler, München o. J.

Albert Speer: Erinnerungen, Ullstein Verlag, Frankfurt und Berlin 1969, S. 52-53

Josef Müller: Bis zur letzten Konsequenz. Ein Leben für Frieden und Freiheit, München, Süddeutscher Verlag [2]1976, S. 56-57, 61-62

Herbert Achternbusch: Ella, Suhrkamp Verlag, Frankfurt am Main 1978, S. 12-14

Curt Hohoff: Unter den Fischen. Erinnerungen an Männer, Mädchen und Bücher 1934-1939, Limes Verlag, Wiesbaden und München 1982, S. 315-316

Ausstellung »Entartete Kunst«. Eine Sammlung kulturbolschewistischer Scheußlichkeiten, Kieler Neueste Nachrichten vom 20. 7. 1937

Radikale Säuberung in deutschen Museen angekündigt. Eine Rede Prof. Zieglers, Nordische Rundschau vom 20. 7. 1937

Rudolf Hartmann: Das geliebte Haus. Mein Leben mit der Oper, Piper Verlag, München und Zürich 1975, S. 148-151

München grüßt den Schöpfer Großdeutschlands, Münchner Neueste Nachrichten vom 2. 4. 1938

Curt Hohoff: op. cit., S. 278-279

Bruno E. Werner: Die Galeere, Frankfurt 1949, S. 163-169

Robert Krötz: Hauptstadt der Bewegung. In: Freundschaft mit München. Zeugnisse des Herzens zu ihrem Lobe, herausgeg. von Hans Joachim Speer, München 1942, S. 19-20, 23-24, 26-27, 30

Rudolf Hartmann: op. cit., S. 165-166

Hans Carossa: Tag in München 1943. In: Die Gegenwart vom 31. 5. 1947, S. 33-34 (Rechte: Insel Verlag, Frankfurt am Main)

Theo Prosl: Freistaat Schwabing, München 1951, S. 101-102

Inge Scholl: Die weiße Rose, Frankfurt 1982, S. 47-52, 71-72 (Rechte: Inge Aicher-Scholl)

München in der Feuerprobe. Drei amerikanische Überfälle in 48 Stunden, Münchner Neueste Nachrichten vom 14. 7. 1944

Eugen Roth: München als ewiges Besitztum. Wir alle zusammen halten die Stadt/Erinnerungen und Ausblicke, Münchner Neueste Nachrichten vom 13. 1. 1945 (Rechte: Carl Hanser Verlag, München)

Kurt Honolka: Neues Leben aus Ruinen. Gedanken zum Wiederaufbau der Städte, Münchner Neueste Nachrichten vom 28. 4. 1945

Ernst Langendorf: Mit dem Jeep auf Verlegersuche. In: Auf geht's: Rama dama, herausgeg. von Michael Schröder, Bund Verlag, Köln 1984, S. 20-22

Konstantin von Bayern: Maitage 1945. In: Denk ich an München. op. cit., S. 265-266

Erich Kästner: Notabene 45. In: Gesammelte Schriften für Erwachsene Bd. 6, Atrium Verlag, München und Zürich 1969, S. 236-237, 208-209

Walter Kolbenhoff: Schellingstraße 48. Erfahrungen mit Deutschland, S. Fischer Verlag, Frankfurt 1984, S. 19-21

Eine Buchhandlung in der Vorstadt. In: Mitteilungen des Verbandes Bayerischer Verlage und Buchhandlungen, 1947

Johannes R. Becher: op. cit., S. 7-9

Werner Egk: Die Zeit wartet nicht, Verlag R. S. Schulz, Percha 1973, S. 380-382

Immanuel Birnbaum: Achtzig Jahre dabeigewesen. Erinnerungen eines Journalisten, Süddeutscher Verlag, München 1974, S. 208-209

Erich Kästner: Die kleine Freiheit. In: Gesammelte Schriften für Erwachsene, Bd. 7, op. cit., S. 175-179

Rudolf Hartmann: op. cit., S. 246-247, 249-250

Rudolf Hartmann: op. cit., S. 410-411

Werner Heisenberg: Schritte über Grenzen. Gesammelte Reden und Aufsätze, Piper Verlag, München ^{4}1977, S. 148, 150-151

Hans-Jochen Vogel: Die Amtskette. Meine 12 Münchner Jahre. Ein Erlebnisbericht, Süddeutscher Verlag, München 1972, S. 13-15, 17-18

Erich Kästner: Ostermarsch 1961, In: Gesammelte Schriften für Erwachsene Bd. 8, op. cit., S. 315-317

Peter Schult: Panoptikum der Exoten? oder Heimliche Hauptstadt der Bewegung – München. In: Drachen mit tausend Köpfen. Spaziergänge durch linkes und alternatives Milieu, herausgeg. von Max Thomas Mehr, Luchterhand Verlag, Darmstadt und Neuwied 1982, S. 53-54

Yaak Karsunke: anti-theatergeschichte. In: Rainer Werner Faßbinder (= Reihe Film 2), Hanser Verlag, München ^{3}1979, S. 7-8, 10-14, 16

Dokumentation über die Demonstration in München Ostern 1968,

München 1968 (Veröffentlichungen der Rechtshilfe der Außerparlamentarischen Oppostion, Heft 1), S. 36-37
Presseerklärung der Humanistischen Studenten Union München, Flugblatt
Paul Wühr: Gegenmünchen, Carl Hanser Verlag, München 1970, S. 54
Paul Wühr: op. cit., S. 187
Ingeborg Schober: Tanz der Lemminge. Amon Düül – eine Musikkommune in der Protestbewegung der 60er Jahre, Reinbek bei Hamburg 1979, S. 27-30 (Rechte: Ingeborg Schober)
Hans-Jochen Vogel: op. cit., S. 113, 118, 120, 123
Ursula von Kardorff: Durch meine Brille: Bedrohtes Schwabing, Abendzeitung vom 4. 11. 1971
Martin Gregor-Dellin: Föhn, Piper Verlag, München 1974, S. 10-12
Helmut Qualtinger: Der 800-Jahr-Markt oder München, wie es ist und bleibt. In: Qualtingers beste Satiren. Vom Travnicek zum Herrn Karl, mit Texten von Helmut Qualtinger, Gerhard Bronner und Carl Merz, herausgeg. und mit einen Nachwort versehen von Brigitte Erbacher, Frankfurt 1975, S. 108-112 (Rechte: Langen-Müller Verlag, München)
Helmut Eckl: I hob wos gschriebn, Friedl Brehm Verlag, Feldafing 1976, S. 28-29
Jürgen Kolbe/Arnim Zweite: Zur Situation der bildenden Künste in München, Vorlage des Kulturreferats, München 1978, S. 2-3
Peter Schult: op. cit., S. 52-53
Biermösl Blos'n: Weltstadt mit Herz. In: Münchner Kammerspiele, München leuchtet, Spielzeit 1983/84 Heft 4

Bildnachweis

Frontispiz: Matthäus Merian, Stadtplan von München. 1647
1 Die älteste Gesamtansicht von München. Holzschnitt von Michael Wohlgemuth. Hartmann Schedels Weltchronik von 1493
2 Die Schweden vor München. Kupferstich von Matthäus Merian. 1632
3 Der Marienplatz. Lithographie von Samuel Prout. Um 1830
4 Der alte Hof um 1835. Die ehemalige Residenz der bayrischen Herzöge. Sepiaaquarell von Carl August von Lebschée. 1869. Münchner Stadtmuseum
5 »Abbildung der Octoberfestlichkeiten...« Anonyme Lithographie. 1835. Stadtarchiv München
6 Ludwig I. umgeben von Künstlern und Gelehrten, im Hintergrund die Glyptothek. Gemälde von Wilhelm von Kaulbach. 1848
7 Einzug der Universität in München 1826. Lithographie von Joseph Kirchmair
8 Sonntagnachmittag am Chinesischen Turm. Lithographie von Friedrich Kaiser. Um 1845. Münchner Stadtmuseum
9 Die Neue Pinakothek, erbaut 1846 bis 1853, die Außenbemalung von Wilhelm von Kaulbach. Foto 1906
10 Die Ludwigstraße beim feierlichen Einzug der Prinzessin Marie von Preußen. Kolorierte Lithographie von Gustav Wilhelm Kraus. Münchner Stadtmuseum
11 Die Montierung der Bavaria in der Königlichen Erzgießerei. Kolorierter Stahlstich 1850. Münchner Stadtmuseum
12 Die Flucht der Lola Montez aus ihrem Haus in der Barerstraße. Bleistiftzeichnung von Gustav König. Münchner Stadtmuseum
13 Durch eine Bierpreiserhöhung ausgelöste Revolution, Stürmung und Plünderung des Pschorrbräu-Hauses am 10. Oktober 1848. Lithographie. Münchner Stadtmuseum
14 Der Hauptbahnhof von 1848. Foto 1855. Alt Münchner Foto-Sammlung von Karl Valentin. Stadtarchiv München
15 Große Dichter-Steeplechase: Es reiten Geibel, Schack, Heyse, Carrière, Bodenstedt und Kobell, Karikatur von Pocci. Foto nach dem verschollenen Original
16 Der Glaspalast, erbaut 1853/54. Münchner Stadtmuseum

17 Abend der Künstlergesellschaft Allotria mit Franz von Lenbach (in der Mitte mit Brille). Karikatur von Friedrich August von Kaulbach. Staatliche Graphische Sammlung München
18 Industrie- und Gewerbeausstellung im Glaspalast 1854, Blick von der untersten Galerie durch das Hauptschiff nach Westen. Münchner Stadtmuseum
19 Die Kaulbach-Villa, erbaut 1887–89 von Gabriel von Seidl, heute Kaulbachstraße 15. Foto aus der Vorkriegszeit
20 Hof-Atelier Elvira, Von-der-Tann-Straße 15, mit der floralen Jugendstil-Fassade von 1896/97. Foto 1900. Aus: Die Kunst, Bd. 2, 1900
21 Leopoldstraße 4, Redaktionssitz der Zeitschrift »Die Insel«. Foto: Inge-Lore Sturm, München
22 Auf dem Viktualienmarkt um 1910. Alt Münchner Foto-Sammlung von Karl Valentin. Stadtarchiv München
23 Maskenball 1904: Stefan George als Dante, Maximilian Kronberger als florentinischer Edelknabe und Karl Wolfskehl als Homer im Hause Henry von Heiselers. Foto 1904. Deutsches Literaturarchiv Marbach
24 Das Neue Rathaus. Foto 1903. Münchner Stadtmuseum
25 Karl Arnold in seinem ersten Münchner Atelier, 1907, VG Bild-Kunst, Bonn
26 Das »Tabackhaus: Zum Hausdichter« von Joachim Ringelnatz, Schellingstraße 23. Süddeutscher Verlag – Bilderdienst
27 Münchner Verleger, Karikatur um 1912. Archiv des Piper Verlages, München
28 Vignette von Franz Marc, Aus »Der Blaue Reiter«, München 1912.
29 Bewaffnete führen Rotgardisten ab. Postkarte 1919.
30 Der Toller-Steckbrief vom 15. Mai 1919.
31 Thomas und Katia Mann mit den Kindern Klaus, Elisabeth, Michael und Erika, Poschingerstraße 1, heute Thomas-Mann-Allee 10. Foto um 1920. Süddeutscher Verlag, Bilderdienst
32 Bert Brecht, Karl Valentin und Liesl Karlstadt auf dem Oktoberfest. Deutsches Literaturarchiv, Marbach
33 Der Münchner. Karikatur von Karl Arnold. Simplicissimus, 1923. VG Bild-Kunst, Bonn
34 Sein Kampf. Karikatur von Erich Schilling. Simplicissimus, 1924. VG Bild-Kunst, Bonn

35 »Bei dem Wetter schlag' i Pinakothek oder Löwenbräu vor!« Karikatur von Karl Arnold. Simplicissimus, 1926. VG Bild-Kunst, Bonn
36 Gulbransson im Kreise seiner Schüler an der Akademie der Bildenden Künste. Foto um 1940. Herbert Römer in Braubach
37 Die Matthäuskirche in der Sonnenstraße. Münchner Stadtarchiv
38 Einmarsch der alten Kämpfer auf dem Königsplatz zum ›Letzten Appell‹. Foto 9. November 1935. Bildarchiv Preussischer Kulturbesitz, Berlin«
39 Olaf Gulbransson, Plakat zum Faschingsfest der Münchner Kunstakademien. 1936
40 »Der Stürmer«, Juni 1938
41 München brennt. Foto 1944. Münchner Stadtmuseum
42 Löwe vor dem ehemaligen Wittelsbacher Palais. 1945. Foto: W. B. Francé. Münchner Stadtmuseum
43 Lesehungrige vor dem Antiquariat Kitzinger, Schellingstraße 25, 1946. Foto: W. B. Francé. Münchner Stadtmuseum
44 Das Siegestor, 1947. Foto: W. B. Francé. Münchner Stadtmuseum
45 Gabriel von Seidl, Wettbewerbsentwurf von 1905 für das Deutsche Museum. Nach diesen Plänen wurde der Bau von seinem Bruder Emanuel 1925 fertiggestellt. Staatliche Graphische Sammlung München
46 Erich Kästner bei seiner Ostermarsch-Ansprache auf den Stufen der Propyläen am Königsplatz. Süddeutscher Bilderdienst
47 Herr Hirnbeiß, Karikatur von Franziska Bilek. Rechte: Franziska Bilek, München
48 Auf dem Olympiagelände. Foto: Reinhard Bauer
49 Sommer im Englischen Garten. Foto: Reinhard Bauer
50 In der Akademie der Bildenden Künste. Foto: Reinhard Bauer
51 Sonntags am Monopteros. Foto: Reinhard Bauer
52 In der Fußgängerzone, im Hintergrund die 1583–98 erbaute Jesuitenkirche St. Michael. Foto: Reinhard Bauer

Umschlagvorderseite: Blick auf München. Foto: Bildagentur Mauritius, Frankfurt am Main.

Inhalt

Reiseliteratur

Florenz. Lesarten einer Stadt
Herausgegeben von Andreas Beyer. Mit zahlreichen Illustrationen. it 633

Johann Wolfgang Goethe. Tagebuch der ersten Schweizer Reise 1775
Mit den Zeichnungen des Autors und einem vollständigen Faksimile der Handschrift. Herausgegeben und erläutert von Hans-Georg Drewitz. it 300
– Goethes Letzte Schweizer Reise
Dargestellt von Barbara Schnyder-Seidel. Mit zeitgenössischen Illustrationen. it 375
– Italienische Reise
Mit vierzig Zeichnungen des Autors. Herausgegeben und mit einem Nachwort von Christoph Michel. it 175
– Tagebuch der italienischen Reise 1786
Notizen und Briefe aus Italien. Mit Skizzen und Zeichnungen des Autors. Herausgegeben und erläutert von Christoph Michel. it 176

Heinrich Heine. Reisebilder
Mit einem Nachwort von Joseph A. Kruse und zeitgenössischen Illustrationen. it 444

Istanbul
Herausgegeben von Esther Gallwitz. Mit Illustrationen von Thomas Allan. it 530

Samuel Johnson. Reisen nach den westlichen Inseln bei Schottland
Herausgegeben von Volker Wolf und Bernd Zabel. Mit zahlreichen Abbildungen. it 663

Erhart Kästner. Die Stundentrommel vom Heiligen Berg Athos. it 56
– Griechische Inseln 1944. Mit einem Nachwort von Heinrich Gremmels. it 118
– Kreta
Aufzeichnungen aus dem Jahre 1943. it 117
– Ölberge, Weinberge. Ein Griechenlandbuch
Mit Federzeichnungen von Helmut Kaulbach. it 55

Kairo. Die Mutter aller Städte
Herausgegeben von Ursula Beyer. it 696

Reiseliteratur

Carl von Linné. Lappländische Reise
Aus dem Schwedischen von H. C. Artmann. Mit Zeichnungen des Autors. it 102

London. Eine europäische Metropole in Bildern und Texten
Herausgegeben von Norbert Kohl. it 322

Louis Sébastien Mercier. Mein Bild von Paris
Aus dem Französischen und herausgegeben von Jean Villain. Mit zeitgenössischen Kupferstichen. it 374

Günter Metken. Reisen als schöne Kunst betrachtet
Essays von Günter Metken. Mit Photographien von Sigrid Metken. it 639

Moskau. Von der Siedlung im Wald zur Kapitale einer Weltmacht
Von Heddy Pross-Weerth. it 467

Fred Oberhauser/Gabriele Oberhauser. Literarischer Führer durch Deutschland
Ein Insel-Reiselexikon für die Bundesrepublik Deutschland und Berlin. it 527

Paris. Deutsche Republikaner reisen
Herausgegeben von Karsten Witte. it 389

Marcel Proust/Eugène Atget. Ein Bild von Paris
Mit zahlreichen Fotografien. it 669

Der Rhein
Herausgegeben von Helmut J. Schneider. it 624

Venedig
Herausgegeben von Doris Maurer und Arnold E. Maurer. Mit zahlreichen Abbildungen. it 626

insel taschenbücher
Alphabetisches Verzeichnis